吕世伦法学论丛

· 第十二卷

法学散笔：
法理 · 国家法 · 刑法

Jurisprudence Ramble:
Jurisprudence, National Law,
Penal Law

· 吕世伦　著/译

黑龙江美术出版社
Heilongjiang Fine Arts Publishing House
http://www.hljmscbs.com

图书在版编目（CIP）数据

法学散笔.法理·国家法·刑法 / 吕世伦著译. ——哈尔滨:
黑龙江美术出版社，2018.4

（吕世伦法学论丛；第十二卷）

ISBN 978-7-5593-2705-5

Ⅰ.①法… Ⅱ.①吕… Ⅲ.①法学—文集 Ⅳ.① D90-53

中国版本图书馆 CIP 数据核字 (2018) 第 082781 号

法学散笔：法理·国家法·刑法
Jurisprudence Ramble:Jurisprudence,National Law,Penal Law

著 译 者 / 吕世伦

出 品 人 / 金海滨

责任编辑 / 赵立明　王宏超

编辑电话 / （0451）84270530

出版发行 / 黑龙江美术出版社

地　　址 / 哈尔滨市道里区安定街 225 号

邮政编码 / 150016

发行电话 / （0451）84270514

网　　址 / www.hljmscbs.com

经　　销 / 全国新华书店

制　　版 / 黑龙江美术出版社

印　　刷 / 杭州杭新印务有限公司

开　　本 / 710mm×1000mm　1/16

印　　张 / 21.5

版　　次 / 2018 年 4 月第 1 版

印　　次 / 2018 年 5 月第 1 次印刷

书　　号 / ISBN 978-7-5593-2705-5

定　　价 / 140.00 元

探索理论法学之路

（总序）

《吕世伦法学论丛》出版了,此亦垂暮之年的一件快事。值此之际,几十年求法问道的点点滴滴,学术历程中的风风雨雨,不免时常浮现脑海,思之有欣慰也有嘘唏。当年如何与法学结缘而迈入法学的门槛,在浩瀚的法学领域中如何倾情于理论法学,理论法学的教学与研究中所经历的诸般坎坷与艰辛,对自己平生言说作文的敝帚自珍之情,如此等等,都时常萦绕心间。借这套书出版的契机,整理一下思绪,回首自己的学术人生,清贫守道,笔砚消磨,个中冷暖甘苦,或可絮叨一二,喟然叹曰:"著书撰文求法意,一蓑烟雨任平生。"

一、"我是中国人"的觉醒

我的法学之梦是在一种极为特殊情况下形成的。本人出生于甲午战争后被日本军国主义侵占的大连地区。少年时期读过不到两年的私塾,先是接受童蒙类的教育,继而背诵《论语》《唐诗三百首》等。稍长便开始翻看一些信手拈来的古典小说如包公、彭公、施公"三案"书,当代文学小说,"四大才子书"等。尽管很多地方似懂非懂,但读书兴趣愈发深厚,颇有贪婪的劲头。彼时追求的是知识,与政治无关。进小学不久,太平洋战争爆发,学校里不准孩子讲中国话,只许讲日语(叫"国语常用"),否则便会遭受处罚;每周除了上几堂日语会话之外,其余时间便是军训,种地,四处捡废铁、骨头和采野菜,支援"大东亚圣战"。社会上传播的声音,一方面是因不堪忍受横征暴敛、苦工奴役、饥寒交迫、恐怖虐杀而引起的怒吼,另一方面是关内尤其是隔海相望的山东不断流进八路军率领群众抗日壮举之类所引起的欢呼。大连地区迅速变成一座即将爆发的反日火山。我们中间,也与日俱增地盛传鬼子兵必败的消息,背地里玩着诅咒日本的各种游戏。对我来说,这是头脑中第一次萌发反抗外敌压迫的观念。

1945 年 8 月 15 日,我的心灵受到从未有过的巨大震撼,因而这一天成为我永生难忘的日子。那天,我亲眼看到的历史性场景是:上午,日本宪兵、警察及汉奸们还在耀武扬威,横行霸道,民众敢怒不敢言地躲避着他们;而正午 12 点,收音机特别是街心的高音喇叭突然播出"裕仁天皇"宣布日本无条件投降的颤抖声音。顷刻间,人们蜂拥而出,塞满街巷,议论着、欢呼着,脸上挂着喜悦、激动的泪花。大连 42 年被殖民地化和民众被"亡国奴"化的耻辱,一洗而净。大约半个小时之后,鼎沸的人群中响起一片"报仇的时候到了""抓狗腿子去"的喊叫声,瞬间大家三五成群地分散奔跑而去。我们几个小朋友也兴冲冲地尾随大人们四处颠簸,眼瞅着一些又一些"狗腿子""巡捕"从各个角落被揪出来示众和推打;一些更胆大的人则手持棍棒,冲进此前唯恐躲避不及的"大衙门"(警察署)和"小衙门"(派出所)拍桌子、缴枪,而这些往日肆无忌惮的豺狼们,则个个瑟瑟发抖,交出武器,蹲在屋角,乞求给一条活命。

"八一五"这天上、下午之间的巨大反差和陡然引爆的空前的中华民族大觉醒,对我有着决定性的影响,就是使我确切知道了自己是一个中国人。追想起来,几世代大连人的命运,是那样难以表达的不幸。从我懂事的时候起,总听到老人们念叨:"这世道,大清国不回来就没个好!"这是由于他们所经历的是大连被沙皇俄国和日本占领,不知道有个"中华民国",也不知道有个大人物孙中山,而一直没有忘记自己生下来就是"大清国"的子民。

行文至此,我不禁忆起1944年冬天遇上的一件事:一天下午,金州城东街一个墙角处,有位衣衫褴褛、踏着露出大脚趾的鞋子的醉汉坐在地上晒太阳。不一会儿,迎面走来个腰挂短刀的日本警察,用大皮靴狠狠地踢他,问"你是什么人?"汉子被惊醒,连忙回答:"我是中国人。"那警察更凶恶地继续踢他,说:"我要踢的就是中国人!"汉子赶快改口说:"我是满洲国人(指伪满人)。"警察也说不对。汉子显得不知如何应答,便冒出一句:"我是日本人。"警察轻蔑地反问:"你够格吗?!"还告诫:"记住,你是洲人。"(当时日本把大连地区叫做其所属的"关东洲")"洲人",这个怪诞的称呼,包含多少令人心酸苦楚的蕴意。其时,我脑际里随即浮现一种强烈的感受:做一个中国人,做一个有尊严的中国人是多么艰难,又多么值得珍惜啊!

二、马克思主义的启迪

日本投降之后,大连地区一天之间变成无人管理的"无政府"状态。此时,出现了大多数人以前未曾说过、处于秘密状态的共产党与国民党两股力量的争夺战。街墙上贴满红红绿绿的条幅,红色的歌颂共产党、毛主席、八路军,绿色的歌颂国民党、"蒋总裁"、"中央军"。有识者解释,这叫"标语"。1945年8月22日,在居民的欢迎下,苏联红军进驻大连,社会秩序有了个支撑点。但苏军却并不怎么管事,其欠佳的纪律又造成新的秩序问题。当时,更醒目的现象是,猛烈的意识形态争夺战展开了。一方面,莫斯科国家外文出版局中文版的马列书籍大量输入,而且大都是漂亮的道林纸的精装本,堆满街道,几乎不要用钱购买。其中,我印象最深的有《马克思恩格斯选集》《列宁文选》(上、下集)、斯大林的《列宁主义问题》、《联共(布)党史简明教程》及《1936年苏联宪法》(又称"斯大林宪法")等,还有不少马克思主义经典著作的单行本。继而是刚刚闭幕的中共"七大"文献,如毛泽东的《论联合政府》、刘少奇的《论党》、朱德的《论解放区战场》。另一方面,国民党则以"正统"自居,兜售蒋介石的《中国之命运》和一个日本人写的《伟大的蒋介石》等几本书。当时,我面对这些令人眼花缭乱的各类书籍,感到非常好奇,尽力收集,而且勤奋阅读,细心琢磨。不用说,许多东西看不懂,但慢慢也大概知道什么叫马克思主义、列宁主义、社会主义与共产主义;而毛泽东的著作通俗易懂,讲的又是中国的事,读之更觉亲切。当然,作为一种先进的博大精深的意识形态体系,不会那么容易就能把握,遑论尚处在幼稚时期的人。但我确信它是真理,内心里希望追随它。由于这个缘故,便自觉地按照中共党组织的号召行事。当时主要围绕三个主题进行宣传活动:第一,拥护党组织领导的"人民政府";第二,中苏友谊,向苏联"老大哥"学习;第三,解放战争的胜利。我还曾参加过金洲皮革厂"职工会"的成立工作,在城墙上刷大标语,在北城郊"山神庙"的外墙壁上办黑板报。1947年进入中学之后,担任校学生会学习部部长与校通讯组组长,组织各年级喜欢写作与思想进步的同学,以消息报导、文艺小品或散文等形式,给大连地区各报刊撰稿,宣传党的政策。自己先后在《旅大人民日报》《民主青年》杂志及苏军司令部机关刊物《实话报》(即《真理报》的另一种中文译名)和《友谊》杂志等发表数十篇文章。

这一时期,由于读马列书籍引发了对理论的兴趣,我逐渐尝试写点小型评论,如对"生产力要素"的讨论、评维辛斯基联大演讲"原子弹已不再是美国专有的",等等。使我无法忘记的是,从那时起,我已开始申请加入仍没公开的中共党组织,但因为出身家庭非工人、贫下中农而未遂愿,只能于1948年春加入"东北青年联合会"。就读高中期间,作为校党支部培养的"积极分子",我担任"党的宣传员",每周六下午到低年级各班讲解政治时事。我继续利用课余时间为报刊撰稿,获得过优秀作品奖。临近毕业,按照组织分配,经过简单的培训,我成为大连中学的一个教师。我讲授的是政治课,主要内容包括介绍毛主席和列宁、斯大林著作里的一些政治观点以及中国人民政治协商会议《共同纲领》。在《共同纲领》的备课与授课中,我认真比照那一直保留着的《1936年苏联宪法》,这是平生第一次关注到法律问题,并对它产生了兴趣。后来还翻阅过新中国成立初期为数很少的几个立法文件。从此,我对政治理论方面的爱好逐渐同法学理论融汇起来,自此终身行走于这条专业道路。

三、正式迈入法学之门

1953—1957年,我在中国人民大学法律系读本科。因为学法律是当初报考的第一志愿,所以学起来很带劲。客观上,这四年恰逢国家处于完成国民经济恢复,转向全面进入社会主义经济建设的新阶段,因而猛烈的政治运动较少,大学生们能安稳地学习专业。通过一批青年老师的热心教学,学生系统掌握到苏联专家传授的苏维埃法学理论;有的老师还尽量做到联系当时中国法律的实际。除了课堂教学以外,还有较长时间到法院、检察院、律师所实习,来应用所学的东西。此间,令学生们获益匪浅的马列主义基础(《联共(布)党史》)、中共党史、哲学、政治经济学这"四大理论"课,对确立与强化未来一代法学家和法律实务家的马克思主义世界观与方法论起到重要作用。确实,离开这种世界观与方法论,很难称之为社会主义国家的法学。我热衷于理论法学的学习与研究,与此有重要联系。

本科毕业后留校任教,我选择了法理专业。十分遗憾的是,恰好从1957年起,政治运动浪潮一个又一个地滚滚而来。反右派,高举"三面红旗"(总路线、大跃进、人民公社),反右倾机会主义,"四清",社教,直至十年之久的"无产阶级文化大革命"。显而易见,这么一来,留给教师们教学与科研和学生们课业学习的时间,几乎化为乌有了。即令断断续续上一些课,皆是重复政策性的内容而且每门课彼此相差不多,即"党的领导"与"群众路线";对立面便是批判"右派"观点。这种情况同1958年中央北戴河会议有很大关系。当时,中央一位领导人说:"什么是法?党的政策就是法,党的会议就是法,《人民日报》社论就是法。法律不能解决实际问题,不能治党、治军,但党的政策就能解决问题。"另一位领导人补充说:"我们就是要人治,不是什么法治。"接着,各层级的领导干部便迅速传达和贯彻首长讲话的精神。我们教师正是以这种"人治"思想为指导,国家的宪法和为数不多的几部立法也被淡化了。

1958年开展了"大跃进"运动,法学研究也跟着"大跃进"。法理方面,撰写《论人民民主专政和人民民主法制是社会主义国家的锐利武器》(出版前,作为兼职党总支学术秘书,我建议改为《论人民民主专政和人民民主法制》);刑法方面,撰写《中华人民共和国刑法是无产阶级专政的重要工具》;刑事诉讼法方面,撰写《中华人民共和国司法是人民民主专政的锐利武器》。其中都突出"专政",而社会主义法制如何保障和发扬社会主义民主则没有得到应有的研究与阐发。至于民法和民事诉讼法,因对私有制与私有权利的恐惧,没有出版教科书,也很长时间不开课。司法中的"重刑轻民",在学校中亦有明显的反映。事实证明,用政策替代法律、以"无法无天"的群众政治运动当作治国基本方略、讲专政不讲或少讲民主、重权力轻权利、重刑事法轻民事法,把法律程序说成是"刁难群众"等,皆同人治思想密不可分。

此外,当年还曾出现过的一种情况是,反右派之后,为配合批判资产阶级观点,还搞了一段时间的"教学大检查"。即发动每个学生仔细翻看课堂笔记,查找"错误"观点,然后写大字贴在学生宿舍楼侧的墙壁上公示。例如,一些大字报认为"人情""爱情"这类字眼是"不健康"的,把自由、平等、人权、人性等词说成是资产阶级或右倾的,甚至个别大字报上说"人民"的提法也"缺乏阶级性"。在这种出口即错、动辄受咎的情况下,教师便难于登讲台;要讲,只能念中央文件和首长讲话。至于撰写文章,更令人不安:多一事莫若少一事,与其挨批判不如落个清闲自在。在国际间法学信息交流方面,新中国成立之后,来自国外的图书资料已基本上见不到,但毕竟尚有苏联的东西可谈。比如,我们能订阅到《苏维埃司法》等杂志。1959年中苏交恶,读俄文资料的机会也失去了。之后,除需要批判右派言论、右倾机会主义、资产阶级法律思想之外,当然还需要批判苏联修正主义，法学的政治螺丝拧得更紧了。简言之，随着政治运动不断升级，尤其是十年"文革"的暴风骤雨，"知识无用"论、"资产阶级知识分子统治学校"论，以及"四人帮"倡导学生反对教师、"交白卷"等，不一而足。

我之所以回忆这些，不光是表明此二十余年间自己成长的客观环境与条件，更重要的是要总结在这样的环境与条件下自己的法学思维受到哪些影响。从积极方面说，它确实不断地强化我对党的领导、社会主义道路的信念。从消极方面说，主要是"极左"思想的影响。这些在我的讲课和撰写的文章中，都不乏明显的表现。

毛主席从来强调学习马列，在"运动"中尤其如此。学马列很投合我的喜好。在长期坚持翻读马克思主义经典著作的基础上，又加上系统的"四大理论"和国家与法权理论等课程的培养，我在法律系讲坛所授第一课便是"马列法学著作选读"，对象包括本科生和研究生班。这些法学著作有：毛泽东《新民主主义论》《论人民民主专政》，马克思、恩格斯《共产党宣言》《法兰西内战》，列宁《国家与革命》等。可以说，我备课认真，讲课严谨。如，为了讲《国家与革命》，除广泛查阅国内资料之外，还看过苏联和日本出版的相关书刊，一般都做笔记或摘要。日本共青团（左派）机关报《青年战士》登载的长篇论文《〈国家与革命〉研究》，我甚至全部译出。凑巧的是，"文革"中人民大学解散，我被分配到北京医学院宣传组，仍然负责学院和各附属医院领导干部（也包括"工宣队""军宣队"负责人）学习马列著作的讲授工作。虽然这个讲授说不清有几多效果，但我本人是负责任的，积累下一大堆资料和手稿。

在法律科学研究方面，我深知一个理论法学教师欠缺扎实的学术功底是难以胜任的。这就需要以多读书、勤思考为依托，并训练撰写论文。1958 年，我作为法律系科研秘书，不仅要定期向最高人民法院和司法部报告系内学术动态，还在《法学研究》杂志上发表相关的通讯报道。在 1959—1961 年三年经济困难期间，党组织要求师生尽量多休息，"保证身体热量"，因而"运动"也暂时中止。

新中国成立后，党中央一直强调批判资产阶级法律观。因此，平时我经常考虑，要批判就必须弄清其对象究竟是个什么情形，否则就会陷于尴尬的境地。鉴于此种想法，我便集中力量阅读或复读西方法学名著以及法律思想史类的图书，觉得心得不少，制作了许多卡片，对西方法律思想史滋生了浓厚的兴趣。1963 年 4 月，我在《人民日报》理论版发表《为帝国主义服务的自然法学》，继而在该报内部刊物发表《美国实在主义法学批判》。可以想见，在当时对发表文章存在恐惧心理的法学界，载于中央机关报上的这篇文章不免产生一些震动。自不待言，在那种"极左"大潮下，作者亦备受影响，从两篇文章的题目上就可看得出来。翌年，我又在《人民日报》国际版上发表了一篇关于美国儿童状况的政治短评。"文革"前夕给《光明日报》撰写《读列宁〈国家与革命〉》论文，打过两次清样，报社方面也收到人民大学党委宣传部"同意发表"的回复。但是，"文革"凶潮突然袭来，报社编辑部也被"造反"，那篇论文亦不知所踪。此前，我还曾与孙国华教授合作，在《前线》杂志上发表《国家与革命》讲座文章。1958 年，《苏维埃司法》杂志刊载《美国人谈美国司法制度》论文,我读完后便顺手翻译出来,并在1959年春《政法译丛》上发表。同年,从苏联归来的朋友送给我一本《苏维埃刑法中的判刑(函授教程)》小册子,以为颇有新意,便翻译出来交人民大学出版社打印。在日文资料方面,除前面提到的研究列宁《国家与革命》的论文外,还翻译过《现代法学批判》一书;该书重点是对西方和日本新兴起的"计量法学"的社会法学思潮的系统评论,国内尚没有介绍过。

四、后半生的理论法学探索

终于熬过漫长的十年"文革",国人无不欢欣。1978年,十一届三中全会提出"改革开放"新政策,使社会主义中国社会、经济、文化和科学焕发勃勃生机,亦为法治建设和法学繁荣创造空前有利的条件。邓小平深刻总结新中国成立以来成功的经验与失误的教训,提出始终以经济建设为中心,实行民主的制度化、法律化,大力建设社会主义法制,提出"有法可依,有法必依,执法必严,违法必究"十六字方针;提出近期需要培养一大批法官、检察官、律师。这就为中国社会主义法学的发展开拓了坦途。我的法学生涯由此而发生巨大的转折与提升。党中央倡导解放思想与实事求是的精神,使我倍加注重独立思考,走学术创新之路,理论思维与方法亦有颇大改变。与此相应,教学与科研的热情与进取心更加高昂。

我开出的课程,先后有:本科的西方法律思想史和全校法学概论,硕士生的法理学、现代西方法哲学、黑格尔法哲学、马列法学原著选读,连续多年为法学院和全校博士生进行法学专题讲座。此外,应邀为中国政法大学前五届研究生和西北政法大学(当时称"西北政法学院")开讲"现代西方法理学"课程;为浙江大学分出来的杭州大学和安徽大学本科讲授西方法律思想史;为国内数十所高校及日本一桥大学、关东学院大学、山梨学院大学、立命馆大学等做过法学专题演讲。在吉隆坡,同马来西亚下议院副议长和前财长进行中国法学问题的交流。

近四十年来,在报刊发表法学论文300余篇。与授课情况相一致,科学研究的主题集中于三个方向,即:理论法学[①]、西方法律思想史与现代西方法哲学、马克思主义法律思想史。

(一)发表的主要论文

(1)理论法学的论文。第一,法的一般理论,其中除纯粹法理学[②]之外,还有法哲学、法社会学、法经济学、法政治学、法伦理学、法文化学、法人类学、法美学等边缘性诸

---

① 理论法学包括法的一般理论和法史学两大部分。但是,法史学内容广泛,涉及古今中外,故应把它从理论法学中分别开来,独成体系。

② 纯粹法理学指专门研究法律概念与规范的学科,也有西方学者称之为"法教义学"。

学科。在法学的这些学科领域中,发表的论文多寡不一,有的学科极少涉及。第二,在研写论文的过程中,每每重视紧密联系中国特色社会主义理论与国家建设,尤其法治建设的论文。其内容包括普法评论,党的政策与法,社会主义民主与法治,人治与法治(大辩论),法治与德治,人权问题,当代中国社会性质(社会主义社会还是契约社会),社会主义市场经济的法律精神,依法治国基本方略,根本法·市民法·公民法·社会法,以人为本的法体系,从法视角研究市民社会的思维进路,和谐社会与法,法治思维与法治方式,社会主义政治的制度化、规范化、程序化,法学的基本范畴(权利与权力、权利与义务、职权与职责),社会主义司法制度,廉政建设,国家主义与自由主义法律观评析,公平与正义,中国先贤治国理政的智慧等。

(2)有关西方法律思想史与西方法学家的论文。第一,对西方法学思潮研究的论文,涉及自然法学、人文主义法学、分析实证主义法学、社会学法学、历史法学、存在主义法学、行为主义法学、经济分析法学、功利法学、德国古典法哲学、新康德主义法学、新黑格尔主义法学、符号学法学、美国现实主义法学、斯堪的纳维亚现实主义法学、后现代法学、女权主义法学、种族批判法学等。第二,对西方著名法学家的研究论文,包括托马斯·阿奎那、孟德斯鸠、卢梭、斯密、休谟、康德、黑格尔、费希特、彼得拉任斯基、杜尔克姆、赫克、马里旦、德沃金、拉德布鲁赫、布莱克等。第三,对西方政治法律制度的评论,包括政党政治、三权分立、选举制度、司法制度及现代西方主要政治思潮。

(3)马克思主义法律思想史和马克思主义经典著作的研究论文。第一,马克思、恩格斯法律思想研究,其中包括:马克思、恩格斯法律思想史教学大纲,马克思、恩格斯法律思想的历史轨迹,马克思主义与卢梭,马克思主义法哲学论纲,《黑格尔法哲学批判》中的法律思想,《德意志意识形态》中的法律思想,《共产党宣言》中的法律思想,《资本论》及其创作中的法律思想,《路易·波拿巴的雾月十八日》中的法律思想,《反杜林论》中的法律思想,《家庭、私有制与国家的起源》中的法律思想,恩格斯晚年历史唯物主义通信中的法律思想。第二,列宁法律思想研究,其中包括:列宁法律思想史的历史分期,列宁社会主义法制建设理论与实践,《国家与革命》中的法律思想,列宁民主法治思想。第三,毛泽东、邓小平法律思想研究,其中包括:毛泽东民主、法制思想研究,毛泽东湖南农民运动时期的法律思想,邓小平中国特色社会主义法律理论解读,邓小平民主法制思想解读,邓小平民主法治思想的形成与发展。

(二)出版的法学著作

自人大复校以来,出版法学专著40余部,其中不含主编的"西方法学流派与思潮研究"丛书(23册)、"西方著名法哲学家"丛书(已出20册)。

(1)理论法学著作。包括:《法理的积淀与变迁》《法理念探索》《理论法学经纬》《社会、国家与法的当代中国语境》《当代法的精神》《法学读本》《以人为本与社会主义法治》(司法部法学理论重点项目)、《法的真善美——法美学初探》(国家社科基金项目)、《法哲学论》(教育部人文基金项目)等。

(2)马克思主义法律思想史著作。包括:《马克思恩格斯法律思想史》(初版与二版,国家第一批博士点项目)、《列宁法律思想史》(国家社科基金项目)、《毛泽东邓小平法律思想史》、《马列法学原著选读教程》等。

(3)西方法律思想史著作。包括:《西方政治法律思想史》(教程)、《西方政治法律思想史增订版》(上、下)、《西方法律思潮源流论》(初版与二版)、《西方法律思想史论》、《黑格尔法律思想研究》、《现代西方法学流派》(上、下)、《当代西方理论法学研究》等。

(三)论著的意义与创新

尽管我在学术上执拗地努力,并出版了若干本著作和发表了一批论文,但表达的多属平庸之言。然而近几年来,经常有人尤其学生,非让我谈"学术成就"。每逢这种情况,我总是闻而生畏,设法回避,但有时又不允许我闭口不说。在这里,就把我考虑过的和别人概括的看法略示如下,就算是对自身的一点安慰吧。

(1)马克思主义法律思想史"三部曲",是国内率先出版的著作①。该书的策划、研写和出版的过程,长达30余年之久。作者们埋头于马克思主义经典作家们浩瀚的书海中,竭尽全力进行探索才得以成书;每出一本著作皆需耗时数年。其中《马克思恩格斯法律思想史》(一版)在市场上销售告罄之后,又忙于出修订版(二版),也很快售完。直至近几年,仍陆续有人向出版社或主编索取该书。可以看出,它是备受欢迎的。当然,"三部曲"的主要意义并非在于其出版早的时间性,而在于能够帮助读者特别是从事法学研究的读者系统地了解马克思主义经典作家们有关法学的基本观点与其发展的历史脉络,并以之作为思考法律现象和问题的指导思想。平素间,亦可作为阅读或查阅马克思主义法学经典著作的得力的工具书。

(2)我在研究西方法律思想史的历程中,一个新的起点便是与谷春德教授一起编写的《西方政治法律思想史(上、下)》的教程。这是高等学校恢复招生之后面世的国内第一部西方政治法律思想史教程,因而产生了广泛的影响力。此后,我主持编写了关于西方法律思想源流、现代西方法学流派、现代西方理论法学和两套"丛书",以及与此相应的一批论文。这些著作与论文,有些属于论述性的,有些属于评介性的。对于读者来说,或者用于教材,或者作为理论观点的参考,或者当成资料,都有一定的意义。

在这些著作中,需要专门说一下《黑格尔法律思想研究》,它开创了国内研究黑格尔法哲学之先河。我国黑格尔研究泰斗贺麟先生在《光明日报》上发表的书评里写道,该书"熔哲学与法学于一炉,可以说填补了黑格尔研究的一个空白"。

(3)《法的真善美——法美学初探》,是我用三年时间同博士生邓少岭探讨国内外均涉足颇少的问题,遑论法美学学科。此间,我们发表多篇相关的学术论文,并在这个

---

① 喜见2014年11月公丕祥、龚廷泰二位教授主编的《马克思主义法律思想通史》四卷本已出版,该书比我们的"三部曲"更为详尽与深刻。

基础上凝结成一部专著。它获得学界的赞许,还获得司法部的奖励。

(4)《法哲学论》。参与写作者有文正邦教授及张钢成、李瑞强、吕景胜、曹茂君等博士,亦系国内头一部系统阐发法哲学的作品。全书分为本体论、法价值论和法学方法论三部分,有青年学者对此研究分类持不同意见,这是令我高兴的好事。从总体上说,该书自成一体,有独立见解,而且引用率较高。

(5)论著中的主要创新观点。

第一,关于民主、法治问题。在法治与人治的大辩论中,我与合作者发表《论"人治"与"法治"》一文,力主法治,并有说服力地解释了"人治论"和"人治法治综合论"的偏颇。《人民日报》以"不给人治留有地盘"为题,转载了论文中的基本观点。在民主问题的讨论中,我率先提出政体意义上的民主和国体意义上的民主的区别,指出前者属于形式民主或程序民主,后者属于实质民主或实体民主,该观点得到普遍的认同。

第二,从法的视角阐发社会主义社会与市民社会的关系。我在《市场经济条件下的社会是怎样的社会》《"从身份到契约"的法学思考》《市民法·公民法·社会法》《"以人为本"的法体系》①等论文中指出:在现今的我国社会,社会主义属性是本体性的,而市民社会是从属性的;社会主义社会是"有契约的社会",而非等同于西方19世纪的"市民社会"或"契约社会"。

第三,批判国家主义与自由主义的法律观。我认为,马克思主义法律观是通过批判这两种法律观,或者说通过这两条战线的斗争而形成的。沿着这样的思考,对西方的政党政治、三权分立、选举制度进行批判性研究的同时,也对国家主义进行系统的探索,揭示了国家主义法律观的几个基本特征,即"重国家、轻社会,重权力、轻权利,重人治、轻法治,重集权、轻分权,重集体、轻个体,重实体、轻程序"。无疑,这种理论探索对我国民主与法治建设是有重要意义的。

第四,人权观点。从20世纪90年代初我国正式宣布"人权保障"伊始,便流行"主权是人权的前提和基础"的命题,而且把它当作不容争辩的真理。我在仔细考察马克思、恩格斯和列宁的人权思想之后,辩证地分析该命题。在《人权研究的新进展》论文中,我指出:从国家主权对国内人权的管辖、反对西方国家人权话语霸权和保护国家主权的独立性而言,这个命题是可取的。不过,从权力(主权)与权利(人权)二者基本关系方面来说,这个命题则是不正确的、不可取的。因为,在民主国家尤其社会主义国家奉行"人民主权"论,权力(主权)来自权利主体的人民并且是以服务人民权利为目的的,即通常所说的"人民当家作主"。所以,权利应当是权力的前提和基础。文中所讲的结论和基本论据均出自马克思主义经典作家的指教,是经过历史实践验证过的真理。这种论述尽管引起一阵"风波",但最终还是被广泛地默认,以至于很少有人再提

---

① 后三篇论文系与任岳鹏博士合写。

起那个命题了。后来,我又发表《权利与权力关系研究》①一文,进一步强化前述观点,具有很强的说服力与启发性。

于今,我已是80岁的老迈之人。回顾过往时日,自知碌碌无功,但却没有枉费宝贵的光阴。时至今日,倍感欣慰者有二:一是,目睹一茬又一茬学士、硕士、博士学成离开,并各有所长、各有作为,在各个岗位上为中华民族伟大复兴的梦想而奉献力量。二是,眼下幸运地逢到一个机会,将自己一生在理论法学方面的重要论著(其中许多得益于合作者的启发与帮助)予以系统整理和付梓。这是对个人学术经历的一个回顾,也希望可以得到更多的批评和指教。

在此选集的策划出版过程中,史彤彪、吕景胜、冯玉军、李瑞强、任岳鹏等多位教授与博士以及北京仁人德赛律师事务所负责人李法宝律师,对拙作的出版事宜先后予以大力的支持和帮助。拙作的出版资助款来自一直关心我的学生和学友以及南京师范大学法学院、南京审计学院法学院。我的2000级学生王佩芬为拙作出版的各项繁杂工作,陆续付出一年有余的心力和辛苦。这里,对于前列的相关人士与单位,一并表示深深的感谢,并铭记于怀。

吕世伦

2018年5月

---

① 与宋光明博士合写。

第十二卷出版说明

　　本书是作者根据自己长期法学教学与科研过程中积累的讲义与翻译资料编成的。法理部分,是近年发表的学术论文及旧作拾遗;国家法部分(含宪法与行政法),是为中国人民大学本科生讲授"法律基础"课的部分讲稿,曾在法律系统编教材《法学概论》一书刊发;刑法部分,是[苏]M. A. 斯涅德尔著《苏维埃刑法中的判刑》(全苏高等函授学院教程,1958年版),同年由作者作为资料译出。从时间上说,这些文稿多属旧作,但对寻找中国法学状况的记忆,兴许会有些帮助。

　　本书为首次编辑出版,因编者水平有限,恐有讹误,望读者批评指正。

编　者
2018年5月

目录 CONTENTS

上部　法理

中部　国家法

下部　苏维埃刑法中的判刑

上　部

法　理

第一篇　近年作品

法治理论体系建构刍议
——以基本内容为视域

　　法治理论的源流历经几千年,涉及的问题浩繁复杂。这容易使研究法治的学者仅就自己管窥之一斑进行探索研究。经过长期的积累,这些研究成果,为后人提供了丰富的思考素材。然而,对法治现象的个别研究,毕竟不能充分展示法治理论的整体面貌,即法治理论体系。固然法治理论体系代替不了具体法治问题,但却能涵盖它。一个合理、完备的法治理论体系,可以方便我们为具体问题定向与定位,找到其核心之所在,揭示其权重与分量,提升对法治的认识。

　　一国法治理论体系的建构,所依据的思维逻辑可以而且必然会各不相同。比如,有的根据实证法体系,有的根据法治发展的时段,有的根据法治运行的诸环节,有的对不同国家法治进行比较,等等。从这些相异的思维出发,可建构不同的法治理论体系。如所周知,古希腊的亚里士多德曾提出,对象事物的结构因素(要素)是指质料、形式、动力、目的四个部分。[①] 在总体上,时至今日,这个观点仍然是正确的。有鉴于此,本文拟采纳此"四因说",对其稍作顺序上的调整,尝试以基本内容为视域来建构法治理论体系。大体框架是:第一部分,在动力因方面,讨论从人治到法治的转化过程;第二部分,在质料因方面,讨论法治的价值,也就是恶法与善法;第三部分,在形式因方面,讨论形式法治与实质法治及其相互关系;第四部分,在目的因方面,讨论作为法治对象的目标,也就是治民与治吏。

一、人治与法治

　　法治理论体系结构的动力因,指研究法治产生的必然性及其根源。

　　从法治理论的逻辑上说,人治与法治是密切联系的关键性问题。中国历史证实,每当社会处于大变动时期,往往不免出现人治与法治的大争论。古代中国关于人治与

---

　　① 亚里士多德:《物理学》,张竹明译,北京:商务印书馆,1982:50。

法治的争辩,主要表达儒家与法家在治国理政方面的不同见解。儒家所讲的"人治"指的是"圣贤之治",认为"有治人,无治法"①,"其人存,则其政举;其人亡,则其政息"②。此外,"人治"也是"德礼之治"。儒家认为德与礼在治理国家方面有着不可替代的优越性,相信"道之以政,齐之以刑,民免而无耻;道之以德,齐之以礼,有耻且格"③。儒家以德来要求统治者,主张"为政以德,譬如北辰居其所,而众星拱之";同时也以德来要求普通百姓提高道德修养,"好德如好色",最终达到"人人皆为尧舜"。礼的基本精神是"亲亲也,尊尊也,长长也,男女有别"④。孔子致力于礼的弘扬,坚信只要"克己复礼",天下就可归为仁。相反,法家所讲的"法治"则"上(尚)法而不上(尚)贤",认为"背法而治,此任重道远而无马牛,济大川而无舡辑也"⑤。此外,"法治"也要优于"德礼之治"。法家对法治的推崇,是为其"耕战"政策服务,目的是富国强兵以成霸业。因为法律具有"定分止争""兴功惧暴"的作用,且操作性强,效果易见;而无形的德与礼意在熏陶教化,无法"立竿见影"。法家主张在治理国家时,应该重视的是"法令"而非仁义道德。韩非子说:"明其法禁;法明,则内无变乱之患。故存国者,非仁义也。"⑥而要使国家富强,人君更应当"不务德而务法"。"好利恶害"的人性预设,使得法家认为"礼"的作用也是微乎其微的。只有通过法律的令行禁止、奖惩分明,农业才能发展,国家才能富裕,而后才可能成为礼仪之邦,此即所谓的"仓廪实,则知礼节;衣食足,则知荣辱"⑦。

西方法治思想的源头是柏拉图。他最初寄希望于"哲人王"治理,但这是一种纯理想的人治,无法实现。继而又转向有技能的"政治家"治理,但又怀疑他们也会假公济私。于是,柏拉图最终选择了"次优"的"法律之治",就是通过不由个人意志决定的规范进行邦国的治理。不像他的老师柏拉图,亚里士多德在这个问题上明确提出"法治优于人治"。人治(一人或多人之治)无法避免人的私欲偏情的掺杂。唯有法治才是人的理性与正义的治理。⑧亚里士多德还给法治下了影响深远的定义:"法治应包含两重意义:已成立的法律获得普遍的服从,而大家所服从的法律又应该本身是制订得良好的法律。"⑨西方的法治思想从古希腊、古罗马已见端倪,当中又经过中世纪基督教的烘焙,到近现代自由主义社会已经逐步成型。人治与法治之争在此后西方的历史中便不再是一个具有现实意义的话题,因而也不再具有这方面的专门讨论。

人治与法治之争的过程,也就是法治如何产生的过程。人治与法治涉及的是"由

---

① 《荀子·君道》。
② 《礼记·中庸》。
③ 《论语·为政》。
④ 《礼记·大传》。
⑤ 《商君书·弱民》。
⑥ 《韩非子·八说》。
⑦ 《管子·牧民》。
⑧ 青觉:《亚里士多德的法治思想及其现代价值》,载《国家行政学院学报》2007 年第 5 期。
⑨ 亚里士多德:《政治学》,吴寿彭译,北京:商务印书馆,1965:199。

谁来治理的问题"。人治认为治理的主体应是人——贤人、哲人、好人,而法治认为治理的主体应是法。"谁治理"换句话说,也就是在政治社会中谁具有最高的权威,最终的决定权。在人治社会并不是没有法律,而是法律只是统治者进行统治的工具,并不具有最高的地位,统治者的一个决定或者一个命令若与法律不一致,靠边站的是法律而不是统治者的意愿。人治在形式上表现为掌权者个人意志之治,实质上则是不受法律制约的绝对权。所以,这种"法治"实际上是人治的附属工具。反过来说,在法治社会也并不是没有统治者与管理者,但他们的地位必须要在法律之下,甚至他们的地位必须依附于法律,要有法律的授权。统治者必须要在法律之下发号施令,其行为不得与法律相冲突,否则便为违法。在法治社会,法律不是工具,而是目的,本身就具有可追求的价值。在法治社会,法律就是国王,官员只是会说话的法律,将法律的意志贯彻落实到现实社会中。

据唯物史观,同国家、法律一样,法治归根到底是由社会发展与现实国情决定的。但是这种客观必然的动因,并不排除人尤其是掌权者的主观偶然性的动因。在社会运行的一定阶段上,之所以选择法治而非人治,是跟对人性的认识与预设有关,特别是对统治者或管理者的人性预设有关。若人性为善,社会成员人人都很自律,那么社会就不需要管理者更不需要统治者了;若社会的统治者或管理者都是善的,个个不仅具有高超的治国之术,而且都具有大公无私、因公忘私的精神,那么也就不需要有法律了。然而现实的情况却是,正如亚里士多德所说的,人具有兽性的一面,容易受感情的驱使而意气行事;人具有"天使"的一面也具有"魔鬼"的一面,没办法让统治者永远秉公处事,任何时候都不带个人私情或主观臆断。对人性的这种预设,也是催生法治的一个重要依据。社会的稳定发展需要法律的理性,而非人的情感(或者人虽具有理性,但却不免失误)来统治与管理。由此也可以看出,法治之所以取代人治而成为治国理政的最佳方式,直接动因就在于"防止统治者的恣意"。

这里所谓的统治者,首先指个人专政的君主制,但即令民主制也有转变为人治的危险。柏拉图所说的"无法的民主政体"便是如此。当代议制的议会罔顾法律而独断决定时,"人治的民主社会"就会出现。另外,"福利国家"也存在这种危险。如哈耶克所说,当政府的事权越来越扩大,议会对政府授权越来越大的时候,甚至当政府可以在没有法律依据的情况下实现决策或者可以事先立法的情况下,人治政府也就难以避免。在现代政治分权体制中,即使相较于立法部门与行政部门处于最弱小地位的司法部门,当法官的自由裁量权大到一定程度,可以对法律解释随意发挥,将自己的意志借法律的名义施加到当事人与社会时,那就是"法官的人治"。简言之,法治所要反对的是人治的恣意妄为、人治的情感因素,是防止统治者"兽性"的一面,不管是一人统治还是多人统治,不管是民选政府还是精英法官。

二、恶法与良法

法治理论体系结构的质料因,指研究法治内在价值的优劣。

亚里士多德在对法治的阐述中提到了两点,一是在法治社会中人们必须守法,一是所遵守的法律必须是良法。若由良善的法律来治理自当无问题,争议的焦点在于,如果法律是不公正的、甚至邪恶的,那又该如何。由此,问题就归结为:恶法是否为法。对这一问题的不同看法,形成两大学派:自然法学派认为"恶法非法";法律实证主义学派认为"恶法亦法"。

"恶法非法"(lex injusta non est lex)的著名论断,早年见之于西塞罗、圣奥古斯丁的著作中,中世纪的阿奎那也支持该命题;即使资产阶级初期的英国大法学家布莱克斯通亦抱此种观点。直到19世纪边沁在对布莱克斯通的猛烈批评中,恶法非法的理论才开始受到真正的挑战。边沁认为"法律是一个国家内主权者的意志"。而这种意志当然不可能总是正义的,对不正义的法律也要"严格地遵守",但可以"自由地批评"。① 边沁派的奥斯丁更指出:"法的存在是一个问题。法的优劣则是另外一个问题。法是否存在是一个需要研究的问题。法是否符合一个假定的标准,则是另外一种需要研究的问题。"②他还认为,在法治社会中,法律的统治毫无疑问指的是"实际上存在着的法"的统治,而不是"应然状态的法"的统治,即使劣质的法律也是现实中的法律,也具有统治的作用。继而纯粹法学的代表人物凯尔森也说,任何的自然法理论都是意识形态,主张法律道德上的善恶是政治性的利益立场,而不是科学的中性立场。法律是规范,虽然它也是一种"应当",但却是根据法律的"应当"而非道德意义的"应当"。法律的统治意味着就是规范的统治,而不过问该规范的内容是善是恶。

"恶法是否为法",学界一直争论不休;但使之达致高峰的契机,是二战之后对德国纳粹的审判。不管是纽伦堡法庭还是德国地区法院,审判法官们都面临着纳粹十二年统治时期所颁布与实施的一系列法律是否算作法律,及被告以执行法律为由为自己不道德行为进行辩护能否成立的问题。在审判过程中,法官们都认定援引纳粹时期的法律为自己的行为辩护不能成立,因为该法律本身就没有合法性,也即"恶法非法"。但是,理论上的争论反而愈演愈烈。当时著名的法哲学家拉德布鲁赫,曾就一些典型案例(比如告密者案件)进行了评说。他认为,法的概念由三要素组成:正义、合目的性与安定性。在一般情况下安定性优先,除非实在法与正义之矛盾达到"不能容忍的程度"。不过,"在所有正义从未被诉求的地方,在所有于实证法制定过程中有意否认构成正义之核心之平等的地方,法律不仅是'不正当法',而且尤其缺乏法律本性。"③德

---

① 边沁:《政府片论》,沈叔平等译,北京:商务印书馆,1995:99。
② 奥斯丁:《法理学的范围》,刘星译,北京:中国法制出版社,2002:208。
③ 拉德布鲁赫:《法律的不法与超法律的法》,载《法哲学》,王朴译,北京:法律出版社,2005:233。

国学者艾弗斯将此观点命名为"拉德布鲁赫公式",其中包含"不能容忍命题"与"否定命题"。① 当时论者们一致认为,这是自然法对法律实证主义的胜利,是"恶法非法"对"恶法亦法"的胜利。

时隔数十年后,哈特在同富勒激烈的论战中,则指摘拉德布鲁赫背离了法律的实证性。哈特坚持"恶法亦法"。在关于告密者案件中,他给出两难选择的方案是:要么宣判该告密的妻子无罪,要么制定一部溯及既往的法律对她进行处罚。但强调"法不溯及既往"是"大多法律体系都接受的珍贵道德原则"。虽然随着二战刑事审判的结束,善法、恶法的争论有所缓和,但始终不曾停息。主张"恶法亦法"的代表性人物有麦考密克与拉兹;主张"恶法非法"的代表人物有阿列克西(尤其是因"柏林围墙射杀案"所引起的讨论)。②

恶法是否为法,从深层次上可以说是道德与法律的关系问题。若道德与法律存在着必然的联系,那么道德上为恶的法律就不是法律;若道德与法律不存在必然的联系,对法律的认定不需要考虑道德方面的善恶,那么道德上恶的法律亦为法律。哈特认为,实证主义的基本立场是"法律和道德之间或者法律是什么与法律应当是什么之间不存在必然联系"。③ 这里的"必然联系"是指"概念上的必然联系"。④ 哈特认为只要符合承认规则要求的一切规则皆属法律,与是否符合道德要求无关。因此,尽管法律中经常包含着道德的因素,甚至"法律应当追求与道德的重叠与融合"⑤,但在概念上两者的联系并非必然。反之,以富勒与德沃金为代表的新自然法学派则坚持法律与道德的必然联系,主张道德上恶的法律根本就不是法律。富勒认为法律中包含着某些值得追求的道德价值,即"法律的外在道德"。此外,他更为强调的是法律的合法性原则价值,即"法律的内在道德"。德沃金批判哈特时主张,法律不仅由规则构成,体现人类生活基本道德的原则也是法律非常重要的组成部分。他提出的"整体性法律观",就是将法律与道德合二为一的。

显而易见,法律实证主义与自然法学派在"恶法是否为法的问题"上给出了截然对立的答案。但若解开直观的语言迷雾而究其底里,我们会发现两者的观点不乏相同之

---

① 对该公式的详细讨论参见雷磊:《再访拉德布鲁赫公式》,《法制与社会发展》2015 年第 1 期。

② 参见 Neil MacCormick. Institutions of Law: As Essay in Legal Theory, Oxford University Press, 2007, p.271. 拉兹:《法律的权威:法律与道德论文集》,朱峰译,中国法律出版社 2005 年版,第 33 页。阿列克西:《法:作为理性的制度化》,雷磊编译,中国法制出版社 2012 年版,第 382 页。

③ H. L. A. Hart. "Positivism and the Separation of Law and Morals", in Harvard Law Review, vol. 71, 1957(4).

④ 哈特将法律与道德的联系分为三种,第一种是事实上的联系,第二种是自然的联系(如哈特承认最低限度的自然法),第三种是概念的联系。针对第一种与第二种,哈特承认法律与道德存在着明显的联系;针对第三种,哈特认为两者间不存在必然的概念联系。参见范立波:《分离命题与法律实证主义》,《法律科学(西北政法大学学报)》2009 年第 2 期。

⑤ Jules L. Coleman & Brian Leiter. "Legal Positivism", in Philosophy of Law, edited by Joel Feinberg and Coleman, London Wadsworth Press, 2004:106.

处。法律实证主义者虽然说,只要被事实上存在的承认规则所识别,邪恶的国家制定法也是法律,但同时也主张:基于道德考量,公民没有义务去遵守恶法,或者说没有义务去作恶。在自然法学者方面,其所以竭力主张邪恶的国家制定法不是法,也是要强调公民没有义务去遵守恶法,或者说公民没有义务去作恶。可见两者的核心观点是一致的。至于拉德布鲁赫,虽然主张在可容忍的范围内要遵守邪恶的国家制定法,而本意则在于避免因违反恶法而造成更大的恶。因此,拉德布鲁赫同样是认为公民没有义务去为恶。当然,"恶法"性质之争到此尚不能说已经彻底解决。其中,最重要的悬疑是:对法律实证主义者而言,既然承认公民没有遵守恶法的义务,何以坚持"恶法亦法"?对自然法论者而言,如果国家听任公民自行认定何为恶法,并自行选择是否遵守,那法治还会存在、社会秩序还能维持下去吗?

当下民间流行的一句话叫"没有最好,只有更好"。完美的法治,当然是最理想的。确实,人们应当竭尽努力地向其趋近,然而毋庸讳言,人们肯定无法终极地进入此种境界。在现实中,即使再发达的法治国家,也难以保证制定法永不出错,甚至也可能制定出恶法。但必须肯定的,制定良法永远是立法者不可回避的天职和矢志不渝的追求。对公民而言,不管国家制定法情况如何,其始终没有义务追随恶法去作恶。

三、形式法治与实质法治

法治理论体系结构的形式因,指研究法治外在形式与内在实质及其相互关系。

关于法律善恶的讨论属于实质法治的范畴。实质法治理论的研究分为两侧面:一是涉及法治应当如何避免内容上恶的法律,这属消极的实质法治研究;一是涉及法治应当如何追求内容上善的法律或者良法之治,这属积极的实质法治研究。纵观历史,实质法治对良法的追求,各个时代有其不同的侧重点。在古罗马,塞尔苏斯(Celsus)把"法律"视为"善良公平之术";乌尔比安提出法律乃"善事与公正的艺术"。[①] 所以法学就是"关于正义和非正义的科学"。[②] 可见,西方古代实质法治理论关注的是法律内容的正义性问题。在近现代,实质法治追求的良法则是体现自由的法律。洛克说:"法律的目的不是废除或限制自由,而是保护和扩大自由","哪里没有法律,哪里就没有自由。"[③]黑格尔更认为"自由构成法的实体和现实性,法的体系是实现了的自由的王国。"[④]现代人的自由与古代人的自由不可同日而语。它主要体现的是个人的自由,以

---

① 参见吴湘文主编:《西方法律思想史》,吉林大学出版社 1989 年版,第 98 页;何勤华:《西方法学史》,中国政法大学出版社 1996 年版,第 55 页。

② 查士丁尼:《法学总论——法学阶梯》,张企泰译,北京:商务印书馆,1989:5。

③ 洛克:《政府论》(下篇),叶启芳、瞿菊农译,北京:商务印书馆,2003:36。

④ 黑格尔:《法哲学原理》,范扬、张企泰译,北京:商务印书馆,1961:10。

及对个人意志的尊重。① 在当代福利社会下,实质法治所追求的不仅仅限于保障个人自由的法律,更要求普遍平等地提升公民生活水平的法律,特别是向弱势群体倾斜的社会、经济与文化的法律。如同塔玛纳哈所指出的,19世纪"经典的自由观痴迷于限制政府暴政,它致力于为政府的行动划定界限,以确保个人享有自由去做乐意做的事情。在社会福利观下,法治规定政府有义务去帮助人民度上更好的生活,提升他们的生存状态,包括财富的正义分配。"②

相对于实质法治关注法律内容的善恶,形式法治理论则集中研究法律形式上的规范与否。阿奎那就曾提出过法律应该是一般性规则,同时也应该得到清楚的表述。③黑格尔认为:"法律规定得愈明确,其条文就愈容易切实地施行。但是规定得过于详细,也会使法律带有经验的色彩,这样,法律在实际执行过程中就不免要被修改,而这就会违背法律的性质。"④因此,立法者在制定法律时,应该在法律的抽象与具体之间找到一个平衡点,在法律的稳定性与灵活性之间找到一个折中点。尽管历史上的许多法学理论家都注意到了法治的形式性的一面,但却都没有给予足够的重视。⑤ 现代形式法治理论,哈耶克的贡献比较突出。他认为:"法治的意思就是指政府在一切行动中都受到事前规定并宣布的规则的约束——这种规则使得一个人有可能十分肯定地预见到当局在某一情况中会怎样使用它的强制权力,和根据对此的了解计划它自己的个人事务。"⑥作为一位法律实证主义者,在他的眼中,规则最为重要,而规则的内容是次要的。迥然有别,在富勒那里,形式法治被概括于体现法律内在道德的"程序自然法"之中,并开列著名的八项合法性(legality)原则,即法律的一般性、法律的公开颁布、法律不能溯及既往、法律的清晰性、法律不得自相矛盾、法律不得要求不可能之事、法律在时间之流中的连续性、官方行动与公布的规则之间的一致性等。⑦ 他认为对"程序自然法"的追求才能使人类行为服从于规则的治理。迄今,对形式法治理论的研究还在不

---

① 贡斯当认为"在古代人那里,个人在公共事务中几乎永远是主权者,但在所有私人关系中却都是奴隶。……与此相对比,在现代人中,个人在其私人生活中是独立的,但即使在最自由的国家中,他也仅仅在表面上是主权者。"具体可参见贡斯当:《古代人的自由与现代人的自由》,阎克文、刘满贵译,上海人民出版社2005年版,第35页。甘阳认为:"施特劳斯所谓'古今之争'的问题之一就是检讨从古典政治哲学的'善优先于权利'如何转变到近现代西方霍布斯以来'权利先于善'的问题。"其中今人所谓的权利即个人自由,古人所谓的善即共同体的正义。具体可参见施特劳斯:《自然权利与历史》,彭刚译,三联书店2003年版,第47页。

② Tamanaha. On the Rule of Law: History, Politics, Theory, Cambridge University Press, 2004:113.

③ 富勒:《法律的道德性》,郑戈译,北京:商务印书馆,2005:115。

④ 黑格尔:《法哲学原理》,范扬、张企泰译,北京:商务印书馆,1961:316—317。

⑤ 富勒也已经注意到了这一现象,他说:"历史上几乎每一位影响或大或小的法哲学家可能都曾偶然宣称法律应当公布、以便使那些受其约束的人们知道其内容。但很少有人感到有必要为这一命题提供充分的理由或者将其纳入到某种更全面的理论的覆盖范围之内。"富勒:《法律的道德性》,郑戈译,商务印书馆2005年版,第116页。

⑥ 哈耶克:《通往奴役之路》,王明毅、冯兴元等译,北京:中国社会科学出版社,1997:73。

⑦ 参见富勒:《法律的道德性》,郑戈译,商务印书馆2005年版,第二章。

断地深化。

实质法治与形式法治、恶法非法与恶法亦法这两组对应概念的关系,在现阶段处于模糊状态。在一些学者看来,实质法治与形式法治的区别,就是恶法非法与恶法亦法的区别。前面已叙,其实"恶法是否为法的问题"是针对法律的实质方面而进行的发问,只是自然法学者与实证主义法学者给出了不同的答案。实质法治是从"法律内容的善恶正当性"着手,而形式法治则是从"法律形式上的规范合理性"着手。形式法治并不直接指向法律内容的善恶或道德性的价值。研究形式法治的学者所谈的道德,通常指作为法律追求的"内在道德",而不同于社会实质正义的"外在道德"。尤其需要澄清的是,提倡形式法治的也并非都是实证主义法学者,菲尼斯作为当代新自然法学派的代表人物也持形式主义法治观。

在实质法治与形式法治的论述过程中,应特别注意实质法治与道德关系的辨析。众所周知,实质法治对法律的内容有道德上的要求,即法律的内容必须趋善避恶。但此处的善是指法律对正义的追求、对自由权利的尊重、对公民生活水平的保障,而不是指对人伦尊卑关系的维护。这两种道德是截然不同的。因此,我们可以将实质法治所追求的道德称为"正当(义)性道德",以区别于旧传统式的"伦理性道德"。

从形式与内容关系的唯物辩证观点出发,形式法治不可能同实质法治决然脱离而孤立存在。它只是出于认识层次和学术研究的需要而予以分开。实质法治必然具有道德价值追求。但即便如此,它仍有其面临的难题:一方面是,由于当今社会道德价值观的多元化,人们对行为的道德判断各不相同,比如关于堕胎、同性恋、安乐死等问题,不同团体、不同阶层、不同信仰的人都会有各自的看法。这就表明,实质法治尽管在追求"内容上善的法律"这点上能够达成共识,但在"何为善"的具体问题上却有歧见。另一方面是,由于政治意识形态的多样性,使得人们对法治的实质性内涵争论不休。比如在经济体制(自由市场的资本主义、中央计划经济)、政制形式(民主制、社会主义一党制)及人权观(自由主义、共产主义、"亚洲价值")等各方面,[①]不同国家的价值取向各不相同。若每一个国家都各行其是,按照自己对法治的实质性理解来适用"法治"概念,那么必然导致交流上的扦格。解决诸如此类的难题,必须求助于形式法治,就是彼此都遵照现行实证法来办事。在这个大前提下,基于共同的利益,努力寻找某种共同点,达致"和而不同"的状态。随着人类文明的进步,"同"的因素定会逐渐加大。

形式法治也并非是对规范事实的描述,它也必然有自身追求的目标与方向。富勒把法律形式上的要求归结为程序性自然法,意即形式法治虽不直接存在道德上的应然要求,但却存在规范形式上的应然要求。与此相似的是,拉兹也认为法治是一种理念,是法律应该遵守的一种标准。两位学者的共同点恰在于都认为形式法治是有价值属性的。首先,形式法治的实现利于限制专制权力。形式法治可以与专制权力相容,但

---

① Randall Peerenboom. China's Long March Toward Rule of Law, Cambridge University Press, 2002:3.

那种"法治"是"人治底下的法治",同近现代法治相背离。在多数情况下,法治总是对人治的限制与排斥。因而其次,形式法治利于保障公民个人的自由。黑格尔从应然角度上指出,法是"自由意志的定在"。① 所以,法治的核心就在于划定公权力与私权利的界限,实现个人自由。同时,在公民预知法律的情况下,政府可以名正言顺地对侵害自由的违法行为加以干预和矫治。最后,形式法治利于协调社会关系、齐一社会行为,致成和谐的秩序。如果说形而上的实质法治容易引起人们自说自话,那么形式法治的优点恰在于它具有必须服从的现实的普遍约束力,并且存在明确性和可操作性。

形式法治与实质法治之间,是对立统一关系。离开实质法治,形式法治就会变成空洞的形骸;离开形式法治,实质法治就会变成失体的幽灵。这两种情况,历史经验证明都难以避免为人治主义乘隙利用。一种理想的法治体系,既要有良好的形式法治,又要有良好的实质法治,并能使两方面紧密契合为一个生机勃勃的有机体。这正是形式法治与实质法治及其相互关系研究的大方向。

四、治民与治吏

法治理论体系结构的目的因,指研究作为法治对象的公民和官吏,也就是治民还是治吏或者两者兼治的问题。

对治民、治吏的讨论,我国古已有之。先人在强调礼乐治国的时候就将其同治民连在一起,曰:"安上治民,莫善于礼"②。即便法家在强调"以法治国"的时候,其考虑的核心对象也为普通百姓。如商鞅说:"法令者,民之命也,为治之本也。"③但突出治吏者亦不乏其人。如韩非子提出:"圣人之治也,审于法禁,法禁明著,则官治"④;甚至说治吏比治民来得更为重要,提出"明主治吏不治民"⑤。整部《韩非子》足有十万余言,半数以上的篇幅均在探讨如何治吏的问题。⑥ 中国先人的智慧可归纳为"君—臣(官吏)—民"的三级模式,认为民由官来治,君主只要治理好了官吏就能达到国家治理的理想境界。君主借助法、术、势,使官吏不敢恣意妄为,达到"天下大治"。当然,这种模式也不免带有浓厚的不平等的身份等级色彩。

与中国法家"以法治国"的法治不同,古代西方法治的基本内涵是"依法治国"。为治的主体,前者系君主与官吏,后者系法律。因此,古代西方平等遵守法律的观念基础比较牢固。虽然学者们也间或谈起"治吏(官)"的题目,但没有中国那么突出。直到

---

① 黑格尔:《法哲学原理》,范扬、张企泰译,北京:商务印书馆,1961:36。
② 《孝经·广要道章第十二》。
③ 《商君书·修权》。
④ 《韩非子·六反》。
⑤ 《韩非子·外储说右下》。
⑥ 宋洪兵:《韩非子治吏思想的前提预设及运作思路》,载《哲学研究》2014年第3期。

19世纪,奥斯丁仍然说:"国家所制定的规则,其作用是约束国内人民的行为。"①此种"法律—人民"的二级模式同其民主传统不无关系。但是,伴随着现代物质生活条件的发展和相应的群众觉醒,"人民主权"意识的不断提高,所谓的"服务政府""廉洁政府""效能政府"开始"登堂入室",以及当年"巴黎公社"践行的官吏为"人民公仆"的期盼复又愈益高涨。这种客观大势必然催发国家与社会关系的对接,强化对官吏队伍的管理与监督法律制度。于是,往昔奉为"法律—人民"的模式逐步提升为"法律—官吏—公民"的模式。但该模式中包含着颇为重要的一点是公民的地位空前提高了,即他们拥有要求官吏服务与监督官吏的权利。这意味着官吏不再是凌驾人民之上的特权者或统治者,而是从人民中来的服务者。诚然,这种理论上和法条上的期许要成为名副其实,尚待日后的验证。

在现代法治社会,公民、官吏(员)都应该在法律之下,受法律的管辖,由法律来统治。相应的,法律也分为两大块,一是治理公民的法律,一是治理官员的法律。前者是以民法与刑法为核心的法律部门群,针对公民,旨在赋予意思自治并设定行为的红色警戒线,主要包括调整公民之间人身财产关系,以及为公民设定禁止性行为规范(当然,官员首先也是公民,自然包括其中);后者是以宪法与行政法为核心的法律部门群,针对官员,旨在赋予公共权力并设定行为的操作程序,主要包括分配官员之间的公共权力,以及为官员设计权力运作的程序。因此,公民与官员一概都受法律治理,而没有例外。而且,法律规则的这种二分法也为公民与官员守法提供了前提条件。哈特认为,法治"一方面意味着一般人民(公民)对于初级规则的服从;另一方面意味着政府官员接受次级规则作为官员之行为的共同批判标准。"②

然而,在法治社会中,官吏(员)的身份更具特殊性。一方面,官员虽然是公民群体的一部分,但也是公民的管理者、公权力的行使者;另一方面,官员虽然受制于法律,但也是法律的制定者、执行者、适用者。正是由于官员身份的这种特殊性,法治社会的建设就需要格外地关注"治官""治吏"。只要政府官员"接受并适用法体系的效力判准,就会存在一个有效的法律体系"③,存在一种最低限度的法治社会。富勒在合法性原则中提到"官方行动与公布的规则之间的一致性"④,意在表明"书本上的法"与"行动中的法"须具有内在的统一性,但更是在强调官员行为的合法性问题。拉兹甚至认为,法律的统治在狭义的理解上即指"政府(官员)受法律的统治并尊重它"⑤。可以说,法治社会的主要特征并不在于公民没有违法,而是在于官员守法。官员受法律的统治是法治社会的核心特征。

---

① 奥斯丁:《法理学的范围》,刘星译,北京:中国法制出版社,2002:190。
② 哈特:《法律的概念》,许家馨、李冠宜译,北京:法律出版社,2006:111。
③ 范立波:《分离命题与法律实证主义》,载《法律科学(西北政法大学学报)》2009年第2期。
④ 富勒:《法律的道德性》,郑戈译,北京:商务印书馆,2005:96。
⑤ 拉兹:《法律的权威:法律与道德论文集》,朱峰译,北京:法律出版社,2005:185。

　　当然,一个国家的法律的治理目标与对象,在理论上应当包括全体公民或整个社会。官吏也是社会或公民群体的组成部分,所以,一般地说治民也包括治官在内。按照英国《大宪章》的说法,连国王亦"在法律之下"。但是,官吏这部分公民却又有民众管理者的特殊身份。官吏存在的意义就在于,国家立法者不能也无法做到亲自来实施法律来管理民众,而需要通过其他各种官吏才能做到。因此,官吏阶层作为法律与公民之间的中介体,发挥着极大作用。不过,如同孟德斯鸠早已讲过的那样,"一切有权力的人都容易滥用权力,这是万古不易的一条经验。"①因而,他们屡屡成为破坏法律的祸魁,令法律权威扫地,社会失范乃至崩溃。最终造成"官逼民反,民不得不反"的结局。类似情况,中外历史上屡见不鲜。据此可发现:"治官",是为了实现良好的"官治"。再通过大公无私、心系百姓的"循吏"群体的恪尽职守,使社会井然有序、物阜民丰和安居乐业。简言之,作为法律治理的对象目标而言,治民与治吏两者是不可须臾割裂的总体事业;差别仅在于具体的意义、目标和方法而已。

---

①　孟德斯鸠:《论法的精神》(上),张雁深译,北京:商务印书馆,1961:154。

人权视野下的法体系结构

市场经济在我国的推行和发展,对整个法律上层建筑产生了巨大影响,旧法律规范的删改、新法律规范的出现,成为我国立法领域的"新常态",法律的体系化成为法学理论必须回应的问题。然而,法律的体系化不仅仅是一个法律实证主义意义上的"形式化"过程,更是一个不断体现法的价值追求的"实质化"的过程。法是调整社会关系的规范,更是实现人的自由和权利的手段。社会的转型和发展,是一个社会关系不断分化、社会领域不断区分的过程,也是人展现其不同角色面向和权利要求的过程。这种不同社会领域中人的不同权利要求,最终决定着不同性质的法规范。同时,人的权利不仅是一个随着社会内部活动领域分化而不断分化的过程,也是一个随着不同社会之间交往、同化和整个人类文明进步而不断凸显其"类"的要求过程,也就是"人作为人"的基本权利不断丰富、实定的过程,这种要求自然会反映在一国的法规范中。

正是基于此种考虑,我们认为,应从"自然—人—家庭—社会—国家"这样几个范畴和领域的辩证关系(最重要的是社会与国家关系,即权利与权力关系)中考察法,从不同社会领域中人的不同权利要求定位法,由此提出我国的法体系应分为四个部分,即根本法、市民法(私法)、公民法(公法)和社会法。其中,根本法旨在实现人作为"普遍人"的"基本权利",市民法旨在实现人作为"市民"(经济人)的"市民权利",公民法旨在实现人作为"公民"(政治人)的"公民权利",社会法旨在实现人作为"社会人"的"社会权利"。

一、基本人权与宪法

民主和法治即宪政意义的宪法,是17、18世纪资产阶级革命胜利的成果之一,其目的就是要限制、约束、规范国家的权力,保护市民社会的权利,防止封建专制的复辟。17、18世纪之后,西方资产阶级借助社会同国家之间的互动关系,一方面稳固地掌握着政治国家,另一方面又通过产业革命建立起最发达、最典型意义上的市民社会。这种市民社会创造了民主的政治国家,又以民主的政治国家为支撑,有力地保障市民社会的经济自由与人身自由。于是,封建制度下的社会与国家的对立,变成近代的社会与国家的"统一"。但是,这种统一始终包含着由官僚操纵的、凌驾于社会之上的国家制度与市民社会为控制国家制度而"向国家派出的代表团"或"全权代表"①所形成的立法权或议决权这两者之间谁主宰谁的"二律背反"。正是从这种意义上,马克思说市民社会和政治国家的统一带有一定程度的虚伪性。尽管如此,政治国家毕竟是凭借市民阶级(最初称作"第三等级")的力量建造的。该阶级不会容许国家对自己为所欲为;反之,要求最大限度地制约政治国家。为了恰当地解决前述的"二律背反"引发的冲突,缓和市民社会与政治国家的争斗,以利于全社会的共同需要和共同发展,就必须找到连接两者的牢固纽带。这条纽带就是作为市民革命初衷的那种意志,就是美国《独立宣言》和法国《人权宣言》体现的精神,就是基于这些意志与精神的实证化而形成的根本法即宪法。所以如同整个国家制度一样,宪法事实上是市民社会与政治国家的"协议"或"契约"。②

作为市民社会与政治国家的"契约"的宪法,它把市民社会和政治国家作为共同的调整对象。它是市民社会奉行的最高准则,也是政治国家的最高准则,从整体上调整私权利关系和公权力关系。作为一国效力位阶最高的法,宪法规范是一切其他部门法规范(包括公法和私法)合法性(正当性)的根源,其他一切规范必须服从和实现宪法的宗旨,不得同其相平行,更不能超越和侵犯宪法。由此可以看出,大陆法系国家把宪法归结于"公法"的惯例值得质疑,更应强调或恢复宪法的"根本法"面貌和性质。

追本溯源地看,西方的"宪法—公法"说同大陆法系的国家主义历史传承有不可分离的联系。由于特殊文化背景所决定,古希腊人养成一种强烈的"人天生是政治动物"的城邦主义观念,把社会与国家并为一体,使社会变为国家(城邦)的附属品,即"希腊人的市民社会是政治社会的奴隶"③。在那里,以至于找不到相当于今天的"社会"(society)一词。这种情况通过提秀斯、梭伦和克里斯蒂纳等宪法的制定,不断地强化。显然,宪法是从属于国家制度,而非相反。后来的罗马人全面地发展简单的商品经济,社会开始从国家剥离,相应地有了公法与私法的区分。不过,在希腊人观念的巨大影响下,罗马社会尚未形成足以同国家相抗衡的实力。因而,那时的宪法性规范只能作为一般地调整"公共利益"的东西来看待,而不是高于"公法"并同时统领公法与私法意义上的根本法(母法)。经过"市民社会就是政治社会"④的黑暗的中世纪,到了近代的黎明时期,大陆国家又形成君主专制制度的统治,宪法的地位亦可想而知。与此不同的是,在英国,虽然不存在公法与私法的划分,而且宪法也仅仅属于普通法的一个组成部分,但它在群众中和政治制度上,都有着久远的、深厚的根基,是当然的和实际上的根本法。至于在前苏联和迄止"文革"的中国,虽然承认宪法是根本法,但在高度集权政治和计划经济体制之下,实行的是人治而不是法治,是政策政治而不是宪法政治(宪

---

① 参见《马克思恩格斯全集》第 1 卷,第 319—320 页。
② 参见《马克思恩格斯全集》第 1 卷,第 316 页。
③ 参见《马克思恩格斯全集》第 1 卷,第 335 页。
④ 参见《马克思恩格斯全集》第 1 卷,第 334 页。

政)。受此影响,在理论上就颇容易同大陆法系的"宪法—公法"说有很强的亲和力,亦即与"宪法—公法"说中的国家主义成分一拍即合。显然,那种现象现今已无继续重复的理由。

把宪法作为"根本法",不仅是指分析实证主义法学所强调的"形式"或"逻辑"意义上的法律效力最高,更重要的是指它在世俗社会中的"终极价值性",即它是"人的基本权利"的圣经。如果我们承认现代国家和法律不过是实现人的权利和自由的手段,如果我们承认国家权力的异化性和扩张性,那么,人区别于自然界之动物、人作为人也即"普遍人"的基本权利,就必须以"根本法"的形式予以明示和保障。这些基本权利是文明社会的底线,任何具体的权力形式在任何时候都不得侵犯。在这个意义上,根本法与"人权"是画等号的。这些人权就是"第一个人权宣言"①即美国《独立宣言》所宣布的"生命权、自由权和追求幸福的权利",就是法国《人权宣言》所宣布的"自由、财产、安全和对压迫的抵抗"权。随着资产阶级革命在其他国家的胜利,人权原则也被认为这些国家宪法的精髓。社会主义国家产生后,有了资本主义类型的宪法与社会主义类型的宪法之分;然而,在人权保护方面,这两种阶级本质不同的宪法却拥有共同的理念和支撑点,即都以保护人的基本权利为己任。在经济日益全球化的今天,一国的法律也越来越需要遵循人类法治文明的共识,宪法的"人权保障内容"成为各国特别是西方发达国家与发展中国家之间竞争和合作的基础。我国已于 2004 年把"国家尊重和保障人权"正式写入宪法,抛弃了"人权是资产阶级的东西"的错误观念。习近平"在首都各界纪念现行宪法公布施行 30 周年大会上的讲话"中,特别强调了我国宪法的根本法地位以及对人权事业的促进作用。

宪法是保障人权的根本法,其对人权保障的特征表现在:其一是普遍性。它既包括作为社会关系主体的人及法人的普遍性,也包括对象内容的普遍性即政治、经济、社会、文化、环境领域中的权利。其二是平等性。也就是坚持法律面前人人平等原则,不承认法律之外的特权。其三是均衡性。这除了政治上的协商制度、比例选举制度之外,在经济利益上,突出表现为尽可能缩小不同社会群体之间的差别尤其是贫富差别,向弱势群体倾斜。宪法的均衡性,是关系到社会和谐的重大问题。

当然,宪法作为保障普遍人权的"根本法",不能只是纸面的规定,而必须具体化到各个部门法的规定中,必须通过违宪审查程序和司法适用加以"激活"。正如习近平在前述"讲话"中明确指出的那样,"宪法的生命在于实施,宪法的权威也在于实施",这样的高度和决心无疑为宪法成为真正的"根本法"带来了希望。

二、市民权与私法

私法即市民法,是调整市民社会生产和生活关系的法,是人作为"市民"或者说作

---

① 参见《马克思恩格斯全集》第 16 卷,第 26 页。

为"经济人"的法,也即是说,私法以实现人的"市民权"(人权)为宗旨。私法包括民法和商法两大部门。

市民社会有广义和狭义之分。广义上的市民社会就是从物质方面加以强调的一般社会,简称"社会",社会主义社会是其形态之一。黑格尔和马克思常常把"市民社会"称为"经济国家",就是由于它是物质生活资料的生产和消费的领域或"需要的体系"。黑格尔第一次科学地发现和系统论述了市民社会与国家之间的对立,并把市场经济之下的所有权与契约规则界定为市民社会的核心内容。在黑格尔以前,思想家们虽然也使用过市民社会这个概念,但他们把市民社会和政治国家看成是同一个事物。黑格尔虽然区分了政治国家与市民社会,但在市民社会和政治国家谁决定谁的问题上,颠倒了两者之间的关系。马克思从历史唯物主义哲学出发,把黑格尔弄颠倒了的关系再颠倒过来,即不是政治国家决定市民社会,而是市民社会决定国家;国家是市民社会的外在表现,是市民社会基础之上的建筑物。市民社会与政治国家或曰公民社会在本质上就是经济基础与上层建筑的关系。狭义上的市民社会即指自由资本主义社会,它是从中世纪贸易城市兴起、经过资产阶级革命确定下来的,其典型形态就是19世纪的西欧和北美社会,即英国思想家梅因所说的"契约社会"。显然,我们所讲的市民社会不可能是指这种狭义上的市民社会。

市民社会与政治国家的分离,是市场经济发展的结果,而市场经济的灵魂乃个人所有制和契约自由。市民社会使人从国家主义、集体主义和整体主义压制下解放出来,使人成为独立的人,成为自由人格,拥有权利而又彼此竞争的主体。黑格尔指出,市民社会是个人追逐私利的领域,是一切人反对一切人的战场,并且也是私人利益与公共事务冲突的舞台。他说:"在市民社会中,每个人都以自身为目的,其他一切在他看来都是虚无。但是,如果他不同其他人发生关系,他就不能达到他的全部目的,因此,其他人便成为特殊的人达到目的的手段。但是特殊目的通过同他人的关系就取得了普遍性的形式,并且在满足他人福利的同时,满足自己。"①"市民社会的市民,就是私人,他们都把本身利益作为自己的目的。"②实际上,黑格尔所理解的市民社会中的"市民",就是亚当·斯密的"经济人"和边沁所讲的"功利主义者",自身利益最大化是其一切行动的目的。马克思认为,市民社会与政治国家的分离,使社会中的每一个独立的人也就担当着双重角色,他既是市民社会的成员,也是政治国家的成员。个人也具有双重身份:市民和公民。"在政治国家真正发达的地方,人不仅在思想中,在意识中,而且在现实中,在生活中,都过着双重生活——天国的生活和尘世的生活。前一种是政治共同体的生活,在这个共同体中,人把自己看作社会存在物;后一种是市民社会中的生活,在这个社会中,人作为私人进行活动,把别人看作工具,把自己也降为工具,成为外力随意摆布的玩物。"③

---

① [德]黑格尔著,范扬、张企泰译:《法哲学原理》,商务印书馆1961年版,第197页。
② [德]黑格尔著,范扬、张企泰译:《法哲学原理》,商务印书馆1961年版,第201页。
③ 参见《马克思恩格斯全集》第1卷,第428页。

由此可以看出,市民社会里的人是作为纯粹私人进行活动的,自由与平等是其基本原则,权利是其基本追求。这一切的总和就是本来意义上的真实人权。作为调整这种市民之间关系的法即市民法,就是维护私权利(市民权利)的法,也可以说是"人权法"。恩格斯说:"私法本质上只是确认单个人间的现存的、在一定情况下是正常的经济关系。"①在商品经济中,这个"正常的经济关系"就是商品交换得以存在和发展的法权制度。这个法权制度必须确立交换者(主体)的能力制度、物的归属(所有权)制度及物与物相交换(契约)制度这些商品经济的基石,同时它也是个人的独立、自由、平等的法律表现,就是权利。所以,私法的本质是个人权利②,它在形式上表现为一系列授权性规范。同时,根据市民社会对于政治国家的决定作用,可以知道,私法在一国的法体系中居于重要的基础性的地位。

随着我国市场经济的实行和推进,民商法已日益深入人们的生活,民商法学也日益成为一种"显学"。不过,与西方不同,私法(市民法)在中国不仅存在着先天不足,而且在新中国成立后的几十年中也没有能够得到正确认识和应有的发展。传统中国是一个以农业为主要生产方式,以儒家文化为主导的国家,国家只是大的"家",在"大家"与"小家"之间,中间社会组织一直处于缺位状态,以至于有学者认为,中国人的信任从未超出过家庭范畴③。新中国的成立是中国历史上国家性质最剧烈、最根本性的一次变革,然而脱胎于旧社会的新中国未曾剪断的仍然是国家主义这个脐带。在新中国成立以后的几十年中,中国逐步形成了"一大二公"的所有制体制和高度集中的计划管理模式,与此相适应的是政治权力全面支配社会生活这样一种国家与社会关系的格局。无可怀疑,这种国家主义,在新中国成立之初的国家重建过程中,曾发挥了很大的积极作用。但是,当国家重建的任务基本完成,社会发展已经步入正常的发展轨道之后,就越来越显示出它的弊端。可以说在改革开放之前的计划经济时代,社会被国家完全吞食了,社会的独立性遭到巨大的打击,个人的主体性蒙受严厉的限制。也可以说,改革开放的30多年就是一个市民社会艰难发育的过程,同时也是市民法由兴起到繁荣发展的过程。"市场经济就是法治经济",以实现和保障人的"市民权"为根本的市民社会和市民法的发展,内在地推动着我国的法治进程。

三、公民权与公法

市民社会与政治国家的分野不仅产生了现代意义上的私法,也产生了现代意义上

---

① 参见《马克思恩格斯全集》第4卷,第76页。
② 这里人也包括在法律上拟制的人,即法人,它是商法的重要主体。
③ 关于中国社会中间组织缺位导致的社会信任问题,可以参看郑也夫:《信任论》,中信出版社2015年版。

的公法,导致了市民权与公民权的确立,并且使公民权成为人权的一部分。① 公法即公民法,是调整政治国家领域内之关系的法,是人作为公民(政治人)所制定的法,包括刑法、行政法、程序法以及军事法。

市民社会并非万能,也并非是一个自足的体系,在市场和整个市民社会的原则失效的地方,就是政治国家起作用的地方。市民社会虽然拥有其自身的规律而独立于国家,但市民社会的市场规定性决定了它的盲目导向。由于"市民"的所有活动都关注于个人的私利或特殊利益,所以,市民社会是一个私欲间无休止的冲突场所。市民社会本身无力克服自己的不足和消除内部的利益冲突,如要维持其存在,就必须诉诸一个更高的伦理实体——国家。不过,在发生论上,国家是源自社会又凌驾于社会之上的特殊公共权力,它是市民社会的异化。马克思说,"完备的政治国家,按其本质来说,是和人的物质生活相反的一种类生活。"② 然而,社会主义国家又有不同于一般政治国家的特点。恩格斯在其晚年指出,社会主义国家是无产阶级在革命过程中不得不"暂时地"加以利用的"祸害"。"不得不"利用,指社会主义国家对社会主义社会的重要性、必要性、合理性和现实性;"祸害",指它本身包含着腐败的现实可能性和历史局限性。列宁说,社会主义国家一开始就不是"原来意义上的国家",而是很大程度上已经返回并服务于以广大人民为主体的社会的"半国家",而且最后要完全融入社会之中。③ 它的一切权力属于人民,国家官吏是人民的公仆。社会主义的国家性质,决定了调整这种政治领域的公法的性质。

公民法以保障人的公民权为核心。所谓公民权就是人的政治权利,"这种权利的内容就是参加这个共同体,而且是参加政治共同体,参加国家"④。它将市民社会的需求通过民主程序反馈到国家的政治决策层,以此来决定国家的法律框架与公共政策建构。同时,通过公民权的扩张,市民社会的各种群体,无论是经济或社会地位上居于优势地位的群体抑或是弱势群体,都获得参与国家决策及权力运行的机会;社会也由此强化对国家的控制能力。因此,公民权是市民社会与国家之间联系的纽带。

公民是市民的异化,公民权是市民权的异化。公民权与市民权的不同之处表现在:第一,公民权形式上一律平等,而市民权则绝非平等。作为市民,权利由本人自己来行使,互相绝非平等(平等的只是自由竞争的原则);而作为一个公民,政治上、法律上都被宣布为"一律平等",并且权利亦转化为权力,只能同别人一起来行使。这是用形式的权力(公民权)平等掩盖着权利(人权)的事实上的不平等。第二,作为市民权,只要是法律未禁止的,都是允许的;而作为公民权,则实行严格的法定主义。就是说公民权的行使以法律规定为限,法律未作规定的则不能行使。比如选举权和被选举权行

---

① 参见俞可平:《政治与政治学》,社会科学文献出版社2003年版,第82、83页。
② 参见《马克思恩格斯全集》第1卷,第428页。
③ 参见《列宁全集》第31卷,第16页。
④ 参见《马克思恩格斯全集》第1卷,第436页。

使主体的范围,就必须由法律给予明确、严格的规定。第三,公民权与义务紧密相联,一般地不得舍弃,而市民权则可以由权利主体自行放弃。公法上的权利,无论是国家对人民所享有的权利,或者人民对国家所享有的权利,都不是单为着个体权利者本身的利益,而是同时为着社会公共利益;所以若法律无特别规定,原则上不能舍弃。相反,私法上的权利,基本上以单一权利者本身的利益为目的;即使该权利消灭,亦无害于公益或他人的利益,所以除法律有特别规定者外,以权利者得任意舍弃为原则。①

不过,公民权(公权利)与市民权(私权利)又存在着一种交错的、彼此为前提的"二律背反"。一方面,是否享有公民权和平等地享有公民权,是市民权能否在法律中得到合理反映的前提条件。这是因为全体公民通过法定程序选举出来的人员组成议会(也就是市民社会向国家派出的代表团),由议会或代表团制定相关法律确定国家权力行使的边界以及市民私权利的框架。另一方面,市民私法权利的真正享有(私域自主受到平等保护)是其公权利能否充分行使的基础和前提。这是因为,只有充分地享有财产权等私法权利、基本物质生活条件有保证的情况下,人们才能谈到、才能"有暇"去行使选举权之类的公法权利。简言之,没有政治的参与权,经济利益就没有保障;没有经济利益的根底,政治参与权就没有保障。不论对于一个人或者一个阶层群体而言,其公民权与市民权皆是一损俱损,一荣俱荣。

基于公民权之于人的重要性,公法(公民法)就应以保障和实现人的公民权为己任,提高人们对国家事务进行决策和管理的能力,扩大人们参与国家事务的范围。这在实质上就是政治民主化的过程。政治民主化和公民法的发展是相辅相成的。就我国当前的民主进程来讲,特别应强调民主的程序化即程序民主问题。"正义必须以看得见的方式实现""无救济则无权利",这些法谚诏示我们,没有程序作保障,所谓的"一切权力属于人民"只能是冠冕堂皇的说辞。就公民个人来讲,在"经济挂帅"的当下也应克服"政治冷漠症"和"鸵鸟心态",不能甘愿沉浸在"经济人"的"独立王国"。积极参与国家事务,充分行使自己的公民权利,既是一种义务,也关乎公民自身的利益。

四、社会权与社会法

社会法是市民社会与政治国家相互融合的产物,同时也是私法公法化和公法私法化的结果。主要包括经济法(反垄断法、消费者权益保护法、产品质量法等)、劳动法、社会保障法、自然资源与环境保护法等。

市民社会中人的平等、自由只是形式上的平等、自由,由于主体实际地位的不平等,占有资源的不同,这种形式上的平等导致的结果必然是人的实质不平等,"契约自

---

① 参见[日]美浓部达吉著,黄冯明译,周旋勘校:《公法与私法》,中国政法大学出版社2003年版,第110页。

由"背后掩盖着意志的压抑和欺诈。这种人的实质不平等随着市民社会的发展愈来愈明显,越来越突出,严重影响着社会的稳定和谐。19 世纪末 20 世纪初,一些发达资本主义国家由自由竞争进入了垄断资本主义阶段以及由此带来的一系列尖锐的社会矛盾,就是最好的说明。因此,市民社会迫切需要国家"这只看得见的手"的介入和平衡。国家介入市民社会的趋势反映在法律上就是"私法公法化"。也就是,公法手段被不断运用于调整私人之间的交易,国家颁布大量带有强制性的法律法规来规制私人契约,先是劳动法,接着是反垄断法和反不正当竞争法,然后是证券法,较晚出现的是消费者权益保护法,以政府这只强有力的手来保护交易中处于弱势地位的当事人,尽可能实现实质公正。

同时,随着社会的发展,政治国家的治理理念和管理方式也不得不进行改变,这主要表现在以下两个方面:①按照以往的观念,政府是管理社会公共事务的唯一的权力中心。但现今,因各种社会利益集团的形成及其事实上的权力增长,管理社会公共事务的权力中心必然趋于多元化。它既可以是政府(占主导地位),也可以是非政府组织,还可以是政府和非政府组织的合作。②过去的统治观念认为管理是"我命令、你服从",而现在的治理理念则强调加强政府、非政府组织和公民之间的平等协商与合作。凡是政府必须要管的公共事务,政府高层可以采用招标、承包、委托等私法领域的手段,把一部分公共事务通过签订行政合同,交给企业、非政府组织、公民等来经营,即"官办民营"。这种国家以私人身份出现在法律关系中的结果就是"公法私法化",主要表现则是将平等对立、协商较量、等价有偿、恢复补偿等私法手段引入公法关系,国家成为私法活动中的主体。"公法私法化"的实质是国家向社会靠拢、权力向权利靠拢。

总之,20 世纪特别是第二次世界大战以来,资本主义法律制度及其运行的原则发生了很大的变化。国家和社会相互渗透,公法私法界限日渐模糊,社会法开始产生。社会法体系的概念,最早形成于 20 世纪初的德国和奥地利,以 1919 年《魏玛宪法》为主要标志。它是指为了实现社会政策而制定的诸如劳动法、消费者保护法和住宅法等所构成的,可以与公法和私法排列到一起的第三大法律体系。在英国,类似的法律被称为"社会安全法";在美国,则被称为"社会福利法";在法国,凡是有关公共秩序或利益、劳动关系以及经济安全保障的法律都被称为社会法,但学者所称的"社会法"主要包括劳动法和社会安全法。

社会法虽然是作为公法与私法相融合而产生的第三法域,但这一中间地带一经形成,就有既区别于公法,也区别于私法的特征。社会法最本质的特征在于其中的人的不同。社会法的人是"社会人",与市民法中的"市民"不同,这种"社会人"是一种追求实质平等的人。市民法中人的平等是一种表面平等即形式平等,其含义包括机会平等、程序平等。市民法要保障的就是人的形式平等,而不是实质平等。正是这种形式平等,使雇主利用其优势地位剥削劳动者,大企业利用有利地位控制消费者。一言以蔽之,优势群体压抑弱势群体。另外,市民的自由是一种没有他人或国家强权干涉的自由。对于这种自由,F.哈耶克的评价是:"我们可能是自由的,但同时也可能是悲苦的。""所谓自由亦可以意指有饥饿的自由,有犯重大错误的自由,或有冒生命危险的自由。"①总之,以自由、平等为理念的市民社会中的人最终却越来越不平等、越来越不自由。社会法所关注的正是这种人的表面平等下的实质不平等,表面自由掩盖下的实质不自由,其使命就在于实现社会的实质正义和矫正正义,其途径则在于保障人的"社会权"。

社会法确认、保护人的社会经济文化权利,以逐步实现人的实质平等,其方式主要有两个,也可以说社会经济文化权利有两种表现形态:一是借助国家力量限制或牺牲某些人的自由,减少某些人的利益,并将以这些办法收集的社会资源分配给社会的弱势群体,如失业工人、妇女、儿童、残疾人、消费者等。在此意义上,这种社会经济文化权利又被称为"类权利"或"集体权利"。二是以全体社会成员共同需要为基础,其利益指向对象是全体人,比如环境权、公共服务设施方面的权利等,这些权利的核心问题是如何通过国家的再分配来弥补自由市场的缺陷以及其负面效应,以满足市民社会的共同需求。

社会经济文化权的确立和发展,与公民的政治权利密切相关。公民政治权利的扩展,为社会经济文化权的兴起开辟了道路。随着普选权的实现,使绝大多数弱势群体参与到国家权力的运行过程中,由此获得争取自身利益的机会。诸如教育、健康、就业、最低生活保障等方面的社会福利或经济利益的公正分配,开始被作为法定的权利而得到确认和保障。社会福利不再是社会或国家为贫困阶层提供的一种恩赐式的救助,而成为公民对国家提出的一种法定要求,一种国家必须承担的义务。

近些年,伴随着市场经济带来的经济繁荣,我国的社会问题也日益严峻。如贫富差距、环境污染、自然资源保护、食品安全、教育、就业、住房、医疗等一系列问题。这些问题的解决迫切需要进行社会立法,以保障人的社会经济文化权利,实现社会实质正义。

社会法代表着法律未来发展的趋势和方向。根据马克思的社会发展理论,国家最终是要回归于社会的,并实现二者真实统一。社会法就是国家向社会回归这个过程在法律上的反映,它追求的是人的全面发展和整个社会的和谐进步。社会主义社会,作为在社会与国家关系方面以"社会"为本的社会,社会法应是其题中应有之义。因为社会法含有最多的社会主义的意蕴,它是推动国家与法走向消亡途径的有力的规则形式。在全球化迅速发展的今天,社会法在全球治理方面也在日益发挥其重要作用。一句话,社会法是人类实现自我解放的必不或阙的选择。

与任岳鹏合写。

---

① [英]F.哈耶克著,邓正来译:《自由秩序原理》上册,三联书店1997年版,第13页。

"礼法合治,德主刑辅"及其当今启示

中华民族是世界上人口最多的社会群体,历经几千年生生不息,文化源远流长。在治国安民方面,我们的祖先积淀了丰富的经验,至今一脉相承。今天的中国也必然地要承继这种本土特色,在治国理政方面,不应排斥而应承继这份宝贵的历史遗产。若否弃民族文化基因,就难免受到西方意识形态侵蚀,背离中国特色社会主义道路。

2014 年 10 月 13 日,习近平在中共中央政治局第十八次集体学习时提出,中国社会治理中应合理借鉴中国传统文化中的"礼法合治、德主刑辅"理念。他指出,中华优秀传统文化是我们最深厚的文化软实力,也是中国特色社会主义植根的文化沃土①,同时强调,"中国特色社会主义政治制度过去和现在一直生长在中国的社会土壤之中,未来要健康苗壮成长,也必须深深扎根于中国的社会土壤"②。2014 年 10 月 25 日,王岐山在党的十八届中央纪律委员会第四次全体会议上提到了"礼法相依、崇德重礼",认为中国传统文化中有"丰富的礼法相依、崇德重礼、正心修身的历史智慧","中国传统文化是责任文化,讲究德治礼序。孝悌忠信礼义廉耻是中华文明的 DNA"。"礼法合治"指统治者治理国家的大略或总方针,"德主刑辅"指国家管理百姓的具体渠道或者基本方法。中国从汉至清延续两千多年的"礼法合治、德主刑辅"理念,对今天社会主义中国的伦理道德建设与法治国家建设颇有启发性。本文拟以春秋战国时期和汉朝为重点,阐发"礼法合治,德主刑辅"的命题。

一、"礼法合治,德主刑辅"的内涵分析

（一）"礼法合治"的基本治国方略

礼与法的共同点在于,它们皆属制约人们行为的规范或规则。不同点在于,礼主要靠人的自律和风俗习惯保障实施,而法律主要靠国家强制力保障实施。因此,是否具有国家强制力保障便成为礼与法的本质区别。

1. 礼治

礼最早始于人们对天、神、鬼的祭祀,维护辈分等级及相互团结合作关系。礼实施的基本理念,是"礼之用,和为贵"。礼主要包含两层含义:礼本身正是一种观念或曰

---

① 参见 2013 年 8 月 19 日习近平在全国宣传思想工作会议上的讲话。
② 参见 2014 年 9 月 6 日《人民日报海外版》《坚持走中国特色社会主义政治发展道路》。

"礼义",实质上是作为法律精神的"法";礼还有一层意思曰"礼仪",是礼义的外在形式,属于程式性的规范。中国古代的礼仪十分繁杂琐细,所谓"礼经三百,威仪三千":上者有国家举行的大典、外事交往;下者有民间婚丧、待人接物乃至衣食住行等日常生活中的举止,无所不包。

礼的合理内涵博大精深。如:尊老敬贤、仪尚适宜、礼貌待人、容仪有整,以及仁义、中庸、尊重、谦虚、诚信、敬业、友善、爱国,等等。像"养心莫善于寡欲","富贵不能淫,贫贱不能移,威武不能屈","老吾老以及人之老,幼吾幼以及人之幼","来而不往,非礼也"之类耳熟能详的古老名言,在四书五经中俯拾即是。礼的合理内涵中,家文化是一个十分重要的方面。所谓"一屋不扫,何以扫天下",如果每个家庭成员都履行好其在家庭中的义务,尊重家庭其他成员的想法和感受,在家父慈子孝,在外以同样方式待人处事,家国自然一派和谐。家文化不仅使个人心灵有所归依、精神有所归属,也有助于实现天下一家、天下大同的理想。如劳乃宣所言:"本乎我国固有之家族主义,修而明之,扩而充之,以期渐进于国民主义,事半功倍,莫逾乎是。"①赵汀阳在《天下体系》一书中拟构建一种新的世界体系,这个体系的核心和基础就是家文化,实践操作的要求是按照"家"的形式和精神理念构建整个社会体系乃至世界体系,寻求体系的和谐而排斥个体的孤立状态。② 家文化是礼文化中需要发扬的一个重要方面。但是,一定要注意对其理念的正确理解,不能把其归结为家长霸权。由于礼所追求的家、社会、国家的秩序的构建是体系化构建,追求和谐、稳定、天下大同的理想,所以中国的礼必然同政治相关联,同社会治理方法结合在一起。唯有国家的治理理念和民众所追求的礼的价值相契接,家、社会、国家的维系和发展理念相一致,礼在治国中才可实现。礼与治国方法是共生共存的。

不容否认,礼有许多过于繁杂琐碎之处。在今天,作为繁琐的、不必要的仪式的礼只能当作一种历史文化看待,而无借鉴价值,必须予以摒弃。礼还有许多不合时宜的内容,如:礼在历史上失民心的主要原因在于,礼曾一度用来保护封建等级秩序,所谓"礼不下庶人,刑不上大夫",不同阶层的人需要遵守的礼不同,公开保护人们之间的不平等。如果依旧宣扬这些或繁琐或不合时宜的"礼"的内涵,就会使人们对"礼"产生厌烦与不信任感,进而不利于"礼"的推行。所以,对"礼"的内涵有所损益是时代的要求。

2.法治

在奴隶制向封建制转型的春秋战国时期,国家形势巨变,一统的周王朝分裂成数以百计的大大小小的诸侯国家,它们彼此角逐,战争频发。在此危机的境况下,各个国家无不面临着如何壮大经济实力、应对战争这个生死攸关的重大而迫切的实际问题。

---

① 劳乃宣.桐乡劳先生遗稿[M].台湾:文海出版社,民国58:873.
② 赵汀阳.天下体系[M].北京:中国人民大学出版社,2011.

事顺时迁,要有效解决实际问题就必须对往昔"崇礼轻法"的治国理念和治国方式进行及时的调整。相对而言,礼(包括礼义和礼仪)作为规范,突出人的观念与自律,具有隐性、柔性和稳定性的特征,其不易与时俱进的保守倾向很强,因而难以成为新兴统治者们随机应变、得心应手的工具。当下,能够填充"礼崩乐坏"社会空间的,便是"以法治国"的理念和方式。

法治的倡导者和实践者,是一批富于时代敏感性的法家人物。他们的中心思想是批判礼治主义,追求变法改制,实行法治主义,认为法的基本功能是"兴功惧暴","定分止争"①。与儒家主张相反,法家主张的单一性的法治论中含有明显的功利性质,强调法的"耕战"的实践效用,突出规范的他律及显性、刚性和可变性的特征,能适应时代而鼎新革故。在法家理论的指导下,落后而偏僻的秦国在经济、军力上迅速壮大,结束了诸侯割据的局面,实现了"大一统"。

3. 礼法合治

但是,法家的"以法治国"思想,本质上是替君主专制主义服务的。秦始皇既是"千古一帝",也是"千古罪人";他进行的浩大工程和靡费耗尽社会财力和民力,其严刑峻罚更使民众苦不堪言,这就必然引起民怨沸腾,群起而攻之,遭致二世而亡的命运。单一性礼治倾向既已过时,单一性法治倾向亦不免暴露出其历史局限性。秦之后,国人以秦为鉴,反思其奉行极端的人治之下的法治的巨大弊病,从中吸取教训,重新寻求尽可能完善的治国之道。

汉初,为恢复和发展备受几百年战乱摧残的国民经济与百姓正常生活、稳定社会秩序,政治家们将关注点置于道家学派的"黄老之术",实行"无为而治""与民休息"和"使民以时,减轻税赋"的政策,也重视前贤们的礼治、法治思想中的合理成分。武帝登基时,采纳董仲舒"罢黜百家,独尊儒术"的主张,再次抬高礼治的地位,而实际走的是"礼治为本、礼法合治"的新道路:这既不同于夏商周三代的单一性礼治倾向,也不同于春秋战国时期尤其秦朝的单一性法治倾向,而是一次历史性的否定之否定;它是取代前二者而起的新型治国大略。在董仲舒思想基础上,学者们不断地予以论证和发挥,其主导潮流就是以德为先的"礼法合治"。这种治国大略,一直延续至清王朝,其间一以贯之,始终不辍。

(二)"德主刑辅"的理民思维进路

"德主刑辅"是与"礼法合治"治国大略对应的主要理民方法,又是实现"礼法合治"的具体表现。如同前述,这里所说的"德"即礼义的教化,"刑"是对违法的惩罚。在古代,法与刑或刑罚常常当做同义语使用。因此,"德主刑辅"也可以表达为德与刑之间的先后、本末、轻重、大小、厚薄的衡量关系。在实践中,对两者这种对应关系必须牢牢地加以把握,否则就会背离"礼法合治"的大前提。

---

① 姜涛.管子新注[M].济南:齐鲁书社,2006:378.

长达五百年的春秋战国时代,儒家和法家之间的礼法关系之争必然包括德刑之争,其关键点归结起来无非就是:在理民过程中如何措置德与刑。这场争论的实际结果是法家占据上风。概言之,法家的基本观点是重刑主义,主张"以刑去刑"。刑就是凭借"力、强、威"的逼迫与恐吓,而让民众循规蹈矩,趋善怀德。所以,他的结论便是"德生于刑";或者说国家有刑德二柄,但治民不能靠德而主要靠刑乃至重刑,重刑之下才有百姓的安宁生活,从而得出"轻刑伤民"的结论。从当时的战乱背景来说,法家主张重刑主义是可以理解的。不过,如同老子所说,一旦到了民不畏死的时候,死是奈何不了他们的。对于这一层,法家学者似有忽略。单纯凭持暴力手段来理民,终会激起民怨沸腾,官逼民反,大秦帝国的覆灭是一个生动的例证。

同法家的重刑主义相反,儒家在德主刑辅的议论中强调"以德去刑"。孔子最先为这种理民思想奠定了基础。不过"以德去刑"的表达,并非意味着否定刑存在的必要性,而是重在指出刑必须建立于德或礼义的价值基础上。否则就不免导致"虐、暴、贼",残害百姓。在汉武帝之后,继董仲舒"大德而小刑"而兴起的学者们,几乎异口同声地抨击法家的重刑主义,宣扬"重德薄刑"或"敦德化而薄威刑"之类的观点。儒家薄视刑的一个内容就是鄙视争讼,倡导"无讼""贱讼"。这至少体现在两个方面:一是戒讼。所谓戒讼,体现在家庭成员之间禁讼,认为诉讼有悖宗法伦理。"骨肉争讼",有伤"风化"。① 中国法律独有的"亲告罪"的规定可以充分说明这一点。体现在与他人之间的戒讼,则是害怕有损自己的品格和形象,因为诉讼既起,"失邻里之欢,且亏廉耻之节"②。此外,中国传统社会把律师贬斥为"讼棍",可以反映人们对诉讼的排斥和厌恶心理。二是调解。一旦纠纷出现,人们总是力争在家族家庭内部调解结案,迫不得已才提交政府司法机关裁判,而法官也唯求调解结案。因为按照孔孟儒家学说的理解,争讼纷起,不是别的原因,而是道德沦丧之所致。法官不能息讼,也通常被社会认为是品行欠缺、道德教化不力之反映。历史上,法官在处理案件过程中,因为法律与儒家道德传统发生冲突,无从裁判或无法说服争讼双方,撤诉挂冠而去者,时有出现。

特别需要注意,儒家学派在提倡德主刑辅的过程中,十分重视对民众的教化的意义,张扬"教化为大本",而严厉谴责"不教而杀"。伴随中华封建帝国的不断新陈代谢,德化教育益盛。不论是鸿篇巨制的学术著作,还是各种体裁的文化艺术的传播,以及难以数计的乡规民约、祖训家教,无不充盈着德礼精神。此外,各类社会群体都会有其相应的教化书文。如适于一般人的《千字文》《名贤集》《朱柏庐治家格言》,适于农家的《庄户杂志》,适于女性的《女诫》《女儿经》等。至于少年儿童的书文则更为丰富,有《三字经》《弟子规》《神童诗》以及图文并茂的《二十四孝图说》等,让孩子们通过经年累月的背诵和耳濡目染的神会,便能在其天真无邪的幼小心灵深处铭刻下德礼的印

① 班固.汉书[M].北京:中华书局,2012:2772.
② 朱熹.朱熹集[M].四川:四川教育出版社,1996:5094.

记。礼仪之邦或德治大国，经由此种无处不在、无孔不入。积世累代的教化与灌输，使德礼观念在民众中扎根生长，再助之以制度保障及刑威的矫治，历久而弥固。不言而喻，其中也难免混杂着不少旧意识形态和文化的糟粕。

二、"礼法合治，德主刑辅"的当今启迪

（一）以民为本与富民教民

根据古贤们的主流思想，治国理政的出发点和归宿点在于一个"民"字，即以民为本、以民为贵和顺民之心。管仲说："政之为兴，在顺民心；政之所废，在逆民心。"[1]荀子认为："天之生民，非为君也；天之立君，以为民也。"[2]西汉淮南王刘安更直接地指出："民者国之本也。"[3]贾谊说："闻之于政也，民无不为本也。"[4]东汉的王符也表达了同样的意思，即"国以民为基"[5]。宋朝闻名的大清官包拯说："民者国之本也，财用所出，安危所系，当务安之为急。"[6]这种民本主义，正是中华政治文化传统中最为闪光之处。首先，以民为本展现一定程度上人的主体性，它有助于激发百姓奋力于生产劳动，创造财富的积极性；同时也利于降低百姓的逆反情绪，遵法循令，以官家的"牧使"，建立所谓"大治"的盛世。其次，民是国家域内的整体即族群的组成分子。以民为本观念体现民与民之间的横向联结与协同，因此能强化中华民族凝聚力，使之随着历史进程而愈益牢固。最后，民同以帝王为中心的官是对应的。以民为本意味着统治者必须关注民情，体恤民意，顺遂民心。若非如此，一旦统治者让百姓不能聊生，便会导致"官逼民反"，出现无法无天、秩序大乱的局面。历代有作为、有声誉的政治家和思想家之所以反复强调"水可载舟亦可覆舟"，其道理正在于此。

那么，如何实行以民为本呢？古贤的想法大致可以归结为以下两个主要方面，一是物质上的富民，一是精神上的教民；其中，富民先于教民。法家学派先驱管仲率先断言："仓廪实而知礼节，衣食足而知荣辱。"[7]儒家学派创始人孔子进而提出"先富后教"的主张。[8]孟子提倡"夫仁政，必自经界始"[9]。所以，"明君制民之产"，"然后驱而之善"。相反，一旦人民陷于饥寒交迫的深渊而又不可得救，"奚暇治礼仪哉"[10]。此时，

① 姜涛.管子新注[M].济南:齐鲁书社,2006:3.
② 张觉.荀子译注[M].上海:上海古籍出版社,2012:416.
③ 陈广忠.淮南子校诠[M].合肥:黄山书社,2008:446.
④ 贾谊.贾谊集.贾太传新书[M].长沙:岳麓书社,2010:100.
⑤ 王符.潜夫论[M].开封:河南大学出版社,2008:202.
⑥ 张田.包拯集[M].北京:中华书局,1963:85.
⑦ 司马迁.史记[M].长沙:岳麓书社,2011:937.
⑧ 李泽厚.论语今读[M].三联书店,2008:382.
⑨ 孟子.孟子[M].郑州:中州古籍出版社,2007:100.
⑩ 孟子.孟子[M].郑州:中州古籍出版社,2007:37.

国家法度、社会秩序就无从谈起。继孔孟之后,荀子亦强调"足国之道:节用裕民,而臧善其余"①。在西汉,贾谊曾曰:"饥寒切于民之肌肤,欲其无为奸邪盗贼,不可得也。"②晁错《论贵粟疏》亦表达相同的意思,即"民贫则奸生,贫生于不足"。乍一看来,这些论说似乎非常浅显易懂,但其中却蕴含着深邃的唯物史观成分。

马克思指出,"主体是人,客体是自然"③,"人是人的最高本质"④。中国共产党诞生伊始就坚持马克思主义关于人的主体性观点,弘扬古贤"以民为本"精神,以人的解放和人民当家作主为己任。2003年党的十六届三中全会,进一步明确提出"以人为本"的国家发展方针。人是"作为有生命的自然存在物"⑤,他们"为了生活,首先就需要衣、食、住以及其他东西"⑥。所以,物质生产方式对人的生存与发展有决定意义。邓小平提出,在改革开放过程中必须始终要"以经济建设为中心",第一步是跨入"小康社会"。当然,人属于精神动物,因而不能仅限于衣食住的需求;他们还要在相应的物质条件之下,满足精神文化的需求。这种客观现实决定了党和国家在提高生产率的同时,要大力开展社会主义精神文明建设,尤其是马克思主义意识形态的教育。精神文明的提高不仅是推动经济建设的巨大动力,而且是使国家建设一以贯之地沿着社会主义大方向前进的可靠保障。

(二)法治与治国

古代,特别是周朝,中国便以"礼仪之邦"著称,十分突出以礼治国,但相比之下,对法律的作用重视不足。那个时期主导的社会关系是贵族与没有人身自由的奴隶两个阶级的关系,奉行"刑不上大夫,礼不下庶人"原则。调整统治阶级内部关系适用"礼"的规范,对被统治阶级主要适用"刑"的规范。"刑"字虽然含有"法"的意思,但通常被当作"罚"来理解与应用。此乃异常明显地表现少数"大夫"与大多数"庶民"在规范上的不平等。但是,时至春秋战国,社会关系发生大转型:贵族大夫阶级的统治地位为新兴地主阶级所取代,而昔日庶人奴隶已成为拥有部分人身主体性与权利限定性的农民阶级。因此,专门调整贵族规范的礼已经过时,亟须凸显某种形式平等的法,释放广大农民群众的耕战潜能量。2014年春习近平引用《韩非子》中的"奉法者强则国强,奉法者弱则国弱"⑦,正是当时客观社会背景的反映和实践经验的总结。

在中国历史上,强调法律的作用,提出"依法治国"主张,是法家学派的重要贡献。韩非是法家思想的集大成者。对他而言,前有来者,后有随者。管仲率先言道:"法者,

---

① 张觉.荀子译注[M].上海:上海古籍出版社,2012:119.
② 贾谊.贾谊集.贾太傅新书[M].长沙:岳麓书社,2010:34.
③ 马克思、恩格斯.马克思恩格斯选集第二卷[M].北京:人民出版社,1972:88.
④ 马克思、恩格斯.马克思恩格斯选集第一卷[M].北京:人民出版社,1972:9.
⑤ 马克思、恩格斯.马克思恩格斯全集第四十二卷[M].北京:人民出版社,1979:106.
⑥ 马克思、恩格斯.马克思恩格斯全集第四十二卷[M].北京:人民出版社,1979:31.
⑦ 人民日报评论部.习近平用典[M].北京:人民日报出版社,2015:267.

天下之程式也,万之仪表也","故明主之治,当以法赏之,违于法者诛之"。① 继而,荀子说,"法者,治之端也"②。商鞅不仅鼓吹"垂法而治"③"不可须臾忘于法"④和"立法明分而不以私害法"⑤,更提出法统一性的"壹刑"和法律平等即"刑无等级"的思想。他指出,"所谓壹刑者,刑无等级,自卿相将军以至大夫庶人,有不从王令、犯国禁、乱上制者,罪死不赦。"⑥在西汉,文帝云:"法者,治之正也,所以禁暴而率善人也。"⑦淮南王刘安亦云:"衡之于左右,无私轻重,故可以为平。绳之于内外,无私曲直,故可以为正"⑧,"是故公道通而私道塞矣"⑨。至唐朝李世民依然强调,法律"赏不避仇雠,罚不阿亲戚,此天下至公之道"⑩。宋朝,包拯云:"法令既行,纪律自正,则无不治之国,无不化之民。"⑪王安石曾云,"盖君子之为政,立善法于天下,则天下治,立善法于一国,则一国治,如其不能立法,而欲人人悦之,则日亦不足矣"⑫,"朝廷之法当内断以义,而久远便民而已"⑬,"盖夫天下至大器也,非大明法度,不足以维持"⑭。明末清初学者黄宗羲则直率地批评"有治人无治法"的旧人治观念,而认为"有治法而后有治人"。⑮

法家学派倡导的"以法治国"和变法改革体现与时俱进的辩证法,极大推动生产力发展与国家统一,功不可没。但是,其局限性亦是明显的。它推行的"法治"并非建立于民主基础上的法治,而是人治之下的法治,即作为专制君主实行统治的工具。再者,法家过分贬低礼义、道德的观点,又明显的是一种社会规范适用上的片面性,因而是不可持续的。

新中国建立后,社会主义民主由宪法和法律作了明确规定,但在一段时期内,这种民主却没有同法治相配套,使法治越来越受到漠视,人治思想不断滋长。"文革"期间一度开展的"批儒评法"是个显著的例证。此种情况从邓小平主持中央工作之后,才得以改变。他说:"现在我们要认真建立社会主义民主和法制。只有这样,才能真正解决

① 姜涛.管子新注[M].济南:齐鲁书社,2006:456.
② 张觉.荀子译注[M].上海:上海古籍出版社,2012:163.
③ 商鞅.商君书[M].长沙:岳麓书社,2011:39.
④ 商鞅.商君书[M].长沙:岳麓书社,2011:71.
⑤ 商鞅.商君书[M].长沙:岳麓书社,2011:47.
⑥ 商鞅.商君书[M].长沙:岳麓书社,2011:54.
⑦ 司马迁.史记[M].长沙:岳麓书社,2011:7.
⑧ 陈广忠.淮南子校诠[M].合肥:黄山书社,2008:394.
⑨ 陈广忠.淮南子校诠[M].合肥:黄山书社,2008:426.
⑩ 司马光.资治通鉴[M].郑州:中州古籍出版社,2010:1989.
⑪ 张田.包拯集[M].北京:中华书局,1963:14.
⑫ 王安石.王文公文集(上册)[M].上海:上海人民出版社,1974:302.
⑬ 李焘.续资治通鉴长编[M].北京:中华书局,2004:5433.
⑭ 王安石.王文公文集(上册)[M].上海:上海人民出版社,1974:17.
⑮ 黄宗羲.明夷待访录[M].北京:中华书局,1981:7.

问题。"①中共中央十五大正式把"依法治国,建设社会主义法治国家"作为"基本治国方略"。新一届中央进一步将全面深化"法治中国"建设作为"四个全面"的主项之一。习近平要求党政干部,尤其领导干部,要善于运用"法治思维"和"法治方法"来考虑和解决国家治理中的实际问题。

(三)德治与法治

在治国安民方面,法律的作用十分重大。尤其在阶级尖锐对立和利益分歧悬殊的社会,不能设想没有法律人们如何可能普遍地为他人着想、服从国家的管治和形成良好的社会秩序。可是,这样讲并不是倡导法律全能主义。在任何一个社会里,法律皆非孤立的、自足的存在物;作为一定生产方式决定的社会规范现象,除了法律之外,还有道德(礼义)、风俗、习惯、乡规民约、家族训诫及诸种社会群体组织的规则、宗教规则,等等。它们同法律之间是相互制动与耦合的关系。对一个国家而言,其中功能最强的莫过法律与道德(礼义)两者。法律属形之于外的国家制度,道德属潜在于内的社会精神(主要是统治阶级的意识形态)。法律总是由社会精神所支配,并体现与实现这种社会精神。国家缺道德必成乱国,为政缺道德必致暴政;同样,法律一旦失去道德性就是恶法。由是观之,治之具的法律与治之魂的道德之相关性,就要求"以法治国"与"以德治国"紧密结合。对此,古代一些贤人已有观察。

"以法治国"思想先驱当属管仲,但他并非因此轻视道德或礼义。相反,他认为"招携以礼,怀远以德,德礼不易,无人不怀忍……违此二者,奸莫大焉"②,又说"国有四维","一曰礼,二曰义,三曰廉,四曰耻","若四者不张,国乃灭亡"③。荀子亦指出,"不知法之义,而正法之数者,虽博,临事必乱"④,把德礼视为法之根基。在汉朝,贾谊指出,"夫礼者禁于将然之前,而法者禁于已然之后,是故法之所用易见,而礼之所为难知也","以礼义治之者积礼义;以刑罚治之者,积刑罚。刑罚积而民怨背,礼义积而民和亲"。⑤ 董仲舒系统阐发孔孟关于德刑关系的思想,主张"明德慎刑","厚其德而简其刑"。⑥ 学者王充认为:"出于礼,入于刑,礼之所去,刑之所取,故其多少同一数也。"⑦仲长统说:"德教者,人君之常任也,而刑罚为之佐助焉。"⑧曹操主张相应治与乱而用礼与法,"夫制定之划,以礼为首;拨乱之政,以刑为先"⑨。历代政治思想家们突出法的禁止性和义务性而忽略法的授权性,甚至认为法即刑、刑即法,显然极其片面。那是封建

---

① 邓小平.邓小平文选[M].北京:人民出版社,1994:348.

② 杜预.春秋左传集解[M].南京:凤凰出版社,2010:137.

③ 姜涛.管子新注[M].济南:齐鲁书社,2006:1—2.

④ 张觉.荀子译注[M].上海:上海古籍出版社,2012:163.

⑤ 班固.汉书[M].北京:中华书局,2012:1965.

⑥ 董仲舒.春秋繁露[M].北京:中华书局,2012:465.

⑦ 王充.论衡[M].长沙:岳麓书社,2006:166.

⑧ 吕效祖、赵保玉.群书治要考译[M].北京:团结出版社,2011:269.

⑨ 曹操.曹操集[M].北京:中华书局,2012:44.

主义社会关系的必然产物。因为,在商品货币经济尚未发达到足以催生权利观和私法意识的情况下,重视法的刑事功能、淡漠法的民事功能就在所难免。即使如此,古贤们将德礼视为法的内在精神,把法看作是实现礼的保障,却是不无道理的。

物质的建设与精神的建设"两手抓,两手都要硬",是邓小平理论的重要组成部分。其中就蕴涵着以法治国与以德治国相结合的思想。实践证明,邓小平的预告和警告完全正确。我国实行市场经济体制之后,国民经济获得迅速发展,人民生活条件获得显著改善。新时期物质文明带来新型精神文明水平的提高,人的独立、自由、个人权利意识等生长起来。不过,另一方面,由于激烈的利益竞争、贫富两极分化愈演愈烈,许多人尤其社会弱势群体的心理失衡;再加上一些地方和部门的领导只着眼 GDP,长期忽视思想道德教育与引导,使社会负面的因素逐渐滋长。道德沉沦、行为失范,拜金主义、享乐主义、个人利益至上的思想膨胀;封建迷信、黄赌毒甚至黑社会等丑恶现象沉渣泛起;人际关系特别是在经济运行中缺乏诚信,假冒伪劣、欺诈之类的活动已成为公害;少数干部包括一些领导干部以权谋私、权钱交易、社会寻租、贪污受贿、生活糜烂诸问题,引起广大群众不满,给党和国家脸上抹黑。这些违法与犯罪行为,是对社会主义法治的挑战。针对这种情况,中央曾两次做出关于加强社会精神文化建设的专门决议。以习近平为领导的新一届中央负责人,为了全面深化社会主义法治国家建设;进一步强调筑牢法治的道德价值基础,先后援引中国古贤的"礼法合治,德主刑辅""孝悌忠信礼义廉耻",做出赓续中华民族优秀文化传统的要求。这为我们在全面深化改革和国家建设中实行德(礼)法一体化,提供了一个古老而又常新的视角。

(四)为政与治吏

中国历史上所说的"为政",通常指治理或管理国家的活动,也叫统治。达致天下大治之政曰善政,造成天下大乱之政曰恶政或暴政。围绕怎样实现善政,古贤们见仁见智,提出种种精湛的阐发,并总结出诸多成功的经验和失败的教训。譬如,政即"正"(正义、正直);为政之要在于"安民",合乎"民心";官吏对为政的重要性;为官须具备德(为人正直、公而无私、清廉无贪)、才(聪明智慧)、绩(实而非文)等品质。这些都需要体现于其"奉公守法"行为之中。凡此为政与治吏之道,皆有永恒的意义。

春秋战国时期,管仲不仅讲到为政要顺民心,而且还指出遴选之吏当是"匹夫有善,可得而举"①,务使"各为其所长"②。为此,要抵制"蔽明、蔽贤"。他尤其强调官员不能以私害公和贪敛,曾曰,"法立令行,故群臣奉法守职,百官有常,法不繁匿"③;又曰,"亏令者死、益令者死、不行令者死、留令者死、不从令者死,五者死而不赦,唯令是

---

① 徐元诰.国语集解[M].北京:中华书局,2002:227.
② 姜涛.管子新注[M].济南:齐鲁书社,2006:4.
③ 姜涛.管子新注[M].济南:齐鲁书社,2006:345.

视。故曰:令重而下恐"①;"言而无实者,诛;吏而乱官者,诛"②;特别是"断狱,情与义易,义与禄易,易禄无敛,有可无赦"③。孔子的名句是"政者,正也"④,"为政以德,譬如北辰,居其所而众星拱之"⑤。在他看来,有司奉行善政在于"惠而不费,劳而不怨,欲而不贪,泰而不骄,威而不猛";恶政表现为不教而杀,不戒视成,慢令致期。⑥孟子认为,"善政不如善教之得民也。善政,民畏之;善教,民爱之"⑦,他还认为,"贤者在位,能者在职"⑧。荀子则说:"天之生民,非为君也;天之立君,以为民也"⑨。在选吏问题上,他认为:"贤能不待次而举,罢不能不待须而废。"⑩东汉的王符断言:"圣王之建百官也,皆以承天治地,牧养万民者也。"⑪李世民对罪臣称:"虽是藩邸旧劳,诚不可忘,然理国守法,事须画一,今若赦之,使开侥幸之路。"⑫他表示:"深恶官吏贪浊,有枉法受财者,必无赦免。在京流外有犯赃者,皆遣执奏,随其所犯,置之重法。"⑬包拯认为:理民要靠良吏,"治乱之原,在求贤取士得其人而已"⑭。作为一名清名流传的司法官,他主张管理一定要恪守法律,说:"有司论罪,唯当守法,情理轻重,则敕许奏裁,若有司辄得舍法以论罪,则法乱于天下,人无所措手足矣。"⑮同样,对于贪官则毫不留情,指出:"善为国者,必务去民之蠹,则俗阜而财丰;若蠹源不除,治道从何而兴哉?"⑯清朝康熙表示,"从来民生不遂,由于吏治不清。长吏贤,百姓自安"⑰,"地方官吏谄媚上官,苛派百姓。总督,巡抚司道,又转而馈送在京大臣,以天生有限之物力,民间易尽之脂膏,尽归贪吏私囊"⑱,因此,"致治安民之道,首在惩戒贪蠹"⑲。

我国社会主义政权,以马克思主义为指导,符合人类社会发展大方向,因而具有历史的正当性与合理性。以毛泽东为领袖的中国共产党,以"解放人民"作为目标,新中

① 姜涛.管子新注[M].济南:齐鲁书社,2006:122.
② 姜涛.管子新注[M].济南:齐鲁书社,2006:457.
③ 姜涛.管子新注[M].济南:齐鲁书社,2006:169.
④ 李泽厚.论语今读[M].北京:三联书店,2008:363.
⑤ 李泽厚.论语今读[M].北京:三联书店,2008:53.
⑥ 孟子.孟子[M].郑州:中州古籍出版社,2007:568.
⑦ 孟子.孟子[M].郑州:中州古籍出版社,2007:233.
⑧ 孟子.孟子[M].郑州:中州古籍出版社,2007:73.
⑨ 张觉.荀子译注[M].上海:上海古籍出版社,2012:416.
⑩ 张觉.荀子译注[M].上海:上海古籍出版社,2012:93.
⑪ 王符.潜夫论[M].开封:河南大学出版社,2008:123.
⑫ 吴兢.贞观政要译注[M].上海:上海古籍出版社,2006:389.
⑬ 吴兢.贞观政要译注[M].上海:上海古籍出版社,2006:34.
⑭ 张田.包拯集[M].北京:中华书局,1963:25.
⑮ 马端临.文献通考[M].北京:中华书局,2011:5098.
⑯ 张田.包拯集.[M].北京:中华书局,1963:62.
⑰ 大清圣祖仁(康熙)皇帝实录[M].台湾:台湾华文书局,民国59:577.
⑱ 大清圣祖仁(康熙)皇帝实录[M].台湾:台湾华文书局,民国59:1108.
⑲ 大清圣祖仁(康熙)皇帝实录[M].台湾:台湾华文书局,民国59:1199.

国成立后以"为人民服务"为宗旨，一切以人民意志为转移而没有自己的特殊利益。这是古贤们"以民为本"思想的承继、弘扬与超越，也是他们未曾想象的更高层次的正义。作为建国和治国"功臣"的老一辈革命家及其培养出来的干部队伍，乃是名副其实的"人民公仆"。在国家极度贫穷落后、百废待兴的困境下，他们公而忘私，率领广大群众苦干实干，为兴邦强国立下旷古的功勋。但是，任何事物都有正反两方面，为政与治吏亦不例外。邓小平就过往存在的问题，曾进行过深入分析，其中主要是：其一，在党政领导体制方面，党政不分，以党代政；权力过分集中，民主太少，凡事都要第一书记挂帅和拍板；干部领导职务终身制；家长制现象；搞特权，不把自己看成人民公仆而看成人民主人。其二，在干部体制方面，存在严重官僚主义；他对此列出二十种具体表现。① 其三，在治国理政的主要方式方面，强调人治而漠视法治，以领袖指挥的"群众运动"为主导，以至于引致"文革"那样"无法无天"的混乱局面。② 邓小平及其之后的各届领导人，通过各种制度与体制的改革来解决这些问题，并取得显著成效。

以习近平为总书记的党中央，在总结新中国成立后尤其是改革开放以来的治国理政经验基础上，与时俱进地提出一系列新的全面深化改革的决策，出台了《中共中央关于全面深化改革若干重大问题的决定》等重要文件，其内容无不涉及治国理政的根本问题。为贯彻中央精神，习近平总书记引用古代贤人的经典论述"礼法合治，德主刑辅"，对今日治国理政有重要启迪意义。在治吏方面，中央借鉴先贤的论述，提出"八项规定""三严三实"等富有操作性的廉政措施。这些古为今用的做法不仅益于国家建设，亦益于长远地弘扬祖国灿烂的传统政治文化，使社会主义中国凸显更浓郁的本土特色。

三、尾语

本文关于"礼法合治，德主刑辅"命题的阐发之所以把春秋战国和西汉时期作为着重点，主要缘由在于：该思想是在春秋战国"百花齐放，百家争鸣"的特殊年代产生，在西汉统一大帝国确定下来并付诸实施即制度化，从此延续达两千年之久。但不应忽视，在这个思想体系与政治体制的形成、发展历程中，除了儒法两家的主要功勋之外，还应看到道、墨、兵、纵横、阴阳各家及后来史家的影响。例如，西汉初期采取黄老之学，以道家思想为底蕴；自唐起，史家思想对国政产生轻重不同的影响。毛泽东曾告诫过，对祖国文化遗产要"取其精华，去其糟粕"，换言之就是秉持"古为今用"和"推陈出新"的方针，抱持科学的态度。"古为今用"意味着必须积极地借鉴、吸收和发扬这些遗

---

① 高高在上，滥用权力，脱离实际，脱离群众，好摆门面，好说空话，思想僵化，墨守陈规，机构臃肿，人浮于事，办事拖拉，不讲效力，不负责任，不守信用，公文旅行，互相推诿，官气十足，动辄训人，打击报复，压制民主，徇私行贿，贪赃枉法，等等。

② 邓小平.邓小平文选(第二、三卷)[M].北京:人民出版社,1994.

产中合理、进步与有益的成分,避免数典忘祖的虚无主义。"推陈出新"意味着用与时俱进的精神,有分析、有批判地对这些"国粹"进行继受,使之为现实的社会主义国家和法治建设服务,避免固步不前的复古主义。

与连赛君合写,刊于《北京行政学院学报》2015 年第 4 期。

阅读斯堪的纳维亚现实主义法学的几个维度

到目前为止,我国学界在西方法学思潮的研究过程中,其缺失之一就表现在对斯堪的纳维亚现实主义法学关注不足。相关的专著、教材、论文,都较为稀少。这大约同斯堪的纳维亚地区国家的地理位置偏远,社会经济发展后进,语言的阻隔,该学派晦涩的思辨与"逆反"思维方式等不无关系。由于这诸多原因,斯堪的纳维亚现实主义法学逾出域界,步履维艰。西方学者与它交流较少,遑论我国学者。在此种情况下,我们看到女博士王田田的《斯堪的纳维亚现实主义法学研究》这部大作,不能不感觉到"应急"的喜悦,希望抢先一步捧读之。

《斯堪的纳维亚现实主义法学研究》专著,篇幅不大但却言简意赅地勾勒出该学派的整体理论框架,包括其生成的社会历史背景,法哲学基础和方法论,主要论域和论点,与美国现实主义法学的比较,西方学者的褒贬,学术地位,思考与启迪等,显得很丰满。尤其需要重视的,作者在丰富资料的支撑下,经过细心的分析与探究,提出有相当说服力的独立见解,难能可贵。

为了强化对斯堪的纳维亚现实主义法学的了解和把握,我们在本书已详备的概括和阐发基础上,拟啰嗦些自己阅读该学派的几个维度。

一、斯堪的纳维亚现实主义法学基本理论与三大法学主流派的观照

(一) 与自然法学的观照

自然法学是西方最古老而又常新的法律思想。它历经古代自然主义自然法、中世纪神学主义自然法、近代理性主义自然法和现代复兴自然法诸阶段。概括起来,自然法是从社会中自发产生出来的处理人际关系的价值观念,也是以世代传承的风俗习惯和道德为载体的合理性或正当性的行为规范体系。自然法一直被当作市政法律的实质和指导。但近代、尤其现代的自然法论者,一般并不认为自然法具有实证的法律效力。

斯堪的纳维亚现实主义法学家把自然法视为一种幽灵,是远古神秘信仰的遗留物,而现代人是无意识地把它预设为法律的前提的。作为自然法意义的价值,是无法证实与证伪的,所以它是既非真实又非虚假的东西。其次,与自然法的理性相对立,斯堪的纳维亚现实主义法学提倡的是"情感经验的理性化",即认知领域(与经验直接关联)的理性,不是价值领域的理性。

（二）与法律实证主义的观照

法律实证主义或曰分析实证主义法学、规范法学,指纯粹以形式法律为研究对象的法学派别。它排除对形而上学的价值与利益的研究,认为法律是国家意志。法律是自足的体系,含有对一切社会关系的调整和平衡的功能与作用。

斯堪的纳维亚现实主义法学和法律实证主义两者都以实证主义为根基,一是用"现实"表达的社会实证主义,一是法律(规范)的实证主义。不过,斯堪的纳维亚法学家认为法律实证主义实证得不彻底,没有同现实主义相关联,混有诸多形而上学因素。立法者所运用的基本法律概念和确定的规范命题,都是应然性的价值判断,是其冲动的情感和意志的标示,缺乏客观性。法律的"国家意志"论和"主权者命令"说,更是偷运自然法神秘主义价值判断。斯堪的纳维亚法学家断言,根本就不存在什么客观实在的规范性原则,真实的法律乃是被人们实际遵守了的、法官已经运用了的客观事实命题。

（三）与社会法学的观照

社会法学或曰社会学法学,泛指以孔德为肇始的实证主义法学为理论基础,重点突出法律在社会中的实际(现实)状态的法学流派。它主要包括德国耶林的目的法学、赫克的利益法学、埃利希的自由法学,美国霍姆斯的实用主义法学、庞德的社会法学、卢埃林与弗兰克的现实主义法学等诸流派。①彰显法律利益的观点有:耶林认为,法律的目的是权利,所以需要"为权利而斗争";赫克的基本思路是追随耶林的,强调法学仅仅是服务于调整社会利益冲突的实践,帮助法官对案件作出正确的判决;庞德认定,法律不是抽象内容而是通过理性发展的经验,又由经验证实理性,法律是一种社会工程,以控制"自然私人"的侵略性,来最少障碍地满足社会需求,促进与保障社会利益。②彰显法官法学的有:埃利希不否认依照形式法律进行"技术主义判决方法",但是这种方法往往成为妨碍法官的羁绊,所以更重要的是要依照与制定法相对应的、实际起作用的社会规则即"活法"而进行的"自由判决方法",号召"法律的自由发现运动"。霍姆斯断言,法律不源于自然法,不源于历史的积淀(民族精神),不源于逻辑分析,而是源于经验,唯有经验才是法律的生命。他承认法律是道德的基点,但法律却不可以同模糊的道德良心相混同。真实的法律就是法官对案件的预测,或者人们对法官如何判决的预测。弗兰克、卢埃林,坚持从非理性的心理学观点出发来看待法律。他们严厉批判那种确信法律稳定性和确定性的"基本法律神话",说那是儿童依赖父亲心理状态的反映。只有经过法官作出实际判决之后,才有确定与稳定的法律。而法官在审判过程中奉行的现实主义公式是"刺激＋个性＝判决",并明确地声言判决依据的事实并非客观事实,仅仅是法官认定的事实。

斯堪的纳维亚现实主义法学强调,一切法律问题都需要以现实的社会事实和行为心理事实为根据,总体上具有明显的社会法学的共同特征,同美国现实主义法学更为接近。不妨说他实际是社会法学各流派之大成,同时又有自己的新补充。①利益论。

自社会法学问世起,认为法律目的是利益这一点基本没有改变。不过,在伦德斯特那里,利益是借助"社会福利"表达的。但他的同仁罗斯则与其"社会福利方案"唱反调,说那是"虚幻的概念"。②事实与经验论。斯堪的纳维亚现实主义法学同美国现实主义法学遥相呼应,都认定法律的事实和经验属性,强调法律必须是实证的,基本法律概念都应能够还原为社会事实。具体些说,真实的法律是一个事实与事件、行为与反应的世界。法律是否存在,要看其是否被人们感到有约束力和被遵守。形式法的基本概念与规范、自然法、道德之所以非真正的法律,就在于其不是事实、不可经验。③行为主义心理学论。斯堪的纳维亚现实主义法学家呼应弗兰克、卢埃林"刺激—反应"的说法,认为法律科学是人类行为理论的分支,属于心理学和社会学领域,即心理物理现象。这个所谓心理物理,无非在于说明该种心理同物理一样不是情感、意志之类内省的心理,而是事实性的。因此,法学只能在心理学和社会学背景中理解,将法律放到现实经验的基础上。例如,法律规范是否有效,取决于其对人们的心理影响及接受其约束的心理态度。④法官论。埃利希的法官法学得到美国现实主义法学派的极大发挥,这或许同英国判例法系和法官造法有直接关系。曾几何时,斯堪的纳维亚现实主义法学派也有这种趋向。他们在批判法律实证主义"法律稳定与确定论"时,正是援用弗兰克的"基本法律神话",认定:法律只有在法官作出判决后,才能稳定与确定。他们还主张,法学应以法庭行为的陈述替代权利义务的陈述;法律不仅关乎法官的行为,更应考虑其内心感情。这大有将法庭或法官之间画上等号的意思。这些北欧学者也提出过"法律预测"观点,但不像美国现实主义法学者那么关注,走得那么远。⑤理性论。如果说自然法学崇尚实践理性是道德和价值理性,法律实证主义醉心于形式逻辑理性的话,那么社会法学家则少有谈论理性者,更多的是经验、行为及社会事实诸问题。在这方面显得极端些的,非美国现实主义法学莫属。然而,不成想斯堪的纳维亚现实主义法学家也给"理性"安排了一席之地。他们明确地说,理性才是建立完美法律秩序的关键所在。言下之意,重视实际的经验、体验并不意味着排斥理性。反之,他们认为,法律的效力在于"人们情感与经验的理性化"或"主观经验的理性"。譬如,权利,从内在性观点上看,它不是事实法律的一部分,但对权利的信念都是事实法律的一部分。理由就在于,权利信念是事实经验升华的理性。遗憾的是,北欧法学家对这种理性观缺乏更多的阐发。⑥法律强制论。斯堪的纳维亚法学家与大西洋彼岸的庞德一齐宣称,法律是社会工程或控制的工具。而北欧派更径直地将这种工具的现实力量视为国家权力的强制性即暴力,声言法律是"必要的暴力",是由"使用暴力规则"构成的。暴力何以必要?基本原因就是限制人的贪婪、利己的自然天性,使人恐惧而履行其义务。换句话说,强制力是人们服从的"最重要的心理因素",尤其对私人法律关系(首先所有权关系)而言,国家权力是不可缺少的条件或对应的"唯一现实"。当年社会法学先驱者耶林曾强调"为法律所保护的利益",对此北欧学者决然加以回驳,认为这仍然是形式法学的权利概念,法律无法保护权利,它必须由国家权力起作用,权利概念就是权力。扩而言之,政治力量决定经济力量,所有的法律都有法律政治的一面。显而易见,这是国家(权力)主义法律观的表现。

二、评斯堪的纳维亚现实主义法学的批判

(一)评斯堪的纳维亚现实主义法学对自然法的批判

在西方法学思潮中,自然法是个最响亮的概念,其影响之大也非任何别的概念所能企及。当然,表达自然法含义或者与其相关的术语的,还有道德、正义、理性、实质价值之类。就现代法学来说,自然法虽然不是最主流的思潮,但它仍显现顽强的生命力。在自然法的对立面,如果说法律实证主义力图把自然法驱逐出法学之列,那么斯堪的纳维亚现实主义法学则将自然法当作虚无,力图予以干净、彻底地否弃。但是,论者所持的理由却难以成立。

从自然法的发生论上说,它并非神秘信仰和无意识"预设"的产物。不容怀疑,自然法是精神现象,无法通过感官直接触及。不过,这并不意味它与实证经验、社会事实完全分离,不意味没有任何客观社会属性,也不意味绝对不能证实与证伪。自然法作为社会价值的体现,是在长期的现实社会和人际关系的磨合中,通过人们的经验与实际效应而形成的。这个反复出现的经验与效应使人们看到,假如社会没有类似的约制与遵从的准则,顿时就会爆发私欲之间无休止的争斗,秩序大乱,每个人都会面临着和整个社会同归于尽的危险。反之,坚持自然法,人们会控制自己的私欲,创造同他人一起生存和发展的空间,形成整体社会的稳定和秩序。从这种意义上说,自然法与成文法以及风俗习惯一样,都源自生活实际而又不断地被生活实际所证实。

自然法作为人们所遵行的依据与宗教式的神秘信仰,并没有必然的联系。从根本上说,自然法与同样来自现实生活实践的理性密不可分。理性的社会性恰在于能使每个人与他人相协调和共存。正像理性创造了自然法一样,理性也创造了成文法并成为其实质价值基础。至于信仰,那是宗教特有的品质。尽管宗教也是人们遵从的精神现象,但它是非理性的产物,是真正依赖信仰而存在的,简言之,是无法揭开的神秘主义。在北欧学者那里,自然法好像是不屑一顾的谬论,可以简单地加以鄙弃。实际上,这是颇为轻率的看法与态度。

(二)评斯堪的纳维亚现实主义法学对法律实证主义的批判

法律实证主义是19世纪西方高度发达的市场经济的产物,也同自由放任主义政治制度与政策相适应、相一致。因为,放任才能给自由竞争扫除障碍,而为了协调竞争者之间的关系,尽量使彼此不超越界线、侵犯他人自由的领域,就需要共同遵守的规范。此种规范主要的不再是靠良心维持并难以操作的隐性自然法,而是能直接经验的显性实证法。在实践中,实证法的普遍运用就会形成法治;相应的,在理论上就要求法律实证主义的出台。借罗斯的话表达,法律实证主义是具有"必然性"和"曾经有益"

的。不过,他又说,从20世纪即自由主义经济转向社会资本主义以来,它"现在成为不合时宜的障碍"了。确实,这种结论是符合客观历史事实的。但令人费解的是,斯堪的纳维亚现实主义法学对一些应该批判法律实证主义的地方(如否定实质价值的观点)不仅不予以批判,反倒把它推向极端;对其合理之处却备加指摘。

第一,以法律的基本概念和规范的"应然性"为由,就断定实证法没有"客观性",是难以立足的。法律概念与规范通常是经验的社会事实积累而成的,或者说从这些事实中抽象出来的。但是,它们不可能同各个具体的事实或事件相对应,即不是全部具体事实或事件数量的聚合。此外,还有些概念和原则属于指导性的规定,更不会囿于狭窄的施行的时空指向。进一步说,把立法者当成神仙或全能者,让其将外部世界一切情况与可能发生的情况全部用法律规定下来,显然是非分要求。一句话,规范的抽象性不等于就没有"客观性";相反,抽象的表述往往有更宽泛的客观指向性。至于认为法律规范属于"应然"的,亦欠贴切。规范要求人们怎样做或不怎样做,当然就是必须或应当。但法律实证主义所讲的应当,是根据法律的"应当",而抵制的则是价值意义上的应当——这恰恰同法律现实主义者一致。由此可见,针对法律实证主义,需要批判的不是价值上的"应当",而是否定价值的"应当"。

第二,将"国家意志"论或"主权者命令"论视为自然法的神秘主义翻版,是武断的。在正常情况下,国家是社会的正式代表,国家是社会意志的集中体现,而这种意志是借助法律表示出来的。列宁说过,如果意志是国家的,那就应当把它制定成为法律。除了法律,没有其他更权威、更有效的方式。因此,在基本方面,法律的"国家意志"论是科学的命题。至于法律的"主权者命令"论,与前一个"意志"论是有差别的。这个源于边沁和奥斯丁的命题,哈特已做过一些有说服力的分析与批评,这里不赘述。还要指出一点,不管"意志"论还是"命令"论,皆与所谓神秘主义自然法不相干。自然法既非什么意志亦非什么命令;同时,有如前述,所谓自然法的神秘性,如果不仅指神学派自然法,那就是论者强加给它的。

第三,何为"真正的法律"?从法治的意义上,只要是按照严格立法程序制定的法律,就是真正的法律。与纯粹的法律实证主义或概念法学不同,这种法律在承认程序合法性的同时,也承认实质合法性(合理性)。斯堪的纳维亚现实主义者则针对这一点均坚持否定态度。在他们头脑中,客观的法律规范是虚无的东西。他们给出"真实"法律的概念,是实际被遵守和得到司法运用过的东西。显然,此种狭隘经验主义在逻辑上就说不通。法律规范本身属于一般行为标准,是有待被遵守的,表示未来时态,而实施和实现规范的具体行为表示进行时态和过去时态。规范与规范的实施和实现,是先后的因果关系,北欧一些学者的说法是倒因为果。退一步,即令对一个司法案件做出的决定有判例法的意义,那也是适用一定法律规范或原则导致出来的。从"真实法律"论中,可以悟到斯堪的纳维亚现实主义派的法律规范和原则虚无主义产生的根由。

（三）评斯堪的纳维亚现实主义法学特有的几个社会法学观点

斯堪的纳维亚现实主义法学家，除了对自然法和法律实证主义的基本观点予以否定之外，对社会法学派内部若干人物的观点也不乏微词。这里仅讨论如下几个论点。

第一，关于法律概念和规范的"还原"问题。还原论是逻辑实证主义的基本方法之一。它运用科学主义的数量变化来分析上层与下层、高级与低级之间的关系，如8可以还原为5+3或6+2那样。北欧学者所谓一切概念均可还原为诸多的事实，因而法律的概念与规范可以还原为相关的社会事实，甚至可以将法律与社会事实之间画等号。此种观点，我们在评论"真正法律"时，已经指出其错误。现在仅针对"法律还原"的方法论，进行些微探讨。不能否认，作为社会科学一个部门的法学同数学、物理学、化学有些共同点，但也应该看到两者之间又存在本质的区别，所以所采用的研究方法亦迥然有别。法律的概念和规范属于一定社会关系的思维抽象，其固然来自这些关系，却不能简单地还原（化约）这些关系。主要理由在于，法律是精神性现象，社会关系是客观物质性现象，彼此是异质的存在物。法律要使社会关系法律化，但无论如何也无法与社会关系相等同。例如真像8等于4+4那样的同义反复，法律自身便可以弃之不用了。

第二，关于法律与行为科学问题。法国闻名的比较法学家L.达维德曾讲过："将当代法律行为主义的假定和概念，与现实主义者的假定和概念进行比较，你就会被它们的相似惊得目瞪口呆！"确系如此。斯堪的纳维亚现实主义者就明确指出，"法学是人类行为学的分支"。所谓法律行为主义或行为主义法学，指借助一般行为科学理论与方法研究人的法律行为，尤其法官审判行为的学科，目的在于发挥法律的社会控制作用。所以，行为主义法学首先是同社会学紧密关联。但人的行为总是受一定心理所支配。这就如同卢埃林、弗兰克强调的"刺激—反应"公式、法官的"偏见"那样，北欧法学者们强调情感、意志、心理态度，甚至"神秘信仰"，等等。鉴于上述，我们不难知道斯堪的纳维亚法学家何以宣布:法律科学"只能在心理学和社会学的背景中理解"。还有一点不能忽略的是，他们又专门说明，此种心理学非指形而上的精神性的心理，而是经验的物理性的心理。现实主义者特别是北欧现实主义者对于心理学的看法，其实并不新颖。它是源自1913年美国心理学家L.B.瓦特生《从行为主义者立场出发的心理学》书中的结论，即行为主义心理学实际上已非"心理学"，而是"行为学"。行为法学家的一个重要共同点是，他们都把司法（特别是法官）行为当作研究和论说的核心内容。北欧学者亦然。他们认为，法学主要应研究和表达"法庭行为"，其中包含法官的情感属性。但是比较起来，美国行为法学家如G.舒伯特的"司法制度的整体模型"中还提到司法判决要同价值判断相联系，D.布莱克还提到法律文化与真善美不可分割，那么北欧法学家则一股脑把"价值判断""真善美"之类，一概斥之为形而上学。可见，北欧学者属于纯粹经验论的行为法学家。他们的偏颇在于，对法律行为的分析仅限于客观的方面，绕开人的主观的方面;仅限于经验的量的方面，绕开不能经验的质的方面。这样一来,行为背后的动机、目的及人的品质、社会属性等因素皆被抹杀了。

第三,关于法律与暴力问题。观照社会法学各个分支派别就会发现,像斯堪的纳维亚现实主义法学那样突出法律暴力观点的,较为罕见。这些学者在批判法律实证主义法律效力论时说过,大多数人服从法律是出自习惯与认同而无需实际使用物理的强制力;又说,宣誓、文化等多种因素影响使法律环境井然有序。但批判自然法的正义观时却反口说,法律属必要的暴力,是由使用暴力规则构成的。从两种截然相反的倾向中看出,前一个说法表现出追随法律文明发展和改革北欧(尤其瑞典)国家政治法律制度的进步愿景,后一个说法表现出对往昔北欧半专制制度的沿袭。这前后矛盾的说法,就好比它批判法律实证主义那样,一边否定其体现民主、自由和人权的进步性,一边又大力渲染其"权力命令"论,直至导致赤裸裸的"法律机器"的暴力论。究其理论历史根源,这两学派的有关法律强制性观点,其实都是霍布斯"利维坦"学说,即以人性恶的假定为前提来思考法律的必要性及其性质和作用。这种法律观是权力至上的国家主义导致的。在近代西方启蒙思想家中,像霍布斯那样倡导国家主义的人是绝对少数的。相反,多数人认为法律是自由的定在,因而法律应当充作自由的工具,而不是暴力的工具。马克思主义创始人也曾表达过类似的看法,说暴力的法律是"非法的法律"。现代西方法学家则较普遍地强调,法律是为社会和公益服务、实现公益的手段。相形之下,斯堪的纳维亚现实主义法学认为法律是暴力规则甚至权利就是权力的观念,实在是一种历史的倒退。诚然,批评法律暴力论并不是要排斥法律的强制性,也不是说法律同暴力完全无关。法律作为维护和发展社会整体利益的规范体系(主要指必然性与禁止性规范),是要求社会成员一体遵守的。如果听任违法者肆意妄为,社会秩序就会大乱,全体人民的自由和利益会顿时失却保障。法律的强制性,正在于防止和应对违法行为,以推动社会文明的发展。真正可以称之为法律暴力的,是对个别严重触犯刑事法律者实施的。当年,卢梭和黑格尔都讲过,法律强制的意义在于,一个违法者本人因其行为而贬损自己自由人格,法律强制意味着强制他重新变成一个自由的人,所以法律强制是恢复性的;不同的是,法律暴力的意义在于,对放弃自己自由人格、蓄意与整体自由为敌的人所采取的极端措施,所以法律暴力是镇压性的。从法律发展大趋势上看,社会文明水平越高,法律的宽容性越强,法律暴力属性就越弱。

三、斯堪的纳维亚现实主义法学的主要贡献

在前面的行文中,我们把斯堪的纳维亚现实主义法学与三大法学主流派基本观点进行了观照,继而对该学派批判其他学派的观点做出评论。我们从中深深感到,斯堪的纳维亚现实主义者力图结合北欧(尤其瑞典)的实际情况致力于改革和创新的努力,这是值得赞许的,尽管它存在这样那样的弊病,但瑕不掩瑜,其中也存在着不少闪光之处。简要地说,它的贡献主要集中于两个方面。

(一)创建一套较为完备的现实法律结构体系

斯堪的纳维亚现实主义法学排除法律实证主义和价值判断法学的现实性。这就是说,它所议论的"现实"不包含被指斥为"形而上学"的观点,而仅指实在的法律现象结构。该结构蕴含着有机结合的事实、行为、经验、心理四大要素。法律实施属于社会性的客观要素;法律行为、经验和心理皆属于法律关系主体的主观要素。四大要素之间的有机联系,可以比如一个正方形,每个要素占一个角,然后划上四条边线和两条对角线相互连接起来。这样便可以清楚地看到,每个要素都同其余三个要素相互依存,而不是孤立的存在。该图形就是斯堪的纳维亚现实主义法学的法律现实结构模型。

(1)法律事实要素:指法律主体活动的对象、中介体、结果及诸多相关社会因素。以事实为主导还是以规范或价值为主导,是社会法学同法律实证主义、价值法学的根本分界线;而作为社会法学分支的现实主义法学、尤其是斯堪的纳维亚现实主义法学对这点最为注重。它所强调的"现实",其聚焦点就是"事实",行为、经验、心理都是事实。

(2)法律行为要素:指主体有实际法律意义的行为,包括当事人、立法人员、行政官员、司法官员(尤其法官)的行为。既然现代行为的科学是现实主义法学的重要理论基础之一,那么即可想见行为法学的非凡意义。如果说法律实证主义宣扬的是纸面上的法律,价值法学宣扬的是理想中的法律,那么现实主义法学宣扬的"真正的法律"就是行为中的法律。作为法律实践的行为就是可经验的显性行为。同时,行为又充当客观事实与经验的中介,使主体能借助行为而取得经验。

(3)法律经验要素:指主体通过行为的道德对社会现实和法律事实的直接感受与体验。在斯堪的纳维亚现实主义法学家眼中,具体的事实与事件、行为与反应才是真正的法律,法律经验正是由这些实践与事实形成的。之后,主体再借助经验克服法律规范的不确定性,进行法律预测即对官方、尤其法官可能作出什么决定的预测;而法官除了偏见之外,也主要运用经验来进行案件的审理并作出决定。美国现实主义法学奠基者霍姆斯有句众所周知的名言,曰:法律的生命不在于逻辑而在于经验。他的北欧同道者,恰是沿着这条进路展开法学的构思的。总之,现实主义法学亦不妨称之为经验法学。

(4)法律心理要素:指由直接经验形成的心理,或叫情感经验。为强调这种心理区别于同经验无直接关系的抽象的精神性心理,前已述及,相关的北欧学者给它起个名称叫"心理物理"。他们谈论心理,主要是围绕法律强制力和法律遵守两个紧密联系的侧面。具体点说就是:其一,要真正将法律置于现实经验基础上,那就必须在心理和社会背景中理解法律的力量;其二,法律强制性是法律的"最重要的心理因素";其三,法律的效力既表现为外在守法行为,又表现为内在的心理(内省)觉察到法律的约束力。通过上述的解析可以看到,斯堪的纳维亚现实主义法学所建立起来的,是一套整体的现实法律模型,颇具理论上的创造性。它对于法律实践乃至法学,也多有可圈可点之处,不容忽视。

（二）为"福利国家"制度的建立和发展起到巨大推动作用

纵观近代以来的历史可以清晰地发现,每当社会发生大转折时期,都会涌现一股相应的法律思潮。17—18 世纪启蒙思想家为反抗封建专制和宗教信仰主义,提倡理性主义自然法,成为大革命的号角与旗帜。19 世纪自由市场经济获得高度发展,要求以法律规范自由竞争即实行法治,于是法律实证主义登上舞台并上升为主流学派。20 世纪,伴随社会资本主义的崛起,以改变政治法律形式平等、实现经济社会事实平等、均衡社会利益分配为目标,社会法学迅速发展起来,并成为最强劲的法学主流派;它还派生出多种分支,现实主义法学就是这种分支之一。

在经济和政治高度发达的美国,现实主义法学的主要使命在于,通过批判守旧的法律形式主义,而从现实的、经验的观点出发,积极推动"罗斯福新政"的经济改革、法制改革,成功地开拓和迈入"垄断型"的福利国家之路。在经济后进的北欧国家,首先是瑞典,现实主义法学所承担的使命,第一步是实现政治上的民主改革,借助民主政治推行社会福利政策,实现"社会型"的福利国家。由此可知,北欧法律现实主义更为任重道远。"社会型"福利国家与"垄断型"福利国家二者途径有别,但其实是殊途同归。还必须指出一个重要之点,北欧现实主义法学和美国现实主义法学在理论渊源方面也有不同。它除了社会法学与行为心理学以外,其创始人哈盖尔斯特罗姆及其学生不同程度地受马克思主义的影响,特别是第二国际社会改良主义或民主社会主义的影响,并且他们中的若干人是执政 60 余年的瑞典社会民主党的精神领袖。伦德斯特更是公认的瑞典"福利国家"的杰出理论家和政治家。很长一段时间,他一直坚韧不拔地寻求将社会经济建立在社会福利基础上的"建构性法学",以取代传统规范主义和价值主义那种"形而上学"的评价。这就是他提出并护持的"社会福利方案"。他说,福利是人们的目标、社会上的普遍追求;人们价值观不相同,但对"纯事实"的福利价值需求则有共同性。由此可知,社会福利概念是现实概念,不涉及任何抽象的价值观。令人饶有兴趣的是,伦德斯特论证自己的社会福利方案时,专门提到该方案同英国功利主义的区别。他指出,英国功利派的"最大多数人的最大幸福"口号只是一种原则,缺乏现实的根据。而自己的"福利方案"是:其一,利用已存在的"社会价值观";其二,此种价值观并非他本人"预设"的,而是"发现"的;其三,因此,它是可经验的"真实",而非形而上学式价值判断(真理与谬误)的那种"真实"。换言之,"福利方案"的目标完全同意识形态无关,仅仅是鼓励人们去追求最佳并可能的生活。在这里,伦德斯特确实是把问题说得一清二楚了。但是,他所做的佶屈聱牙的论证方式却显得很别扭。马克思早已一针见血地指出,人们奋斗争取的一切都是为了他们的利益。边沁鼓吹"人人为自己、上帝为大家"的绝对利己主义。此人彼人都讲得直截了当,明快易懂。伦德斯特似乎为回避"价值"一词,则绕着弯子说话。

以伦德斯特为代表的北欧社会民主党人倡导的是"社会的共同利益",那么如何实现呢？他们所采取的基本方法就是第二国际各政党一致认同的、使诸不同的价值群体实现利益分配上的妥协与折中,逐渐达成共识。我们回头看一看事实就会承认,这种改良主义办法是同当时北欧社会形势要求相符合,并为广大民众所欢迎,取得的成就也是巨大的。自 19 世纪末迄今,"社会型"福利国家运动已从北欧、西欧遍及北美加拿大和大洋洲的发达地区。它同"垄断型"福利国家的美国汇成一体了。

福利国家的兴起与壮大,表现着人类文明进步的大趋势。因为,人与人之间存在那么大的差距,总不能认为是一种理想的状态。不错,我们难以期望"福利国家"制度能从根本上解决这种差别,至少现在还看不出这种可能性,即不认为西方国家会自发地转变成社会主义国家。但是应当承认,"福利国家"制度蕴含一定的社会主义成分或因素,为未来科学社会主义的实现,提供了有利的条件。

本文为博士生王田田《斯堪的纳维亚现实主义法学研究》所写绪论,与史彤彪合写于 2014 年岁末。

法治思维探析

一、法治思维的概念与意义

(一)法治思维的概念

"法治思维"这一特定术语,自有其原生的内涵与所指,也有特定的时代意义。为了深刻地把握该术语,有必要先考察一下它形成和发展的沿革。2010 年,国务院印发《关于加强法治政府建设的意见》,首次提出"行政机关工作人员特别是领导干部要带头学法、遵法、守法、用法,牢固树立以依法治国、执法为民、公平正义、服务大局、党的领导为基本内容的社会主义法治理念,自觉养成依法办事的习惯,切实提高运用法治思维和法律手段解决经济社会发展中突出矛盾和问题的能力。"①2012 年,党的十八大报告进一步指出,"要提高领导干部运用法治思维和法治方式深化改革、推动发展、化解矛盾、维护稳定的能力。"②同年底,在首都各界纪念现行宪法施行 30 周年大会上,习近平同志再次强调,"各级领导干部要提高运用法治思维和法治方式深化改革、推动发展、化解矛盾、维护稳定能力,努力推动形成办事依法、遇事找法、解决问题用法、化解矛盾靠法的良好法治环境,在法治轨道上推动各项工作。"③2013 年,中共中央政治局就全面推进依法治国进行第四次集体学习,主持人习近平又一次谈道:"各级领导机关和领导干部要提高运用法治思维和法治方式的能力,努力以法治凝聚改革共识、规范发展行为、促进矛盾化解、保障社会和谐。"④其后召开的中国共产党十八届三中全会通过《中共中央关于全面深化改革若干重大问题的决定》也提到,"坚持依法治理,加强法治保障,运用法治思维和法治方式化解社会矛盾。"⑤

虽然"法治思维"出现的场合各不相同,但综合中央及其领导人这些表述,我们大体上能够清晰地解读出"法治思维"的内涵和目标指向。由于"法治"是治国理政的基

---

① 《国务院关于加强法治政府建设的意见》(国发[2010]33号)。

② 胡锦涛:《坚定不移沿着中国特色社会主义道路前进　为全面建成小康社会而奋斗》,人民出版社 2012 年版,第 28 页。

③ 习近平:《在首都各界纪念现行宪法公布施行三十周年大会上习近平总书记的讲话》(2012 年 12 月 4 日),载《法制日报》2012 年 12 月 5 日第 1 版。

④ 习近平:《依法治国依法执政依法行政共同推进　法治国家法治政府法治社会一体建设》,载《人民日报》2013 年 2 月 25 日第 1 版。

⑤ 《中共中央关于全面深化改革若干重大问题的决定》(2013 年 11 月 12 日中国共产党第十八届中央委员会第三次全体会议通过)。

本方式,因此吃透"法治思维"并做到融会贯通,对"发展黄金期"和"矛盾凸显期"的中国社会来说意义重大。法治思维的精髓,即根据法治理念,对"依照法律进行治理"问题的系统思考。在应然意义上,法治思维的主体是全国公民,但最主要的是领导干部。领导干部在思考问题、作出决策、应对和解决现实社会关系的矛盾时,要善于从法律的角度进行审视。他们在执政与行政过程中要能自觉地以法律作依据,懂得领导的权威低于法律的权威,领导的命令低于法律的命令;法律的标准高于任何其他的标准,不准重复以往那种以"经济发展""统一思想""社会大局"等名义,而将法律置之不顾;相反,政治、经济、社会的一切重要因素都需要上升为法律,才算"师出有名"。

(二)法治思维的目标

根据中央相关文件和习近平总书记一系列重要讲话的精神,法治思维的目标主要是深化改革、推动发展、化解矛盾、维护稳定。①法治思维的运用将有助于改革的深化,并使一切改革的成果都能借助法律的形式予以巩固。比如,党的十八届三中全会中提出的改革司法管理体制,推动省以下地方法院、检察院人财物统一管理,探索建立与行政区划适当分离的司法管辖制度。① 本来司法机关的体制设置及其管理机制是由宪法来明确规定的,因此对司法机关的体制机制改革也只有通过修改宪法才能名正言顺地进行,否则就有可能招致违宪的危险。质言之,应遵循法治思维,经过对改革的合法性审视之后,先行对宪法进行修改。习近平强调:"凡属重大改革都要于法有据。在整个改革过程中,都要高度重视运用法治思维和法治方式,发挥法治的引领和推动作用,加强对相关立法工作的协调,确保在法治轨道上推进改革。"②从某种角度上说,改革本身就是"变法改制",只有在改革中意识到变法,在变法中推动改革,改革才能得到法律的保障,变法才会有清晰的方向。②法治思维在发展方面起着至关重要的作用。社会的发展只有在法治的轨道上才能稳步地前进。假如忽视法治,不运用法治思维,那么发展就好像脱缰的野马,随时可能走向发展的反面,"人民公社"的兴衰就是一个活生生的例子。再者,发展是硬道理,为了不使发展的成果得而复失,就须不间断地发挥法律的指引与维护功能;社会越是发展,就越需要法律提供配套的保障。③法治思维是化解社会矛盾和稳定社会秩序的必需。社会主义的发展是"让一部分人靠辛勤劳动先富裕起来,然后先富带后富,最终实现共同富裕。"③当前部分人已经富起来,而社会共同富裕尚未成为现实。此际,欲使人们在贫富不均的社会中感受到公平正义,以

---

① 《中共中央关于全面深化改革若干重大问题的决定》(2013 年 11 月 12 日中国共产党第十八届中央委员会第三次全体会议通过)。

② 习近平:《把抓落实作为推进改革工作的重点 真抓实干蹄疾步稳务求实效》,载《人民日报》2014年 3 月 1 日第 1 版。

③ 参见邓小平:《解放思想,实事求是,团结一致向前看》,载《邓小平文选》第 2 卷,人民出版社 1994 年版,第 152 页;《一靠理想二靠纪律才能团结起来》,载《邓小平文选》第 3 卷,人民出版社 1994 年版,第 111页;《拿事实来说话》,载《邓小平文选》第 3 卷,人民出版社 1994 年版,第 155 页。

及使社会在收入悬殊条件下持续发展,这只能诉诸法律的制度正义,以体现人民共同意志的"法治"凝聚人心。目前,我国正处于动荡因素交错与利益关系纠缠的矛盾多发期。平等主体间的产权纠纷、合同纠纷、家庭纠纷,公权力与私权利间的拆迁纠纷、信访、城管侵权,以及社会中不平等的私人主体间的医患纠纷、劳资纠纷、消费纠纷等矛盾,无不要求领导干部严格从法律上进行公平而有效的考量与处理,并重视将法院作为最终的裁决机关。又比如农民工问题,这是"来自下面"的影响社会稳定的主要因素之一。这同样需要用法律进行规范,使农民工的利益获得切实的保障。还有官员的执政、行政与廉政问题。如何真正做到"把权力关在制度的笼子里",这是"来自上面"的影响社会稳定与否的重要因素。特别是廉政方面,它直接关涉民心的向背,如果没有强有力的法律对此进行规范与控制,是绝对不能实现的。在改革开放之初,邓小平就曾果断地指出"稳定压倒一切",在全面深化改革时期,该命题显得更为重要。突出稳定的目的正在于使改革与发展更顺利地进行,使社会主义国家更加强盛。但是在维护稳定的方式上不能靠简单的强制或赤裸裸的权力压制,而应该运用法治思维,通过讲法讲理来解决。

(三)从人治思维到法治思维的转换

新中国成立初期,由于战争形成的革命思维惯性使然,加之中国传统的人治思维根深蒂固,以及同西方意识形态的尖锐对立,导致党和国家领导人在治国理政方面以政治挂帅,阶级斗争为纲,以站队分立场,以无休止的"运动"为整治手段。其结果,导致国家的头三十年,尤其是"文化大革命"的十年,政治、经济、社会、文化等方面的建设无法正常地进行,甚至遭受许多不应有的损伤,在法律方面更为突显。新中国的法律制度建设几乎是从零开始,而且步伐极其缓慢,重要的法律文件屈指可数(代表性的仅有《宪法》和《婚姻法》);法治思维的形成亦乏善可陈,片面强调"法律要为政治服务","政策是法律的灵魂",[①]甚至党和国家顶层领导人还公开表示要"人治"不要"法治",说"不能靠法律治多数人"[②]。在此种情况下,可想而知,新中国早期的法律制度建设与法治思维的形成,都受到了极大的阻碍和贬抑。

"文革"的惨痛教训,让党、国家和全国人民痛定思痛,认识到像这样的胡作非为,与国家缺乏法律制度,尤其是与领导人不讲法律,没有法治思维有紧密的关系。所以,邓小平同志在主持中央工作伊始,便反复强调要建设社会主义民主法制,提出著名的

---

① 新华社:《党和国家的政策是法律的灵魂》,载《人民日报》1957年10月25日第7版;张达之:《政策是法律的灵魂》,载《政法研究》1958年第3期,第57页。同时,郭道辉教授也认为,党的政策是法律的灵魂属于旧思维。(参见郭道辉:《法院独立审判应只服从法律——对〈宪法〉第126条规定的质疑与建议》,载《法学》2013年第4期,第3页。)另外,虽然张文显教授认为"政策是法律的灵魂",但显然是在追求法律文明价值的大前提下而言,这与早期轻视法律的旧思维不同。(参见张文显:《司法文明新的里程碑——2012刑事诉讼法的文明价值》,载《法制与社会发展》2013年第2期,第38页。)

② 郭道辉:《毛泽东邓小平治国方略与法制思想比较研究》,载《法学研究》2000年第2期,第3页。

十六字方针:有法可依、有法必依、执法必严、违法必究。① 并且采取一系列的实际措施,包括设立中央顾问委员会等过渡性机构,废除领导职务的终身制等,这在中国的法治进程中起到关键性的转折作用。② 不妨说,中国的法制建设正是从中共十一届三中全会开始的。20 世纪 70 年代末至 90 年代中叶,中国迈入法律制度建设的高峰期,许多重要的法律文件都是在这个时期制定的,其中具有代表性的包括《民法通则》《民事诉讼法》《刑法》《刑事诉讼法》《行政诉讼法》等基本法律,另外,最为重要的是 1982 年制定的《宪法》。法制建设的目标是要实现在国家生活与公民生活的重要方面都要有法可依;通过法律的方式赋予公民以应有的权利,并开拓相应的法律救济渠道;同时国家的民主政治生活也应该有牢固的法律铺垫。当然,强化法制建设并非借助严密的"法网",使公民动辄得咎和公权力无限膨胀,重复古代法家倡导的社会生活的方方面面"皆有法式""一断于法"。法制建设的精到之处在于,需要有法律进行规范的领域,及时地制定法律;无需由法律规范的领域,坚决不用立法权去无端干涉。法律制度"疏密得当"能够使法律与国家社会达到一种平衡的状态——传统的"法网恢恢,疏而不漏"应当作这样的界定。因此,在"社会主义法律体系"形成的情况下,③如何实现和完善它是法制建设面临的重要课题。但无论如何,从法律制度的贫瘠到法律体系的基本形成,这已经是法治思维取代人治思维的一个阶段性的显著标志。

1997 年党的十五大明确提出"建设社会主义法治国家",1999 年又将其载入《宪法》。继之,中央又提出"社会主义法治理念","法治"得到从制度到精神的升华。法学(律)界普遍热衷把"法治"与"法制"作比较,认为中央在正式文件用语中将"法制"改为"法治"是一种历史性的进步。法制是静态的制度,而法治则是动态的制度,即依照法律与制度办事。一个国家有法制甚至较完备的法制却不一定有法治,而有法治则意味着一定有法制,因为法制是法治的前提条件。由此可知,将"法制"与"法治"决然对立起来的观点是错误的。④ 如果说"法治"的提出便是现代国家"法制"发展的必然趋向,那么"法治"国家的提出便是对"法制"的全面实践化。无论"法治"还是"法制",都是"法治思维"的对象。如同前述,与"法治思维"针锋相对的是"人治思维"。在"法治思维"引导下的"法制",是为了抑制"人治",即通过法律制度的建立,使得领导干部不敢甚至不能再"无法无天",杜绝"长官"的恣意妄断。与此相应,在"法治思维"引导

---

① 《邓小平文选》第 2 卷,人民出版社 1994 年版,第 147 页。

② 《邓小平文选》第 2 卷,人民出版社 1994 年版,第 331、413 页。

③ 新华社:《依法治国的坚固基石——写在中国特色社会主义法律体系形成之际》,载《人民日报》2011 年 3 月 10 日第 1 版。

④ 程燎原教授认为,"用'法治'置换'法制',既是学理上的诠释,也是治国方略上的转变。"(程燎原:《从法制到法治》,法律出版社 1999 年版,第 268 页。)赵明教授甚至认为,"从'法制'到'法治',更流行的说法是从'刀治'到'水治'。"(赵明:《从'法制'到'法治'的中国语境》,载《思想战线》2005 年第 2 期,第 118 页。)对"法制"与"法治"做如此严格的区别,乃至对立起来,在当时的时代背景下是有其现实意义的。但时过境迁,当我们回过头看共和国走过的路时,"法制"与"法治"并非如此地势不两立。

下的"法治",则是从根本上替代"人治",即用"法律的权威性"来替代人治中"领导的权威性",用"法律的公正性"来替代"领导的不可错性"。亚里士多德认为,法治是"已成立的法律获得普遍的服从,而大家所服从的法律又应该本身是制定得良好的法律"。① 从亚里士多德的话中,不仅可以看出法治包括形式法治(遵守法律)与实质法治(良法之治)两个要素,还可以看出法治需要的前提要素是"已经成立的法律"(法制的存在)。由此可见,完善法制、实现法治(包括形式法治与实质法治)是"法治思维"不断进展与提高的过程。中央要求"要提高领导干部的法治思维",既是对改革开放以来法制建设、法治建设的一种肯定,也是对已有成果的一种继承与弘扬,意义深远。

二、法治思维的模式与结构

法治、法治思维在当下的中国被提出来并深得热烈的拥护,自有其明显的现实根据以及深刻的社会背景。法治思维的运用是对领导干部的一种迫切要求,也是深化改革、推动发展、化解矛盾、维护稳定的亟需。在驱逐人治的黑暗时,我们迎来法治的曙光。祛除人治思维,自觉运用法治思维,必将加快推进法治中国的建设。如何更好地运用法治思维,取决于如何更准确地了解法治思维。因此,有必要对法治思维、尤其是现代法治思维,给予充分的关照,把握它的现状和来龙去脉,这样才能达致情感上的亲和与理智上的接纳。

(一)现代法治思维的主要模式

第一,自然(理性)主义的法治思维模式。17—18 世纪启蒙思想家以来,直至目前,该模式的法治思维具有很大的影响力。比如孟德斯鸠的理论曾远渡重洋成为美国三权分立政治体制的指导思想,"尤其是他的分权观念在决定美国总统的权限中起到了关键的作用"。② 而卢梭的"社会契约论"更是催生了法国大革命,甚至可以说"这场革命,导师是卢梭",雅各宾派罗伯斯庇尔等革命党人是其忠实的信徒。③《世界人权宣言》等国际性文件的制定,与此种自然(理性)主义的法治思维也有密切的联系。④ 该法治思维强调正义、强调善法的实质理性是法治的价值基础,凡有关法律的事均应以这种理性为判断准则。他们普遍认为在实证的人定法之上还存在更高级的"自然法",人定法的正义与否、良善与否都应接受自然法的审查与评价,并且认为人定法必须根据"自然法"来制定。该思维模式采用的方法主要是演绎方法,即一切国家法律规定(实证法)都应当从一个至高的价值法则(自然法)推演出来;一切对行为的违法性判断

---

① [古希腊]亚里士多德:《政治学》,吴寿彭译,商务印书馆 1965 年版,第 199 页。

② Michael A. Genovese, *Encyclopedia of the American Presidency*, New York: Infobase Publishing, 2010, p.348.

③ 参见史彤彪:《卢梭的法律思想对法国大革命的影响》,载《法学家》2004 年第 2 期,第 137 页。

④ 参见孙平华:《〈世界人权宣言〉诞生的背景和过程》,载《人权》2008 年第 5 期,第 12 页。

也应当以实证法为依据,并且最终都有自然法的根据。例如"不要杀人"这一针对行为的规范要求,其成立的理由不仅仅在于有国家刑事法律的惩罚性规定(比如我国《刑法》第232条故意杀人罪的规定),更在于"人性本质的要求",因为"最原始、最一般的人性目的是求生——作为人而存在"①。

该法治思维模式在法的效力问题上主张自然法的效力高于实证法的效力。其中有的自然法学家认为,只有实证法符合自然法的要求,公民才有服从的义务;实证法一旦背离了自然法,公民便有不服从的权利。也正是基于此,才导致了启蒙时期资产阶级革命。革命者们往往都是喊着自然法的口号,号召推翻现行的黑暗统治,重建人间的实证法秩序。但大多自然法学家都倾向实证法治主义,并不提倡自然法直接具有实证法效力。一方面是因为,很多自然法则都已经转化为实证的人定法,以法律规则或者法律原则的形式制定在法律文本当中。因此,在法律的运用过程中,实证法不仅包含有自然法所宣扬的价值,而且比自然法更明确、更可操作,所以往往被优先适用。另一方面是因为,实证法的详细程度远大于自然法,例如自然法中可以推出物权甚至所有权的正当性,但是必然不能推出物权的变动应采用"有效合意 = 物权变动"(法国的意思主义模式),或是"有效债权行为 + 物权行为 + 登记/交付 = 物权变动"(德国的物权形式主义模式),或是"有效债权行为 + 登记/交付 = 物权变动"(奥地利的债权形式主义模式)。② 这意思就是自然法大多属于评判实证法律良与恶的标尺,顶多只起到弥补实证法漏洞的作用。法官在适用法律时,只有出现规则冲突或者规则空白时,才求助于自然法进行必要的"价值判断"。可以说,自然法学派的价值观是正义与良善,其法治思维是突出法治的"正当性"或"合理性"。

第二,分析实证主义的法治思维模式。该模式的思想家的特征是采取实证法律规范的分析方法。例如霍菲尔德就对法律领域常用的"权利"一词进行了仔细的分析,认为人们往往在含糊不定的意义上使用的"权利"一词,至少有"请求权""特权""权力""豁免"四种含义,而他本人主张狭义上的"权利"仅指"请求权"③。这种法律规范的分析取向,排除了任何价值与个人主观信念,只对法律规范或法律概念进行清晰的界定与把握,有利于法学作为一门科学(规范科学)的形成,亦有利于法治作为社会治理方式的形成。分析实证学派的思想家把实证的法律或法律规范作为法治的唯一准则。奥斯丁明确提出"法律就是主权者的命令"。他将法分为神法(the divine laws)或上帝法(the laws of God)、实证法(positive laws)、实证道德(positive morality)、隐喻或比喻的

---

① [法]雅克·马里旦:《自然法:理性与实践的反思》,鞠成伟译,中国法制出版社2009年版,第21页。
② 参见王轶:《物权变动论》,中国人民大学出版社2001年版,第18—32页。
③ 参见 Wesley Newcomb Hohfeld, "*Fundamental Legal Conceptions as Applied in Judicial Reasoning*", *Yale Law Journal*, vol. 26, no. 1 (November 1916), pp. 710—770.

法(laws metaphorical or figurative)四类。① 但很显然,他所主要关注的对象只是"实证法"。哈特则更是明显地提出,法律是由初级规则(primary rules)和次级规则(secondary rules)组成的体系,只有经过次级规则中的承认规则(rule of recognition),一项规则才能成为法律上的规则。②

分析实证主义主张,唯实证的法律才是法学家真正需要考察研究的对象,排斥一切法律规范之外的价值及价值性的规则,理由是这些抽象的东西是难以把握的。并且认为,即使大家都承认法律的最高价值是正义,可正义本身却长着一张普罗透斯似的脸,让人捉摸不透;更谈不上拿所谓的"正义"去判断一个国家的法律是邪恶的(违背良善的自然法)还是良善的,进而对该国的法律进行"判决"。凯尔森在面对资本主义指责共产主义的法律邪恶时,就明确地说过:"正义就是指'合法性'(legality)……是与任何实在法律秩序相一致并为它所要求,且不论这是资本主义的或共产主义的、民主的或专制的实在法律秩序。"③倡导这种超越一切意识形态与价值的法律,无非是论证法律的"价值无涉",同时也欲表达其法治理念的一个重要方面,也就是"法律至上主义"。尽管法律至上主义有它明显的片面性,但却有利于人们法律权威性意识的养成。一旦法律在公民心目中获得了权威的认同,那么公民就可能将这种法律当作"教义",并忠诚地加以遵循。由此可以看出,分析实证法学的法治思维是突出法治的"合法性"。

第三,社会实证主义的法治思维模式。该模式的法治思维是从社会实证的立场出发来经验地观察法律的运行。不同于自然法学和分析实证法学,社会实证法学更多地是从社会(事实)的视角来思考与看待法律。霍姆斯大法官的名言"法律的生命不在于逻辑,而在于经验"④,可以看成是社会实证法学的一种宣言。他认为,要更好地了解法律,应该要以"坏人的眼光"来看待法律,因为法律仅是对法官作出判决的一种预测而已。⑤ 他反对的就是像兰代尔(Langdell)那种过分强调判例法的法律教条主义。社会实证法学普遍怀疑法官是完全根据法律而作出案件的判决,他们相信影响法官作出判决的因素是多种多样的。卡多佐法官指出,法官在司法过程中,除了遵循先例的规则外,还应该动用"他的哲学、他的逻辑、他的类比、他的历史、他的习惯、他的是非感"⑥等一切因素。而像弗兰克等激进主义者更声言,法官的判决是"刺激+个性"的结果,而

---

① 参见 John Austin, *The Province of Jurisprudence Determined*, London：Cambridge University Press, 1995, p. 10.

② 参见 H. L. A. Hart, *The Concept of Law*, Oxford：Oxford University Press, 1994, p. 94.

③ [奥]凯尔森:《法与国家的一般理论》,沈宗灵译,中国大百科全书出版社 1996 年版,第 14 页。

④ O. W. Holmes, *The Common Law*, Boston：Little, Brown and Company, 1923, p. 1.

⑤ O. W. Holmes, "*The Path of the Law*", Harvard Law Review, vol. 10, no. 8 (March 1897), pp. 457—478.

⑥ Benjamin N. Cardozo, *The Nature of the Judicial Process*, New Haven：Yale University Press, 1921, p. 162.

非"法律规范＋案件事实"的三段论结果。① 另外,除了考察法官的判决过程之外,社会实证法学也十分关注在司法过程中其他法外因素的影响。庞德对法律提出"书本上的法"与"行动中的法"的二分结构②,旨在强调关注包括法官在内的一切诉讼过程中的参与人,并分析抽象的法律规则、法律规范等"书本上的法"与诉讼中参与人的实际行为等"行动中的法"的异同。布莱克的纯粹法社会学更深入地考察一般意义上社会冲突处理的基本形式(不再局限于司法诉讼审判),认为"不同的社会场域皆有其自身的冲突处理模式,冲突处理就如同社会生活本身那样易变"③。埃利希提出的"活法"则要表明"法律发展的重心不在立法、法学,也不在司法裁决,而在社会本身。"④这是一种从国家法律观到社会法律观的转变,它将法律的研究拓展到生活的方方面面;与其说法律是立法、执法、司法等国家制度,不如说它是被融化在社会生活里面的人们习以为常的活生生的风俗习惯。

社会实证法学之所以如此强调"行动中的法""活法",并非是因为他们真的不要法律规范,而只是认为法律要尊重并不断适应社会的发展,主张必要的法律改革。因为社会的需要才产生法律,而反过来法律也是作为社会控制的手段或工具而存在的。若在法律与发展中的社会脱钩的情况下仍强行适用法律的话,必定导致法律对社会关系的粗鲁干涉,得不偿失。因此,法律规范的制定与适用不能仅凭逻辑在死板的法律框框内部打转转,从规则到规则,从概念到概念,而应该着重关注法律的目的——"社会的需要"。因此该派偏向于采取调查研究、田野考察等归纳法,塑造自己的法治思维。主张从社会现实、尤其社会利益关系出发来运转法律(利益关系或权利关系是法律的核心问题),强调风俗习惯、道德、特别是判例等构成的"活法"的意义,反对法律实证主义推行的那种把"过时"的"书本上的法"当作唯一的法律。所以,社会实证法学突出法治的"合目的性"。

(二) 法治思维的结构

法治思维是一种非常严格的现代思维体系,其构成要素有下列诸点。

第一是前提要素,指对法治的认知。知行的关系历来是一个复杂的问题,但有一点可以肯定,当一个概念被明确提出时,若要进一步将概念现实化,那么对它的认知肯定是前提条件。因此,如何接近和认识"法治思维",并将其付诸现实,是一个理论指导实践的过程,其中对"法治"的认识必须走在前面。法治思维顾名思义就是立足于法治、以法治作为视角、实现法治国家而进行的思维。法治思维与其他的一切思维相比,

---

① 参见[美]博西格诺等:《法律之门》,邓子滨译,华夏出版社2007年版,第42页。

② Roscoe Pound, "*Law in Books and Law in Action*", American Law Review, vol. 44, no. 1 (January 1910), pp. 12—36.

③ [美]唐纳德·布莱克:《正义的纯粹社会学》,徐昕、田璐译,浙江人民出版社2009年版,第92页。

④ [奥]尤根·埃利希:《法律社会学基本原理》,叶名怡、袁震译,中国社会科学出版社2009年版,扉页。

最大的特点是"法治"二字。同法治思维决然对立的是人治思维。法治思维关注的是"民主""人权"及"限制权力",而人治思维关注的则是"关系""人情"及"领导魅力",两者互相排斥,难以长期共存。中国现在选择了法治作为治国理政的基本方式,也就意味着不给人治的治国理政的基本方式留有地盘。公共生活中可以允许"非正式关系"的存在(比如同事之间的感情等也会影响彼此的行为),但是"正式关系"(尤其是其中的法律制度)必须占有主要的地位,必须是最基本的方式。① 法治思维与政治思维、道德思维、审美思维、经济思维也有很大的不同。若说政治思维侧重的是朋友(friend)—敌人(enemy)分析,道德思维侧重的是善(good)—恶(evil)分析,审美思维侧重的是美(beautiful)—丑(ugly)分析,经济思维侧重的是有益(profitable)—无益(unprofitable)分析,②那么法治思维侧重的则是合法—违法分析。在法治社会中并非排斥其他的思维方式,但是必须使法治思维占有支配地位。比如任凭法人或个人采取什么手段使自己的收益最大化,但前提是该手段必须要符合法律的规定;在法治社会,法治与经济的这种关系可以视为"君子爱财,取之有'法'"。

第二是核心要素,指如何遵照现行法律进行法治的思维。更好地紧贴现行法律进行法治的思维,既能够加深对法治思维的认知程度,也能够促进法治思维在实践领域的运用。现代法治思维的三个面向即合理性、合法性、合目的性,在进行法治思维时是不可或缺的指导性工具。凡在法律调整范围内的事情,合法性是基础。这首先就要求公民(尤其是领导干部)养成尊重法律的习惯,坚决抵制那种"权大于法,以言代法,徇私枉法"的作为。合理性与合目的性也是建立在合法性的基础之上,应该在法律之中寻找法律的合理性与合目的性,而不能撇开合法性来谈合理性与合目的性。合理性是本质,通过法治思维、运用法治方式实现社会与个人的公平正义是法治的题中应有之义。在按照法律进行法治思维的过程中,要时刻铭记合理、公平、正义为法律的价值基础。人们正是为了寻求正义才诉诸法律,一个不正义的法律,其恶性甚于没有法律,因为它不仅没有实现正义,反而还以制度的方式巩固了社会的不义。换言之,恰由于法治思维所具有的合理性维度,才使得法治成为具有价值上的正当性和正义的话语,成为值得追求与捍卫的社会制度。合目的性是方向,法治思维要求的并非单纯"唯法律是从"的思考方式,而是在"合目的性"的指引下,发现法律的目的之所在,以实现其目的,而不是盲目地死守条条框框的呆板规定。例如相关部门在处理劳资纠纷、消费纠纷等问题时,首先要寻找法律的相关规定(《劳动合同法》《消费者权益保护法》等),但

---

① "正式关系"是由组织里面的规则正式规定的成员之间的关系,马克思·韦伯研究"科层制"所关注的就是这种关系;此外,"科层制"中还存在一种"非正式关系",即由成员之间相互接触而形成的关系,其所形成的小群体往往更具有凝聚力,Peter Blau 在这方面做了深入的研究。参见 Anthony Giddens, *Sociology*, Cambridge: Polity Press, 2009, p.784.

② Carl Schmitt, *The Concept of the Political*, trans. by George Schwab, Chicago: The University of Chicago Press, 2007, p.26.

还必须进一步寻求法律的目的,亦即《劳动合同法》的目的主要在于保护劳动者,《消费者权益保护法》的目的主要在于保护消费者。因此,在依据法律作出决定时要将此目的纳入重点考虑范围之内,尤其在对相关法律进行解释时更应如此。

第三是补充要素,指对风俗、习惯、章程等"民间规范"在法治建设中的地位和作用的思维。"民间规范"(民间法)是相对于"国家法"而言的,具体又可以细分为两部分:"自发形成的习俗性规范"与"理性建构的社会性规范"。首先,随着新农村建设、城镇一体化建设等利国利民政策的具体落实,"乡土社会"发生了巨大的变化,农村与乡镇、城市之间的差异将越来越小,同质化程度越来越高,风俗习惯的影响力相较于传统社会而言已经弱化了许多,可是传统的乡土社会规范并没泯灭殆尽。在某些领域,它仍然发挥着颇大的调整作用。特别是,就多民族的中国而言,少数民族的风俗习惯依然深刻地影响着他们自身的生活与行为(即使许多民族已经被汉化),对于那些不与社会主义法律精神相冲突的少数民族风俗习惯仍应给予高度重视。因此,在运用法治思维、敬畏并实施国家法律的同时,也应该怀有尊重"自发形成的习俗性规范"的意识,使其对法治思维起到有益的补充。其次,就"理性建构的社会性规范"说来,其补充作用更是明显。在利益多元化、矛盾尖锐化的今天,社会组织在协调利益分配、缓冲矛盾冲突等方面起到了无可替代的作用。从中共十一届三中全会到十八届三中全会,国家体制从一元结构(国家)到三元结构(国家、社会、个人)的演变轨迹清晰可见,①今后社会组织的数量与质量将得到进一步的增加与提高,在国家社会生活中将扮演更加重要的角色。一些社会组织制定的规定、章程等规范性文件,除了对该组织自身之外,甚至对整个社会都产生了很大的影响。有些规范性文件,是针对现实生活里面的实际问题而制定,更是直接以相应的法律为依据而制定。例如《红十字会章程》就是依据《红十字会法》而制定的,公司章程的制定也是以《公司法》为依据制定,等等。这些规范甚至可以被认为是国家制定的法律法规的配套性制度。因此,在法治建设过程中,必须要充分地认识到"民间规范"是法治思维对象的重要组成部分。

三、法治思维的实践——法治方式

(一)法治方式的必要性与可行性

行动由意识决定,方式经由思维来选定。法治方式是法治思维的外化,见诸法治实践的手段、工具和途径,亦可称为方法。同时,更深层次地说,"存在决定思维",因此

---

① 以 NGO 的发展情况为例,改革开放后经济环境和社会环境较为宽松,中国的社会团体得到了长足的发展;随着市场经济体制的建立,"小政府、大社会"改革目标的确立,经济体制的转轨和政府职能的转变为民间组织的发展再次提供了广阔的空间;民间社会团体的高速发展,甚至引起了中国政府的重视,并伴着法规条例的出台,走上了法制化与正规化的道路。参见王名、贾西津:《中国 NGO 的发展分析》,载《管理世界》2002 年第 8 期,第 30 页。

法治方式最终是由实施对象(人与事物)决定的。法治方式取决于行为主体的法治思维、尤其对于实施对象的法治考量。凡"需要"又"能够"借助法律手段来解决的方式,皆可视作法治方式。

所谓"需要",表达的是法治方式的必要性。在纷繁复杂的社会关系中,哪些需要由法律来调整,哪些不应当由法律来调整,这是法治方式运用首先要明确的问题。若对这个问题把握不准,则法治方式的运用将得不到人民的认同和公众的信服。而法治方式的必要性主要依据于经验实证的社会需要与先验纯粹的正当论证,两者缺一不可。比如针对计划生育问题(包括国家计划生育政策以及在立法上出台《人口与计划生育法》),就同时面临这两方面的解释与说明。在说明该法律的必要性时,不仅需要指出人口过多会造成社会的灾难这一社会因素,同时也要从伦理道德上指出控制人口及相关罚则(如罚款、开除公职、结扎等方式)的正当性。① 再如死刑存废的问题,在说明国家是否有权剥夺个人的生命,死刑道德形而上的正当性的同时,也要说明死刑的取消是否会纵容社会的犯罪,是否会有违民众的朴素情感等现实社会情况。②

所谓"能够",表达的是法治方式的可行性。法治思维不能只停滞在领导干部的观念中,或者偶尔出现在领导干部的重要讲话中,更应该展现在他们的行为举止中,落实在法治方式上。法治方式是法治思维的理性命令,是理性对意志的强制。③ 然而社会本身不具有理性,理性存在于人的头脑和社会理论中,因此意志的任务就是将理性加于社会之上,唤起人们的理性觉醒,让社会受到理性的规制与驾驭。这也即是通过法治方式来解决社会无序导致的问题。在意志将法治思维付诸行为即法治方式时,必然会涉及社会的契合性问题,或者说法治方式运用的场合与时机问题。只有在合适的时间、合适的地点、合适的情境中运用法治方式,才能达到最佳的效果;否则不仅无益于法治思维的落实,甚至会伤害社会的法治情感。比如在反对恐怖主义暴力活动时,若没有反恐立法,片面地使用法治方式(尤其是法治中的"人权"因素),就可能陷入"对恐怖分子施仁政"的温情漩涡。而在反恐立法相对完备的情况下,对暴力恐怖活动的处理,也不宜过分地宣扬"报复性的打击"与"仇恨性的铲除",而应该按照法治方式让

① 强调经验实证的社会需要,即中国的现实国情与国家利益,已有的相关探讨可参见李宏规、杨胜万:《生育权利和义务问题》,载《人口研究》2003 年第 1 期,第 61 页。强调正当性,即合理性与价值正当(包括合宪性),已有的相关探讨可参见王贵松:《中国计划生育制度的合宪性调整》,载《法商研究》2008 年第 4 期,第 123 页。另外,值得一提的是,十一届三中全会提出的"单独二孩"政策之所以顺应民心,既是从"保持人口红利最大化"的国家利益而言,同时也是从"生育权这一基本人权状况改善"的正当性而言。

② 针对这两个方面,陈兴良教授将死刑存废争论划分为"人道主义"与"功利主义"。(参见陈兴良:《死刑废存之应然与实然》,载《法学》2003 年第 4 期,第 39 页。)赵秉志教授相应地也做了"价值"与"经济效益"的区分。(参见赵秉志、郭理蓉:《死刑废存的政策分析与我国的选择》,载《法学》2004 年第 4 期,第 62 页。)另外,值得一提的是,十一届三中全会提出"逐步减少适用死刑罪名",也是既考虑到了人道("减少"),又照顾到了当前国情("逐步")。

③ 参见[德]康德:《道德形而上学的奠基》,李秋零译,中国人民大学出版社 2013 年版,第 30 页。

恐怖分子以"作为人的方式"受到法律的公正审判。

(二)恪守实体法律与遵循正当程序

法治方式最根本的旨趣,就是恪守法律,严格按照法律规定办事。为了做到这一层,需要事先把握法律的概念,明确法律优越性之所在,乃至法治的意义。"法律是什么",这是人类社会中最难回答的问题之一,思想家们给出的回答也是如此地多样与新奇,甚至有时彼此矛盾。但从一些熠熠闪光和发人深省的见地中,我们能够更全面地了解法律的一些基本特征与属性,这对法治方式的运用大有裨益。在这里笔者着重解读三种对法律概念的把握:①倾向自然法的观点。古罗马法学家塞尔苏斯说"法是善良公正之术",其强调的是法律的价值。尽管,对于不公正的法律(恶法)是否是法,仁者见仁智者见智。但不容否认的是,立法者"以不公正的目的"所制定的法律,必定不是法。① 这种观点对我们的启发是,领导干部在实行法治方式时,必须始终秉持公正的态度,在执行公务过程中必须片刻不偏离守法和公正两大原则。②倾向实证法的观点。奥斯丁说"法律是主权者的命令",并将命令、义务、制裁等同,认为三者是一个事物的不同名称而已,这体现的是法律的强制性。法律的命令不同于事实的命令,法律规范层面的应然(当),区别于事实层面的实然。凯尔森说:"法律秩序是有关人类行为的规范秩序,是调整人类行为的规范体系。运用'规范'一词,我们表明的是,有些东西'应该是'或者'应该发生',尤其是一个人'应该'以特定的方式去行动。"②他所说的"应该"不同于自然法或道德意义上的"应该",而是法律中的"应该"或"根据法律的'应该'"。法律分析实证主义观点的合理成分表明,我们的领导干部在实行法治方式时,并非对违法犯罪人员不得使用强制;也表明,法律之所以有必要规定一种"应当的行为",是缘于社会现实中确实存在不如此行为的情况。再者,如果把应当理解成是一种义务的话,那么还需要澄清,法律不仅设定义务,它还授予权利与权力;法律是一种设定义务、授予权利与权力的规则,就像哈特主张的"法律是主要规则与次要规则的结合"③。③倾向社会实证法学(特别是实用主义法学)的观点。法律不仅供我们遵守,它也为社会中彼此交往的后果提供了预测,尤其是对法官或者领导人员将采取什么行动的预测。"法律预测论"提出的警示是,领导干部在实行法治方式中,不能只将法律当作是对公民的一种管理与约束,而必须认识到法律更重视对公民的人格尊重与权利保障;还要求领导干部时刻牢记自身得以公权力是通过法律的授权才获得的,法律对领导干部的行为方式而言是一种严格的管理与约束。只有这样才足以使社会对官员

---

① 这是采用了拉德布鲁赫的观点。拉氏认为:"如果法律有意识地否认追求正义的意愿,⋯⋯那么法律就缺乏有效性;那么民众也就没有义务来服从这些法律。"参见[德]拉德布鲁赫:《法哲学》,王朴译,法律出版社2005年版,第225页。

② Hans Kelsen, *Pure Theory of Law*, trans. by Max Knight, New Jersey: The Lawbook Exchange, Ltd., 2005, p.4.

③ 参见 H. L. A. Hart, *The Concept of Law*, Oxford: Oxford University Press, 1994, p.77.

或领导者的行为事先进行预测。否则就会重回"民不可使知之"的愚民政策的旧路。

马克思曾说过："法典就是人民自由的圣经"①，"法官除了法律就没有别的上司"②。法律居于如此崇高的地位在于它的优越性，如法律具有一般性与普遍性，公开性与可预测性，可操作性与易操作性等属性。当然，事情也有另一面，法律并非上帝，它也存在自身的"阿喀琉斯之踵"，如法律无法顾及个别正义，法律语言具有模糊性，法律相较于社会的落后与保守性等。但这些都不构成怀疑、贬低、疏离法律的理由。相反，要实现法治国家，就必须强化全社会对法律的忠诚与信赖。为此，不妨设定这样几个绝对化的命题：①一切与法律相关的社会关系以及公平正义、道德、党的政策等实质或价值皆被囊括在法律里，皆可在法律中找到解决问题的办法。②只要是符合法律的任何行为及其导致的结果，总是正确的、合理的。③法律是"死"的，没有"灵活性"。允许"灵活"地理解与适用法律，就无异于给特权、无政府主义乃至于违法犯法行为留有余地。④任何法律以外的因素渗入法律之内，法律本身就有异化的危险，可能变成非法的法律。确实，这几个命题在客观上是不存在亦无法做到，在法学研究中也不允许这种片面性和极端化。但是，对于法治方式的实行与运用说来，做这样几个预设命题是有积极意义的。一个法治国家就在这种悖论中逐渐形成。

法治方式中最重要的莫过于程序方式，因为"正是程序决定了法治与恣意人治的基本区别"③。现代法治国家无不对程序给予了充分的关注。开启现代法治先河的英国《大宪章》在第二十九条中规定：任何自由人，如未经其同级贵族之依法裁判，或经国法判决，皆不得被逮捕，监禁，没收财产，剥夺法律保护权，流放，或加以任何其他损害。④ 美国在宪法第五修正案中更是明确提出：未经正当法律程序，不得被剥夺生命、自由或财产。⑤ 一方面，程序拒绝那种"为达目的不择手段"的做法，而是强调目的的达成或决定的做出，都必须要有正当的程序（步骤、方法、手段），程序正义（不仅完美的程序正义也包括不完美的程序正义）⑥能够促进与保证实体上的正义。另一方面，程序又有其自身的独立性，能够输送一种"看得见的正义"，⑦通过程序能够使得利益相关者都"心悦诚服"，免却不必要的猜疑或不信任。

从终极性上说，法治的目的在于通过限制公权力，实现保障人权。对公权力进行

---

① 《马克思恩格斯全集》第 1 卷，人民出版社 1995 年版，第 176 页。

② 《马克思恩格斯全集》第 1 卷，人民出版社 1995 年版，第 180 页。

③ Justice William O. Douglas's *Comment in Joint Anti-Fascist Refugee Comm.* V. McGrath, see United States Court Reports (95 Law. Ed. Oct. 1950 Term), The Layers Co-operative Publishing Company, 1951, p. 858. 转引自季卫东：《法律程序的意义——对中国法制建设的另一种思考》，载《中国社会科学》1993 年第 1 期，第 84 页。

④ *Magna Carta.*

⑤ *Fifth Amendment to the United States Constitution.*

⑥ 有关完美的程序正义与不完美的程序正义，参见 John Rawls, *A Theory of Justice*, Cambridge, MA: The Belknap Press of Harvard University Press, 1999, p.74.

⑦ 陈瑞华：《看得见的正义》，北京大学出版社 2003 年版，第 1 页。

限制的最佳方式就是通过程序的设定,使权力在法律程序的轨道上安全而无害地运作。习近平总书记提出"要把权力关进制度的笼子里",这不仅是指要对领导干部进行事后的严格惩处(比如国家工作人员的廉洁性被破坏后,对滥用权力人员惩之以法),更是指要对他们进行事先的防范。若要使权力的行使不误入歧途,就必须要对权力的行使进行引导与规范,而这正是程序展现身手的最佳舞台。只有通过设定正当的程序,国家的各项权力的运作都符合程序的规定,权力享有者才能作出更为科学的决策与决定,国家和政府在公众的眼里才能变得更为公正,程序正义自身才能得以实现。

程序是一种技术理性,通过这种人为理性的设计,可以有效限制权力的滥用,而其中很重要的一种程序设计乃是"公民参与"(又称"公共参与"或"公众参与")。① 公民参与程序的设计能够使得公民在涉及与自身利益相关的公共决策时,参与到政府国家的权力决定中去。这样与公民相关的公共决策不再由作为"他者"的公权力机构一方单独决定,而是在利益相关者的意见得到充分表达的情况下再作出权威性的决定,防止公民在与自身利益相关的决策事项中沦为"被忽视的在场者""待宰的羔羊"或者权力人暗箱操纵的"牺牲品"。因此,领导干部在运用法治方式的过程中,应特别注重优先运用"公民参与"这一程序,甚至要从"辅助原则"②出发,充分发挥公民与社会自治的能力。公民参与这一法治方式的运用,不仅能培养民众的权利意识与法治意识,而且有助于作出更为科学合理的决策,密切官民之间良性的互动关系。

(三)法治方式与其他因素的互动

在法治方式中,除了严格遵循法律,善于运用程序之外,还需周全地解决好与此相关的一些问题。

第一,重视发挥其他社会方式的作用。强调法治就是依法办事、依法治理,丝毫不等于说道德、风俗习惯、章程等其余社会规范派不上用场。事实上,在法律阙如的情况下,这些规范会起到良好的弥补作用。特别是道德,乃法律实质性之所在与法律存在之价值基础。所以中共十八大报告再次指出,要坚持依法治国和以德治国相结合。③提高运用法治思维与法治方式的能力,必然蕴涵着领导干部自身应该带头守法;强调道德在社会治理、国家治理中的作用,必然需要领导干部首先提升自我的道德修养——以德治国的关键是以德治官。当然,依法治国的法治方式是治国理政的基本方

---

① 有关"公民参与"问题的相关论述,参见朱德米:《回顾公民参与研究》,载《同济大学学报(社会科学版)》2009年第6期,第89页。

② "辅助原则"的核心理念是,在特定公民和组织无法自主实现某种目标时,高一层级的组织应该介入,但仅限于出于保护他们的目的;并且高一层级社会团体或者政治组织只能处理那些低一层级的社会团体或者政治组织无法独立处理而高一层级的机构又能更好完成的事务。详见熊光清:《从辅助原则看个人、社会、国家和超国家之间的关系》,载《中国人民大学学报》2012年第5期,第68页。

③ 胡锦涛:《坚定不移沿着中国特色社会主义道路前进 为全面建成小康社会而奋斗》,人民出版社2012年版,第31页。

式,至于以德治国所根据的道德,相对地说,属于不具形式、非经验的东西,因而难免内涵模糊,清晰、确定、稳定的程度远不及法律;同时,道德的性质决定其只能通过教化的方式对社会产生潜移默化的作用,它不具有法治方式那种对公民或者组织的及时强制与制裁的功能。有鉴于此,所以道德不能成为基本的治国方略。领导干部在运用道德方式时,必须警惕"占据道德制高点,居高临下对公民进行批判与否定"的冲动。另外,在价值多元化、道德多元化的今天,道德更多地是作为私人领域或部分公共领域人们的生活规范,作为全体人民(整体公共领域)代表的国家与政府应当更多地言讲法治话语,因为法律是社会一元的基本共识,只有法治才能最有效地凝聚人心,而道德则是多元的、因人而异的。

第二,重视法治方式与社会现实的协调。从发生论上说,法律是社会需要的产物,是社会意志的集中体现,最终为社会的生存与发展服务;而反过来,法律又规范和调整许多领域的人际关系,甚至起到改造社会的作用。但归根结底,社会就是自身的原动力,其前进的巨轮无可阻挡,法律则是一定时期社会现状的反映和固定化;同时法律落后于社会发展具有客观必然性,法律面前经常存在着一个为了适应社会发展而进行修订和改革的问题。不过,只要现行法律尚未修改,就继续要求社会一体遵行,这对于法治的稳定和社会秩序是利大于弊的。当然,法律落后的状态亦不宜拖得太久。由此在法律与社会关系方面,应当反对:①以"服从社会大局"为由,任意违背法律甚至公然破坏法律。持有这种观念者不懂得:所有违法行为都是对建设法治国家这个根本大局的损害,因而是不能容许的。②以"社会效果"为由,让公民自己来选择遵守或不遵守法律。这种"社会效果决定论"的错误在于:其一,忘记法律是社会意志同时也是国家意志的体现,如前所述,必须假定只要依法而行,其效果总是好的。其二,法律效果的好坏是立法者未来修订法律的根据,而非个人是否守法的根据。③党的政策对法律的越俎代庖。20世纪以来,欧美各国争相强化执政党政策对社会调整的作用,许多政策先后制定为法律。① 著名的美国法学家德沃金甚至认为政策本身就是法的一部分(在其"整体性法律"中包括法律原则、规则,也包括政策)。② 我国是共产党领导的社会主义国家,不可否认,党的政策对整个国家与社会将产生巨大的影响。但它的效力对象应限于作为工人先锋队的党组织和党员,一般公民没有遵守的义务;只有当该政策在全国人大按照法定程序通过成为法律之后,才会对全体公民发生效力。"文革"前那种以党代政、党政不分,把党的领导简单看作凌驾国家之上的观念与做法,再也不应重演。

---

① 比如著名的"罗斯福新政"。参见 Eric Rauchway, *The Great Depression and the New Deal: A Very Short Introduction*, Oxford: Oxford University Press, 2008.

② 参见 Ronald M. Dworkin, "*The Model of Rules*", University of Chicago Law Review, Vol. 35, No. 1 (Autumn 1967), pp. 14—46.

四、法治思维的方法论

研究法治模式及结构,主要探讨法治思维的内容;研究法治思维引领下的法治方式,主要探讨法治思维的实践;而研究法治思维的方法论,则主要探讨法治思维和法治方式通过何种工具和途径进行运作。法治思维是众多思维中的一种,理所当然地遵循思维运作的一般方法。如同任何对象的思维一样,法治思维的方法也是多种多样的。各种思维方法都有自身的特色,对思考都可能有所助益,因此凡问题一般情况下不可能绝对使用单一方法作决断。但这一点并不排除"选择或寻找解决问题的最优方法";相反,越正确的方法越能够收到"事半功倍"的效果。对于法治思维说来,最重要的方法莫过于辩证法和形式逻辑方法。

(一) 辩证法

辩证法是反映客观各种事物间的相互联系、相互影响的规律,因而它对认识事物和解决事物中的矛盾关系具有普遍意义。如果要对法治思维做全方位和深入的解读、把握与运用,那就不能离开辩证法。

第一,法治国家逐步实现的历史经验告诉我们,要采用发展的方法进行法治思维。19 世纪德国法学家耶林就大声疾呼"为权利而斗争",①同样法治也不是社会原生的现象,而是人类在"公平、正义、自由、平等"等价值的引领下,不断斗争的结果。"朕即法律"的年代是毫无法治可言的,只有当"任何组织与个人都在法律之下"时,法治的光芒才开始普照大地。法治既是要与个人特权作斗争,同时还要与其他社会规范较量。传统中国"准五服以制罪"②的宗族法规范,"七出三不去"③的伦理法规范,虽然也是以规则的名义去调整社会关系,但同法治国家格格不入。只有法治冲破这些落后的社会规范并脱颖而出,即以"维护人的平等""保障人的自由"为宗旨的法律在社会中成为核心,才能扫除一切对人无端束缚的行为规范,逐步迈向法治国家。再者,法治的形成与确立也不是一劳永逸的,它"始终是一项未竟的事业"。④ 与其说法治是一种可量化的静态模式,不如说法治是一种不可遏制的动态的模式。也正因此,"世界正义工程"(the World Justice Project)组织每年都调整"法治指数报告"中的各项指标,以期更准确

---

① Rudolph Von Jhering, *The Struggle for Law*, trans. by John J. Lalor, Chicago: Callaghan and Company, 1879.

② 房玄龄等:《晋书·刑法志》,中华书局 1974 年版,第 927 页。

③ 长孙无忌等:《唐律疏议·户婚》,中华书局 1983 年版,第 267 页。

④ 富勒认为,法律应该被看作是一项目的性的事业,它的成功有赖于从事者的能力、洞察力、智力和良知,也正因此,就注定了它无法完全达到目的。参见 Lon L. Fuller, *the Morality of Law*, New Haven: Yale University Press, 1969, p.145.

地反映被调查国家的法治状况。① 即使是一个法治国家也并不意味着那里就存在着"完全且充分"的"科学立法、严格执法、公正司法、全民守法"的理想状态。事实是,在法治国家中,公民的违法犯罪现象并不罕见,官员的滥用权力甚至贪污腐败也不可能销声匿迹。理想的法治国家只是一种愿景。"追求法治的国家",其实就是一个"真正的法治国家"。因此,只有用发展与变化的方法去进行法治思维时,我们才能以正常的心态对待法治。脱离现实条件而盲目苛求或囿于现实而裹足不前,皆是不可取的极端态度。

第二,社会现象的纷繁复杂和各种行为规范的相互交织,决定了必须采用联系的方法进行法治思维。作为意识形态的法律同其他千万种社会现象之间总有这样那样的勾连,而不是孤立的存在物。同时,法律与法律之外的多种社会调整规范(政策及风俗、习惯、道德等)之间,亦有不同的时间、空间上的相关性,法律不能孤军奋战。特别是党的政策与国家法律,它们不可能互不相干,各行其道。法治思维的联系方法,也要求运用纵向的历史方法、横向的比较方法考察法治的理论与制度变迁、各国法治的特征及其损益,以强化法治观念,推动法治国家建设。

第三,治理方式与行为规范的优先序列要求采用矛盾的方法进行法治思维。在基本治国方略之中,应特别加以注重的矛盾关系是:法治与人治是相互排斥的,其中法治有决定性的意义,人治是否定性的存在;在各种社会调整规范中,法律是主导地位的规范,其余规范是补充性的。至于党的政策的指导作用应当体现在法律变革和立法过程中,而不是在法律的实施过程中。法律是社会普遍遵循的规则,党组织也要在宪法、法律范围内活动,党员尤其领导干部要率先垂范、带头守法。

第四,与法律内容的多重面向相对应,要求以全面的方法进行法治思维。在进行法治思维时,应意识到法治内容的丰富性。综合地考虑同法律不可分割的价值、规范、事实各种要素及其相互关系。如果只懂得机械地按照规则办事,不顾及客观实际情况和群众的接受能力,就容易忽略规则背后的价值理念,难以达致规则的目的。如果把现实视为完美的理想状态,就可能绝对地将现实正当化,而偏离崇高的法治价值。如果只认同价值,往往容易对现实状况太过苛刻,会导致对现存法律规则不满、蔑视法律权威。再如对物质、制度、精神进行思考:当领导干部在纠正国家机关人员(尤其是行政公务人员)的"选择性执法""运动型执法"时,不能只管思想教育,也要考虑到执法的物质保证、执法人员是否足够、执法经费是否足够、执法装备是否足够等;②当重点强调"制度性执法"时,也要顾及到法律制度的完善性、法律的解释等问题;当大力宣扬

① 参见 http://worldjusticeproject. org/rule - of - law - index,2014 年 4 月 10 日。另外,2013 年 11 月,十八届三中全会提出要"建立科学的法治建设指标体系和考核标准",因此在如何设计法治指标上就需要进行深入的探讨。已有的相关探讨可参见钱弘道等:《法治评估及其中国应用》,载《中国社会科学》2012 年第 4 期,第 140 页。

② 参见朱景文:《法治基础的系统性思考》,载《人民论坛》2013 年第 14 期,第 16 页。

"软执法"时,更需要充分地考虑法律的精神,在与群众互动过程中,让他们感受到自身权利被尊重。

在以往的长时期内,人们为了趋附极"左"思潮,把辩证法弄成被讥讽的"变戏法"。经常见到以"党的政策""服从大局""发挥人的作用"之类的口实,干扰和贬低"法治"和"依法治国"。很明显,此种历史怪状不能归咎于辩证法,只是滥用者的过错。另外需要提及的是,有的学者阐发法治思维时,认为辩证法属于认识论范畴,而不属于方法论范畴。这种看法是值得商榷的。如同前述的那样,法治思维,特别是领导干部的法治思维中,直观或经验、实证的形式规范,简言之,合法性的考量,的确非常重要而不可缺少,但这并非问题的全部。法治思维不可能是单纯固守法律教条的思维;诸如法条本身善恶与否,其价值基础如何、法律实施后对民众与社会产生何种影响等,简言之,合理性和正当性的考量,亦是无法回避的。如果抛弃后者,法治思维肯定是"法匠"的思维。显而易见,把握这些实质性问题,仅靠形式逻辑方法是无法实现的。为此,就一定要求助辩证法加以解决。从始源上考察,辩证法与本体论便有紧密的深层关联性,与探索事物的实质密切相关。辩证的法律方法要求把法律形式(规范)与法律实质(价值)、合法性与合理性紧紧统一起来。不言而喻,强调恪守法律不等于忽略乃至排斥法律精神(价值或合理性),而引向纯粹的法条主义和盲目的崇法。相反,一个法律关系主体,只有把握了法律精神才能从内心中激发守法、执法的自觉性和主动性。坚持这样处理事件或案件也会让当事人和社会公众感受到公平与正义。与此相一致,法治思维应当同时包含外在法条和内在法律精神两者相统一的整体思维。实际上,认识论与方法论两者主要是哲学研究角度上的差异,在实践中很难把它们截然分割开来。

(二)形式逻辑方法

在普通理性人那里,形式逻辑是最广泛使用而且是不能不使用的思维方法。它不仅能够使问题通过概念体系而清晰化,也是解决问题最直截、快捷和普遍的工具。在法律体系中,规范一般都借助此种方法来表达其寓意。具体说,比如法律规范结构是"假定—处理—后果";法律实施的过程是"法律规定—法律事实—结论",其中包含大小前提条件和推理判断。这些都体现形式逻辑思维规律的优点。形式逻辑推理方法在法治思维中的运用,主要包括作为排他性的法律理由、作为必然性的法律三段论和作为融贯性的系列法律决断。

第一,法治思维必须要把法律作为排他性的正当理由。首先,不管法官判案还是领导干部执行公务,其决定的作出都应该有充分的理由与依据,也就是行为应当符合实践理性的要求。这是常谚中的"凡事三思而后行",任何行动与决定的作出都应理由和证据充分,反对轻浮草率。有些领导干部对事情的决定往往是"一拍脑袋,就这么干",而结果则是"一拍大腿,出事了"。尤有甚者,连脑袋都懒得拍,完全放纵自己的习性偏好,处理问题时不经思考,遑论进行法治思维。其次,亚里士多德说过:"失德的人就会淫凶纵肆,贪婪无度,下流而为最肮脏、最残暴的野兽。"①因此,充分培养自身的德性(理智德性和道德德性)②,强化实践理性,方可摆脱人性中的私欲与任性,作出的决定与行为方能经得起实践的检验。再者,在作为决定行为根据的众多理由中,法律具有排他的权威性。用否定的语气说,就是不允许有超越法律范围的其他理由依据,甚至可以认为,"法律要求某一行为的履行这一事实,就是履行该行为的理由,在评估做什么时,不仅不需要补充其他相关的理由,而且应该替代它们。"③

第二,法治思维必须符合作为必然性的三段论演绎。通过法治思维作出的决定不仅需要法律理由,还需要"充足"的法律理由,而不能只是"大致""大约"或"可能"之类的盖然性判断。因此,领导干部在进行决策时,必须全面地听取众人的意见,集思广益(要听取下属意见,也要通过座谈会、茶话会等形式听取公民和专家意见),信息量和理据尽可能充分。虽然"把法律作为大前提,事实作为小前提,从而推出结论性的决定",是法治思维的基本模式,但运行起来也有一些难题要去克服。一则,需要克服作为法律的规范与事实的鸿沟,使得事实能够与相应的法律相衔接。这方面宜用一些技术性的方法,比如涵摄、等置等,④使领导干部的目光"往返于法律与事实之间",要么将事实纳入到法律的框架之内,要么寻找法律与事实之间的共同点。二则,需要克服法律依据的模糊性,以及可能出现的法律空缺状态。这就需要借助一定的解释方法,体系解释、目的解释及历史解释等,使得法律的不足状态得以弥补。应提及的是,在法律解释的应用中,同样要遵循三段论的演绎推理,如此方能使法律解释的结论具有牢固的根基。归纳起来,法治思维的进程,通过这种必然性的形式三段论演绎,能够排除领导干部个人不正义的思想杂质;退一步说,即使他们的目的是追求实质正义,这种法治思维方法在公共论证中也是极有必要的。

第三,法治思维必须要满足作为融贯性的系列法律决断的要求。领导干部在进行决策时,必须要保持决策与决策之间的融贯性,避免前后可能出现的逻辑上的矛盾。尤其一个决策是严格地以法律作为排他性的理由,并且符合三段论的演绎得出来的时候,那么之后出现类似情况需要作出决策,就必须与前一个决策保持一致。这种系列决断的融贯性的思维方法所追求的"类似情况类似处理",符合自然正义的要求,也会大大减小思维成本。它跟英美法系中的法官"遵循先例原则"⑤有很大的相似性。我国最高人民法院在 2010 年规定的案例指导制度⑥所体现的思维方法,是一个典型例证。

---

① [古希腊] 亚里士多德:《政治学》,吴寿彭译,商务印书馆 1965 年版,第 9 页。

② 参见[古希腊] 亚里士多德:《尼各马可伦理学》,廖申白译,商务印书馆 2003 年版,第 34 页。

③ 这是拉兹提出来的"先取理由命题"(the pre-emption thesis)。Joseph Raz, *Ethics in the Public Domain: Essays in the Morality of Law and Politics*, Oxford: Clarendon Press, 1994, p. 214.

④ 杨建军:《司法裁判中法律事实与法律规范的关系》,载《法制与社会发展》2007 年第 2 期,第 38 页。

⑤ 参见 Rupert Cross and J. W. Harris, *Precedent in English Law*, Oxford: Clarendon Press, 1991.

⑥ 参见《最高人民法院关于案例指导工作的规定》(法发[2010]51 号)。

当然,在判断是否为"类似情况"时,必须要进行类比,使得前后出现的情况不仅有表面上的相似,更有特征、性质上的一致性。在这一点上,判例法中的"区别技术"①很值得借鉴。毫无疑义,系列决断的融贯性也不是绝对的。有时,前后发生的类似情况,由于所处的客观环境及其他影响该情况的客观条件发生了巨大或较大变化,那么这种融贯性就应该被打破。领导干部需要重新付出思维的成本,依照法律作出一个替代的符合实际情况的决策。

与金若山合写,刊于《北方法学》2015 年第 1 期。

---

① Frederick Schauer, *Precedent*, Stanford Law Review, Vol. 39, No. 3（February 1987）, pp. 571—606.

法的基本范畴

一、权利与权力

(一) 马克思、恩格斯和列宁的有关论述

马克思、恩格斯的历史唯物主义的基本观点在于：人们的物质生活体系即"市民社会"，"始终标志着直接从生产和交往关系中发展起来的社会组织，这种社会组织在一切时代都构成国家的基础以及任何其他的观念的上层建筑的基础。"①根据此原理，权利与权力都是社会的上层建筑现象。恰恰相反，传统的资产阶级理论的共同弊病是认为权利与权力为"自由意志"所创造。为此，马克思、恩格斯明确表示，"至于谈到权利，我们和其他许多人都曾强调指出了共产主义对政治权利、私人权利以及权利的最一般形式即人权所采取的反对立场。"②

与此紧密相关，马克思在《资本论》里又从发生论方面具体地考察了权利与权力。他指出：权利本源于原始社会中后期的简单产品交换中包含的"人的法律因素"或自由、平等因素，也就是权利③。后来，新形成的国家（权力）出于统治阶级既得利益和社会发展的客观需要，这种"人的法律因素"才提升为法律，同时出现"国家"或"公共权力"④。由此可知，权利先于权力，并且这种表现利益的权利（首先是有产者权利）决定着权力的形成。

一个半多世纪以来的社会主义—共产主义运动的实践中，马克思主义经典作家和领导人物对权利与权力及其相互关系问题上最为关注的，乃是如何实现真正的民主即社会广大群众主宰的国家制度或权力体系。

在《黑格尔法哲学批判》中，马克思说："人民的主权不是从国王的主权中派生出来的，相反地，国王的主权倒是以人民的主权为基础的。"⑤从上述思想出发，马克思把民主制作为实行人民主权的政治形式与君主制对立。马克思指出，"民主制是君主制的

---

① 《马克思恩格斯全集》第 3 卷，人民出版社 1960 年版，第 41 页。
② 《马克思恩格斯全集》第 3 卷，人民出版社 1960 年版，第 228—229 页。
③ 参见《马克思恩格斯全集》第 46 卷（上），人民出版社 1979 年版，第 195—196 页。
④ 《马克思恩格斯全集》第 18 卷，人民出版社 1964 年版，第 309 页。
⑤ 《马克思恩格斯全集》第 1 卷，人民出版社 1956 年版，第 279 页。

真理,君主制却不是民主制的真理。"①马克思把民主制看做是解决个人与国家之间关系的一种完善的政治形式,看做是一种"国家制度、法律、国家本身都只是人民的自我规定和特定内容"②的,实行法治的政治制度。他还谈到:"人民是否有权来为自己建立新的国家制度呢?对这个问题的回答应该是绝对肯定的,因为国家制度如果不再真正表现人民的意志,那它就变成有名无实的东西了。"③

1891年3月18日,恩格斯为纪念巴黎公社20周年而给《法兰西内战》作序,其中指出:"为了防止国家和国家机关由社会公仆变为社会主宰——这种现象在至今所有的国家中都是不可避免的——公社采取了两个正确的办法。第一,它把行政、司法和国民教育方面的一切职位交给由普选选出的人担任,而且规定选举者可以随时撤换被选举者。第二,它对所有公职人员,不论职位高低,都只付给跟其他工人同样的工资。公社所曾付过的最高薪金是6000法郎。这样,即使公社没有另外给各代议机构的代表规定限权委托书,也能可靠地防止人们去追求升官发财了。"④

在《1891年社会民主党纲领草案批判》,即《爱尔福特纲领草案批判》中,恩格斯强调:"如果说有什么是毋庸置疑的,那就是,我们的党和工人阶级只有在民主共和国这种政治形式下,才能取得统治。民主共和国甚至是无产阶级专政的特殊形式,法国大革命已经证明了这一点。"⑤

列宁为苏维埃国家起草的宪法性文件即《被剥削劳动人民权利宣言》中,把剥夺剥夺者、实现生产资料全民所有制作为人民权利的经济基础。他还认为,社会主义法制的一个根本性的问题就是要确认和保障人民的基本权利。这是衡量一个国家是否实行民主政治及实行的程度如何的主要标志。在列宁看来,社会主义制度从根本上说是人民群众当家作主的制度,他曾提出过一个科学论断:"没有民主,就不可能有社会主义。"⑥"什么是宪法?宪法就是一张写着人民权利的纸。"⑦他说:"人民的自由,只有在人民真正能够毫无阻碍地结社、集会、办报、亲自颁布法律、亲自选举和撤换一切负责执行法律并根据法律进行管理的国家公职人员的时候,才能得到保障。这就是说,人民的自由,只有在国家的全部政权完全地和真正地属于人民的时候,才能完全地和真正地得到保障。"⑧

列宁指出,必须正确处理好权利与权力的关系,一方面必须把法律形式明确规定权利,另一方面必须把法律作为制约权力滥用的保障机制。他说:"工人阶级夺取政权

① 《马克思恩格斯全集》第1卷,人民出版社1956年版,第280页。
② 《马克思恩格斯全集》第1卷,人民出版社1956年版,第282页。
③ 《马克思恩格斯全集》第1卷,人民出版社1956年版,第316页。
④ 《马克思恩格斯全集》第22卷,人民出版社1965年版,第228页。
⑤ 《马克思恩格斯全集》第22卷,人民出版社1965年版,第274页。
⑥ 《列宁全集》第28卷,人民出版社1990年版,第168页。
⑦ 《列宁全集》第12卷,人民出版社1987年版,第50页。
⑧ 《列宁全集》第13卷,人民出版社1987年版,第67页。

之后,像任何阶级一样,要通过改变同所有制的关系和实行新宪法来掌握和保持政权,巩固政权。"①"意志如果是国家的意志,就应该表现为政权机关所制定的法律,否则,意志一词不过是放空炮而已。"②

他认为,只有依靠广大人民群众对法律的实施实行监督,法律监督的作用才能真正落到实处。为了扩大民主制和根除官僚制,就必须扩大人民群众真正当家做主的民主权利,吸引人民群众直接管理国家。1918 年 3 月,列宁在俄共(布)第七次代表大会上提出,必须有系统地吸引愈来愈多的公民,直到吸引所有公民直接地担负自己应承担的管理国家的责任。"只有当全体居民都参加管理工作时,才能把反官僚主义的斗争进行到底,直到取得完全的胜利。"③列宁说:"一个国家的力量在于群众的觉悟。只有当群众知道一切,能判断一切,并自觉地从事一切的时候,国家才有力量。"④民主公开原则,是民主制度的重要原则之一,是建设社会主义民主政治、有效地反对官僚主义的必要条件。列宁认为,一切与人民群众利益密切相关的重大事情都要让人民知道,重大问题和决策要经过人民讨论,使人民群众有知情权、参与权,这样,才能充分发挥人民群众当家做主的积极性和主动性,这也是苏维埃的力量源泉之所在。

(二)以毛泽东为代表的老一代无产阶级革命家的有关论述

1919 年 12 月 1 日,陈独秀在《实行民治的基础》一文中说道:"我们政治的民治主义的解释:是由人民直接议定宪法,用宪法规定权限,用代表制照宪法的规定执行民意。换一句话说:就是打破治者与被治者的阶级,人民自身同时是治者又是被治者。老实说:就是消极的不要被动的官治,积极的实行自动的人民自治。必须到了这个地步,才算得真正民治。"⑤

1945 年,毛泽东在回答黄炎培如何跳出兴亡的周期率时,说:"我们已经找到新路,我们能跳出这周期率。这条新路,就是民主。只有让人民来监督政府,政府才不敢松懈。只有人人起来负责,才不会人亡政息。"⑥

毛泽东十分强调人民的管理权,即人民当家作主的权利。他在读苏联的《政治经济学教科书》社会主义部分(第三版)的笔记中,写道:"社会主义民主的问题,首先就是劳动者有没有权利来克服各种敌对势力和它们的影响的问题,像报纸、刊物、广播、电影这类东西,掌握在谁手里,由谁来发议论,都是属于权利的问题……总之,人民必须有权管理上层建筑。我们不能够把人民的权利问题了解为国家只有由部分人管理,人

---

① 《列宁全集》第 38 卷,人民出版社 1986 年版,第 299—300 页。
② 《列宁全集》第 30 卷,人民出版社 1985 年版,第 308 页。
③ 《列宁全集》第 36 卷,人民出版社 1985 年版,第 154 页。
④ 《列宁全集》第 33 卷,人民出版社 1985 年版,第 16 页。
⑤ 《陈独秀文章选编》(上),生活·读书·新知三联书店 1984 年版,第 430 页。
⑥ 转引自薄一波:《若干重大决策与事件的回顾》(上卷),中共中央党校出版社 1991 年版,第 157 页。

民只能在某些人的管理下面享受劳动、教育、社会保险等等权利。"①

在《论联合政府》中,毛泽东又指出:"全心全意地为人民服务,一刻也不脱离群众;一切从人民的利益出发,而不是从个人或小集团的利益出发;向人民负责和向党的领导机关负责的一致性;这些就是我们的出发点。"②

刘少奇特别强调:"全国人民代表大会和地方各级人民代表大会的代表以及一切国家机关的工作人员,都是人民的勤务员,一切国家机关都是为人民服务的机关,因此,他们在遵守宪法和保证宪法的实施方面,就负有特别的责任。"③"人民的共同利益和统一意志,是人民代表大会和一切国家机关工作的出发点。因此,在这一切国家机关中,也就能够在民主的基础上形成人民的政治一致性。"④

他说:"依法罢免人民代表或者政府工作人员,是人民很重要的权利,在必要的时候,应当予以实施。"刘少奇曾谆谆告诫全党"要加强人民群众对领导机关的监督,订出一种群众监督的制度,使我们的领导机关和领导人员接近人民群众。因此,人民代表大会的工作怎么做,如何监督政府、监督我们的领导人员,报纸如何监督,都要认真研究。"⑤

1956年7月21日,周恩来在中共上海市第一次代表大会上说:"现在我们的人民民主专政应该是:专政要继续,民主要扩大……专政的权力虽然建立在民主的基础上,但这个权力是相当集中相当大的,如果处理不好,就容易忽视民主。苏联的历史经验可以借鉴。所以我们时常警惕,要经常注意扩大民主,这一点更带有本质的意义。"⑥他还说过:"我们的国家是人民的国家,政府是人民的政府,是民主集中制的、由下而上的同时又是由上而下的人民政府,是无产阶级领导的人民民主专政。"⑦

董必武在华北第一次县长会议上讲道:"'谁是主人,谁是长工'?正确的回答应当说,人民是主人,人民代表和政府干部都是长工。代表可以做干部,干部也可以做代表,这在上面已讲过了。但只有人民代表会议或人民代表大会是代表人民行使国家政权的机关,是代表人民作主人,这一点是必须认清的。""'打天下的不坐,坐天下的不打'。这种说法完全不对。这是一种脱离群众、坐在群众头上的反人民的思想。这是从个人的利益出发,居功自大,不满人民当家作主的表现……我们从事革命的人绝不是为着个人的利益,而是为着人民主要是为着劳动人民的利益。"⑧

---

① 转引自俞荣根著:《艰难的开拓——毛泽东的法思想与法实践》,广西师范大学出版社1997年版,第342页。

② 《毛泽东选集》第3卷,人民出版社1991年版,第1094—1095页。

③ 《刘少奇选集》下卷,人民出版社1985年版,第168页。

④ 《刘少奇选集》下卷,人民出版社1985年版,第159页。

⑤ 《刘少奇论党的建设》,中央文献出版社1991年版,第644页。

⑥ 《周恩来选集》下卷,人民出版社1984年版,第207页。

⑦ 《周恩来选集》上卷,人民出版社1980年版,第357页。

⑧ 董必武:《论社会主义民主和法制》,人民出版社1979年版,第35页。

谢觉哉认为:"'做人民勤务员'。决心不跨在人民头上是一,虚心听取人民的指示是二,有本事帮助人民解决问题,使大家满意是三。""一切决定于人民——人民是主,主认为对才是对的。一切又决定于人民勤务员,勤务员要有能,勤务员有毛病要打防疫针。"①"人民政权,不只说政府真能代表人民利益,为人民服务,而且是人民直接组织政权与管理政权。政权是人民自己的。"②

彭真曾深刻地指出:"我们的人民民主,首先是注意民主的实质,即真正代表人民、为了人民和依靠人民的民主集中制的实质,然后才是由此而来的适合当前情况的民主形式,而民主形式又必须是便利于最大多数人民集中并实现其意志的组织形式。"③对于那些以为法律是只管老百姓或者只管"小人物"的少数国家工作人员,彭真批评说:"我们的干部是人民的勤务员和领导者,国家对于干部的要求,在一切方面都应该比对一般公民的要求高。干部不仅要执行方针政策,遵守政治纪律和工作纪律,还必须严格遵守国家的法律,成为遵守国家法律的模范。如果一个干部他本身就不遵守法律,那他还怎样能要求人民群众遵守法律呢? 他还怎样能领导人民群众同违法现象作斗争,怎样能领导人民群众为执行党和国家的方针、政策而奋斗呢? 必须明确国家对于任何违法犯罪的人,不管他的职位多高,都是不能加以包庇的。"④

在第五届全国人民代表大会第五次会议上,彭真讲道:"人民民主专政的国家性质决定,在我国,人民,只有人民,才是国家和社会的主人。"⑤他还指出,中华人民共和国的一切权力属于人民,"这是我国国家制度的核心内容和根本准则"⑥。

1984 年 11 月 27 日,张友渔在《关于人民代表大会代表的任务、地位、职权和活动方式的问题》中谈到:"由于人民代表大会代表是人民选出的代表,担负着代表人民行使国家权力的任务,他们所处的地位应当受到尊重,他们所进行的工作,应当受到保护。但就他们同人民的关系来说,他们是人民中的一员,不是'特殊公民'。相反,作为人民选出的代表是人民的公仆,不是人民的老爷,所以当了代表不能觉得高人一等……所以人民代表大会代表只有勤勤恳恳为人民服务的义务,没有利用职权谋取私利的权利。"⑦

(三) 邓小平、江泽民、胡锦涛等领导人的有关论述

邓小平在著名的《坚持四项基本原则》这篇讲话中,讲了一句名言:"没有民主就没

① 《谢觉哉日记》(下),人民出版社 1984 年版,第 878—879 页。
② 《谢觉哉日记》(下),人民出版社 1984 年版,第 1257 页。
③ 彭真:《论新中国的政法工作》,中央文献出版社 1992 年版,第 90 页。
④ 彭真:《论新中国的政法工作》,中央文献出版社 1992 年版,第 106 页。
⑤ 彭真:《论新中国的政法工作》,中央文献出版社 1992 年版,第 311 页。
⑥ 彭真:《论新中国的政法工作》,中央文献出版社 1992 年版,第 311 页。
⑦ 《张友渔文选》下卷,法律出版社 1997 年版,第 398—399 页。

有社会主义"①。正如党的十四大报告所指出的:"人民民主是社会主义的本质要求和内在属性。"②社会主义民主不仅仅是公职人员的民主作风,民主首先是一种公民权利。邓小平注意到了这一点,他指出:"要切实保障工人农民个人的民主权利,包括民主选举、民主管理和民主监督。"③并提出:"为了保障人民民主,必须加强法制,必须使民主制度化、法律化,使这种制度和法律不因领导人的改变而改变,不因领导人的看法和注意力的改变而改变。"④

1980年8月,在《党和国家领导制度的改革》的讲话中,他又指出:过去"特权现象有时受到限制、批评和打击,有时又重新滋长",就是因为过去民主与法制不健全,特别是监督制度不健全。因此他特别强调要解决制度问题,特别强调群众监督制度,他指出:"要有群众监督制度,让群众和党员监督干部,特别是领导干部。凡是搞特权、特殊化,经过批评教育而又不改的,人民就有权依法进行检举、控告、弹劾、撤换、罢免,要求他们在经济上退赔,并使他们受到法律、纪律处分。"⑤

1998年7月21日,江泽民在《领导干部要带头树立好的家风》的讲话中强调:"领导干部手中的权力,都是人民赋予的,都必须用来为人民谋利益,而切不可把它当作自己和家庭成员谋取私利的手段。领导干部既要管住自己,又要管住管好自己的配偶子女。应该处处以国家和人民的利益为重,处处按照党的思想、政治、组织原则办事,千万不能搞封建社会那种'一人得道,鸡犬升天'。"⑥

同年12月18日,江泽民在《二十年来我们党的主要历史经验》的讲话中指出:"我们的社会主义民主,是全国各族人民享有的最广大的民主,它的本质就是人民当家作主。共产党执政,就是领导和支持人民掌握和行使管理国家的权力,实行民主选举、民主决策、民主管理、民主监督,保证人民依法享有广泛的权利和自由,尊重和保护人权。"⑦"人民是我们国家的主人,是决定我国前途命运的根本力量。党的全部任务和责任,就是为人民谋利益,团结和带领人民群众为实现自己的根本利益而奋斗。在任何时候、任何情况下,党的一切工作和方针政策,都要以是否符合最广大人人民群众的利益为最高衡量标准。这是我们观察和处理问题的一个根本原则。"⑧

2001年7月1日,在庆祝中国共产党成立80周年大会上,江泽民再次指出:"我们手中的权力都是人民赋予的,各级干部都是人民的公仆,必须受到人民和法律的监督。要通过加强党内监督、法律监督、群众监督,建立健全依法行使权力的制约机制和监督

---

① 《邓小平文选》第2卷,人民出版社1994年版,第168页。
② 人民网 http://cpc. people. com. cn/GB/64162/64168/64567/65446/4526312. html。
③ 《邓小平文选(1975—1982年)》,人民出版社1983年版,第136页。
④ 《邓小平文选(1975—1982年)》,人民出版社1983年版,第136页。
⑤ 《邓小平文选》第2卷,人民出版社1994年版,第332页。
⑥ 《江泽民文选》第2卷,人民出版社2006年版,第187页。
⑦ 《江泽民文选》第2卷,人民出版社2006年版,第258页。
⑧ 《江泽民文选》第2卷,人民出版社2006年版,第262页。

机制。关键要加强对领导干部的监督,保证他们正确运用手中的权力。"①

胡锦涛在十六届二中全会上说:"扩大公民有序的政治参与,保证人民实行民主选举、民主决策、民主管理和民主监督。"②当前,"要抓紧制定和完善发展社会主义民主政治的法律,保障公民权利、维护社会安定的法律,促进社会全面进步的法律。"③

2009年9月18日,党的十七届四中全会通过的《中共中央关于加强和改进新形势下党的建设若干重大问题的决定》提出:"坚持立党为公、执政为民,保持党同人民群众的血肉联系。坚持全心全意为人民服务根本宗旨,坚持以人为本,贯彻马克思主义群众观点和党的群众路线,实现好、维护好、发展好最广大人民根本利益,做到权为民所用、情为民所系、利为民所谋,不断增强党的阶级基础、扩大党的群众基础,使党始终得到人民群众支持和拥护。"④

二、职权与职责

(一) 马克思、恩格斯和列宁的有关论述

马克思在《法兰西内战》中曾经说过:"民族的统一不是应该破坏,相反地应该借助于公社制度组织起来,应该通过这样的办法来实现,即消灭以民族统一的体现者自居同时却脱离民族、驾于民族之上的国家政权,这个国家政权只不过是民族躯体上的寄生赘瘤。旧政府权力的纯粹压迫机关应该铲除,而旧政府权力的合理职能应该从妄图驾于社会之上的权力那里夺取过来,交给社会的负责的公仆。普选制不是为了每三年或六年决定一次,究竟由统治阶级中的什么人在议会里代表和压迫人民,而是应当为组织在公社里的人民服务,正如个人选择的权利为任何一个工厂主服务,使他们能为自己的企业找到工人、监工和会计一样。大家知道,企业正像个人一样,在实际业务活动中总是能够把适当的人放到适当的位置上去,即使有时会犯错误,也总能很快就纠正过来。另一方面,用等级授职制去代替普选制是根本违背公社的精神的。"⑤

列宁当年针对权力高度集中于中央政治局的弊端,曾明确提出:"党的机关和苏维埃机关应该划清职权。"⑥他在党的第十一次代表大会上所作的政治报告中指出:"我希望代表大会能高度重视这个问题,批准旨在解除政治局和中央的琐碎事务、加强负责工作人员的工作指令。要使各人民委员对自己的工作负责,而不是首先把问题提到

① 《江泽民文选》第3卷,人民出版社2006年版,第291—292页。
② 中共中央文献研究室编:《十六大以来重要文献选编》(上),中央文献出版社2005年版,第148页。
③ 胡锦涛:《在首都各界纪念全国人民代表大会成立50周年大会上的讲话》,人民网 http://www. people. com. cn/GB/paper39/12952/1163972. html。
④ 人民网 http://cpc. people. com. cn/GB/64093/64094/10128764. html。
⑤ 《马克思恩格斯全集》第17卷,人民出版社1963年版,第359—360页。
⑥ 《列宁全集》第43卷,人民出版社1987年版,第118页。

人民委员会,然后又提到政治局。"①这就是明确地划分党(及其中央机关)与苏维埃政府机关的职权,提高政府机关工作人员的威信、责任感、独立性和主动性;党的任务是对国家机关的工作进行总的政治领导,而不是对日常工作进行过多的干预或包办代替。为此,列宁还对中央书记处、人民委员会、劳动国防委员会的职权范围、会议制度、工作程序,以及政府主席、副主席、各人民委员的职权作了明确的规定与划分。

列宁反复强调:"撤销多如牛毛的委员会"②;"小人民委员会也要这样做,而且要大大精简机构"③。"当前最主要的迫切任务,也是最近几年最重要的任务,就是要通过缩减苏维埃机关、改善组织、消灭拖拉作风和官僚主义、减少非生产开支,来不断精简苏维埃机关和减少其费用。"④尽量减少一切不必要的会议,大力提高工作效率,对国家机关与工作制度"作一番彻底的改革"⑤。

同时要明确规定国家机关工作人员的职责范围,加强检查督促,否则,"就无法克服窒息着我们的官僚主义和拖拉作风"⑥。列宁指出,对国家机关的工作的批评监督也应当公开。他认为,对社会主义国家机关及其工作人员来说,虚心接受人民群众公开的批评监督,是发扬社会主义民主,克服官僚主义,不断改进工作的有效保障。在接受批评监督的问题上也应该人人平等,就是说,"不管是总书记,还是某个其他中央委员",都不能妨碍群众和监督机关"提出质询,检查文件"⑦。为此,列宁要求担任高级职位的人不要向群众隐瞒自己工作的缺点,对国家机关的工作的批评监督要"不顾情面",这样做才能避免权力的滥用而导致的官僚主义。

(二)以毛泽东为代表的老一代无产阶级革命家的有关论述

毛泽东在《井冈山的斗争》一文中论"政权工作"有这样一段话:"党在群众中有极大的威权,政府的威权却差得多。这是由于许多事情为图省便,党在那里直接做了,把政权机关搁置一边,这种情形是很多的。政权机关里的党团组织有些地方没有;有些地方有了也用得不完满。以后党要执行领导政府的任务,党的主张办法,除宣传外,执行的时候必须通过政府的组织。国民党直接向政府下命令的错误办法,是要避免的。"⑧

他在《论联合政府》一文中,谈到:"新民主主义的政权组织,应该采取民主集中制,由各级人民代表大会决定大政方针,选举政府。它是民主的,又是集中的,就是民主基

---

① 《列宁全集》第43卷,人民出版社1987年版,第111页。
② 《列宁全集》第42卷,人民出版社1987年版,第388页。
③ 《列宁全集》第42卷,人民出版社1987年版,第389页。
④ 《列宁全集》第43卷,人民出版社1987年版,第303页。
⑤ 《列宁全集》第42卷,人民出版社1987年版,第388页。
⑥ 《列宁全集》第42卷,人民出版社1987年版,第394页。
⑦ 参见《列宁全集》第43卷,人民出版社1987年版,第377页。
⑧ 《毛泽东选集》第1卷,人民出版社1991年版,第73页。

础上的集中,在集中指导下的民主。只有这个制度,才既能表现广泛的民主,使各级人民代表大会有高度的权力;又能处理国事,使各级政府能集中地处理被各级人民代表大会所委托的一切事务,并保障人民的一切必要的民主活动。"①

关于党的领导和党政分开的问题,刘少奇也曾明确提过,他说:"显然,一揽子的领导方式是不行的,要有分工,要建立各种业务机构。必须健全中央以至地方政府部门的业务机构,提高其水平,使之能负担它所应负担的任务。"②"要有管业务的,这主要是政府系统、行政系统去管。"③"另外要有管干部、管思想、管政治的,这由党委管。""思想工作是宣传部管,检查政策执行、保证计划完成是工业部、农村部管,反革命分子、刑事犯是公安部、法院管。"党"把不应该管的推出去,才能做自己应该做的事。现在是不该管的管了,应该管的没有管。"④

1956年11月,在党的八届二中全会上,刘少奇针对一些干部生活特殊化、利用职权谋私利、官僚主义严重等现象,强调:"国家领导人员的权力应该有一定的限制,什么事情他有多大的权力,什么事情不准他做,应该有一种限制。"⑤他提出了实质上废除领导职务终身制的设想,"华盛顿做过总统,他也是劳苦功高吧,比我们在座的同志怎么样?做了八年总统,又退为平民,这样的办法,我们是不是也可以参考一下,也可以退为平民?"⑥他主张严格纪律,对于干部中严重违法乱纪、贪污腐化、蜕化变质的,要采取断然手段开除出党。

刘少奇还说:"我们的一切国家机关都必须严格地遵守法律,而我们的公安机关、检察机关和法院,必须贯彻执行法制方面的分工负责和互相制约的制度。"⑦

周恩来认为,以协商为特征的集体领导制,是防止个人专断的重要体制原则。他说:"党委领导是集体领导,不是书记个人领导。没有经过党委讨论的大事,书记不能随便决定。"⑧"党的领导是组织领导,不是个人领导。""个人没有权力领导一切,不管是谁。"⑨"'一言堂',说出一句话来说是百分之百正确,天下没有这种事情。"⑩"个人离开了集体,就无从起领导作用。"⑪

谢觉哉曾在日记中写道:"主权的行使——主权在民,行使必须分工,否则易流专

---

① 《毛泽东选集》第3卷,人民出版社1991年版,第1057页。
② 《刘少奇论党的建设》,中央文献出版社1991年版,第626页。
③ 《刘少奇论党的建设》,中央文献出版社1991年版,第623页。
④ 《刘少奇论党的建设》,中央文献出版社1991年版,第624页。
⑤ 《刘少奇论党的建设》,中央文献出版社1991年版,第645页。
⑥ 《刘少奇论党的建设》,中央文献出版社1991年版,第647页。
⑦ 《刘少奇选集》下卷,人民出版社1985年版,第253页。
⑧ 《周恩来选集》下卷,人民出版社1984年版,第366页。
⑨ 《周恩来选集》下卷,人民出版社1984年版,第365页。
⑩ 《周恩来选集》下卷,人民出版社1984年版,第323页。
⑪ 《周恩来选集》下卷,人民出版社1984年版,第392页。

制。""政权与治权,权能分工。"①

1951年9月23日,董必武在《论加强人民代表会议的工作》中谈到:"党无论在什么情况下,不应把党机关的职能和国家机关的职能混同起来。党不能因领导政权机关就包办代替政权机关的工作,也不能因领导政权机关而取消党本身组织的职能。"②

彭真根据宪法的有关规定,指出各国家机关之间是分工负责的:"国家机构的设置和职责权限的规定,要体现这样的精神:在法律的制定和重大问题的决策上,必须由国家权力机关,即全国人大和地方各级人大,充分讨论,民主决定,以求真正集中和代表人民的意志和利益;而在它们的贯彻执行上,必须实行严格的责任制,以求提高工作效率。这种责任制对于发展社会主义民主,保证人民行使国家权力,是不可缺少的。人民通过国家权力机关作出决定以后,只有这些决定得到行政机关的迅速有效的执行,人民的意志才能得到实现。"③他还提出,"人大决定问题,并不具体执行。谁执行? 政府。十亿人的事情,总还得有一个行政制度。国务院就是中央人民政府,是最高国家权力机关的执行机关,是最高国家行政机关。此外,还有军委、最高人民法院和最高人民检察院。"④"国家机构的这种合理分工,既可以避免权力过分集中,又可以使国家的各项工作有效地进行。"⑤

彭真认为,各个国家机关必须依法进行监督,一不要失职,二不要越权。他说:"宪法规定人大和人大常委会有监督宪法和法律实施的职责,但并不是可以乱干涉政府和司法部门的正常工作。否则,工作就搞乱了。政出多门,谁都要管,实际无人负责,势必误事。"⑥他还说:"监督,有党的监督、政府的监督、司法机关的监督、权力机关的监督。党有党纪,违反党纪由党的纪委管。政有政纪,宪法规定国务院有领导监察工作的职权,政纪由政府的监察机构去管。违反法纪,有司法机关去管。"⑦

关于公、检、法三机关的总的关系,他认为:"这三个机关是互相配合、互相监督、互相制约的,目的是建立一种制度,以便在处理案件时少犯错误。"⑧"检察机关是国家的法律监督机关,负责对犯罪分子的起诉,对公安机关、法院有监督的权利。为什么要监督? 因为,公安机关要侦查、逮捕、预审,法院要审理、判决。对这样两个权力很大的机关,需要监督,以便少犯错误。"⑨

1984年5月7日,张友渔在《论我国行政机关的首长负责制》一文中谈到:"法制原

① 《谢觉哉日记》(下),人民出版社1984年版,第926页。

② 董必武:《论社会主义民主和法制》,人民出版社1979年版,第37页。

③ 彭真:《论新中国的政法工作》,中央文献出版社1992年版,第324—325页。

④ 彭真:《论新时期的社会主义民主与法制建设》,中央文献出版社1989年版,第328页。

⑤ 彭真:《论新中国的政法工作》,中央文献出版社1992年版,第325页。

⑥ 彭真:《论新时期的社会主义民主与法制建设》,中央文献出版社1989年版,第215页。

⑦ 《彭真文选》,人民出版社1991年版,第561—562页。

⑧ 彭真:《论新中国的政法工作》,中央文献出版社1992年版,第99—100页。

⑨ 彭真:《论新中国的政法工作》,中央文献出版社1992年版,第99页。

则。主要包括两层意思：一是各级行政首长的职权和活动程度，都有法律规定，都有一定制度，不是行政首长个人可以为所欲为；一是各级行政首长都必须以宪法为根本的活动准则，坚持依法办事的原则，不容许违反宪法和法律，更不容许有超越宪法和法律的特权。"①"为了保证行政机关的首长负责制的贯彻实行，首先，必须坚持从实际出发，在建立和健全行政机关岗位责任制的基础上，明确划分各级行政首长的职责、权限，精简机构，减少层次，简化工作程序，并使它制度化、法律化……我们必须认真根据中央关于机构改革的精神，在行政部门建立严密的科学的岗位责任制，包括首长在内的所有行政机关都必须定员、定职、定编，减少副职、虚职，保证各级职能部门有职有权，职责分明。特别要正确解决各级行政首长的单独处理权问题。"②

1986年12月4日，他在《要认真研究民主、法制和政治体制改革问题》一文中，讲道："政治体制改革最关键、最重要的问题是党政分工问题……具体地说，党政分工就是要明确党委与国家机关的职责范围，改变党委包办一切，以党代政的状况，有效地发挥党委与国家机关各自的职能作用。"③"政治体制改革的另一个重要问题是国家领导机关本身的改革。就是加强国家机关建设，包括它的地位、任务、职权、工作等各方面，使能在各自的职权范围内，充分发挥应有的作用。"④1988年4月1日，在《政治体制改革和政府法制工作问题》一文中，他再次谈到："要贯彻民主集中制，解决权力下放和分工分层负责问题，就必须制定法律、规章制度，划清职权，明确责任。改变像邓小平同志所指出的：'长期缺少严格的从上而下的行政法规和个人负责制、缺少对于每个机关乃至每个人职责权限的严格明确的规定'的现象。"⑤

(三) 邓小平、江泽民、胡锦涛等领导人的有关论述

邓小平在总结如何避免类似"文革"那样的错误时说："我们过去发生的各种错误，固然与某些领导人的思想、作风有关，但是组织制度、工作制度方面的问题更重要。这些方面的制度好可以使坏人无法任意横行，制度不好可以使好人无法充分做好事，甚至走向反面……领导制度、组织制度问题更带有根本性，全局性、稳定性和长期性。这种制度问题，关系到党和国家是否改变颜色，必须引起全党的高度重视。"⑥

他认为，官僚主义的一个总病根就是权力高度集中的体制。他指出：官僚主义的存在，"它同我们长期认为社会主义制度和计划管理制度必须对经济、政治、文化、社会都实行中央高度集权的管理体制有密切关系。我们的各级领导机关，都管了很多不该管、管不好、管不了的事，这些事只要有一定的规章，放在下面，放在企业、事业、社会单

---

① 《张友渔文选》下卷，法律出版社1997年版，第379页。
② 《张友渔文选》下卷，法律出版社1997年版，第390页。
③ 《张友渔文选》下卷，法律出版社1997年版，第535页。
④ 《张友渔文选》下卷，法律出版社1997年版，第540页。
⑤ 《张友渔文选》下卷，法律出版社1997年版，第579页。
⑥ 《邓小平文选》第2卷，人民出版社1994年版，第333页。

位,让他们真正按民主集中制自行处理,本来可以很好办,但是统统拿到党政领导机关、拿到中央部门来,就很难办。谁也没有这样的神通,能够办这么繁重而生疏的事情。这可以说是目前我们所特有的官僚主义的一个总病根。"①因此要克服官僚主义,"必须从根本上改变这些制度。当然,官僚主义还有思想作风问题的一面,但是制度问题不解决,思想作风问题也解决不了。"②

1986年9月,针对当时突出的党政不分、中央高度集权和机构重叠臃肿三方面的问题,邓小平明确提出:政治体制"改革的内容,首先是党政要分开……这是关键,要放在第一位。第二个内容是权力下放……第三个内容是精简机构"③。

1998年2月26日,江泽民在《政府机构改革的目标和原则》的讲话中指出:"我国政府机构现有的设置、职能、体制与发展社会主义市场经济的要求不相适应的问题,已十分突出。政企不分,职能重叠,机构臃肿,人浮于事,效率低下,官僚主义严重,这些问题阻碍社会生产力发展,影响党和群众的关系,也给国家和群众造成了沉重负担,已经到了非改不可的时候了。""这次政府机构改革总的目标是,适应经济发展和社会全面进步的要求,建立办事高效、运转协调、行为规范的行政管理体系,完善国家公务员制度,建设高素质、专业化的国家行政干部队伍,提高为人民服务水平。大的原则有四项:一是按照发展社会主义市场经济的要求,转变政府职能,实现政企分开;二是按照精简、统一、效能的原则,调整政府组织结构,实行精兵简政;三是按照权责一致的原则,调整政府部门的职责权限,明确划分部门之间的职能分工;四是按照依法治国、依法行政的要求,加强行政体系的法制建设。"④

胡锦涛在中共十六届五中全会上正式提出:"落实全面推进依法行政实施纲要,推行行政执法责任制,建设法治政府。"⑤2005年12月21日中央政治局第二十七次集体学习时,胡锦涛说:"要通过推进行政管理体制改革,加快转变政府职能,改进行政管理方式,加强行政法制建设,形成有利于转变经济增长方式,促进全面协调可持续发展的机制,推动经济社会发展转入以人为本,全面协调可持续发展的轨道。""政府的主要职能是经济调节、市场监管、社会管理、公共服务。要以转变政府职能为重点,继续推进政企分开、政资分开、政事分开、政府与市场中介组织分开,加强和完善宏观调控,减少和规范行政审批,把政府职能切实转到经济调节、市场监管、社会管理、公共服务上来。"⑥胡锦涛认为要加强对行政权力的监督,"要完善对行政管理权力的监督机制,强化对决策和执行等环节的监督,建立体现科学发展观和正确政绩观要求的干部实绩考

① 《邓小平文选》第2卷,人民出版社1994年版,第328页。
② 《邓小平文选》第2卷,人民出版社1994年版,第328页。
③ 《邓小平文选》第3卷,人民出版社1993年版,第177页。
④ 《江泽民文选》第2卷,人民出版社2006年版,第107—108页。
⑤ 中共中央文献研究室编:《十六大以来重要文献选编》(中),中央文献出版社2006年版,第1031页。
⑥ 人民网 http://politics.people.com.cn/GB/1024/3963247.html。

核评价制度,认真推行政务公开制度,完善人大、政协、司法机关、人民群众、舆论依法进行监督的机制。"①

2006 年 6 月 29 日中共中央政治局第三十二次集体学习时,胡锦涛强调,"各级党组织都要在宪法和法律范围内活动,全体党员都要模范遵守宪法和法律。要督促和支持国家机关依法行使职权,依法推动各项工作的开展,切实维护公民的合法权益。"②

2007 年 11 月 27 日中共十七届中央政治局第一次集体学习时,胡锦涛提出要"严格执法","要加强对执法活动的监督,确保法律正确实施。完善权力制约和监督机制,综合运用各种监督形式,增强监督合力和实效,真正做到有权必有责,用权受监督,违法要追究。"③

2009 年 9 月 18 日,党的十七届四中全会通过的《中共中央关于加强和改进新形势下党的建设若干重大问题的决定》提出:"健全权力运行制约和监督机制。以加强领导干部特别是主要领导干部监督为重点,建立健全决策权、执行权、监督权既相互制约又相互协调的权力结构和运行机制,推进权力运行程序化和公开透明……推行党政领导干部问责制、廉政承诺制、行政执法责任制……坚持党内监督与党外监督、专门机关监督与群众监督相结合,发挥好舆论监督作用,增强监督合力。""推进反腐倡廉制度创新。坚持用制度管权、管事、管人,深化重要领域和关键环节改革,最大限度减少体制障碍和制度漏洞,完善防治腐败体制机制,提高反腐倡廉制度化、法制化水平。深化行政管理体制改革,加快推进政企分开、政资分开、政事分开、政府与市场中介组织分开,进一步减少和规范行政审批。深化司法体制和工作机制改革,加强对司法活动的监督,健全执法过错、违纪违法责任追究等制度,保证公正司法。"④

2010 年 3 月 5 日,温家宝在第十一届全国人民代表大会第三次会议上作《政府工作报告》时提出:"政府工作与人民的期望还有较大差距。职能转变不到位,对微观经济干预过多,社会管理和公共服务比较薄弱;一些工作人员依法行政意识不强;一些领导干部脱离群众、脱离实际,形式主义、官僚主义严重;一些领域腐败现象易发多发。我们要以转变职能为核心,深化行政管理体制改革,大力推进服务型政府建设,努力为各类市场主体创造公平的发展环境,为人民群众提供良好的公共服务,维护社会公平正义。"⑤

① 人民网 http://politics.people.com.cn/GB/1024/3963247.html。
② 中央政府门户网站 http://www.gov.cn/ldhd/2006-07/03/content_325872.htm。
③ 中央政府门户网站 http://www.gov.cn/test/2009-02/25/content_1242148.htm。
④ 人民网 http://cpc.people.com.cn/GB/64093/67507/10130220.html。
⑤ 中央政府门户网站 http://www.gov.cn/2010lh/content_1555767.htm。

三、权利与义务

(一) 马克思、恩格斯和列宁的有关论述

早在 19 世纪 40 年代,马克思就从人的主体性、人的自由和尊严的观念出发,多次论及权利、义务问题。马克思指出,资产阶级法律中关于公民权利和义务的规定,都是在经济上、政治上占统治地位的资产阶级意志的体现和反映。人们在社会政治生活、经济生活中所处的地位不同,从而决定了权利义务的长期分离和对立状况。正如恩格斯后来所指出的,这一社会"几乎把一切权利赋予一个阶级,另一方面却几乎把一切义务推给另一个阶级"①。资产阶级法律用形式上的权利和义务的平等,掩盖了实际生活中资产者享受一切权利而无产者无权利可言的不平等事实。

马克思承认"抽象权利"即"人的类本质"——自由的存在。但对权利又必须予以历史的考察,因为"权利永远不能超出社会的经济结构以及由经济结构所制约的社会的文化发展"②。马克思在讨论土地所有制问题时,批驳了蒲鲁东主义者鼓吹的"天然权利"的谬误。他指出:"抽象的权利曾经被坚决地用来为所有的东西辩护,为形形色色的压迫形式辩护;早就应该摒弃这种鼓动了。问题在于应当用什么形式来实现这种权利。"③马克思主义所主张的权利、自由是在消灭私有制、消灭任何阶级统治基础上实现的人人平等的权利和自由。马克思在国际工人协会章程中指出:"工人阶级的解放斗争不是要争取阶级特权和垄断权,而是要争取平等的权利和义务,并消灭任何阶级统治。"④

马克思在 1864 年 10 月为第一国际起草的《协会临时章程》中,对于权利与义务的辩证关系作了科学的概括,就是"没有无义务的权利,也没有无权利的义务"⑤。马克思主义历来认为,所谓"权利平等"不仅仅就权利这一个侧面而言,它还包括义务这另一个侧面,特别是要坚持权利与义务之间的严格地统一。权利与义务是互为条件的。一个人在享有权利的时候,必须尽相应的义务;而在他履行义务的时候,也就意味着享有相应的权利。一旦权利与义务相脱节,平等也就消失了。

马克思特别强调人的自由,认为"自由确实是人所固有的东西"⑥,"没有自由对人来说就是一种真正的致命的危险"⑦。而法则是"自由的定在"。自由是主体的利益要

---

① 《马克思恩格斯全集》第 21 卷,人民出版社 1965 年版,第 202 页。
② 《马克思恩格斯全集》第 19 卷,人民出版社 1963 年版,第 22 页。
③ 《马克思恩格斯全集》第 16 卷,人民出版社 1964 年版,第 648 页。
④ 《马克思恩格斯全集》第 16 卷,人民出版社 1964 年版,第 15 页。
⑤ 《马克思恩格斯全集》第 16 卷,人民出版社 1964 年版,第 16 页。
⑥ 《马克思恩格斯全集》第 1 卷,人民出版社 1956 年版,第 63 页。
⑦ 《马克思恩格斯全集》第 1 卷,人民出版社 1956 年版,第 74 页。

求,即权利。因此,国家与法应当是以实现和保障权利为核心的。

列宁不仅继承和发展了马克思主义的人权理论,而且他还以马克思主义的人权理论为指导,第一次在俄国创建了社会主义的人权制度,主张实行社会主义广泛而真实的人权,把马克思主义的人权理论转化为活生生的人权实践。

列宁在《关于民族平等的法律草案》中说:"居住在俄国境内的各民族公民在法律面前一律平等。""对俄国的任何一个公民,不分性别和宗教信仰,都不得因为他的任何民族出身或族籍而在政治权利和任何其他权利上加以限制。""凡在社会生活和国家生活的任何方面对犹太人加以限制的一切法律、暂行规定、法律附则等等,一律废除。第9卷第767条称:'在没有对犹太人作专门规定的一切场合,一般法律均适用于犹太人。'这一条文应予取消。在居住权和迁徙权、受教育权、担任国家职务和社会职务权、选举权、服兵役、在城市和乡村购置和租用不动产权等方面对犹太人的所有一切限制应予废除;在从事自由职业等方面对犹太人的一切限制应予废除。"①

在十月革命胜利后两个月,列宁亲自草拟了著名的《被剥削劳动人民权利宣言》这一纲领性的法律文件,确定了人民在政治、经济和社会方面的根本权利。在1918年的《俄罗斯社会主义联邦苏维埃共和国宪法》中,又全面明确地规定了公民的基本权利和义务。如在权利方面,规定劳动者享有选举权及被选举权、信仰自由、表达自由、集会自由、结社自由和获得免费教育的权利,承认公民不分种族及民族享有平等权利;在义务方面,规定全体公民有劳动、保卫祖国和服兵役的义务②。为了使宪法确定的基本权利具体化,从十月革命至1923年这7年间,列宁亲自起草、修改和签署的有关人权保障的法律文件达400多件③。

(二)以毛泽东为代表的老一代无产阶级革命家的有关论述

1921年1月15日,李大钊在《自由与秩序》的文章中谈到:"真正合理的个人主义,没有不顾社会秩序的;真正合理的社会主义,没有不顾个人自由的。个人是群合的原素,社会是众异的组织。真实的自由,不是扫除一切的关系,是在种种不同的安排整列中保有宽裕的选择机会;不是完成的终极境界,是进展的向上行程。真实的秩序,不是压服一切个性的活动,是包蓄种种不同的机会使其中的各个份子可以自由选择的安排;不是死的状态,是活的机体。""我们所要求的自由,是秩序中的自由;我们所顾全的秩序,是自由间的秩序。只有从秩序中得来的是自由,只有在自由上建设的是秩序。个人与社会,自由与秩序,原是不可分的东西。"④

1940年12月25日,毛泽东在《论政策》一文中提出:"关于人民权利。应规定一切

---

① 《列宁全集》第25卷,人民出版社1988年版,第20页。

② 参见姜士林、陈玮主编:《世界宪法大全》(上卷),中国广播电视出版社1989年版,第1036—1039页,第1049页。

③ 龚廷泰著:《列宁法律思想研究》,南京师范大学出版社2000年版,第293—297页。

④ 《李大钊文集》(下),人民出版社1984年版,第437—438页。

不反对抗日的地主资本家和工人农民有同等的人权、财权、选举权和言论、集会、结社、思想、信仰的自由权,政府仅仅干涉在我根据地内组织破坏和举行暴动的分子,其他则一律加以保护,不加干涉。"①在党的七大的政治报告《论联合政府》中,他又谈到:"人民的言论、出版、集会、结社、思想、信仰和身体这几项自由,是最重要的自由。在中国境内,只有解放区是彻底地实现了。"②"根据信教自由的原则,中国解放区容许各派宗教存在。不论是基督教、天主教、回教、佛教及其他宗教,只要教徒们遵守人民政府法律,人民政府就给以保护。信教的和不信教的各有他们的自由,不许加以强迫或歧视。"③

同时,他也认为自由不等于无政府状态,"所谓有公民权,在政治方面,就是说有自由和民主的权利。但是这个自由是有领导的自由,这个民主是集中指导下的民主,不是无政府状态。无政府状态不符合人民的利益和愿望。"④"在人民内部,不可以没有自由,也不可以没有纪律;不可以没有民主,也不可以没有集中。这种民主和集中的统一,自由和纪律的统一,就是我们的民主集中制。"⑤"我们的目标,是想造成一个又有集中又有民主,又有纪律又有自由,又有统一意志、又有个人心情舒畅、生动活泼,那样一种政治局面。"⑥

1956 年 9 月,刘少奇在党的第八次全国代表大会上指出:"必须使全国每一个人都明了并且确信,只要他没有违反法律,他的公民权利就是有保障的,他就不会受到任何机关和任何人的侵犯;如果有人非法地侵犯他,国家就必然出来加以干涉。"⑦

他还说:"在资本主义制度下,国家只是保障剥削阶级极少数人的利益和自由,而剥夺极大多数人的利益和自由。在我们这里,恰恰相反,我们绝不容许任何人为了个人或者少数人的利益和自由而妨害大多数人的利益和自由,妨害国家和社会的公共利益。因为这种理由,所以宪法草案第十四条规定:'国家禁止任何人利用私有财产破坏公共利益。'在我们这里,妨害公共利益的所谓'自由',当然要受到限制和禁止。但是,我们的国家是充分地关心和照顾个人利益的,我们国家和社会的公共利益不能抛开个人的利益;社会主义,集体主义,不能离开个人的利益;我们的国家充分保障国家和社会的公共利益,这种公共利益正是满足人民群众的个人利益的基础。"⑧"尽管有先天的不同,有工作上、职务上、职权上的不同,大家在基本上是平等的。人权上没有什么

---

① 《毛泽东选集》第 2 卷,人民出版社 1991 年版,第 768 页。
② 《毛泽东选集》第 3 卷,人民出版社 1991 年版,第 1070 页。
③ 《毛泽东选集》第 3 卷,人民出版社 1991 年版,第 1092 页。
④ 《毛泽东选集》第 5 卷,人民出版社 1977 年版,第 367 页。
⑤ 《毛泽东选集》第 5 卷,人民出版社 1977 年版,第 368 页。
⑥ 《毛泽东选集》第 5 卷,人民出版社 1977 年版,第 456—457 页。
⑦ 《刘少奇选集》下卷,人民出版社 1985 年版,第 253 页。
⑧ 《刘少奇选集》下卷,人民出版社 1985 年版,第 161—162 页。

不平等。"①"勤务员除了帮助我做一些工作,除了职务上的不相同以外,他并没有丧失他的权利、义务与人格。"②

1954年,周恩来在作政府工作报告时特别指出:"今后所有我们国家机关的工作人员都必须严格遵守宪法和法律,并成为守法的模范;同时还必须教育全体人民遵守宪法和法律,以保证表现人民意志的法律在全国统一施行。"③1957年8月,他在谈政治制度改革时说:"政治上的制度要适合社会主义的经济基础,也要改革,要改革成为民主集中制。又有民主,又有集中;又有自由,又有纪律;又有个性的发展,又有统一意志。"④

1957年3月12日,董必武在《当前政法工作的几个问题》中说:"进一步加强我们国家的法制建设的一个迫切的任务,就是要大力加强法制宣传教育工作,提高干部和人民群众的法制观念,使大家都知道什么是合法和什么是违法,使大家都知道只有严格遵守国家法制才能维护自己的民主权利,只有这样,才能使我们的法制切实地贯彻执行,也才能充分发挥人民群众对法制执行情况的监督,从而体现人民参加国家的管理。"⑤

谢觉哉在谈到新民主主义宪法的几个问题时,说:"除选举、言论、集会、结社等自由外,我们这里还有经济上的权利——免于贫困的自由,武装上的权利——免于恐怖的自由,文化上的权利——免于愚蠢与不健康的自由。政治权利,如果有了经济上的权利做物质基础,武装自由做实力保障,文化自由做精神武器,那么政治权利才会被人民所特别珍视与充分利用。同时经济、武装、文化……等权利,又必运用政治权利才有保障,才有积极推进的可能。这应是我们宪法上人民权利的全部内容。"⑥

彭真从权利和义务、自由和纪律相统一的角度解释了为什么每个公民必须平等地享有权利和承担义务。他说:"世界上从来不存在什么绝对的、不受任何限制的自由和权利。我们是社会主义国家,国家的、社会的利益同公民个人利益在根本上是一致的。只有广大人民的民主权利和根本利益都得到保障和发展,公民个人的自由和权利才有可能得到切实保障和充分实现。"⑦他还说:"贯彻执行宪法和法律,必须坚持'公民在法律面前一律平等'的原则。"⑧"这是社会主义法制的一个基本原则。"⑨"按照我们的

① 《刘少奇论党的建设》,中央文献出版社1991年版,第313—314页。
② 《刘少奇论党的建设》,中央文献出版社1991年版,第314页。
③ 周恩来:《政府工作报告》,载《新华月报》1954年10期,第86页。转引自钟枢著:《情理法的冲突与整合——周恩来的法思想与法实践》,广西师范大学出版社1997年版,第199页。
④ 《周恩来选集》下卷,人民出版社1984年版,第266—267页。
⑤ 董必武:《论社会主义民主和法制》,人民出版社1979年版,第150页。
⑥ 《谢觉哉日记》(下),人民出版社1984年版,第868页。
⑦ 彭真:《论新中国的政法工作》,中央文献出版社1992年版,第312页。
⑧ 彭真:《论新中国的政法工作》,中央文献出版社1992年版,第359页。
⑨ 彭真:《论新中国的政法工作》,中央文献出版社1992年版,第443页。

宪法,公民在享受权利上是平等的,在履行义务上也是平等的,人人有应享的权利,人人有应尽的义务。不尽义务就是一种特权,我们的宪法是不承认这种特权的。"①对于少数认为人民既然已经当家作主,就用不着再遵守什么法律的工人和农民,彭真提醒说:"国家是自己的,国家的法律也是自己的,自己当了国家的主人,就可以不遵守自己的法律吗? 恰恰相反,应该严格地遵守。"②

1982 年 8 月 20 日,张友渔在《努力建设高度的社会主义民主》一文中讲道:"为了建设高度的社会主义民主,国家和社会保障公民享有正当的自由和权利,公民则应履行对国家和社会应尽的义务。我们的国家,是人民当家作主的国家;我们的社会,是社会主义社会。我们国家和社会的利益,与人民的利益是根本一致的。因此,公民的权利和义务是不可分离的。公民积极地履行自己应尽的义务,使社会主义事业顺利发展,这就为公民享有正当的自由和权利提供了条件。在我国,任何人不能只尽义务,不享受权利;任何人也不能只享受权利,不履行义务。公民在行使自己的自由和权利的时候,不得损害国家的、社会的、集体的利益和其他公民的合法的自由和权利。"③

(三)邓小平、江泽民、胡锦涛等领导人的有关论述

邓小平认为:"不论是担负领导工作的党员,或者是普通党员,都应以平等态度相互对待,都平等地享有一切应当享有的权利,履行一切应当履行的义务。"④"公民在法律和制度面前人人平等,党员在党章和党纪面前人人平等,人人有依法规定的平等权利和义务,谁也不能占便宜,谁也不能犯法。不管谁犯了法,都要由公安机关依法侦查,司法机关依法办理,任何人都不许干扰法律的实施,任何犯了法的人都不能逍遥法外。"⑤1980 年 1 月,邓小平在中央召集的干部会议上指出:"我们要在全国坚决实行这样一些原则:有法必依,违法必究,执法必严,在法律面前人人平等。"⑥1982 年 12 月,"公民在法律面前人人平等"的原则重新庄严载入新的宪法,宪法规定:"中华人民共和国公民在法律面前一律平等。"

邓小平在强调民主与集中、权利与义务相统一时指出:"在社会主义制度之下,个人利益要服从集体利益,局部利益要服从整体利益,暂时利益要服从长远利益。"⑦但这种服从,"绝不是说可以不注意个人利益,不注意局部利益,不注意暂时利益,而是因为在社会主义制度之下,归根结底,个人利益和集体利益是统一的,局部利益和整体利益是统一的,暂时利益和长远利益是统一的。我们必须按照统筹兼顾的原则来调节各种

---

① 彭真:《论新中国的政法工作》,中央文献出版社 1992 年版,第 108 页。
② 彭真:《论新中国的政法工作》,中央文献出版社 1992 年版,第 107 页。
③ 《张友渔文选》下卷,法律出版社 1997 年版,第 171—172 页。
④ 《邓小平文选》第 2 卷,人民出版社 1994 年版,第 331 页。
⑤ 《邓小平文选》第 2 卷,人民出版社 1994 年版,第 332 页。
⑥ 《邓小平文选》第 2 卷,人民出版社 1994 年版,第 254 页。
⑦ 《邓小平文选》第 2 卷,人民出版社 1994 年版,第 175 页。

利益的相互关系……民主和集中的关系,权利和义务的关系,归根结底,就是以上所说的各种利益的相互关系在政治上和法律上的表现。"①

1990年3月18日,江泽民在《坚持和完善人民代表大会制度》中指出:"要通过法制教育,使广大干部群众增强宪法意识和法制观念,严格遵循宪法所规定的原则,正确行使权利,自觉履行义务。"②1991年7月1日,他在《当代中国共产党人的庄严使命》中谈到:"进一步健全社会主义法制,加强对群众、特别是各级干部的法制教育,做到有法可依、有法必依、执法必严、违法必究,切实保障人民群众依法管理国家事务、经济和文化事业、社会事务的权利和其他民主权利,保证各项事业在社会主义法制的轨道上健康发展。"③

胡锦涛曾说:"在世间万物中,人是最可宝贵的。"④在他任期之内,中国实现了人权入宪,实现了中国人权事业的历史性跨越。2004年3月14日,第十届全国人大二次会议通过的《中华人民共和国宪法修正案》第24条规定:"国家尊重和保障人权。"这不仅大大提升了中国整个法律体系的现代化程度,也成为中国社会进入现代法治文明社会的一个基本标志。

胡锦涛在党的十七大上指出,科学发展观的核心是以人为本。"全心全意为人民服务是党的根本宗旨,党的一切奋斗和工作都是为了造福人民。要始终把实现好、维护好、发展好最广大人民的根本利益作为党和国家一切工作的出发点和落脚点,尊重人民主体地位,发挥人民首创精神,保障人民各项权益,走共同富裕道路,促进人的全面发展,做到发展为了人民、发展依靠人民、发展成果由人民共享。"⑤他多次在不同场合和会议上提到要坚持以人为本。科学发展观在法律思想上,就是以人为本的法律观,以人为本的法律观就是以人的权利为本⑥。为了将以人为本和人权落实到实处,中央突出对广大群众、尤其社会弱势群体的民生保障。

胡锦涛还将全社会尤其是各级干部和国家工作人员的守法水平看作是依法治国的重要方面。他强调:"提高全体人民特别是各级领导干部和国家机关工作人员的宪法意识和法制观念。必须在全社会进一步树立宪法意识,维护宪法的权威,使宪法在全社会得到一体遵行……任何组织或者个人都不得有超越宪法和法律的特权。"⑦

---

① 《邓小平文选》第2卷,人民出版社1994年版,第175—176页。

② 《江泽民文选》第1卷,人民出版社2006年版,第114页。

③ 《江泽民文选》第1卷,人民出版社2006年版,第158页。

④ 中共中央文献研究室编:《十六大以来重要文献选编》(下),中央文献出版社2008年版,第735页。

⑤ 人民网 http://politics.people.com.cn/GB/8198/6429189.html。

⑥ 段凡:《胡锦涛法律思想初探(上篇)》,载《武汉理工大学学报(社会科学版)》2009年第1期。

⑦ 胡锦涛:《在首都各界纪念中华人民共和国宪法公布施行二十周年大会上的讲话》,人民网 http://www.people.com.cn/GB/paper39/7910/750967.html。

四、学者个人的学术归纳和分析论证

(一)权利与权力

权利与权力是法学的基础和核心范畴。权利(right)是指特定主体(主要是个体)为实现一定的利益,依法直接拥有或依法为他人设定的做一定行为或不做一定行为的可能性。它强调独立主体之间平等互利,要求权力必须秉持公正的立场予以确认与保护,而不得随意干涉和损害。与权利不同,权力(power)的基本寓意是表达出命令人与受命人之间的关系,即特定人向其管辖下的他人或不特定多数人乃至管辖下的全体人实行的自上而下的强迫力量。它可能是合法的、甚至是合理的,但也可能是非法的、不合理的。笔者拟从权利与权力关系的客观历史考察和理论辨析两个角度展开讨论。

1.对权利与权力关系历史规律考察的结论。

第一,最初的人类社会不曾存在权利与权力。后来,在简单产品交换中才形成权利;而权力则是社会分裂为阶级以后追随权利而逐渐出现的。权利先于权力,并且是权力的决定与推动力量。

第二,在人身依附关系的社会里,掌握权力的少数强势者垄断权利,完全剥夺或大部分剥夺广大劳动群众已有或应有的权利。

第三,资产阶级革命产生的权力是"人民主权",即承认政治上、法律上全体居民是最终的权力拥有者,国家只是这种权力运行的机构;人民通过行使选举权产生官吏。所以,由权利直接创造权力,是历史上权利与权力关系的一大进步。但是,这种权力不能消除资本拥有的事实上的、特殊的权利与权力。

第四,第二次世界大战爆发后,西方发达国家开始实行多元民主制,使权力逐步分散化,逐渐向着真实的"人民主权"转化;同时实行"福利国家"制度,逐步向社会弱势群体利益倾斜。其中包含着某些权力回归权利的社会主义因素,并客观上为社会主义的实现准备了更多的条件。但资本主义并不能、至少至今还没有为此提供更多的东西,即没有本质上的变化。

第五,社会主义的应有状态是,在有效地解放生产力和发展生产力的基础上,为群众(市民)不断提供越来越多的财富,并对财富进行均衡的分配和再分配,以实现"共同富裕"。但由于生产力发展水平的限制及与之相应的群众觉悟水平的限制,社会主义初级阶段还不能在短时期内摆脱形式平等、事实不平等的"资产阶级式的权利",离完全的平等还有一段距离。这里的关键问题是,必须设法遏制两极分化,避免导致西方国家19世纪出现的那种贫富两极分化,使"资产阶级式的权利"重新变成资产阶级对权利的垄断。很明显,这种可能性在社会主义市场经济体制下比在计划经济体制下大大地增加了。社会主义权力属于全体公民,这种权力通过国家机关来实现,而法治则是最基本的手段。因此,对社会主义国家而言,民主和法治是不言而喻的事情。不过,正如马克思所说,"权利永远不能超出社会的经济结构以及由经济结构所制约的社会的文化发展。"①因此,社会主义民主和法治的完善,取决于群众权利的水平,即归根结底取决于社会经济和文化的水平。

2.对权利与权力关系理论考察的结论。

第一,马克思主义关于权利与权力关系的核心观点在于,权利属于社会范畴,权力属于国家范畴。社会决定国家,也就是权利决定权力,而非相反。共产主义是通过权力(无产阶级专政)和法律消亡、实现普遍权利的途径来达到的。

第二,马克思主义创始人从无产阶级国际主义出发,认为以往的运动是少数人为了少数人利益进行的运动,而社会主义——共产主义运动则是大多数人参加的,为大多人谋利益的运动。如果说资产阶级的人权(权利)要求"很自然地获得了普遍的、超出个别国家范围的性质"②而具有国际性的话,那么"没有祖国"的无产阶级争取人权(权利)的斗争,不可避免地一开始就是超越国界(国家权力范围)的,其目标就是实现解放全人类和实现普遍权利。

第三,马克思、恩格斯和列宁先后指导的三个"共产国际"的章程与行动纲领中,既要求世界革命的无产阶级承认和支持弱小民族国家实现独立和内部人权的民主性运动,更强调普遍权利的国际性。

第四,作为联合国发起者之一的中国,曾签署《联合国宪章》及《世界人权宣言》《经济、社会、文化权利公约》和《公民权利和政治权利国际公约》等一系列人权文件。这些文件是符合人类利益和中国人民利益的。因此,对中国而言,其切实地实施绝不是一时的权宜之计,即应该看成它的实施是同马克思主义经典作家关于人权的理论精神及其预测的人类文明发展规律相一致的。

第五,目前中共中央先后提出的以人为本的科学发展观、构建社会主义和谐社会乃至和谐世界的主张,以及按照人权(权利)精神改造国家立法、执法与司法,重视"社会法"的地位,倡导社会自治,在快速发展经济的基础上弘扬公平正义……所有这些都是社会主义社会本质的客观要求。从终极意义上说,它们对于经历长期过程而逐渐实现"一个更高级的、以每个人的全面而自由的发展为基本原则的社会形式"③和"这样一个联合体,在那里,每个人的自由发展是一切人的自由发展的条件"④的人类普遍权利,符合社会文明运行规律,符合人类伟大理想。

总之,权利是目的,权力是手段,目的总是高于手段的。

(二)职权与职责

职权,通常指国家机关及其工作人员所拥有的、在执行工作任务时依法所具有的

① 《马克思恩格斯全集》第19卷,人民出版社1963年版,第22页。
② 《马克思恩格斯选集》第3卷,人民出版社1995年版,第447页。
③ 《马克思恩格斯全集》第23卷,人民出版社1972年版,第649页。
④ 《马克思恩格斯选集》第1卷,人民出版社1995年版,第294页。

权力或权力的具体化。它表示能够做什么的法律授权。广义的职权还包括其他社会组织及其工作人员在执行工作任务时,依法或依有关组织章程所具有的权力。

国家机关和社会组织及其工作人员为了有效地实现自己的职能和完成自己的工作任务,必须被赋予一定的职权,如指挥命令权、决定处理权、制裁权、裁判权等。职权一般由法律和组织章程加以规定或由有权的机关授予,其范围、种类、行使方式等根据国家机关、社会组织的职能和工作任务的需要而定。职权有以下特点:第一,职权是为完成工作任务的需要而设置的,具有公务性质,不是行使职权者个人的权益,承担了何种工作任务便具有何种相应的职权,其运用不能超越工作任务的范围。第二,由于职权是承担一定工作任务者为完成工作所需要的权力,因而职权一旦被赋予便不能被随意放弃,放弃职权是失职的表现。第三,职权是代表国家或一定社会组织执行公务的权力,其具有强制力,相对一方必须服从。其中代表国家行使的职权具有国家强制力,代表一定社会组织行使的职权则具有一定社会组织的强制力。前者通常由国家的法律保证其职权的有效行使,后者通常由社会组织的内部纪律保证其职权的有效行使①。第四,职权有规范确定的范围,不得滥用。

职权制度(主要指狭义意义上的)具有以下几方面的功能:

(1)职权制度强化了国家权力的正当性。国家权力的正当性来自于人民的授权;国家机构本身并不拥有国家权力,仅仅代表人民行使国家权力。而职权制度正是基于宪法等法律的规定,来赋予特定国家机关一定的领导和管理社会的国家权力,这种国家权力是人民自身同意、并由法律加以明示的。所以,职权制度下的国家权力,不论赋予哪一个国家机关来行使,都应当表达民意,国家机构行使职权是代表人民对社会公共事务进行集中管理。

(2)职权制度明确地划定国家权力的范围,为国家权力的合法性提供准确的判断标准。法律在赋予国家机构一定的职权时,通常既有概括性的规定,也有列举性的规定。即便是概括性的规定,国家机关所行使的职权也具有一定的范围,超越法定范围就是违法的。对公权力来说,"法无授权即禁止"。因此,在职权制度下,一个特定的国家机关是否依法来行使自身的职权是可以根据法律的相关规定作出比较准确的判断的。此外,职权制度为国家权力之间的相互冲突建立规范化的权限解决途径,能有效地消除行政层级官僚制度对于国家权力运行机制的负面影响,从而进一步完善国家权力的权能结构②。

(3)职权制度确保"法治政府""有限政府""责任政府""效能政府"和"服务政府"价值目标的实现。国家机关及其工作人员的职权制度,以党领导下的以人为本、依法治国、公平正义、顾全大局和运行高效等中国特色社会主义法理念为指导。它作为权

---

① 参见应松年主编:《行政法与行政诉讼法词典》,中国政法大学出版社 1992 年版,第 545 页。

② 参见莫纪宏著:《宪法学原理》,中国社会科学出版社 2008 年版,第 344—346 页。

力运作的一种形式,必须体现和实现国家与法的实质和目的。归根到底,这种理念直接关系到正义、民主、自由、平等、效率(益)、秩序诸价值,特别是人的幸福与尊严。

职责,职权的对称,通常指国家机关及其工作人员在行使职权过程中依法有责任必须怎样做或不怎样做,以及对其失职行为所承担的处罚。这表示法律的一种命令。广义的职责还包括其他社会组织及其工作人员在行使职权过程中必须履行的义务或对其失职行为的处罚。职责包含义务性的职责和违法性的职责两种。前者指职责主体依法必须怎样做或不怎样做的义务;后者指职责主体违反自身义务要承担的处罚。国家机关和社会组织及其工作人员在行使职权时,还必须履行相应的义务,如认真负责完成各项工作任务的义务、依法正确行使职权的义务、接受监督检查的义务等。职责一般由法律和组织章程在赋予职权的同时加以规定,其范围、种类等基本与其所具有的职权相对应。职责有以下特点:其一,职责与职权相适应,有什么职权便有什么职责,有多大范围的职权便有多大范围的职责。其二,职责作为一种义务,承担者必须全面负责地加以履行,否则将要被追究相应的法律责任或其他责任①。

职责制度(主要指狭义意义上的)具有以下几方面的功能:

(1)职责是职权正当性的前提。没有脱离职责而存在的职权。职责制度的社会功能,实际上是通过法律的途径,将国家向个人及社会组织履行的法律义务委托给相应的国家机构来行使,从而可以有效地保证国家统治职能的发挥,保证社会公共事务能够获得有效的管理、执行。职责制度也可以进一步明确行使职权的国家机构、组织和人员的法律责任,保证国家机构能够有效地依照法律有力地、正确地行使职权。此外,由于职责制度内涵的明确性,也便于从制度上对国家机构行使国家权力的行为进行有效的监督。

(2)职责制度否定国家机构活动的单纯"权力化"的倾向,进一步强化法律对国家机构的"义务要求",为追究国家机构的不作为、乱作为的法律责任提供规则依据。由于职责是对国家机构提出的一种从事某种行为的强制性要求,因此,对于具有法定职责的国家机构来说,如果不履行法律所规定的相应的职责(作为或不作为),那么,就必须要受到法律的处罚。职责制度的出现使得国家机构依据法律应当承担的法律责任进一步明晰化,消除旧社会那种国家机构仅仅只享有权力而无责任的形象。职责制度在行使国家权力的国家机构与法律责任制度之间建立紧密而又可靠的法律联系,使得国家权力的行使受到了法律的有效控制。

(3)职责制度使得公民权利的实现获得制度的有效保障,特别是职责制度为公民权利的实现提供了权利保障和救济的途径。职责制度使得国家机构在依据法律行使职权的同时,必须代表国家向公民履行保障其法律权利的职责②。公民正是以其切身利益的感受,来评判国家机关及其工作人员的好坏。

---

① 参见应松年主编:《行政法与行政诉讼法词典》,中国政法大学出版社1992年版,第545页。

② 参见莫纪宏著:《宪法学原理》,中国社会科学出版社2008年版,第348、356—357页。

职责与职权相伴而存在,二者不可分离。任何主体在享有职权的同时,必须履行职责;在履行职责的同时,也应当享有职权。不过,由于国家机关及其工作人员被授予职权的目的是为社会与公民权利服务的,所以应当奉行"义务本位"原则,而非权力本位或权利本位原则。特别是对于其辖下的群众而言,国家机关及其工作人员履行职责的情况如何,具有情感身受的直接性。至于职权,他们通常觉得那是同自己隔了一层的"官家"和"当官的"的事儿。就是说,在职权与职责之间,群众更关注后者,深切期望"官家"与官员真正成为自己的贴心者。

(三)权利与义务

按照客观的社会运行规律,一部人类史,就是一部生产发展史,这是从物质财富的生产和再生产的角度得出来的结论。人类只有不断地进行生产才能维持自身的生存。换一个角度,人类史又可看作是一部消费的历史。从对社会产品的总体而言,如果说生产是付出劳动的义务,消费则是权利,即享受劳动产品的权利。人类历史是生产与消费交织在一起,也是权利义务融合在一起的历史。不过,在人类社会发展的不同阶段,个人可以从他人、从社会那里换取什么并相应地应该给予什么,是很不相同的,这便形成了权利义务关系的不同历史形态。从人类社会发展的总体历程上来讲,权利与义务关系呈现出以下特点:

1. 权利与义务关系,经历了统一——分离—统一的过程。

在原始社会,由于当时的远古先民们个人利益与氏族整体利益是同一的,而且当时的社会交往仅限于氏族和氏族公社内部,因而人们的权利义务是结合在一起的,人人都是权利主体,也是义务主体。即,"在氏族制度内部,权利和义务间还没有任何差别"。后来,随着生产力发展,工具的改进,劳动生产率的提高,特别是三次社会大分工的出现,破坏了氏族组织内部的平等的血缘关系,建立了奴隶制国家。从此权利与义务相对立,并且在社会关系和法律关系中形成了义务本位制。封建社会的法律"几乎把一切权利赋予一个阶级,另一方面却几乎把一切义务推给另一个阶级",并实行严格等级特权制,可见,封建社会同样是义务本位的。资本主义社会的大规模商品货币经济创造了权利本位,义务开始被人们看轻了。资产阶级把权利与义务的对抗变得很模糊,法律对平等的肯定是通过设定具有普遍意义的、使所有的人都扮演共同的法律角色来完成的。但那里的权利本位,主要体现资本的利益要求。社会主义社会,以权利义务二者的统一为目标,但在市场经济领域中必须以权利为本位。

2. 权利义务是对立统一的。

黑格尔在论述对立统一关系时讲到:"每一方只有在它与另一方的联系中才能获得它自己的本质规定,此一方只有反映另一方,才能反映自己。另一方也是如此。所以每一方都是它自己的对方的对方。"①权利义务的双方是既有区别又有联系,有对立

---

① 〔德〕黑格尔:《小逻辑》,贺麟译,商务印书馆 2009 年版,第 256 页。

的一面,又有深层次统一的一面。作为法学的一对基本范畴,权利、义务是两个并立的、独立的概念,各自有其特定的价值。权利表示利益,义务表示负担;一个是主动的,另一个是被动的。就此而论,权利和义务是法这一事物中两个分离的、相反的因素,彼此互相排斥。但同时,两者又有内在的有机联系,不可分割。在我为权利,在他人就有不得侵犯我这一权利的义务;同时我履行了对社会的义务,才有条件实现我的权利。

就权利与义务相互依存问题,有人提出,以法律规范为依据的权利义务概念,并不总是互相依存的。有的法律规定只有权利而无义务(如授权性规范),有的只有义务而无权利(如禁止性规范)。这当然是有其一定道理的。但我们认为,重要的在于,法学不能就法论法。法这一现象存在的依据,不应在法的领域中去寻找,而应该在经济领域中寻找。只要我们把近现代法律规范放到该社会的生产关系上来考察,就会发现,无论是权利,还是义务,都不会是孤立存在的。例如,我国宪法规定的劳动权利,如果放到社会制度中考察其立法根据,便不难发现,对于人民来说,它不仅是权利,也是义务。

3. 权利义务的绝对值是相等的。

如果将权利义务视为社会和主体的需求的话,那么这种需求在绝对值上是相等的。对义务需求的增长,必然意味着对权利需求的相应增长。虽然权利的历史哲学是利己的,义务的历史哲学是利人的。但一个社会的权利总量与义务总量是对等的。"如果既不享有权利也不履行义务可以表示为零的话,那么,权利和义务的关系就可以表示为以零为起点向相反的两个方向延伸的数轴,权利是正数,义务是负数,正数每展长一个刻度,负数也一定展长一个刻度,而正数与负数的绝对值总是相等。"[1]利己的权利表现为获取,利人的义务表现为贡献,在法定的利益——用法律分配的利益面前,一个人所获得的部分总是要与他的贡献的部分大体持衡(特权例外)。

4. 权利义务何者为本位是变化的。

本位问题实际上是指在两种或以上的价值目标中的侧重点,法律本位是表明一个法律体系的终极关怀是什么或应该是什么的问题。在不同的历史阶段和具体条件下二者的主次地位可发生易位。如奴隶制和封建制法就采取以义务为本位,资本主义和社会主义市场经济领域中才提出权利本位。应该说,权利义务的主次地位的确定,必须是主客观条件相统一的结果。"它取决于社会生活中根本的利益关系即生产关系中人与人的地位,取决于生产资料的所有制,取决于经济资源配置方式。"[2]就资本主义社会的权利本位而言,已经历三个历史发展阶段:其一,近代的个人权本位。这种本位是绝对的排斥国家积极干预公民权利生活的本位,是原始意义上的。其二,社会权本位。这种本位把国家从消极的地位变成积极的地位,国家干预公民的社会生活,干预权利、

① 徐显明主编:《公民权利义务通论》,群众出版社 1991 年版,第 65 页。
② 杨宗科著:《法律机制论——法哲学与法社会学研究》,西北大学出版社 2000 年版,第 234 页。

义务的整体分配。其三,当代的发展权本位。社会主义社会也经过了一个由权利平等、义务平等的统一与权利本位二者并存的状态,向彻底的权利平等、义务平等统一的状态转变的长期的历史过程。

5.对相互主体而言,权利是目的,义务是实现权利的中介。

在市场经济条件下,按照主体的意愿对一定利益及其获得方式的认可和规定,这实际上就是权利。在欧洲的传统用语中,"法"与"权利"以同一个词(相当于英语中的right)表示。根据一位日本著名学者的解释,"'法'与'权利'只是从不同侧面来观察同一社会现象而已。""法以'权利'为单位而构成、而适用。从这一意义上可以说,法是权利的体系,且法当然地又应该是'权利本位'。"①与权利相对应的义务,则是主体为实现权利而做的利益付出,以满足对方主体的利益,实现对方的权利或目的。由此可知,在双方主体的关系中,义务起着不可或缺的中介作用,亦不妨叫做手段性作用。但它不能取代权利而成为本位。

总之,权利义务作为客观存在的现象,与客观世界的许多其他现象(如社会、经济、政治、文化、道德、人及人的本性等)都有密切联系。所以,只有将权利义务关系问题放到广阔的社会、经济、政治等人文背景中研究才是科学的。

---

① 〔日〕川岛武宜:《现代化与法》,申政武等译,中国政法大学出版社1994年版,第148页。

加快推进社会主义民主政治的
制度化、规范化、程序化①

一、社会主义民主政治"三化"思想的运行轨迹

根据宪法的规定,我国的国体是人民民主专政的社会主义国家,政体是人民代表大会制度。与此相一致,治国安邦的方式应当是"法治",不应当是"人治"。但是,在"以阶级斗争为纲"的年代里,由于片面强调专政和集中,民主受到冷漠;实行的是人治,法治则被当成"束缚手足"的东西而遭到排斥。这种情况愈演愈烈,其直接后果,便是国家的事无巨细均凭"长官意志"做安排,极大削弱了人民群众的主体性和主人翁的能动性,乃至于导致"文化大革命"那样"无法无天"的局面。

党的十一届三中全会力挽狂澜,拨乱反正。邓小平断然指出,"没有民主就没有社会主义现代化。"②进而又多次强调民主的"制度化、法律化"③。此后,历届中央领导集体都十分重视并在实践中不断充实与发展邓小平这一理论。胡锦涛在纪念十一届三中全会30周年大会讲话时提出,"必须推进社会主义民主政治制度化、规范化、程序化。""程序化"一词的增加,使民主政治的实施显得更为具体和精细。最近,党的十八届三中全会通过的《中共中央关于全面深化改革若干重大问题的决定》中提出,"深化政治体制改革,加快推进社会主义民主政治制度化、规范化、程序化。"同前面的提法相比照,差别在于"必须"推进改为"加快"推进。这表明在我国全面深化改革的新形势下,实现"三化"对于发展广泛、充分、健全的人民民主和推进法治中国具有急迫性。

二、社会主义民主政治"三化"的内涵及意义

作为社会主义民主政治实施方式和手段,制度、规范、程序三者都属于法律规则,但彼此又有不同的含义。

(一)社会主义民主政治的制度化

制度是什么,学界见仁见智,解释各异,但基本意思并无太大分歧。可以简约地

---

① "制度化、规范化、程序化"文中简称"三化"。
② 《邓小平文选》第2卷,人民出版社1983年版,第168页。
③ 《邓小平文选》第2卷,人民出版社1983年版,第14页。

说,制度指在长期社会生活中凝结和锤炼而形成的,易于经验和遵行、稳定性大、刚性强的一种规则体。根据调整对象范围和重要程度的差异,制度也有层次的区别。在我国,社会主义民主包含国体和政体两重属性,因而必然是国家最基本的主权性制度,其余制度都必须服从民主制度。

民主政治制度化就是在国家内部已存在民主政治的条件下,怎样把它确立为结构合理、运行有效和拥有最高权威的现实行为标准,以便得到社会普遍接受并服从其管(治)理。反之,有民主政治但不能制度化,那就意味着这种民主政治没有约束力,可以听凭人们任性地对待它。这样一来,国家必然陷于无政府状态,民主政治有荡然无存的危险。

正是鉴于制度的极端重要性,邓小平在论述党和国家制度改革时指出:比之于领导者个人思想作风,"组织制度工作方面的问题更重要,这些方面的制度好可以使坏人无法任意横行,制度不好可以使好人无法充分做好事,甚至会走向反面。""领导制度、组织制度问题更带有根本性、全面性、稳定性和长期性。这种制度问题,关系到党和国家是否改变颜色,必须引起全党的高度重视。"①

(二)社会主义民主政治的规范化

普通意义上,所谓规范就是规则的同义语。社会生活各个领域、各种群体和组织及其运作过程中,无不充满规范。前资本主义社会奉行义务本位,为集体与他人尽义务的风俗、习惯和道德规范占主导地位,法律规范的作用相对有限。与此不同,现代以来的民主国家为适应大规模市场经济的客观要求,必须奉行权利本位;因而,制定的那种体现公平正义的,明确、准确而易于操作的法律,就成为调整人际权利义务关系的主要规范。我们所讲的社会主义民主政治规范化,指的正是法律化。目的在于借助法律这种形式来引导群众一体确认、实现和保卫社会主义民主政治。

2013年2月中央政治局"全面推进依法治国"集体学习时,习近平总书记指出,"把法治建设和道德建设紧密结合起来,把他律和自律紧密结合起来,做到法治和道德相辅相成、相互推进。"现在"规范化"的提法,不仅包括法律规范,也可以包括道德规范;能够借助两种规范推进社会主义民主政治,更为理想。

(三)社会主义民主政治的程序化

就性质而言,这里讲的程序,亦属法律规则的组成部分。它指法律运行必须恪守的手续和过程,或者顺序、方式与步骤。程序法律的特点和优点,是具体的可操作性。离开科学的程序,再良好的实体目的都不免落空。同理,社会主义民主政治唯有通过一定的程序才能成为活生生的机体,才能充分发挥其内在功能和外在作用,有条不紊地进行。

经历过几千年人治的中国,一直延续着重实体、轻程序的传统。当权者总把自己

---

① 《邓小平文选》第2卷,人民出版社1983年版,第333页。

看成正义的化身、公平的代言人,他们出口为法、点头为律,习惯地以"结果公正"为口实或根据,认为程序是异己的累赘。此因,在公务实践中纵性而为,制造不胜其计的冤错假案。与此相反,在法治国家,一切公务行为都必须依照法律与法定程序进行,而且要事先承认这样一个普遍预设的存在,即只要恪守法定程序处理公务或办理案件,总会导致公平、正当的结果。否则就被认为有失公正。当今时代,就是程序的时代,不仅法律有实体正义与程序正义之分,民主理论中亦有实体民主与程序民主之分。

三、社会主义民主政治"三化"的保障

法治的关键是法律的实施。笔者根据三中全会文献的精神,认为确保社会主义民主政治的"三化"应当突出三个"坚持"。

(一)坚持人民当家作主

从本质上说,社会主义民主政治以全体人民为主体,是人民自己管理自己事务;制度、规范和程序等构成的法律,是人民意志的集中表现与升华。民主政治的"三化",无非就是严格按照人民意志治理国家,实现人民当家作主。为此就需要让人民有充分的知情权、参与权、表达权、监督权,积极投入民主选举、民主决策、民主管理、民主监督的活动,管理国家与社会事务,管理经济、文化等事业。

马克思曾辩证地论述社会集体与个人之间的关系,即"只有在集体中才能有个人自由"和"应当避免重新把'社会'当作抽象的东西同个人对立起来"①。特别在市场经济条件下,必须尊重个人的权利主体地位,避免以前那种用抽象的"人民"压制个人的做法。我国改革的成果,既惠及整体的人民,更惠及每个人。

(二)坚持权力的正当行使

权力由国家机关及其公职人员行使。这个过程就潜在着权力异化为私人特权的可能性。18世纪法国启蒙思想家孟德斯鸠说过,"一切有权力的人都容易滥用权力,这是万古不易的一条经验。"②特别是在发达的市场经济诱惑下,贪污受贿、社会寻租乃至豪取巧夺等腐败现象比比皆是。这对社会主义民主政治和政府公信力是极大威胁。为此,中央一再强调"把权力关进制度的笼子里",亦即坚持用制度管权管事管人,让权力在阳光下运行,让行使权力者接受广泛的制约和监督,遏制权力的腐败,建立清正的公职队伍和清廉政府、法治政府、服务政府,使民主政治更加清明。

(三)坚持提高各级领导机关和领导干部运用法治思维和法治方式的能力

社会主义民主政治的"三化"和推进法治国家建设的浩大工程中,国家领导机关和

---

① 《马克思恩格斯全集》第42卷,人民出版社1979年版,第122页。
② [法]孟德斯鸠:《论法的精神》(上),张雁深译,商务印书馆1982年版,第154页。

领导干部起着最重大的作用。要胜任自身担负的重任,必须不断提高运用法治思维和法治方式的能力。法治思维指考量和把握法治这种特殊现象的思想活动。它包括三个环节:①法治的认知,即何为法治,法治与其他社会调整规则的关系,法治的意义。②法治的践行,即从哪些方面及如何着手实现法治。③法治的评估,即评价法治推行的结果,总结经验教训。

法治方式指在现实生活中运用法治解决面临问题的手段(工具)、途径,也就是方法。法治方式的基本特征,在于它依照法律进行治理的特殊属性。其中主要有立法方式、执法方式、司法方式。

习近平指出,提高运用法治思维和法治方式能力的目标指向,是"以法凝聚改革共识,规范发展行为,促进矛盾化解,保障社会和谐"。

刊于《环球法律评论》2014 年第 1 期。

法治中国建设的纵深发展探析

——一种文本性的解读

围绕实现中华民族伟大复兴的中国梦,中共中央总书记习近平发表了一系列重要讲话,中国共产党第十八届三中全会作出了《中共中央关于全面深化改革若干重大问题的决定》(以下简称《决定》)①。这些文献对未来中国的法治建设不仅提出指导思想,还相应地作出精密的制度安排与实施要求。从这个新起点出发,未来法治中国建设必将加快步伐。本文在遵循文献基本精神的基础上,就法治运行中的立法、执法、司法几个环节方面的新论述及其意义,谈点粗浅体会,以求教于方家。

一、科学与民主的立法

良法、善法是法治国家的前提。实施恶法或酷法的国家,法律的地位越高,则对国家的祸害越大。这样的例子比比皆是,中国古代有秦王朝为鉴,西方纳粹法治的噩梦刚过去还没多久。制定一部好的法律,对国家而言极其重要,对立法者而言更事关重大。正因如此,卢梭才说:"要为人类制定法律,简直是需要神明。"②在剥削类型的国家,立法者制定法律常常将权利分给自己,义务分给民众,把少数权势富有阶层的利益法制化。而中国特色社会主义法律是站在人民的立场,从国家的整体大局出发,制定出符合公意的法律。这就要求立法者对自身是无情的,而对大众又是充满感情的。立法者还必须洞悉人性,其制定的法律才能是人性化的。如果立法者制定的法律为大家欣然接受,那么大家就会发自内心地遵守。反之,就会遭到普遍地抵制而无法实施,法律的尊严亦将荡然无存。总之,制定一部良好的法律,是立法者的神圣使命。

科学立法与民主立法,是立法中不可或缺的原则,它在此次三中全会中有鲜明的体现。首先,在科学立法方面,习近平总书记强调"必须全面推进科学立法"③;《决定》也提出,要"健全立法起草、论证、协调、审议机制,提高立法质量"。科学立法的概念可

---

① 详见《人民日报》2013年11月16日第1版、第2版与第3版,下文涉及该《决定》的内容不再注明出处。

② [法]卢梭:《社会契约论》,何兆武译,北京:商务印书馆,2002年,第63页。

③ 《在首都各界纪念现行宪法公布施行三十周年大会上习近平总书记的讲话》,《法制日报》2012年12月5日。

以更进一步解析为两个方面,即逻辑科学立法与社会科学立法。逻辑科学立法,又曰形式科学立法,强调的是法律问题的用语表达的准确性,法律条文的逻辑一致性,法律文本的体系协调性等。德国的"潘德克顿"风格体现了德意志的严谨的思维,在逻辑科学方面值得我们借鉴。近来,我们也开始越来越关注立法中的逻辑科学问题。《决定》提出,要完善规范性文件的合法性审查机制。这就要求在新法优于旧法、特别法优于普通法、上位法优于下位法的法律位阶原则的指引下,对现行的法律以及其他规范性文件进行整合,形成前后、里外、上下在逻辑上协调一致的法律规范体系。法律文本需要逻辑科学,同时优美的语言和通俗的表达也应是法律的追求。这不仅因为法律具有美的属性,也因为法律关照的不仅仅是法官与法学者的知性乐趣,更关照世间百姓的生活百态。人们之所以称赞《法国民法典》的部分原因大概也在于此。中共十八大以来,优美通俗的语言风格使习近平总书记的讲话深受百姓的欢迎,甚至其中的许多话语成为了民间反复传诵的名言佳句。同样,法律若想在百姓中扎根生长,也必须使自己的语言风格具有生活的气息。社会科学立法,又曰内容科学立法,强调的是法律的实施适用能满足社会的需要,调和社会间的利益配置。正如习近平总书记所强调的,实践是法律的基础,法律要随着实践发展而发展,法律的完善要坚持立改废并举,使法律准确反映经济社会发展要求,更好协调利益关系①。数年前,有人被列车撞亡,铁路部门仅给付极不相称的700元补偿金,引来社会各界一片质疑声。但其赔偿标准却有1979年国务院制定的《火车与其他车辆碰撞和铁路路外人员伤亡事故处理暂行规定》的规则可循。最终,在社会各界的呼吁中,才有2007年通过、2012年又进行修正的新《铁路交通事故应急救援和调查处理条例》②。这次《决定》提出的"废除劳动教养制度",也是法律国家(包括立改废)上的一件重大事情,接下来还将涉及违法行为的行政处罚、刑事处罚的衔接等问题,相应的配套制度也需要完善起来。社会期望类似的明智决定都能被立法机构接纳而生效。为了达到科学立法,立法预测和立法评估是立法者进行立法常会采用的方法与遵循的程序。但两相比照,立法预测更有难度。社会并非自然,任何一种社会理论和任何一种社会预测都只是盖然性与或然性的,若我们依据预测结果进行立法,无异于拿社会当小白鼠做实验,是对人民的不负责。预测有其积极的意义,但绝不能作为立法的直接依据。这方面,邓小平早就说过:"修改补充法律,成熟一条就修改补充一条。"③他虽意在推进立法进度,但也不忘强调立法的前提条件必须是法律的成熟。成熟的含义是指时机的成熟,而不是指过度的预测。同样的道理,社会科学立法虽然要求所制定出来的法律要满足社会的需要,但是不能要求法律对社会的任何事项都做出绝对的明确规定。对此,一方面要看准有关的事项该不该由

---

① 《习近平在中共中央政治局第四次集体学习时强调　依法治国依法执政依法行政共同推进　法治国家法治政府法治社会一体建设》,《人民日报》2013年2月25日。

② 特约评论员华池阁:《法规制度常清理才能流水不腐》,《京华时报》2013年8月29日。

③ 《邓小平文选》(第2卷),北京:人民出版社,1994年,第147页。

法律来管,比如《老年人权益保护法》将"子女要常回家看看"写进去,使得社会上欢呼与争议并存。另一方面,即使属于应该由法律来管的事项,在某些情况下,法律的适当模糊也是必要的。这就是人们常说的"勉强的准确比适当的模糊更为有害"的道理所在。

其次,在民主立法方面,习近平总书记提出"要完善立法工作机制和程序,扩大公众有序参与,充分听取各方面意见"①;《决定》也提出了"通过座谈、听证、评估、公布法律草案等扩大公民有序参与立法途径"。现代国家不同于古代社会的君权神授,国家政治的正当性是建立于人民授权的基础上。民主即意味着人民当家作主,人民有权参与国家内部事务的管理。民主的追求不仅仅止于社会主义国家,同时也适用于资本主义国家。社会主义国家的民主优越性在于"是人民内部实质的民主",不同于西方的形式上的金钱民主②。对于社会主义国家而言,民主既是国体(人民民主专政),又是政体(人民代表大会制)。因此,它必然成为我们的核心政治价值追求和我国一切法律的精神基础。尽管说民主立法包括诸方面的内容,但最重要的是立法过程的民主。"扩大公民有序参与立法途径",这不仅是民主的要求,也是党的群众路线在国家立法中的体现。"立法的公民参与",既有别于"公民直接立法",也有别于"公民间接立法"(代议制立法),属于一种新型的立法模式。毋庸讳言,虽然公民直接立法是民主国家必然的逻辑要求,但鉴于我国人口众多的实际情况,没有可能举行雅典般的"公民大会"来表决法律。现代国家大多实行代议制,但是在价值多元化的今天,代表在表达民意方面难免有不全面和不充分之处,甚至民意可能被扭曲或篡改。因此在代议制的基础上加入公民的立法参与,就能较好地起到对代表的补充与防范作用。比如"中国人大网"上就设有"法律草案征求意见"栏目。谈到民主立法,不能忽略的是我国立法的专业化问题。正如有的学者所说,我国立法专业化的措施主要是提高立法者素质③。立法人员的专业背景和学历要求等是影响立法质量的因素之一。另外还需要加以强调的是"人大常委会委员的专职化"问题,这也是影响我们提高立法质量的重要因素之一。由于我国宪法上没有规定常委会委员需要专职,因此使得大部分委员都是兼职人员,立法工作成了他们的"副业",这与立法工作的"神圣性"不甚相称。只有加大人大常委的专职化,使"在位"的真正"办事",才能提升立法质量,完善法律体系。中共十八大报告提出:"优化常委会、专委会组成人员知识和年龄结构,提高专职委员比例。"或许为防止规定过细的缘故,这次三中全会没有对此进行再次强调。立法的民主化与专业化两者没有矛盾,而是互相促进的。提高立法的民主化,使公民能够积极踊跃地参与立法活动,亦会促使立法者更加慎重且认真地对待自己从事的立法工作;提高立法的专业化,使立法者能够以"行家里手"的身份全面深入地考虑和处理立法中的问题。

---

① 《习近平在中共中央政治局第四次集体学习时强调　依法治国依法执政依法行政共同推进　法治国家法治政府法治社会一体建设》,《人民日报》2013 年 2 月 25 日。

② 秋石:《中国特色社会主义民主政治的制度优势与基本特征》,《求是》2010 年第 18 期。

③ 郑永节:《专业化和民主化程度提高》,《法制日报》2011 年 3 月 2 日。

二、严格的依法行政

政府的行政体制改革,不仅关系到政府与市场的关系,也关系到政府自身的效率性与合法性问题。建立一个完善的政府体制,始终是世界各文明国家的欲求。《决定》再次强调"法治政府、服务型政府"的理想与追求,符合历史的潮流,符合人类政治文明发展的一般规律。同时,这对缓解转型时期的各种紧张的人民内部矛盾与利益诉求也必将起到很好的作用。

法治政府指政府应当依法设立,并依法履行其职责,同时政府的违法行为也应该受到法律的矫正,甚至制裁。政府依法履行职责,即依法行政,是法治政府的核心内涵。行政是相对于立法与司法而言的,是国家最为重要的职能。古今中外,国家各种职能间的分工合作始终存在。在古代中国有三省六部制,在古罗马有元老院、执政官、监察官、保民官等,在现代则有三权分立,同时也有议行合一。但无论在什么时候,行政始终是国家与公民接触的主要渠道。一个公民可能一生都不直接与立法和司法机关打交道,但却每时每刻难以逃开行政机关的管辖。所以行政权力也最易侵犯公民的权益。其他的一切职能则都是围绕着政府的行政职能而展开的,立法是对行政的规范与引导,司法是对行政的制约与监督。孟德斯鸠在《论法的精神》中说:"有权力的人都易滥用权力,而且往往把权力用到极限才算罢休。"①因此他提倡权力之间的制衡,用权力来约束权力,主要就是针对行政行为及行政人员而言的。立法机关制定法律,由行政机关来执行,再由司法机关来判断其执行是否合法。习近平总书记的系列讲话和《决定》中提出的"把权力关进制度的笼子里"的要求,对于行政权力来说,尤其具有价值与意义。行政权力一旦脱离法律的轨道,就可能危害无穷。

那么,如何进行依法行政呢? 对此,三中全会也给出明确的要求。①要整合执法主体,做到权责统一。也就是说"法治政府"同时也是"责任政府"。更具体些说,其一,此处的"责"有"职责"的意思,即要求行政执法部门的权力行使要符合自己的职责,而职责是法律赋予的。任何行政机关都不得超越自己的职权进行执法,也不得对自己的职责消极懈怠,而应该在职务的范围内积极地行使权力。其二,"责"也有"责任"的意思,即要求行政执法部门在行使权力职责的同时,也应该清醒地认识到这也是一份责任、一种义务。行政公务本身是"权力"与"义务"的结合。其三,"责"还有"问责"的意思。对于任何一种行政行为,行政机关都应该对其所产生的后果负责,各部门之间不得互相推诿责任。②关于行政执法层级。要减少行政执法层级,加强重点领域基层执法力量。严格讲起来,这并非体现依法行政、构建法治政府的目标,但这对依法行政的建设是有积极作用的。从法经济学角度上说,减少不必要的执法层级,可以减少不必

---

① [法]孟德斯鸠:《论法的精神》,于应机、余新丽译,西安:陕西人民出版社,2006 年,第 229 页。

要的人力、物力、财力资源的浪费。加强重点领域的基层执法力量，能够使得社会上的人不敢违法、不能违法，从而达致"法治社会"。③完善行政执法程序。道格拉斯曾说过："正是程序决定了法治与恣意的人治之间的基本区别"①，行政程序则可以被视为人治政府与法治政府的分水岭。在学界，学者们很早就意识到了行政执法中的程序问题，并一致认为行政执法程序的公平正义是行政行为正当性的保障。行政程序的设定是对行政决定与行政执行的规范，这当中不仅有作出行政行为的过程与步骤，更有行政相对人与其他利益相关人如何参与的问题。这种程序的设定，使行政行为更为科学、高效能和合乎实体目的，同时也更易为社会与当事人所接受。我国在规范政府的行政行为方面相继出台了《行政处罚法》《行政许可法》《行政强制法》等几部重要的单行法律，它们对行政执法程序都做了重要的规定。在今后对三中全会精神的贯彻落实中，《行政收费法》与作为行政基本法的《行政程序法》也有必要提上议事日程。

新的中央领导集体在提出"法治政府"的同时，也提出"服务型政府"的要求。服务型政府，既非消极无为的"小政府主义"(minarchism)，也非包揽一切的"全能政府主义"(totalitarianism)。按照李克强总理的话说，就是"把该放的权力放掉，把该管的事务管好"②。也就是理清哪些事项是政府的职能，应进行妥善管理；哪些事项不是政府的职能，应该简政放权。所谓不该管的，首先是个人精神道德文化生活，因为思想与人格的独立是法治不能干预的领域；其次是经济方面，像《决定》中所强调的一样"使市场在资源配置中起决定性作用"，而不再由政府来决定。当然，不该管并不等于放弃管，而是不动用行政权去强行管理，可以通过政府引导等方式进行柔性管理。所谓应该管的，首先是维护国家社会的安全稳定、促进实现公平正义，这是任何一个政府都应履行的首要职责；其次是社会保障方面，比如医疗、教育、养老、就业等方面的保障，这是良好政府的担当。确实，服务型政府与法治政府两者怎样彼此关照，在完善政府治理上留给了我们丰富的想象空间。

三、公正的司法

一个国家是否能够维护公平正义，跟一个国家的司法状况是息息相关的；而建设一个法治国家，司法所扮演的角色尤为重要。人们常说"司法是社会正义的最后一道防线"。虽说"最后"二字不太准确，但并不影响我们对司法与现实社会正义之间关系的理解。它表明司法的最终公正性，即无论公民在国家公共生活领域遭到了怎样的不公平待遇，或者在国家的制度框架内受到怎样的冤枉，最终都可以寻求司法途径，以保

---

① 转引自季卫东：《法律程序的意义——对中国法制建设的另一种思考》，《中国社会科学》1993 年第1 期。

② 赵超、周英峰：《该放的要放掉，该管的要管好 国务院会议发出加快机构职能转变动员令》，《新华每日电讯》2013 年 5 月 14 日。

障自身的正当利益。同时也表明司法的最终权威性,即一经司法断定,在国家制度内即已成为定局。不能否认,在当下的中国,司法的最终公正性与最终权威性并没有得到完全的表达与体现,比如缺乏对违宪行为的司法审查,再比如对国务院作出的裁决不可诉等。其实司法的最终公正性与最终权威性也是法治国家的理想,它有利于人们避免卷入无休止的告状、上访、诉讼之中。尽管司法具有特殊的重要性,但是在国家的权力分工中,司法权相对于立法权与行政权又是最弱小的。这是由司法权的自身属性所决定的,即司法权本质上属于判断权。正如汉密尔顿说的"行政部门不仅具有荣誉、地位的分配权,而且执掌社会的武力。立法机关不仅掌握财权,且制定公民权利义务的准则。与此相反,司法部门既无军权、又无财权,不能支配社会的力量和财富,不能采取任何主动的行动。故可正确断言:司法部门既无强制、又无意志,而只有判断;而且为实施其判断需借助行政部门的力量"①。在实行人民代表大会制度的中国,立法部门同时是最高权力机关,行政部门是最高权力机关的执行机关,司法部门则处于相对"边缘化"的地位。在这种情况下,一个问题就会被提出来:如何保障最弱权力的最终性?《决定》提出的司法体制改革,实质上回答了这个问题。那就是在依法前提下和在公正精神指引下的独立审判。

　　独立审判,从一个层面上讲,即法官在案件的审理判断中不受外界的干扰,只对法律和自己的良心负责。同时它还有另一更深层的含义,即《决定》中所指出的:让审理者裁判。这就是说,审理者与裁判者(判断者)应该为同一主体。这是保障公平正义司法的前提,也深刻反映了司法职能配置的实质。一方面,它意味着须由案件的他者(审理者)做出裁判,而非案件的亲历者(当事人、证人等)做出裁判。正如法谚所说:"任何人不能做自己案件的法官"。案件的亲历者往往是最了解案情的,但情感上,他更会做出偏向自己利益的裁判。证人也不应拥有裁判的权力,同样是因为他离案件太近,强烈外部景象的刺激容易使他激情胜过理智,做不出冷静的裁判。因此,当事人需要寻找案件之外的第三者,由他逐步了解案情后对案件做出公正而不偏倚的裁判。另一方面,它意味着案件的裁判者必须是案件的审理者,而非不参与案件审理的无关他者。当年毛泽东曾多次提出:没有调查就没有发言权②。裁判权的行使更离不开调查研究,或者毋宁说裁判过程就是调查研究的过程。因为,判断基于认知,认知主要源于实践,其中包括对证据的认定,对辩论的推进,以及对案件情况的整体把握。这些只有亲自参与案件的审理才能够做到,从而才能够最终对案件做出准确的裁判。审理者之外的无关他者之所以不能裁判,正是由于他对案件的认识不是亲身实践产生的。基于这种深刻的理解,法官在案件的审理判断中不受外界的干扰,也就是顺理成章的事情了。因为这种干扰要么会影响法官对案件的审理,要么会影响法官对案件的裁判。

---

① 〔美〕汉密尔顿等:《联邦党人文集》,程逢如等译,北京:商务印书馆,1980 年,第 391 页。
② 《毛泽东选集》(第 1 卷),北京:人民出版社,1991 年版,第 109 页。

在当下中国实践中最突出的问题之一就是司法地方化和司法行政化。常常有法官感叹:"案子还没进来,条子就已经进来了。"司法的不独立强化了法官的这种无奈感,使得司法公正变得越来越遥远。正是针对现实实践中的种种问题,《决定》在司法的独立审判方面进行了精心的研究,提出了周密的方案。①确保法院与地方的相对独立。这主要是针对司法地方化而提出来的方案。法院的设置与行政区划的设置一一对应,其最大的弊端就是使得地方法院在人事、财政等方面受制于地方人大、地方政府等各部门。法院往往成了政府拉经济、搞政绩的帮手,在案件的判决过程中更多地考虑政府应该考虑的事情,结果很难做到客观地依据法律进行判决。《决定》提出,推动省级以下地方法院人、财、物的统一管理,探索建立与行政区划适当分离的司法管辖制度。这样的话,就使得法院能够从地方的不当干预和纠缠中摆脱出来。这样,法院对地方案件进行审判,可以更多地严格依据法律做出裁判。从地方脱离出来之后,法院的设置也就不需要与地方行政区划的设置一一对应。这就意味着可以按照不同地域的案件数量情况,对法院进行合理的设置。此外,还可以考虑设置巡回法院,以节约办公成本;或设置巡回法庭,以方便当事人。②确保法院与法院的相对独立。这主要是针对司法行政化而提出来的方案。此前的实践中,比如案件请示制度的存在,再比如上诉率或者发回重审率等考核指标的存在,使得一审法院处理案件时动辄就请示上级法院,导致了二审诉讼形同虚设,破坏了司法最基本的审级设置的初衷。《决定》重新明确各级法院的职能定位,规范上下级法院审级监督关系。这样的安排让二审制度能发挥其应有的效用,强化对一审的监督,而不是管理;也让一审法院能够在制度上真正敢于独立地做出案件的裁判。③确保法官与法院的相对独立。在法院内部,审判委员会的存在很大程度上影响了法官的审判独立。一般的案件由法官审理并裁判,但一遇到重大、疑难、复杂等案件,则须交由审判委员会集体讨论决定。这就形成法官对这些案件"审而不裁",而审判委员会则"裁而不审"的荒诞和尴尬局面。其后果是法官变得不敢独立审判,害怕承担责任,一有情况,立马提交审判委员会;而审判委员会又因为是集体参与、集体负责,一旦发生错案,责任追究就很难落实。有鉴于此,《决定》提出改革审判委员会制度,完善主审法官、合议庭办案责任制,力保法官能够真正独立地审判案件,同时也加大了审判者的个人责任。"审理者裁判"符合常理的朴素正义,该正义决定了"独立审判"的核心,只应当是"法官独立"。法官的上帝就是法律与良心,法官审判应当依据法律,并做到问心无愧。只有做到依法独立审判,才能实现司法公正;依法独立审判既是司法公正的实质前提,又是司法公正的形式表现。

诚然,"法官独立"完全不意味着"法官恣意"。因此,在确立独立审判、法官独立的前提下,如何培养法官成为"会说话的法律"就成了司法公正的关键。《决定》明确提出"要建立符合职业特点的司法人员管理制度,健全法官(以及检察官、人民警察)的职业保障制度。"这一制度建设具有极强的现实针对性,概括起来主要有两方面。一方面,法官的管理应考虑到其自身的特点。法官不同于公务员与人大代表的重要方面是:公务员的上司是行政长官,人大代表的上司是人民大众,而法官的上司则是代表公意的法律。这就注定了他们之间的管理制度也应该不一样。对法官的最重要的要求应该是精通法律并忠诚于法律。法官审案应像医生治病一样,能否药到病除(法律的正义得到伸张)是对其进行评价的主要方面。正因为法官的上司是法律,捍卫法律是法官的神圣使命,这就要求法官有崇高的法治追求,以及高尚的道德情操。相应地,法官管理的重心也应该放在法官的业务素养与职业道德上面,以养成正义的法官。这样,普通民众在接触了正义的法官之后,才会感受到法律的正义。然而在当前实践中,法官的业务素养与职业道德仍然有待进一步提高。比如有些案件的判决书的说理论证很不充分,这固然与制度有关,但与法官的业务素养也有很大的关系。《决定》提出要增强法律文书的说理性,这对提升法官的业务素养也有很重要的导向作用。另一方面,法官的职业保障是实现法官正义的另一重要内容。这包括多方面的保障,比如法官的安全、职务、升迁渠道、工作时间等,其中尤其值得一提的是法官的薪酬保障。"高薪"在一定程度上能起到"养廉"的作用,它在一定范围内能够避免法官因为金钱的缘故违背法律铤而走险,使得法官在拥有独立的司法权时不会随便滥用此项权力。世界上公认的法治国家,法官的薪酬待遇普遍比较高,提高法官的薪酬待遇也是顺应法治国家建设的趋势。法官的"高薪"不同于公务员的"高薪",它不仅要求薪酬能够给予个人比较宽裕的物质基础,而且还指法官的薪酬待遇应该高于一般的公务员,体现的是法官在国家工作人员中更优越的身份地位。在法治国家里,法官应当在社会中享有良好的声誉、较好的经济待遇,法官应当是众多社会精英"心向往之"的职业。然而当前的法律实践中并未完全将此种理想现实化。甚至近些年,全国法院系统出现了普遍的法官离职现象,而且其中不乏中青年骨干法官,他们都正值法官事业的黄金期。这固然有多方面的原因,其中法官的薪酬待遇低也是不可忽视的原因①。因此,《决定》提出法官等司法人员的职业保障制度建设,不仅仅是迈向法治国家的远大追求,也是出于解决当前问题的现实考虑;而反过来,当前问题的解决也将促使我们加快法治国家的建设。正如习近平总书记所说的:改革是由问题倒逼而产生②。总之,《决定》在司法改革方面进行的安排部署,不仅高度确认法官独立审判的重要价值,也充分顾及法官的业务素养与职业道德管理,并特别强调法官的职业保障。依法独立审判的贯彻落实,定将有助于司法公信力的提升,司法公正的实现,最终能像《决定》中提出的那样"让人民群众在每一个司法案件中都感受到公平正义"。

与金若山合写,刊于《南京师大学报(社会科学版)》2014年第2期。

---

① 符向军:《法官离职的冷思考》,《人民法院报》,2013年9月3日。

② 习近平:《改革是由问题倒逼而产生》,《新京报》2013年11月14日。

调判结合与民事司法本土化模式的形成

——以"马锡五审判方式"为主轴

"调判结合"是我国民事司法制度的一个显著特点,它集中表现为诉讼调解在民事诉讼程序中具有的价值正当性①。追根溯源,调判结合的价值正当性直接来自于陕甘宁边区司法实践中诞生的"马锡五②审判方式",尤其是其"就地审判"和"共同评理"的做法。若进一步探究,则其深层根源是几千年儒家思想文化影响下形成的"讲道理"或"讲理"和"得理饶人"的民间文化心理结构。

一、调判结合制度的确立

马锡五审判方式在陕甘宁边区的司法实践中出现后,有关方面多次对其特点进行了阐发和表述。其中,与"调判结合"最接近的、最早的提法是"审判与调解结合",此系谢觉哉首先作出的概括。他认为,这是马锡五审判方式的主要特点之一。由谢觉哉起草,发表于1944年6月6日《解放日报》上的边区政府《关于普及调解、总结判例、清理监所的指示信》指出:"审判与调解结合,即马锡五同志的审判方式。马锡五同志审判的一件婚姻案、两件土地案,奥海清③同志审判的土地案,都是负审判责任的人亲自到争讼地点,召集群众大家评理,定出双方都愿意接受也不能不接受的法子,是审判也是调解。这方式的好处是政府和人民共同断案,真正实行了民主;人民懂得了道理,又学会了调解,以后争讼就会减少。""调解以自愿为原则,审判则带强制性,但审判得好,赢的输的都会自愿地服从。审判与调解是一件事的两面,马锡五同志的审判方式,是与调解结合的。这是一个大原则,为群众又倚靠群众的大原则。"④

"审判与调解结合"之所以成为马锡五审判方式的主要特点之一,原因主要有两个:第一,就地审判。就地审判与"坐堂问案"颇有差异。在就地审判的过程中,究竟是

---

① 何远展:《诉讼调解的价值正当性与优先性——兼论"调解优先"》,《国家检察官学院学报》2012年第2期。

② 马锡五(1889—1962),陕西保安县人,马锡五审判方式的开创者,被陇东民众誉为"马青天"。

③ 奥海清(1897—1968),陕西神木县人。曾担任陕甘宁边区志丹县政府审判员,被老百姓誉为"奥青天"。边区政府表彰其为模范司法工作者,并提倡学习"马锡五、奥海清的审判方式"。

④ 张希坡:《革命根据地法制史研究与"史源学"举隅》,中国人民大学出版社2011年版,第270页。

判决结案还是调解结案的问题,随着案件事实的逐步清晰化、双方当事人的心理和态度的变化,以及参与审判的当地人的态度对法官和双方当事人的影响,会产生很大的变数。实行审判与调解结合,法官就可以根据具体情况进行应对,在审判和调解之间迅速地进行"切换",可判则判,可调则调。反之,如果将"调审分离"的程序机械地适用在这里,主审的法官只能审,主调的法官只能调,即使就地审判一个案件,至少也要去两位法官,司法的成本就必定过高。换言之,"调审分离"不管是调还是审,其制度设计都是原告到法院起诉,被告应诉,法官"坐堂问案";而"审判与调解结合"则是与就地审判相适应的。第二,有关人士特别是当事人所在地方的人士共同评理断案。1945 年 1 月 13 日《解放日报》发表的《新民主主义的司法工作》一文,将马锡五审判方式的特点概括为八个方面,其中第六个方面是:"邀集有关的人到场评理,共同断案"。马锡五本人在 1955 年发表的一篇文章中认为,就地审判是一种"采用群众路线的审判方式","这种审判方式的基本特点是深入农村,调查研究,不拘形式,就地审判,在群众参加之下,解决问题。从调查到审讯都是密切联系群众进行的。因此,结案迅速、正确。凡属调解范围的案件,就在裁判员掌握下或由群众调解结案;凡不能调解或调解不成的案件,就把调查研究的情况放在群众中进行酝酿,是非曲直摆在明处,取得多数人思想认识一致后,再行判决。这样,既合原则,又易于为群众所接受。同时,由于从调查到审讯和宣判整个过程都是联系群众进行的,所以,这种就地审判对于提高群众的法律认识和守法精神曾起了很大的作用。在当时这种审判方式很为群众欢迎,也是初审机关常采取的一种方式。"①

　　而"邀集有关的人到场评理,共同断案"的提法,是在马锡五审理的或者与他有关的具体案例的基础上总结出来的。例如,《解放日报》1944 年 3 月 13 日记载的王治宽与王统一土地纠纷案:"合水县五区六乡王家庄王治宽,父在时买得高姓之地一块,计四段五亩,约据上写明东南北三面俱靠王统一的地,西面为庄窑。王治宽企图霸占王统一家的一亩打粮场地基,遂故意歪曲方向,把南面说成西面,因此发生土地纠纷,当时区乡干部及四邻群众出面调解,认为王治宽为无理。王治宽不服,告到合水县府,县司法处只凭呈状所说,未往实地调查,致将场地判归王治宽所有。王统一不服,上诉分庭,双方辩论,各有各的道理。马锡五同志即派石推事赴当地实际调查,石推事在马锡五同志的审判精神之下,就协同县、区、乡许多干部及约据上所写有关房亲与证明人,四邻居住的老年人等共二十余人(出卖人已不在),一面展开约据,对照方向仔细丈量段数亩数,同时征询老年人及四邻意见,一点一滴加以研究。这时群众首先发言,干部接着发言,王治宽理屈词穷,遂出而承认自己的占地错误,自请处分,于是群众都哈哈大笑起来。结果经解释说服,土地仍归王统一,双方互请吃饭,王治宽并给王统一装了

---

① 马锡五:《新民主主义革命阶段中陕甘宁边区的人民司法工作》,《政法研究》1955 年第 1 期。

烟(农民敬人土俗),取和了事。一般群众一致高呼:'真是清官断案。'"①从这个案例中,可以看到,尽管一方(王治宽)完全无理,一方(王统一)完全有理,看似简单,实则复杂,但纠纷却得到了圆满解决。然而,在场群众的哈哈大笑,双方互请吃饭,理亏一方给对方装烟——乡土社会中洋溢的浓浓人情味,似乎又使调解与判决之间的界限模糊起来。实际上,这也就是谢觉哉所说的"是审判也是调解",意即为了解决纠纷,无需特别关注是审判还是调解的纯程序问题,无需在两者之间划出一道泾渭分明的"杠杠"。

"审判与调解结合"的马锡五审判方式,不仅在陕甘宁边区的司法实践中广泛推行,而且对新中国成立后的民事诉讼制度也影响巨大。围绕着调解如何定位的问题,虽然争论不断,但是,"审判与调解结合"的基本格局却延续了下来。

二、"得理饶人"——民间儒家文化心理结构是调判结合确立的深层原因

马锡五审判方式采取了"邀集有关的人到场评理,共同断案"的做法。在共同评理断案这一环节中,很大程度上体现了中国传统文化精神的"道理观"。它是一种存在于民间的以儒家思想文化为主导的文化心理结构的产物。

不少当事人在基层法院诉讼中常用的语言,不是说对方侵犯了他的权利,而是说对方不讲理、没道理。即使有些法律知识,了解"权利"概念的当事人,通常也多使用"理"的话语。"理"字潜在人们心中的意思是:如果对方肯讲道理,那么他就不必来法院起诉,诉讼也就不会发生。不少当事人甚至以"理"作为评判法官或者法院处理案件是否妥当的标准。比如,有的说法院的一审判决没有道理,自己才上诉。这种"道理观"就像电影《秋菊打官司》里的主角"讨个说法"的想法一样。这让人感到当事人在诉讼中争的不是法律人通常所说的权利,而争的是"理"或者令自己满意的"说法",通过审判辨明谁有理谁没理,或谁占的理更多一些。钱穆先生说得好:"道理两字,在中国社会,已变成一句最普通的话。我们可以说,中国思想之主要论题,即在探讨道理。我们也可以说,中国文化,乃是一个特别尊重道理的文化。中国历史,乃是一部向往于道理而前进的历史,中国社会,乃一极端重视道理的社会。中国民族,乃一极端重视道理的民族。因此中国人常把道理两字来批判一切。如说这是什么道理? 道理何在?又如问,你讲不讲道理? 这一句质问,在中国讲来是很严重的。又如说大逆不道,岂有此理,那都是极严重的话。道理二字,岂不是普遍存在于中国现社会人之心中与口中,而为中国人所极端重视吗?"②

---

① 《马锡五同志的审判方式》,《解放日报》1944 年 3 月 13 日第 1 版。该文系《解放日报》社论,文中生动地介绍了与马锡五有关的一件婚姻纠纷案、两件土地纠纷案,并在此基础上总结了马锡五审判方式的特点。

② 钱穆:《中国思想通俗讲话》,三联书店 2002 年版,第 1 页。

在先秦儒家中,"道"首先成为最基本的哲学范畴,在宋明理学形成后,"理"便演化成为儒家哲学中的最高范畴,并且,在理学的长期影响下,民间形成了一种"道理观"。所谓的"有理走遍天下,无理寸步难行"的通俗命题,便是极好的证明。这种民间的"理"既区别于西方哲学的自然法,也与儒家学者所说的哲学意味更为浓厚的"理"有所不同,它是普通民众心目中的"理",具有浓烈中国社会特色价值观、道德观及习俗习惯等社会规范的意义。

从古代中国立法和司法强调"天理国法人情"到新中国司法政策的"法理情结合",其中发生的一个关键的、极其重大的变化在于:"理"的最高序位让给了"法"。这一变化离不开两个相互关联的原因:一是儒家文化传统在五四运动以来受到了强烈的冲击,与其相应的"道理观"也必然趋于淡化;二是法治日渐成为现代中国社会的主流话语。在法律人的眼里,"法理情结合",法无疑是最高位的。在不损害法律权威的前提下,法可以兼顾理与情,若三者相互冲突,也不妨使法对理和情进行适度的妥协。但是,在依然没有抛弃旧的"道理观"的老百姓看来,"理"似乎仍属于最高位;"理"不仅可以批判法,在一定程度上甚至是判别良法和恶法的尺度。他们虽然不能对这种"道理观"进行系统的阐发,但却能自然地本着其原始精神而为人处世,包括"上法院,打官司"。

在民事诉讼中,老百姓的这种"道理观"所导致的基本心理态度,就是"得理饶人"。就当事人尤其原告的希求而言,判决重在"得理",调解重在"饶人"。得理不饶人与未得理而饶人,都是不可接受的。他们与法律人那种"诉讼不过是对法律的适用"的视角不同,主要是为了"得理"。一旦得到了"理"就应当尽可能地"饶人",以成就推己及人的德性,给对方留下改过迁善的回旋余地。若双方被认定各有过失,则重视双方各自"反求诸己"的自省。古人云:人非圣贤,孰能无过?过而能改,善莫大焉。如果偏要"得理不饶人",则有违"恕"的精神①。在前面所述的王治宽与王统一土地纠纷案中,尽管王治宽一方完全无理,但是在他认错改错后,有理的一方王统一仍然请他吃饭(互请吃饭)。此种人情味,正是"得理饶人"活生生的体现。

谢觉哉所说的"是审判也是调解"的过程,是借助"召集群众大家评理,定出双方都愿意接受也不能不接受的法子"来实现的。即是说通过"召集群众大家评理"这一环节,把"说法律"与"评理"结合了起来,使法律通过"评理"的桥梁,进入到原本深深认同"道理观"的当事人内心深处,使相关的法律规定在其心中获得了相当于"理"的权威。如此一来,即使是采取判决结案的方式,当事人仍然能够心悦诚服,其效果与调解结案的方式也十分相似。同时,"大家评理"对于参与的众人而言,亦不失为一次生动的普法兼讲"理"的教育。

马锡五审判方式在边区推广之后,无论是官方对司法干部强调的"群众是明理的"

---

① "恕",英译为:"Putting Oneself in the Other's Place",可以理解为中国人通常所说的"设身处地为他人着想"。参见 Roger T. Ames, *Confucian Role Ethics:A Vocabulary*, The Chinese University of Hong Kong, 2011, pp. 194—200.

观点,还是老百姓常说的"理不是一个人的,大家说有理才有理"的观点,无不表明对民间秉持的"道理观"的认同。

在我国学术界曾经有过调解是否应当"分清是非"的争论,大多数学者认为分清是非是诉讼调解的基本原则之一,而以不着重分清是非为例外。但必须看到,深受马克思主义指导和国家(政府)的立法渗入与改造并为群众津津乐道的"理",亦体现着原则精神,而不能简单地视为无原则的"和稀泥"。

三、"雷李之争"与中间道路的马锡五审判方式

陕甘宁边区司法实践中的"雷李之争",可以视为新中国成立后司法大众化与司法职业化之争的肇端。雷经天、李木庵都曾经担任陕甘宁边区高等法院院长。雷出身工农干部,李则来自国统区,曾留学国外,受过系统的法学教育。比较观察,雷更强调司法的大众化,而继雷之任的李则更强调司法的职业化,双方互有批评,矛盾曾一度激化。但是,两人各自主张的截然不同的司法道路,似乎最终都没有得到陕甘宁边区的民众和党内高层的认同①。为此,谢觉哉深感边区的司法工作在很长一段时间里没有搞出符合边区实际的、自己的一套东西来。正是在"雷李之争"余音犹在的背景下,马锡五审判方式应运而生,并受到了民众的欢迎,马锡五被民间赞誉为"马青天"。之后,又得到了党的领导人的肯定。

在"雷李之争"后期形成的马锡五审判方式能获得成功,就是由于它是一种介于雷李之间,努力实现司法职业化与司法大众化相结合的"中间道路"。马锡五本人坚持依法办事的原则。例如在周定邦杀人案中,虽然被告人对犯罪事实供认不讳,但是马锡五坚持"非找到尸体不能定案"的原则。他两次亲赴案发现场,直到发现了被害人尸体,证实被告人口供属实后,才予以定案。他在既重视法治精神问题又熟悉边区民情的条件下,率先采用了群众路线的审判方式。在他看来,"陕甘宁边区政府时期,审判制度建设成就之一,就是树立了群众路线的审判方法和作风。这是人民司法机关区别于旧社会的法院的一个显著的标志。"②1949 年 5 月,他在延安大学回答学生提问时,将马锡五审判方式概括为:"就地审判,不拘形式,深入调查研究,联系群众,解决问题。"③

党的领导人肯定马锡五审判方式,核心在于它实现了党特别是毛泽东大力倡导的群众路线。1944 年 3 月 13 日《解放日报》社论《马锡五同志的审判方式》的结尾说道:"一句话:马锡五同志的审判方式——这就是充分的群众观点,这就是马锡五同志之所

---

① 关于"雷李之争",可参见侯欣一《陕甘宁边区高等法院司法制度改革研究》,《法学研究》2004 年第 5 期。

② 马锡五:《新民主主义革命阶段中陕甘宁边区的人民司法工作》,《政法研究》1955 年第 1 期。

③ 张希坡:《马锡五审判方式》,法律出版社 1983 年版,第 41 页。

以被广大群众称为'马青天'的主要原因。"①1945年1月13日《解放日报》发表的《新民主主义的司法工作》一文,再次将马锡五审判方式集中概括为"司法工作中的群众路线"②。亲身经历"雷李之争",一直希望陕甘宁边区司法搞出自己的一套东西来的谢觉哉,满怀热忱地对马锡五审判方式进行了理论上的总结和推广。在1945年10月18日的日记中,他写道:"目前边区司法状况,找到了道路,但还落后。"③谢觉哉认为,边区的司法工作已找到自己的道路了。这条道路所强调的"审判与调解结合",在陕甘宁边区并不是一开始就有意识地确立的。也就是说,并不是先具备了自觉继承我国古代推崇调解的理念,就有了审判与调解结合这种做法,而是经过一段时期的反复摸索,在司法实践中受到民众热情支持后,才上升为理论,使之逐步固定化的。至于讲到这种中国特色的创新型司法模式的历史传承和正当性的价值底蕴,不言而喻,那是学术界探讨和研究的结果。

司法的群众路线,如果从法治的角度看,可以视为中国共产党在陕甘宁边区即开始采取的一种"法治本土化策略"。它着重强调司法的大众化,但这并非排斥司法的职业化。例如,马锡五就一向坚持对专业法官的培养和其素质的提高。在这种"本土化"的过程中,中国共产党在马克思主义与中国实际情况相结合的思想指导下,在不断总结经验的基础上,以司法的群众路线来化解西方的法治观念影响与中国民众的传统儒家文化心理结构之间的张力。除调判结合之外,"法理情结合""法律效果与社会效果的统一"等,同样也是这种"法治本土化策略"的产物。

调判结合作为民事司法本土化的模式,是中国特色社会主义司法制度中一颗璀璨的明珠。但须知,任何模式都不能僵化不变。特别是在全面深化改革开放的大潮中,我们必须认真学习贯彻中央有关司法改革的精神,使调判结合制度不断创新和完善。

与何远展合写,刊于《汉江学刊》2014年第2期。

---

① 《马锡五同志的审判方式》,《解放日报》1944年3月13日。
② 《新民主主义的司法工作》,《解放日报》1945年1月13日。
③ 《谢觉哉日记》下卷,人民出版社1984年版,第848页。

西方法治进程中参与式行政的理论基础探析[①]

从法理角度上概括,参与式行政指在一定社会物质生活条件下,公民为表达切身利益诉求,通过法定程序性权利的行使,自主地参与政府行政活动的行为。它既可以体现为一种程序性权利,一种制度设计,也是一种价值追求[②]。随着中国特色社会主义建设的稳步推进,国家日益社会化,政府的权力与职能逐步向社会组织及公众转移,使得广泛的行政参与成为可能。而人民物质文化生活水平的提高及参与意识的增强,则把这种可能变为现实。迄止目前,具有中国特色的社会主义参与式行政制度框架已初步形成,但政府垄断参与式行政的启动权、决定权,部分公众以"听证专业户"形式积极配合政府的"参与式表演"现象仍时有发生。这些不足的存在,使得我们有必要重新审视民主法治与服务型政府理念下的参与式行政,对西方语境中参与式行政生成的政治理念、社会基础、经济条件及哲学理论背景进行更深一步的思考。从而去粗取精、去伪存真,完善我国的参与式行政法制模式。

一、参与式行政的政治理念

参与式行政属于政治民主的一种表现形态,有着深刻的政治理念基础。政治理念是人们对政治事物的根本态度及价值取向,包括对政治起源、目标、本质等方面的认知、信念、观点的总和[③]。一国行政事务的确立与开展,首先需要与符合该国国情的政治理念相契合,同时也要关照国际化的发展潮流与趋势。从历史角度观之,当代参与式行政理念主要渊源于自然正义、人民主权与参与式民主等政治思想。在此基础上,发达国家的行政理念先后由"保权(利)理念"向"控权(力)理念"转变,并逐渐发展出"参与式均衡理念"。

(一)自然正义理念

正义是人类千百年来孜孜以求的价值目标,也是法治社会的价值追求。古希腊哲学家亚里士多德便曾提出永恒的、遍及人间的"自然的正义"。随着自然法的发展,自

---

① 本文系教育部人文社会科学重点研究基地重大项目《"参与式行政"与中国行政法制模式变革研究》的阶段成果,项目号10JJD820012。

② 参见莫于川.公众参与潮流和参与式行政法制模式——从中国行政法民主化发展趋势的视角分析[J].北京:国家检察官学院学报,2011(4).

③ 参见王惠岩主编.政治学原理[M].北京:高等教育出版社,2005:1.

然正义理念逐渐被应用于英国普通法院的审判之中,形成了古老的"正当程序"原则,包括两项根本规则:任何人不得作自己案件的法官;任何人为自己所做的辩护应当被公正听取①。此后,自然正义理念的影响范围由司法领域扩展到行政领域,并衍生出行政公开、听证、说明理由等制度。它使可能受到行政行为影响的个人或组织获得表达与被倾听的权利,从而更加有效地保障行政相对人的利益。如果说传统行政活动侧重于强调行政立法中民意的合理表达,那么自然正义原则同时也强调了行政执行、行政救济过程中的公众参与。

(二)人民主权理念

宪法是参与式行政的根本法律依据,而人民主权理念则是近代立宪国家的核心政治理念。国家意志的形成是以人民意志为基础的,洛克基于个体自由的人民主权观、卢梭基于公意的人民集体主权观、哈贝马斯基于交往程序的主权观等经典人民主权理论,均借助不同方式阐释了这一宗旨。目前世界上大多数国家都通过宪法或宪法性文件规定国家权力来自于人民。我国宪法第二条也明确规定:"中华人民共和国的一切权力属于人民。""人民依照法律规定,通过各种途径和形式,管理国家事务,管理经济和文化事业,管理社会事务。"因此,人民主权理念作为宪法的基本原则和近代立宪国家所追寻的一种价值目标,为参与式行政提供了宪法依据及测度其合法性、正当性的理论准则。

(三)参与式民主理念

"人民主权"是民主的精义。既然国家权力来自于人民、服务于人民,政治民主便成为国家较优越的政治体制选择。当古代民主理论所希求的每个人在场的直接民主在人口众多的近代国家已无法施行时,约翰·密尔指出:在现代条件下,"理想上最好的政府形式是代议民主制政府"②。然而代议制间接民主产生的精英统治、官僚倾向及民众的政治冷漠等问题,使其合法性逐渐蒙上阴影。20世纪后期,参与式民主兴起,成为参与式行政的直接理论及实践渊源。

近代以来,"政治"与"行政"分化为两个相对独立的领域,"政治"是公共意志的表达,需要依民主的理念来建构;而"行政"是公共意志的执行,应保证权力集中以高效率运行③。参与式民主政治主要强调立法层面的民主,但在行政领域权威主义依旧盛行。随着行政权的扩张,行政立法与决策事项急剧膨胀,官僚主义行政体制弊端日益彰显。20世纪70年代兴起的"新公共行政运动"针对政治领域的公众参与,提出行政领域的

① See Marshall, *Natural Justice*; Jackson, *Natural Justice* (2en edn.); Flick, *Natural Justice* (2nd edn.).转引自[英]威廉·韦德.行政法[M].徐炳等,译.北京:中国大百科全书出版社,1997:95.

② [英]约翰·密尔.代议制政府[M].汪瑄,译.北京:商务印书馆,1982:37.

③ 例如美国学者威尔逊、古德诺曾提出的政治与行政二分法。参见彭和平.国外公共行政理论精选[M].北京:中共中央党校出版社,1997:1.

民主化,为行政合法性注入新的活力。凭借人民主权理念,参与式民主很快在行政立法、行政计划、行政决策等领域获得首肯;而古老的自然正义理念所蕴含的行政执行过程公众参与的必要性,也被不断地现实化。现代公共行政理论中,参与式行政的理念已获得越来越多国家的重视。

二、参与式行政的社会基础

20 世纪后期,参与式行政在西方国家的兴起是与其社会矛盾冲突、社会结构变化紧密相关的。西方市民社会孕育出的近代民主思想,逐渐发展形成今日的参与式民主、参与式行政的理念与实践。在中国,随着社会转型的深入,群众生活水平的提高,社会与公共管理创新的展开,公民参政热情与诉求逐步增长,因而参与式行政的社会根基亦日益坚固。

(一)市民社会理论

市民社会是国家的"前提"和"真正的活动者"①,因而也是西方参与式民主形成与发展的社会基础与原动力。从市民异化而成的公民,通过参与制度积极投入行政生活。市民社会理论在西方语境中的运用,主要具有三种不同含义。古希腊罗马时期,市民社会是一种与"城邦国家"相对应使用而区别于原始"自然状态"的概念。19 世纪,黑格尔、马克思等学者将市民社会与政治国家相分离,使之成为指涉"经济社会"或"需要体系"的概念。当代西方社会正在实现市民社会由经济领域向文化交往领域的转向②。市民社会所内涵的权利保护、社会自治等精神,与西方民主政治实践的进程遥相呼应。伴随着市民社会理论内涵的演变,西方民主实践也经历了由古希腊的直接民主向代议制间接民主,再到现代综合性参与式民主的转变。中国改革开放后,打破国家计划统分统管一切的一元格局,国家努力为市场经济的发展及社会组织的培育创造良好条件,而逐渐成长起来的社会组织也为公民参与国家行政事务提供了社会结构性平台。

(二)转型社会背景

20 世纪后期,随着科学技术的迅猛发展,信息化、全球化对国际政治经济格局的影响进一步深化。传统的社会结构、利益机制、价值观念等莫不受其影响而向现代型转变。转型社会对政府行政行为提出了新的要求,为适应社会变化,传统支配型行政模式逐渐向服务型转变,而参与式行政恰好适应了政府转型的客观需求。

参与式行政与政府转型、社会转型之间呈现出一种相互支持、相互促进的辩证关系。一方面,社会转型是参与式行政发展的宏观背景。社会多元化,国家权力向市民

---

① 《马克思恩格斯全集》:第 1 卷[M]. 北京:人民出版社,1953:250.
② 参见吕世伦、任岳鹏. 市民社会理论及其研究进路——以中国特色社会主义社会为基准[J]. 求是学刊,2011(5).

社会的转移,为参与式行政的兴起提供了社会基础。信息全球化,增进了人与人之间的交流,为参与式行政提供了主体性条件与技术支持。另一方面,转型社会需要参与式行政,以便促进现代社会的平稳推进。转型社会表现出社会风险加大、社会失范凸显、社会控制手段弱化等特征,社会矛盾骤增,不同利益诉求需要得到充分的表达。在这种情况下,让不同利益代表参与到公共行政生活,通过合法的程序表达自身意愿,有利于转型社会复杂矛盾纠纷的解决。正是这两方面之间的相互作用,使得当代处于转型中的国家,日益强调公共行政中的公众参与性。

(三)社会治理运动

20 世纪下半叶,随着社会转型的深入与扩展,传统的官僚制控权式行政管理模式受到严重挑战,于是政府机构转型成为必然。新公共管理、新公共服务运动以市场化、民营化、服务于民等理念,对以往的公共行政理论进行了有益补充。20 世纪 90 年代,社会治理运动兴起并迅速获得多国认可,成为西方国家公共管理的主要发展趋势。社会治理理论,在传统政府机制、市场机制作用下,补充了社会机制的效用。它强调各种社会公共机构或私人共同管理行政事务,从而使相互冲突的不同利益得以调和,并采取联合行动①。社会治理主要呈现出以下特征:治理主体由政府包揽社会事务转向社会各方共同参与、共同承担责任;治理手段在不同程序中体现出一定的非正式性、非强制性;治理范围扩大,体现利益多元化保护;治理原则由效率主导到追求社会和谐、公平正义与可持续发展等。在全球治理、追求善治与社会和谐的大背景下,中国政府在十八大报告中也明确提出要"加强和创新社会管理","充分发挥群众参与社会管理的基础作用"。参与式行政法制模式蕴涵了社会治理的内在精神,社会治理运动的开展则是参与式行政所必需的社会基础。

三、参与式行政的经济分析

西方法治进程中参与式行政的展开,不仅有其古老的政治理念渊源与特定的社会基础,也是与西方诸国经济发展水平密切相关的。历史与现实毋庸置疑地证明,客观经济基础与主观的经济理念,共同影响着公众在行政生活中的参与性。

(一)客观经济基础

参与式行政制度作为上层建筑的一种表现形式从根本上受到客观经济基础的制约与影响,更直接地说,它是近现代商品经济或市场经济发展的必然产物。商品交换过程所要求的平等性、自主性、竞争性、开放性等特征内涵了民主政治发展的基本精神要素,而人民生活水平的提高则是公众参与行政活动的物质基础。美国学者奥勒姆曾指出:"目前一切有效的经验主义研究证明,人的经济地位和政治参与之间存在相当明

---

① 全球治理委员会.我们的全球伙伴关系[M].伦敦:牛津大学出版社,1995:23.

确的关联。也即一个人在社会分层等级中折和为经济地位的层次越高,他的政治参与比率也就越高。"①例如,"福利国家"制度的推行,对于扩大西方国家民众参与选举和参与行政活动就起到积极的作用。公民个体经济实力的提升不仅使其拥有更多的物质条件参与公共行政事务,而且也间接作用于社会结构形式,促进社会组织的形成,使原来由国家集中行使的权力向社会分散成为可能。因此,市场经济的良好运行为参与式行政提供了客观经济基础,并直接影响着公民个体在行政事务中的参与程度。

（二）经济理论支撑

西方经济学理论自重商主义发展至今,政府行政职能不断变化,社会公众在其中的参与程度也处于不断发展之中。古典经济学主张放任自由的经济政策,政府扮演"守夜人"的角色,社会成员积极投身于市场交易行为中追求自身经济利益。亚当·斯密提出了理性经济人假说,指出人的自利性会引导其在市场中的行为,从而实现个体利益的最大化。新古典经济学的边际效用理论同样旨在维护资本主义国家的自由主义经济政策。西方主流经济学即自由主义经济学理论所培育的私权神圣理念与主体性意识,是公民积极参与政治与行政活动维护自身利益的动力。西方经济学中的一些分支流派如福利经济学、制度经济学,则分别从社会公平正义及社会整体法律制度、文化制度等方面对经济发展理论进行研究,要求政治行政领域增加社会公正与民主开放性。其中,公共选择理论在理性经济人假设的基础上,将公共领域中的选民与政治家的关系类比为经济市场中的买卖双方关系,认为政治市场同样存在以选票为货币的自由交易行为。西方经济学的发展为公民在政治行政领域的平等参与提供了经济理论的铺垫。

（三）经济效益分析

一般认为,公众积极参与行政活动,充分表达每个个体的诉求,有助于社会公平正义的实现,但却有可能以降低行政效率为代价。因此,对参与式行政经济效益的分析,是其可行性的关键问题之一。

经济学中的效益、效率一般由两部分构成,其一是成本（投入）,其二是收益（产出）②。参与式行政的成本是指在行政参与活动中的总支出,包括参与式行政的物质性成本、时间成本、风险成本、错误成本、道德成本等。一方面,参与式行政较传统行政模式需要消耗更多的组织费用、时间、精力,因此其物质性成本与时间成本的投入较大。另一方面,现代社会由于社会复杂性、信息不对称性等原因,社会风险加大,而通过公开透明的程序设计及公众合理参与有助于信息整合,从而形成科学的行政决策,分散

---

① ［美］安东尼·M.奥勒姆.政治社会学导论——对政治实体的社会剖析［M］.董云虎、李云龙,译.杭州:浙江人民出版社,1989:37.

② 一般认为"效益"为收益与成本之差,"效率"为收益与成本之比。这两个词意指某种情形下的总成本与总收益之间的关系,相当于"饼的大小"（对应于"公平":如何分饼）。参见［美］波林斯基.法和经济学导论（第三版）［M］.郑戈,译.北京:法律出版社,2009:6.本文如无特殊说明,并不区分适用以上概念。

一定的社会风险,降低行政风险的成本。此外,行政决策错误、行政立法错误、行政执行错误等行政错误会严重影响行政资源的有效利用,公众在行政活动中集思广益、有效监督,有利于减少行政错误及错误的及时发现与补救,降低不必要的行政错误成本。参与式行政的道德成本,指公众参与行政事务的过程及其结果所体现的合伦理性与正当性。公民积极参与行政事务,不仅是对自身宪法权利的行使,也体现了对国家、社会事务的关心,是行政行为正当性的体现,彰显了民主的价值理念及人文主义的道德伦理思想,故而,参与式行政比起传统的管理式行政,在道德成本上往往更具优势。

从整体角度考量,参与式行政的人力成本、物力成本、时间成本等成本支出,表面上看往往要高于传统的单一式行政(不考虑腐败等非正常因素的影响时)。这是民主的代价,也是参与式行政的代价。但一些国家的政府之所以对公众参与权力分配做出一定限度的容忍、甚至鼓励,是因为公众对行政事务的参与能够有效降低社会风险成本、行政错误成本,并且其在道德成本上也明显优于传统行政模式。更重要的在于,参与式行政还具有相当的收益性。首先,公众参与行政有助于社会信息的收集与利用,行政活动的服务对象是社会公众,而公众的需求信息其自身最为清楚。第二,参与式行政有助于提高公众参加公共事务的积极性。公众切身参与到行政事务中,会对公共事务产生更大的信任与热情,主动为政府献计献策。第三,参与式行政有助于提高公众整体素质,促进社会的和谐发展与进步。第四,参与式行政可以增加公众对行政决定的接受度,增强行政活动的可执行性,节省公众被动接受调查和学习适应相关行政措施的成本,从而具有一定的经济效益性。

四、参与式行政的哲学反思

(一)人性与人权的古典哲学基础

参与式行政从法治角度探索人的权利的实现,因此,人性问题便成为它的哲学上的逻辑起点。西方哲学对于人性中的自利性、扩张性予以了充分重视,正是出于防范人性中恶的方面的考量,而强调法治的作用,借此规范公权力的滥用及私权利对他人的侵犯。与此同时,由于人性中还存在着善良、利他的一面,这决定人与人之间还可以组成共同体,相互合作,协力行事以增进社会整体福利。人类这种共同合作参与政治活动的哲学基础可以追溯到古希腊时期,亚里士多德曾指出:"人天生是一种政治动物"①。中世纪经院哲学家托马斯·阿奎那也认为:"人天然是一个社会和政治动物,注定比其他一切动物要过更多的合群生活。"②马克思说:"人的本质并不是单个人所固

---

① [古希腊]亚里士多德.亚里士多德选集(政治学卷)[M].颜一,译.北京:中国人民大学出版社,1999:6.

② [意]阿奎那.阿奎那政治著作选[M].马清槐,译.北京:商务印书馆,1963:44.

有的抽象物,在现实性上,它是一切社会关系的总和。"①正因为人性中所具有的政治性与社会性,人们参与公共行政事务,不仅是为了维护个体物质利益,也是对自身内在需要的一种满足。值得注意的是,近代以来,人类基于合意而成立的共同体种类繁多,实力日益增强,国家主权的扩张与个体人权之间表现出一定的张力。一方面,协调好公权力与私权利的关系问题,是参与式行政的使命,参与式行政为权力与权利的沟通搭建桥梁;另一方面,如果处理不好二者的关系,其也可能成为参与式行政发展的瓶颈,制约参与式行政的有效开展。

(二)主体性与主体间性哲学的近代转向

西方哲学主要可以划分为两次大的转向。第一次是由传统的本体论哲学向近代认识论哲学的转向,是从客体论向主体论的转向。早期人类对自然敬畏崇拜,人与人之间依赖性、依附性较强。随着生产力的发展,人类对自然的征服越来越广泛,主体的哲学地位逐步凸显,人的理性、个体性价值得到张扬。以此为基础的行政法治建设也逐渐注重人本化、人性化、人道化。关注公众在公共行政事务中的意见,正体现了对人的主体性价值的尊重。

然而,主体性哲学的核心在于自我意识,由于缺少主体间的必要沟通与协商,人际间隔阂不断增加,人类中心主义与利己主义盛行。由此引致西方哲学由主体性向主体间性的转向,它奠定了参与式行政理论的哲学基础,赋予参与式行政实践更深层的意涵。主体间性哲学研究社会关系的方式超越单纯的"主体—客体"模式,形成"主体—客体—主体"的复合结构。其中,以胡塞尔为代表的现象学,指出不同认识主体对于客观对象的可沟通性,为参与式行政的贡献了认识论哲学基础;以海德格尔、马丁·布伯为代表的存在主义哲学,通过对人际关系异化的批判呼吁向共同体的回归,为参与式行政贡献了本体论哲学基础;以哈贝马斯为代表的建立在交往行动基础上的商谈理论,为近代参与式民主的发展贡献了较为完整的理论支持和制度设计,是其产生的直接哲学基础②。当代哲学研究由传统的主体性理论向主体间性理论转变,对人类公共生活的存在方式作出了新的阐释,使得以语言交往为主要形式的主体间对话、协商在政治行政事务中的重要性日益受到人们的关注。

五、结语

参与式行政理论根源于西方特定历史文化背景与社会经济制度之中,具有其先进合理的一面,但也有一定局限。黑格尔曾言"凡是现实的东西都是合乎理性的"③,恩格

① 马克思恩格斯选集:第1卷[M].北京:人民出版社,1995:18.
② 韩冬梅.西方协商民主理论研究——兼论比较视野中的中国协商民主理论构想[M].北京:中国社会科学出版社,2008:215—235.
③ [德]黑格尔.法哲学原理[M].范扬、张企泰,译.北京:商务印书馆,1961:11.

斯予以肯定。事实证明,西方国家参与式行政的有关理论及其指导下形成的制度,基本上适应了当代社会的发展趋势,并取得了比较显著的成效。这说明它是具有一定合理性的,也不乏其他国家可资借鉴之处。与此同时,我们还应注意这种理论和制度所存在的局限性。最主要的在于,它依然是资产阶级本质的体现。西方参与式行政是其民主制的组成部分。诚如列宁指出的那样,"这种民主制度始终受到资本主义剥削制度狭窄框子的限制,因此它实质上始终是少数人的,即只是有产阶级的、只是富人的民主制度。"而那些被贫困压得喘不过气的下层居民,则经常"无暇过问民主""无暇过问政治"①。即使它再完备,居民参与再广泛,也不可同建立在生产资料公有制的社会主义民主相提并论。

与陶菁合写,刊于《北京行政学院学报》2014 年第 1 期。

---

① [苏]列宁全集(第二版):第 31 卷[M].北京:人民出版社,1985:83.

略评拉德布鲁赫法哲学

法的真善美是相统一的。法的逻辑价值是真,法之真属于法律科学的对象;法的道德价值是善,法之善即正义;法的文化价值是美。拉德布鲁赫认为法的理念包括整体的正义、合目的、确定性三个要素,但其相互间又存在着对立。这个观点基本上是可取的。总体而言,虽然名之曰"相对主义",却充满着辩证的机理;借用"相对主义",无非是为了反对把问题绝对化,使法承载正义,缔造与达至人类自由、平等与和谐。当然,此一别致的法哲学亦不免有值得商榷之处。

一、法的真善美

拉德布鲁赫的法哲学是"相对主义"法哲学,从内涵上则是真善美相统一的法哲学。学界往往强调前者,而对后者重视不够。但恰恰是后者更能表明拉德布鲁赫对法哲学的卓越贡献。

新康德主义弗莱堡学派认为,存在两个不同的世界:事实世界和价值世界,前者是此岸的为我之物世界,后者是彼岸的自在之物世界。与此相对应有两种知识,即事实知识和价值知识。事实知识和价值知识之差异具体表现为自然科学和文化科学(社会历史科学)的区别。自然科学是研究事实世界的科学,其概念是事实知识;而文化科学则研究价值世界,属于价值知识。作为新康德主义价值学派的重要人物之一,拉德布鲁赫一再强调,法是与各种价值密切相关的文化现象、文化概念;法之目的就是追求传统的三位一体的"终极价值",即伦理的、逻辑的、美学的价值,或真、善、美的理想。

最高绝对价值有三:善的价值、美的价值、真的价值,而法律价值在这三者中没有独立的位置。不过这三个最高价值最终需着落于社会生活,而法哲学就是探讨共同体成员怎样相互在共同体之内使最高价值成为现实,这就找到了法律在价值体系中的位置。一句话,法律的价值体现为共同体成员共同生活的规则。这样,真的逻辑价值,善的伦理道德价值,美的美学或文化价值就包含在法理念之中了。拉德布鲁赫认为,法律确定地直接为善的伦理价值服务,同时,善的伦理价值也接受了真的逻辑价值和美的美学价值。当真的逻辑价值和美的美学价值"作为道德上行动的目标而进入伦理的善的学说时,通过这种方式,它们就再一次换上了——伦理的——价值特性的外衣"①。他还认为,真善美都属于"绝对价值",即不能从别的价值中衍生出来的东西。有鉴于此,作为一个系统性的法哲学都应将真善美三者纳入视野之中。

(一)法之真

法之真属于法律科学的对象。拉德布鲁赫将法律科学限定在狭义上,即实证法律规则之客观意义上的科学。实证法律规则是法律科学的研究对象。更进一步说,它涉及的是法律规则,而不是法律生活;是法律规范,而不是法律事实。这样的法律科学是法律之客观意义上的科学,而不是法律之主观意义上的科学。所谓法律之客观意义上的科学,是指法律会被怎么理解;所谓法律之主观意义上的科学,是指法律的意思是什么。依拉德布鲁赫的观点,这样的法律科学就是借助经验的、实证的方法或曰"现象的方法"探讨法律概念,主要是成文法尤其是特定国家的成文法。例如,探讨法律的公开性、普遍性、统一性、可行与必行性,尤其是确定性。拉德布鲁赫专门强调,法律的确定性指法律自身的确定,非依靠法律所实现的确定,这两者分别属于规范的与结果的不同领域。一言以蔽之,法之真或"法律概念"就是回答"法律实际是什么"的问题。

"法律不属于自然王国,不属于价值王国,也不属于信仰王国,而属于文化王国,所以法律科学也是文化科学。"②法律科学作为一种文化科学,具有三个特点:它是理解性的、个人文化主义的和涉及价值的。首先,法律科学是一门理解性的科学。意思是说,法律科学不追求"符合真理观"那种意义上的真实性,而是追求法律条文的客观有效性。诚如郑成良先生在《法律之内的正义》一书里所言:在事实之真与法律之善之间,"合法性优先于客观真实性的制度安排是唯一与司法公正的特殊品质相符合的结构"③。其次,法律科学是一门个人主义化(以个人为主体)的科学。它的任务在于理解个体性中的法律规则。具体的法律事件不仅是法律的一般案例,它还是为了得出具体案件判决的法律。所以,法律事实上不是规范的总和,而是判决的总和。不难看出,这个判断与英国法律实证主义和美国现实主义法学有着共同之处。最后,法律科学是涉及(不是等同于)价值的科学。以法律科学的价值关系作为标准,帮助个人主义化的科学将个别事实区分为本质性的和非本质性的,从而避免法律科学湮没于无尽的非本质性的个别事实之云雾中。

(二)法之善

在拉德布鲁赫那里,法之善用得最多的场合叫做"正义",有时也叫做"道德""正

---

① Radbruch Gustav. Gesamtausgabe, Hrsg. von Arthur Kaufmann, Rechtsphilosophie Ⅱ, Auflage 1932[M]. Heidelberg:Verlag C. F. Muller Turistischer,1993. p. 279.

② Radbruch Gustav. Gesamtausgabe, Hrsg. von Arthur Kaufmann, Rechtsphilosophie Ⅱ, Grundzuge der Rechtsphilosophie[M]. Heidelberg:Verlag C. F. Muller Turistischer,1993. p. 175.

③ 郑成良.法律之内的正义——一个关于司法公正的法律实证主义解读[M].北京:法律出版社,2002:113

当""合理"。所谓法或法的理念,就是回答"法应当是什么"。"应当"作为价值取向,无非就是正义。拉德布鲁赫认为,"法理念仅涉及正义,而不是别的什么,正义是法律之母。"①同法的"逻辑价值"、法律概念相比,正义处于更高、更优的地位,法律的目的旨在实现正义,法律直接服务于真善美这三个价值中的善的价值即正义。

拉德布鲁赫强调,正义的核心是平等与人权。但此种平等与人权主要是形式上的,事实上是不存在和不可能的。这由人与人之间的多种差异所决定。从一定角度看,平等总是预先规定着的不平等现象的抽象。然而,这并没有妨碍作为德国社会民主党的、正直的理论家的拉德布鲁赫为争取最可能多的平等与人权而努力。拉德布鲁赫说,一切不追求正义、不承认正义的法律不仅仅是"非正确的法",它甚至"根本上就缺乏法的性质"。正如康德、黑格尔认为法是自由的定在一样,拉德布鲁赫一再强调的"法的本性"或"法的性质"是人权。而人权的核心则是自由及各个自由主体之间的关系——平等。

(三) 法之美

在西方古今相继的法哲学家之中,最重视法与文化关系的人非拉德布鲁赫莫属。如果说,法的逻辑价值是"真"、法的道德价值是"善",那么,法的文化价值就是美。法的文化价值体现法的逻辑价值与道德价值的统一;相应地,法之美体现法之真和法之善的统一,是集真和善之大成而上升为新质。

除此之外,在拉德布鲁赫的价值分类方法中,不仅有内容上的三分即逻辑价值、道德价值、文化价值,还有主体方面的三分即个人价值、集体价值、"超人格"的价值(文化价值)。拉德布鲁赫说:"在整个经验世界范围内,只有三种可能具有绝对价值的事物:人的个体人格,人的总体人格,人的作品。我们能按照它们的根基区分出三种价值:个体价值、集体价值和作品价值。"②个体价值的目标是道德,集体价值的目标是正义,作品价值的目标是真和美。以这三种价值的排序中谁最居先为标准,就区分出三种不同的观念,即个人主义、超个人主义、超人格主义。这三种价值是彼此对立的,个体价值是集体价值和作品价值的对立物,集体价值是个体价值和作品价值的对立物,作品价值是个体价值和集体价值的对立物。这三种价值中的任何一种都可能作为最高之价值而让其他两者为自己服务。在个人主义观念那里,个体价值是最高的,集体价值和作品价值都要服务于个体价值。对于超个人主义观念来说,集体价值最重要,个人价值和文化价值只有服务于集体价值才有其存在的意义。而尊奉文化价值至上者,认为个人价值和集体价值都应让位于文化价值。法、国家和道德,都居文化之下。这两种三分法,同样显示法的文化价值或者法之美的宗高地位。

---

① Kurt Wilk. The Legal philosophies of Lask, Radbruch and Dabin[M]. Harvard University Press, 1950. p73.

② Radbruch Gustav. Gesamtausgabe, Hrsg. von Arthur Kaufmann, Rechtsphilosophie II, Auflage 1932[M]. Heidelberg: Verlag C. F. Muller Turistischer, 1993. p. 279.

正是从上述意义上,拉德布鲁赫认为自己的法哲学是"文化至上主义"的,也可以称为"超人格主义"的。

然而,在突出文化至上主义的同时,拉德布鲁赫并没有忽略对"文化"含有正负两种因素的分析。他说,文化绝不是完全纯粹的价值,其中有着文明与野蛮,品位和无品味,真理和谬误。所有这些都或者阻碍价值或者促进价值,或者错失价值或者实现价值,无不与价值相关。文化的现实意义就是去实现价值,用施塔姆勒的话说就是对"正确"的追求。这意味着,文化至上主义要弘扬的是文化中的精华而不是文化中的糟粕。个中体现出拉德布鲁赫"相对主义价值论"贯穿着承认事物间的对立及其解决的辩证法。

二、法的理念

在拉德布鲁赫那里,法律的概念被确定为人类共同生活的一般规则的总和,包括意志、联合、强制和共同遵守四个要素。他引入黑格尔关于"法的概念"的界定,认为法的概念指法实际是什么,因而,它是可经验或可感知的。与此不同,法的理念则是无法感知的"假定"的目标,指法"应当"是什么,是法律制定和适用的最高原理。认为法的理念由经验归纳得来,那就错了,法的理念不是由研究实定法所能得到的。同样,也不能说法的理念是研究实定法的前提。因为从本质上说,法的理念是先天的。所谓先天的,是指逻辑假设上是在先的,而时间上却是在后的。法的理念能从经验得知,却不能由经验建构。它给法律指明方向,却永远不能到达彼岸,这与黑格尔"法理念"的界定有别。但是,法的理念的研究要想获得意义,就不能停顿于纯精神层面,不能超越科学,亦即必须关注作为法的形式的法律。因为,只有法律才具有普遍的妥当性,具有普遍遵守的效力。拉德布鲁赫说:"法律是有意识地有益于法律价值和法律理念的现实。法律概念也是为法律理念而安排。"①法律理念通过法律概念得到确立。在法的理念中应包括三个要素:正义、合目的、确定性。

第一,正义,系各独立个体不应当被他人欺负、相互尊重各个人的利益。正义分为主观正义和客观正义。当人们把正义当作人性和善来看待时,这里的正义就是主观正义,而客观正义是人与人之间的应有关系。客观正义是法哲学研究的重点。正义意味着平等。亚里士多德以两种正义表述平等:关于财富的绝对平等是矫正正义,对不同的人不同对待的有比例的平等是分配正义。这是拉德布鲁赫所赞同的。

第二,合目的,系符合法律追求的结果或效能。正义要求相同情况相同对待,不同情况不同对待,但没有告诉我们怎样衡量相同和不同,这只有诉诸法的目的才有可能

---

① Radbruch Gustav. Gesamtausgabe, Hrsg. von Arthur Kaufmann, Rechtsphilosophie II, Auflage 1932[M]. Heidelberg: Verlag C. F. Muller Turistischer, 1993. p. 255.

得到解决。法律的目的跟国家的目的不可分离,"国家是作为规范化活动的法律,法律是作为规范化主权的国家,一个不能同另一个区分开来,因此,法的目的问题和国家目的问题也是不可分割的。"①显然,此一说法同凯尔森所持国家是"法律体系"或"法律秩序"的观点是同声相和的。但拉德布鲁赫又指出,"法律目的问题是不会一清二楚的。"②其实,他在更多场合下将法的目的等同于"公共利益"。拉德布鲁赫认为,人之所以经常不能将公共利益(即法的目的)与法的确定性的价值及正义协调起来,那是人性的不完善导致的。

第三,确定性,系给人们提供可预见的指针,在模糊不清的状态中找到秩序与和平。法律的确定性包括四个方面:①法律应当是实定的,是制定法。②该被制定的法律应当是确定的,即以事实为基础。③以法律为基础的事实应当得到尽可能无差误的确认。④实定法不能轻易被变更③。"法的确定性的要求,与自然法的理念一样,是一个从深层次的需要中产生出来的要素,也就是使混沌的现实状况变得有秩序,开辟可以预见的道路,服从统治这样的需要中产生出来的要素……就法律而言,正义理念的实质在于依照普遍的规范解决纠纷;在这里,法的确定性就给予法的概念以比实证性更广泛的性质。"④

正义、合目的、确定性这三者是完整一体的,但另一方面又存在着相互对立的紧张关系。

其一,正义与合目的之冲突。一方面,正义要求平等,但合目的性即在公共利益领域平等是不存在的。从合目的性的角度看,由于人与人之间的普遍性差别和欲求目标的不同,所有的不平等都是根本的。也就是说,人们起点的迥异使合目的性必然导致各种不平等。另一方面,正义体现普遍的平等,而合目的性主要体现为个体的希冀。两相比较,正义更利于平等。对此,夸特·威鲁克(Kurt Wilk)概括地指出,按照拉德布鲁赫的理论逻辑,"正义规定个人与国家整体的关系。因此,正义应当优先于合目的性"⑤。这样,就显示出正义与合目的性之间存在差异与对立。

其二,正义与确定性之冲突。实在法要求其效力不受正义、合目的原则的影响,无论实在法如何不正当都必须予以适用。从实在法的这一立场看,"恶法亦法",但对极端恶劣的法的适用无疑会损害法的理念,从这一角度说,"恶法非法"。拉德布鲁赫于

---

① Radbruch Gustav. Gesamtausgabe, Hrsg. von Arthur Kaufmann, Rechtsphilosophie II, Grundzuge der Rechtsphilosophie[M]. Heidelberg:Verlag C. F. Muller Turistischer,1993. pp. 92—93.

② Radbruch Gustav. Gesamtausgabe, Hrsg. von Arthur Kaufmann, Rechtsphilosophie II, Grundzuge der Rechtsphilosophie[M]. Heidelberg:Verlag C. F. Muller Turistischer,1993. p93.

③ Kurt Wilk. The Legal philosophies of Lask, Radbruch and Dabin[M]. Harvard University Press, 1950. p108.

④ 吕世伦.现代西方法学流派[M].北京:中国大百科全书出版社,2000:964.

⑤ Kurt Wilk. The Legal philosophies of Lask, Radbruch and Dabin[M]. Harvard University Press, 1950. p359.

1946 年在《南德意志法律家报》发表了《法律的不法与超法律的法》一文，提出了著名的"拉德布鲁赫公式"，试图解决这二者之间的矛盾。他对拉德布鲁赫公式的表述是："正义和法的安（确）定性之间的冲突是可以得到解决的，只要实在的、通过命令和权力来保障的法也因而获得优先地位，即使其在内容上是不正义的、不合目的性的；除非实在法与正义之矛盾达到如此不能容忍的程度，以至于作为'非正确法'的法律必须向正义屈服。在法律的不法与虽内容不正当但仍属有效的法律这两种情况之间划出一条截然分明的界限，是不可能的，但最大限度明晰地作出另外一种划界还是有可能的：凡正义根本不被追求的地方，凡构成正义之核心的平等在实在法制定过程中有意地不被承认的地方，法律不仅仅是'非正确的法'，它甚至根本上就缺乏法的性质。"①

其三，法的确定性与合目的性之冲突。按照通常的理解，目的总是优于手段的。纳粹主义者曾叫器，对人有利的东西就是法。因此，合目的这个目标的实现常常不顾忌甚至有意识突破实定法的界限。但是，绝不是所有对人有利的东西就是法，而是说，能产生法的确定性、能导致对正义的追求的东西，最终才是对绝大多数人有利的，而确定邪恶的法必然违背普遍利益。所以，法的确定性应优先于合目的性。

那么，如何协调正义、合目的、确定性这三者之间的矛盾关系呢？按照拉德布鲁赫反复强调正义是法理念之基础和优先地位的见解，就应当以正义为标准，结合社会的实际状况，来决定法的目的；进而，再依据体现正义之目的的法律规范，保证规范的确定性。唯依据体现正当目的的正义来判断某一法律规范究竟是否具备了法律的本质、是否符合法律的概念。在法律实施过程中坚持这样的确定性就会有法治，而且是善治。然而，话虽这样说，要彻底解决法理念间的二律背反是不可能的，"如果世界最终没有矛盾，生活不是抉择，那么，此在是多么地多余！"②法理念的各种不同价值并没有给我们提供一成不变的选择公式，而是需要我们凭借自己的偏好和取向做出抉择。

三、几点简短的评论

（一）关于相对主义

相对主义哲学，有绝对的相对主义和相对的相对主义之分。绝对的相对主义，是把认识的相对性加以绝对化，其必然导致否定客观真理的存在，导致不可知论和诡辩。相对的相对主义，承认矛盾或对立双方的相反相成的可协调性，承认相对中存在着绝对成分或真理性，实际上就是辩证法。简言之，辩证法肯定包含相对主义，但又肯定不能单纯地归结为相对主义。我们认为，弄清这个问题对于把握和理解拉德布鲁赫的法

---

① 古斯塔夫·拉德布鲁赫.法律的不法和超法律的法[M].//古斯塔夫·拉德布鲁赫.法律智慧警句集.舒国滢,译.北京:中国法制出版社,2001.

② Radbruch Gustav. Gesamtausgabe, Hrsg. von Arthur Kaufmann, Rechtsphilosophie II, Auflage 1932[M]. Heidelberg:Verlag C. F. Muller Turistischer,1993. p. 255.

哲学特别是相对主义法价值论及其新贡献与缺陷,都是至关重要的。

相对主义是拉德布鲁赫法哲学的理论基础和方法论上的一个重要特征。他认为,应然原理只能通过其他的应然原理得到证明,应然不能由实然得出,而那个最初的应然原理是无法证明的公理,是属于信仰的领域。我们不能利用科学来决定价值的问题,科学能够告诉人们,什么是我们能够做、愿意做的,但不能告诉我们,什么是应该做的。要回答这个问题,必须运用法哲学的相对主义的方法论。为此,法哲学必须完成三项任务:其一是研究达到法律目的的方法;其二是从两个方向对法律的价值判断进行思考,那就是向下探究法律判断实现的最后手段,向上探究价值判断所依据的世界观;其三是得出一个关于价值判断的虽非法哲学的体系,但仍是一个完整的系统。概言之,这样的相对主义的任务就是在一定价值观和世界观范围内确定每个价值判断的正确性,而对这个价值观或世界观本身并不做评判。

最后,不容忽略的是,拉德布鲁赫郑重地对他倡导的法哲学相对主义的理论倾向表现出两种态度,即斗争和尊重。他说,如果对方主张的观点不能得到确证,就要与之斗争;相反,如果对方观点无可辩驳,就应予以尊重。但在总体上,他的相对主义是强调学术上的宽容。的确,拉德布鲁赫的著作中充盈着这种宽容的精神品格。在那里,"尊重"固然是宽容,"斗争"也同宽容不悖,而非"一棒子打死"。因为,彼此都遵循平等精神,摆事实,讲道理,不以权势压人。不过,宽容也有原则底线,那就是,对不宽容者是无法讲宽容的。

学界对拉德布鲁赫的相对主义可以说见仁见智,批评者有之,赞同者有之。马克斯·恩斯特·迈耶尔(Max Ernst Mayer)认为,"拉德布鲁赫的理论不过是怀疑的相对主义,因而是站不住脚的"①。莱奥纳德·内尔松(Leonard Nelson)认为,拉德布鲁赫的相对主义"并没有(由于不可能断言其绝对真实)绝对听天由命地放弃价值判断,而是仍拥有相对的嘲讽和相对的狂妄,来确立这样的价值判断"②。然而阿图尔·考夫曼则回应这些批评说,他们当中有谁能够说应该否定相对主义价值论,而且他们都对拉德布鲁赫存在误解,把他的相对主义等同于道德冷漠主义。而其实,我们更应该有理由把它看作是斗争的相对主义。拉德布鲁赫从他的相对主义推导出了"古典自然法的传统要求":人权、法治国家、权力分立、人民主权、自由和平等。由此看来,拉德布鲁赫的相对主义是积极的相对主义③。

有学者指出,拉德布鲁赫的相对主义法哲学的意义和价值在于:①相对主义是法

---

① 阿图尔·考夫曼.古斯塔夫·拉德布鲁赫传——法律思想家、哲学家和社会民主主义者[M].舒国滢,译.北京:法律出版社,2012. p. 129.

② 阿图尔·考夫曼.古斯塔夫·拉德布鲁赫传——法律思想家、哲学家和社会民主主义者[M].舒国滢,译.北京:法律出版社,2012. p. 130.

③ 阿图尔·考夫曼.古斯塔夫·拉德布鲁赫传——法律思想家、哲学家和社会民主主义者[M].舒国滢,译.北京:法律出版社,2012. p. 130—132.

哲学体系开放的关键,是拉德布鲁赫法哲学体系自我更新的活力之源。相对主义立场实际上主张的是差异性,是主体的创造性。这种差异性其实就是矛盾。它是黑格尔哲学体系自我发展的内在动力,也是拉德布鲁赫相对主义法哲学的精髓。②相对主义实质上是一种方法论,相对主义的任务首先是要提供一种法哲学研究的方法,它是法哲学的一种提问方式,二元论就是这样的一种方法,它区分了诸如理念与现实、信仰与知识、实然与应然等对应范畴。③相对主义是一种理性世界观。拉德布鲁赫作为新康德主义法哲学家,他的相对主义源自康德哲学。康德哲学的核心就是给理性划界,而拉德布鲁赫就曾宣告,他的使命在于理性地揭示终极方向,而不是陷入非理性的迷雾之中。对于最终的价值判断,相对主义拒绝给出答案,它放弃了证明最终立场的根据,但并未放弃其立场本身,这种对自身立场的守候正是理性的展现。

从前面的概括与阐发中不难看出,拉德布鲁赫的法哲学确实是一个博大精深的体系,提供了许多此前学者们没有或少有的新思想、新观点,在此不赘述。

(二)关于主题建构的方法

拉德布鲁赫别开生面地建立的真善美的法哲学体系,包括内容结构和主体结构。内容结构包含逻辑价值、道德价值、文化价值,其中道德价值处于主导地位,文化价值为其他两种价值的统一,体现两种价值的相互依存、渗透关系。与此相应,主体结构包含个人价值、集体价值和文化价值。个人价值是独立的并成为集体价值的基础,而集体价值又是个人价值的升华,二者的统一是文化价值,它从精神到物质全面体现对人的人性关怀。我们看到,在两种价值结构中,作为要素的每个价值都具有特殊的内在规定性与独立性。同时,每个价值都与其他价值相区别与对立;但它们之间又相辅相成,其中有一个属于主导地位即矛盾的主要方面,决定整个结构性质与运行的方向。最后,两个价值的矛盾环节在更高地位的价值中得到统一。这生动地揭示了法价值运行和发展的规律。

再说拉德布鲁赫的法理念结构。正义是抽象性的精神要素,合目的是具体性的期待要素,确定性是实证性的保障要素。这三个要素的关系,同样得到了合乎逻辑的说明与论证。这些对于理解与施行法律而言,均颇有裨益。

(三)关于法文化

拉德布鲁赫是法文化学的重要奠基人,提倡法哲学中的文化至上主义。这方面已唤起一些学者的注意,但迄今为止深入探索的人很少。这是因为,法文化学与法美学密切相关,让一个人既精熟地掌握法学又洞悉文化学和美学,实属难以企及。文化是人类世世代代相因相袭、革故鼎新而逐渐积淀和发展起来的最为宏观的思维和行为模式。作为精神现象的文化,它的可感知的载体极为广泛,有显性与隐性之分。法属于文化的一个组成部分,一个不可或缺的形态。法意识与法律是文明社会的产物,亦是维系与推动文化的重要力量。由此可以体悟到,拉德布鲁赫把文化价值置于所有法价值之上是非常有道理的。虽然拉德布鲁赫强调文化价值至上,但同时又提醒不要把

"至上"绝对化,不要将文化中善与恶、正与邪兼收并蓄。同样,这是无可辩驳的。

概括起来,通过对拉德布鲁赫相对主义法哲学几个最主要的理论观点的分析,我们可以清楚地感受到,这些富于创意的说教里不乏辩证主义的闪光。他的相对主义并非绝对的相对主义,而基本上属于相对的相对主义。

(四)商榷

本文着重阐发和论述拉德布鲁赫对法哲学的功绩,但这并不意味他的法哲学已臻于完美、无懈可击。笔者经过审慎的思考,简要地提出不成熟的看法。其局限性的集中表现,就是作为法哲学理论基础的相对主义。

拉德布鲁赫秉持康德应然与实然对立的观点,把法律看作是纯粹形式的存在,只有人们赋予内容之后才算"实质法律",这种内容可以是善的,也可以是恶的。只有输入"内容可变的自然法"或曰道德、社会理想等的法律,才是正义的法律。当他说法律与正义是平等关系而非源流关系时,就意味两者原本都是独立的东西。与此一致,他把法学分成历史地研究实质方面的"专门法学"和逻辑地研究形式方面的"理论法学"。显而易见,这种将法的形式与内容相分离、认为各自具有独立价值的观点,表现出一定程度绝对相对主义的二元论的浓厚色彩。这种情况在理论上难以成立,在事实上也是不存在的。说到这里,令人自然而然地联想到那位同为新康德主义者凯尔森的"纯粹法学"。但它们之间也有明显的差异:拉德布鲁赫虽然认为存在着纯粹的法律框架,但如果不注入实质性的内容便难以正式叫做"法律";而凯尔森则认为法律就是实证法,同"实质"问题无关或没有直接关系,趋向极端的法律实证主义。不容忽略和抹杀的是,他对法律规则的研究却是非常杰出,需要予以弘扬的。

拉德布鲁赫法哲学的绝对的相对主义倾向的突出表现,还在于对价值判断问题上的观点。他明确地表示不承认任何"最终(或终极)"价值判断,说对最终价值判断的回答只能是"我们不知道",那是信仰问题。法哲学相对主义所承担的任务,仅仅是从理论上概括社会生活和法律生活的世界观的"途径",确认实现应当实现的目的的"手段",以便澄清世界观的"最终假设",系统地发挥能够设想的"最终假定"。在这里,拉德布鲁赫否定价值判断的"终极"性是正确的,因为任何价值都要受到认识能力的时空制约,不可能绝对正确。但是,人们也不能因此而全盘否定价值判断的必然性、特别是某些判断包含的绝对真理成分。任何"途径"或"手段"总是同一定的"目的"直接联系的,而任何目的都难免同价值判断紧密相关。实际上,拉德布鲁赫所谓的"最终假设(定)"的追求,又何尝不是一种价值判断基础上的具有"最终"嫌疑的价值追求呢?

与徐江顺合写,载于《北京行政学院学报》2013 年第 5 期。

第二篇　旧作拾遗——法哲学

早期马克思法哲学的几个问题

一、什么叫新理性批判主义法学

新理性批判主义法律思想，指马克思和恩格斯早期的，即 1843 年以前未成熟时期的法律思想体系。该法律思想体系的基本来源是：①17—18 世纪古典自然法学派认为国家和法是人类理性的体现的这种"理性主义法律思想"。②19 世纪德国古典哲理法学派的康德、费希特和黑格尔对古典自然法的继承和发挥，而形成的"理性批判主义法律思想"（康德、黑格尔均倡导批判主义，尤其康德）。但是，同以上两个学派相比，马克思、恩格斯的法律思想又有其新意，即有最激进的民主主义倾向。这表现在：它包含较多的辩证法和唯物主义、对劳动人民的高度同情和向马克思主义转变。从这三大特点中可以看出，马克思和恩格斯的理性主义和批判主义，既不同于以前的早期理性主义和批判主义的法律思想，又不同于以后成熟期的马克思主义法律思想。所以，应当以"新理性批判主义的法律思想"来称呼。

二、马克思《法哲学体系纲目》中所讲的法的形而上学、法哲学、关于形式法学说和关于实体法学说，四者的含义是什么

马克思 1936 年 10 月至 1937 年 4 月在柏林大学法律系读书期间构思的《法哲学体系纲目》中使用的这几个基本术语的含义如下：

（1）法的形而上学。它论述的不是来自实际存在的法及法形式，而是来自法学家（这里就是马克思本人）设想出来的，有关法的定义、法的原则和对法的理性思考（法的思维）。

（2）法哲学。它要论述的，是先验的或形而上学的法原则在实证的罗马法中是怎样得到贯彻的。

（3）关于形式法的学说。探讨纯粹法的形式的发展，即见诸外部的法体系的纵向连贯性与横向联系性，以及法的范围与分类等技术性东西。

（4）关于实体法的学说。实体，在哲学上指事物的载体，即构成该事物的本身。这里所用的"实体"并非严格哲学意义上的"实体"。其次，这里所用的"实体法"一词也不是严格地相对于"程序法"意义上的那个"实体法"。马克思在这里所讲的"实体法的学说"，指关于法的内容的学说，特别是要论证法的形式怎样被内容所采用。

显而易见，以上四个概念充满康德和早期费希特式的"应有"与"实有"的对立。比如，"法的形而上学"讲"应有"（理想），法哲学则讲"实有"（罗马法）；在"法哲学"中，"形式法学说"主要讲"应有"，而"实体法学说"则主要讲"实有"。所以，《法哲学体系纲目》充满唯心主义和形而上学（尤其二元论）。

三、青年马克思为什么从康德主义法律思想转向黑格尔主义法律思想

这一转折，如同上述，是马克思 1837 年下半年对《法哲学体系纲目》进行深刻反思后形成的。当时，马克思精心地研读了黑格尔的著作以及参加青年黑格尔派的"博士俱乐部"的辩论活动，使他对康德、黑格尔两人的看法发生了转变。原来马克思信奉康德的理想主义的国家和法的学说，特别是"应有"与"现有"的二元论，现在感到它太远离现实，同德国的国家法律制度完全对不上口径；反之，原来使他反感的黑格尔一元论国家法律学说却是充满现实主义色彩的国家法律学说，倒能使自己对国家法律有真正的了解。

但是必须指出，马克思从康德主义转向黑格尔主义，并不是放弃康德的一切，也不是肯定黑格尔的一切。对于康德的自由、民主、个人权利、平等之类的自由主义理论，马克思自然是赞成的；反之，对于黑格尔反对民主制、压抑个人权利之类的国家主义学说，仍然是反对的。

因此，总起来说，不论是对康德还是对黑格尔，其积极的、进步的东西，马克思都予以肯定和吸取，消极的、落后的东西都予以扬弃。正是这样做了，马克思才能最后地超越两位学术大师和先辈，而创造出崭新的历史唯物主义法学——马克思主义法学。

在这里，我希望每位同学能认真地读一下马克思致父亲的信和《黑格尔法哲学批判》。这对于把握马克思法哲观的转变，是大有裨益的。

本文是 1989 年对法律研究生提问的回答。

马克思论市民社会

一、什么是市民社会

市民社会有广义和狭义的区分。广义市民社会泛指任何文明社会;对市民社会的这种广义的使用,始于罗马的西塞罗。

狭义市民社会即商品社会或契约社会,也可叫做纯粹个人私有制社会。它分为两个阶段:①城市市民社会,指中世纪后期具有相对独立性的城市的社会,它的主体是城市市民等级或第三等级。②近代市民社会即19世纪处于顶峰的自由资本主义社会。狭义市民社会理论是启蒙思想家霍布斯和格劳秀斯直接提出,而后洛克、孟德斯鸠、卢梭等人详细地加以发挥的理论。最后,由黑格尔完成了市民社会理论体系。

马克思所指市民社会,广义、狭义均有,但主要是指近代市民社会。

二、市民社会与国家是什么关系

马克思在《〈政治经济学批判〉序言》中说,"我的研究得出这样一个结果:法的关系正像国家形式一样,既不能从他们本身来理解,也不能从所谓人类精神的一般发展来理解,相反,它们根源于物质的生活关系,这种物质生活关系的总和,黑格尔按照18世纪英国人和法国人的先例,称之为'市民社会'。"这就是马克思早在《黑格尔法哲学批判》一书中就得出过的"市民社会决定国家"的基本原理。但马克思又指出,国家总是社会的正式代表,对于狭义的市民社会而言,亦不例外。

在马克思看来,市民社会和国家是既相互联系又相互对应的社会现象。

二者之关系可以图示如下:

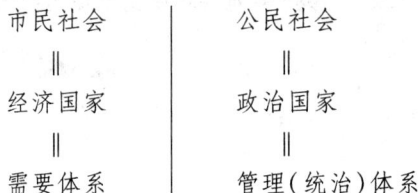

市民社会	公民社会
‖	‖
经济国家	政治国家
‖	‖
需要体系	管理(统治)体系

马克思特别强调了政治国家是对市民社会的异化;相应的,公民是对市民的异化,权力是对权利的异化。

三、马克思的市民社会与国家关系的理论,对于转型时期的中国,有何启迪

最根本的启迪是推动国家(权力)的社会化的进程。

从当代世界的总体上看,国家(权力)社会化是一种大趋势,这是人类文明发展的必然结果(趋同)。但这一共同趋势对于资本主义国家与社会主义国家是有根本区别的。资本主义国家的权力社会化,是适应现代资产阶级统治的需要,并且是有限度的;而社会主义国家权力的社会化则是社会主义的根本性质和目标所决定的,所以它一定要进行到底,直到国家消亡。

那么,在当前研究马克思关于市民社会与国家关系理论的这种意义,具体表现于何处呢?

第一,市民社会理论有助于我国市场经济的发展。市民社会理论要求要实现人的个性解放,发挥其经济上的理性和主动性,使其借助市场来创造大量的制度,这种经济力量有利于对国家权力的制约(强大的压力)。在这个基础上,才能逐步地用社会所有制取代国家所有制(由国家官吏所掌握的所有制),真正实现人民群众对社会财富的经营和管理。

第二,市民社会理论有助于推动国家权力逐步地让位给社会的自治。这则是通过"小功能,大社会"的道理,使国家严格地服从和服务于社会,使公职人员真正成为"人民公仆",强化权利对权力的控制和监督,使人有更多的权利与自由以及人与人之间的平等,有效地扩大社会主义的民主。

第三,市民社会理论有助于社会主义的法治建设。社会主义市场经济的发展,权力社会化、人的自由和权利的扩大,都必须由法律来引导和保障。

四、目前对于市民社会理论的研究存在着什么问题

(1)非历史主义倾向,即力图把对于现代资本主义已经发展了一百年的,以个人所有权和契约为"两大支柱"的19世纪市民社会当成我国社会发展的前提。

(2)脱离实际的神秘主义。

(3)简单地重复马克思言论的教条主义。

本文是1989年对研究生提问的回答。

西方法理学述评

第一节　古希腊罗马法理学

一、古希腊法理学

古代希腊是西方法理学的摇篮。在那里,占据统治地位的法理学是自然主义的自然法学说。由于科学的不发达,也由于古希腊国家(城邦)一般是从氏族组织中自然而然形成的,当时希腊人大多是以朴素的、直观的方法来考察法律现象的。他们认为,最初的国家(城邦)和法,就跟江河湖海、山川草木、飞禽走兽一样,统属大自然现象,是自然形成的。所以,要把国家和法当作自然现象的一部分或者在大自然的延长线上来加以把握。城邦通行的伦理道德、风俗习惯、对神灵的信仰以至于奴隶制度之类的东西,也都不例外。在他们看来,人在自然面前无能为力,自然是不可侵犯的。大哲学家苏格拉底宁肯受死而不愿违反雅典的法律,是个有力的例证。亚里士多德在《政治学》一书中认为"人天然是城邦的动物",这一论断所表达的观念,正是希腊人普遍的自然主义的城邦观念。再如,当时几乎所有的思想家都主张必须要"和自然相一致地生活",也是自然主义观念的表现。那么,能够引导人们"和自然相一致地生活"的准则是什么呢? 他们认为,首先就是自然法。

的确,人们对于自然法的本质的归结,从具体说法上看,远非那样一致,有的叫它为"正义""理性""人性",有的叫它为"神意",等等。但是,在最重要之点上则是一致的。那就是大家都承认法是"自然"的东西,人们必然服从它,而不能改变它。

古希腊最早提出一套法理学体系的,是苏格拉底的学生柏拉图(前427—前347)。在他的早期著作《理想国》中倡导贵族政体或贤人的人治,而反对民主制和法治。但在晚年著作《法律论》中,转向法治主义,强调法的作用。柏拉图认为,国家和法的最高原则是"正义",包括国家正义和个人正义。国家正义是统治者能够给被统治者(指自由民)提供利益,而不替自己打算。个人正义是公民安于自己在国家中的地位,忠诚地恪尽对国家的义务。

亚里士多德(前384—前322)的法理学是古希腊法理学的顶峰,其代表作主要是《政治学》《伦理学》。他反对其恩师柏拉图的早年思想,倡导共和政体和法治。他认为"法治应包含两重意义:已成立的法律获得普遍的服从,而大家所服从的法律又应该是本身是制订得良好的法律"①。他明确指出,法律是最优良的统治者,法治好比"神祇和理智"的统治,而一个个人的统治,是"在政治中混入了兽性的因素"②。亚氏还认为,作为法治核心的正义(善德)可分为普遍正义和个别正义。而个别正义又分为分配正义和平均正义。前者指根据人们不平等的社会地位来分配利益和价值;后者指商品交换中的等价原则。这种正义论对后世影响很大。

在希腊化时期,适应国际交往的发展,尤其马其顿王亚历山大的领土扩张,希腊人迅速地突破城邦主义和自然主义自然法的观念,而产生了世界主义和个人主义思潮。其中,有伊壁鸠鲁(前341—前270)的快乐主义和芝诺(前336—前264)的斯多葛主义。伊壁鸠鲁宣扬理性范围的个人功利和感性的满足。马克思、恩格斯在《德意志意识形态》中指出:"国家起源于人们互相间的契约,起源于 contrat social(社会契约),这一观点是伊壁鸠鲁最先提出来的。"③法律所体现的正义(公平)就是国家契约的宗旨。否则,就是恶法。芝诺提倡绝对个人主义自然法论,认为:每个人都是上帝的儿子,在精神上一律平等;只服从神的"逻各斯"(理性)。谁也没有遵守实证法律的义务;如果有,只是出于恐惧。因此,这是一种古典的法律虚无主义。与伊壁鸠鲁的快乐主义相反,芝诺提倡禁欲主义,使每个人专心于内在世界的修行。斯多葛主义是基督教思想的先驱。伊壁鸠鲁和芝诺的个人主义和世界主义观点,都为后来的罗马地域国家的统治铺平道路。

二、古代罗马法理学

罗马人借助武功而造成有庞大地域的国家,对于希腊人褊狭的城邦观念不能不是一个巨大的反差。罗马人为适应统治多民族的现实需要,尤其适应商品货币经济发展的需要,极大地促进了国家立法的发达。这与希腊人那种落后的、消极的自然法观念相比,也是一个新的突破。然而,所说的这一切,丝毫不意味着罗马人已经摆脱自然法观念的束缚。恰恰相反,在那里,自然法观念仍然不容置疑。仅以罗马法学家而言,他们差不多全是自然法的信奉者,至少到今天还找不到一份历史资料能证实有哪位拒绝自然法。罗马法学家普遍地把法分为自然法、市民法、万民法三种。他们承袭希腊人(柏拉图、亚里士多德和斯多葛学派)的思想,认为自然法便是正义,包括分配正义和平均正义。自然法是最根本的法,市民法应以自然法为根据。至于万民法,在一般的情况下,同自然法相一致,但有时也不尽一致。这种不一致之处,最明显地表现于"自由"与"统治"这一对相互矛盾的概念上。按照他们的解释,自由依据自然法而存在(人在本性上是自由的),统治则由于万民法。特别是奴隶制,不是自然法而是万民法的产物。不难看出,罗马人的自然法观念中,自然主义色彩已逐步趋于淡薄。

---

① [古希腊]亚里士多德:《政治学》,商务印书馆1965年版,第199页。
② [古希腊]亚里士多德:《政治学》,商务印书馆1965年版,第169页。
③ 《马克思恩格斯全集》第3卷,人民出版社2000年版,第147页。

古罗马国家法理学的开创人是波利比(前201—前122)。他提出:君主、贵族、民主三种政体总是循环发展的,其中最好的政体是罗马国家采取的混合政体;国家机关之间进行互相制约和平衡,只有如此国家才有生气。

西塞罗(前106—前43)是罗马共和国时期的最大的法理学家。他继承斯多葛派的自然法学说,认为自然法是神的理性和自然正义,是衡量实证法的唯一准则。西塞罗强调法治,说一切统治都应当是法律的统治。他的名言是:国家的执政官是会说话的法律,而法律是不会说话的执政官。不过,这些都没有影响他坚持元老院的贵族统治。西塞罗虽然认为奴隶制是自然形成的,但又主张对奴隶的统治要尽量宽和些。在审判实践中,他坚持人民公审制。

罗马人给后世留下的最大文化遗产是罗马法。而罗马法的形成是同法学家,尤其同盖优斯、保罗、乌尔比安、帕比尼安、莫得斯蒂努斯五大法学家的活动分不开。他们在总结罗马法实践经验的基础上,极大地发展了实证法的学说,首先是注释法学。五大法学家的言论本身就有法律效力。除参与立法外,他们还承担法律解释与答疑,拟定法律文书,指导诉讼活动。还开展法学的教育工作,撰写法学教科书(盖优斯的《法学阶梯》最为驰名)。

第二节　西方中世纪法理学

西方中世纪封建时代,法理学的最大特点就在其神学主义性质。正如恩格斯所说:"教会教条同时就是政治信条,圣经词句在法庭中都有法律的效力。"①这个时期占据统治地位的是教士学,法理学是教士学的附庸。主要代表就是神学主义的自然法学说,其先导是奥古斯丁(354—430)。他根据《圣经》,穿凿附会地提出圣父(耶和华)、圣子(耶稣基督)、圣灵(教义)"三位一体"说,上帝"创世"说,"原罪"说,"末日审判"说,及种种强调教会优先国家的论点。

神学主义自然法说的集大成者是托马斯·阿奎那(1225—1274)。他的自然法学说融合圣·奥古斯丁的神学法律思想与亚里士多德的自然主义自然法思想而成。阿氏把法分为永恒法、自然法、人定法和神法(《圣经》)四种,表明了他的自然法是从神意出发并以神意为归宿的。但是,其理论的展开,以及关于自然法的诸多论点和论据,又基本上是承袭亚里士多德。

不可否认,阿奎那的自然法学说也有创造性,且自成体系。其新意,主要有这样几点:其一,自然法已不再是最高的法,阿奎那巧妙地将自然法与上帝的永恒法结合在一起,宣布"自然法是理性动物对永恒法的参与"。这就是说,现在,自然法成为人定法通向永恒法的桥梁。自然法是表现上帝与人之间关系的那一部分的永恒法。这一点,与

---

① 《马克思恩格斯全集》第7卷,人民出版社1959年版,第400页。

古代人认定的自然法是表现人与自然关系的法,大为不同。阿奎那使自然法服从永恒法,实际上是让自然法替天主教的政治服务。其二,从内容上,自然法肯定了人的独立存在地位。在以往的、尤其古希腊的自然法理论中,人的独立地位遭到极大的漠视,人自身的属性几乎消逝。具体说,依照古代自然主义自然法学说,人被看作是简单的自然物。城邦中的人似乎同猪圈中的猪没有多大区别,都是自然界的驱使物。至于生来就是奴隶的人,那就更不必说了。在欧洲中世纪的前半期,在圣·奥古斯丁的自然法学说的统治下,人又变成上帝的单纯的罪人,并且人一出生就有"原罪"。而阿奎那自然法学说的重要贡献之一,恰在于它把人的本性作为自然法的基本规定。阿奎那明确地说,在自然法的这种规定之中,保全人的生命、维持人的各种本能和维持社会生活秩序的这三大基本要素,是与自然的倾向和上帝的意愿相一致的。其三,自然法具有一定程度的可变性。传统的即自然主义的和圣·奥古斯丁的自然法均属绝对的自然法。认为自然法在时间上与空间上永远不变,人们对它丝毫无能为力。但阿奎那则第一次宣布,随着时间的推移,神法和人法都有可能甚至有必要对自然法加以"补充"。例如,他明确地说,财产私有制度和奴隶制度这些东西都不是自然法的本来要求,但社会的发展证明它们对人类有好处,所以就不能把它们看成违背自然法,而应当看成是人的理性所确认的、对自然法的"有益的补充"。阿氏的这种自然法的"补充"论虽然是替腐朽奴隶主阶级和封建主阶级服务的,但毕竟开了相对自然法理论的先河。这一点,同样有重要意义。

中世纪法学的新进展,是由 11 至 15 世纪文艺复兴运动开始的。这场伟大的思想解放运动波及各文化领域。实际上,宗教的改革、马基雅维利和布丹的现实主义政治法律思想、波伦亚法学派乃至莫尔的《乌托邦》和康帕内拉的《太阳城》这样早期空想社会主义思想,以及一批自然科学学说,无不同文艺复兴运动有紧密的联系。

意大利的波伦亚大学是西方最早的一所大学。中世纪后半期著名的注释法学派,就是在这里兴起的。它代表正在成长的世俗市民阶层为发展商品经济而急切需要有统一法律遵循的愿望。波伦亚学派的主要功绩在于,把被遗忘数世纪之久的罗马法重新复兴起来,而且进行了大量的、系统的、以注释为中心的研究工作。波伦亚注释法学派历经从 11 世纪至 15 世纪,近 500 年时间。它的发展,习惯上划分为前期和后期两个阶段。前期注释法学派,指 11 到 13 世纪初的一批法学家,是以波伦亚学派的创始人伊纳留士(约 1055—1130)及其一群门徒为先导的。他们对罗马法进行整理、编纂和注释。最后,在 13 世纪,阿库索士(约 1182—1260)汇集伊纳留士等人以来的成果,把这些注释汇编成《通用注释》这一巨著。后期注释法学派,指 13 世纪后半期至 15 世纪的一批法学家。后期注释法学派区别于前期注释法学派的地方,主要是他们开始从单纯地对罗马法规范的注释转向了理论方面,力图抽引出法律的一般原理、原则,研究法律规范的结构,并发掘一批典型的案例。这种做法,不仅有利于法律规范的应用,推动判例法的发展,而且更重要的在于它表现出分析主义法学的早期形态。后期注释法学派的核心人物是巴托罗(1314—1357)。巴托罗还是一个杰出的反封建专制主义的战士。在《论暴君》一书中,他运用自己的法律理论来抨击黑暗的国家和法律制度。这种法律理论是对死板的注释法学的重大突破,具有明显的革命色彩。

意大利的马基雅维利(1469—1572)和法国的布丹(1530—1596),在法理学上总结了文艺复兴和罗马法复兴运动的成果。马基雅维利为实现国家的统一,把斗争矛头直接针对封建割据势力和罗马教皇。他的《君主论》系统地向各国君主提出这种斗争的战略战术。他认为,一个理想国家应以良好的法律和训练有素的军队为支柱。布丹是西欧第一个形成近代民族国家法兰西的喉舌。他的最大贡献是国家主权论。他还专门探讨如何历史地、比较地研究法律的起源、性质和特点,强调自然地理环境对法律制度的影响。马、布二氏,已跨入近代资产阶级法理学的门槛了。

第三节　西方17—18世纪的法理学

西方17—18世纪法理学,通称古典自然法学。它是资产阶级进行反封建革命的锐利武器之一,是近代启蒙思想的重要内容。主要代表人物有荷兰的格劳秀斯(1583—1645)、斯宾诺莎(1632—1677),英国的霍布斯(1588—1679)、洛克(1632—1704),法国的孟德斯鸠(1689—1755)、卢梭(1712—1778),德国的普芬道夫(1632—1694),意大利的贝卡利亚(1738—1794)。

近代自然法学说最根本的特征,就在于它是理性主义的。它汲取古代自然法和中世纪自然法、尤其是亚里士多德和阿奎那自然法学说中的理性主义因素,并排除其朴素直观的自然主义和蒙昧的神学主义,逐步发展起来。

近代自然法学说所提出的主张,大体上是:①理性主义。马克思指出,自文艺复兴运动以来,先进的思想家们已开始用"人的眼光"来看待社会历史了。他们反对把人掩埋在自然界之中,反对把人当作神的奴隶,而致力于重新发掘人、人的尊严。他们认为,法律现象不是植根于自然和神,而是植根于人本身,即植根于人的理性。按照他们的解释,自然法中所指的"自然"就是人类共同具有的合理的精神。因而,自然法是理性的法。人之所以能够认识和运用自然法,就因为人有理性。②自然状态论。自然状态论与自然法论有着不可分割的联系。古典自然法学派的思想家们从人类在自然状态下不存在法律(人定法)这一客观历史事实出发,力图证明:在没有法律的社会中,是自然法在支配人们的行动,使社会得以维持。这说明,自然法是先于人定法而存在的。自然状态论有霍布斯型("普遍的战争状态"论)、洛克型(亦好亦坏论)、卢梭型("黄金时代"论)这样三种典型。③国家契约论。在启蒙思想家中间,相应前三种典型的自然状态论,便有三种典型的国家契约论。即一种是论证大资产阶级君主专制政体的契约论,认为人们订立契约时把全部的自然权利都交给了专制君主一人,人民没有任何自由。第二种是论证中产阶级君主立宪政体的契约论,认为人们订立契约时仅仅把自己执行自然法的权利和自我管辖权转让给了立宪国家,而对自己的基本权利从来没有也不可能转让出去。第三种是论证小资产阶级民主共和政体的契约论。这是一种人民主权、公意决定一切的直接民主理论,从而是最激进的理论。④天赋人权论。所谓天赋人权,是指本源于自然法的、人生来就具有的权利,包括生命、自由、财产、追求幸福、平等、博爱及自我保存等权利。这些权利是不允许政府及任何人侵犯的。⑤法治主义,即"法的统治"。近代自然法论者宣扬法治主义所包括的内容有:民主制,宪制,个人权利和自由,法律面前人人平等,分权主义(尤其三权分立论),等等。这些,仅就启蒙思想家的一般倾向而言,具体说法,因人而异。古典自然法学说是西方自然法思潮发展的顶峰。尽管大多数法理学家都是在"全人类理性"的名义下阐发自己的学说,但是,他们归根到底,代表的是正在反对封建制的、新兴的资产阶级,反映的是他们的利益。

第四节　西方 19 世纪的法理学

到 19 世纪,欧美先进国家的资产阶级已稳固地取得政治上的统治地位,建立起资产阶级实行统治的国家制度和法律体系,同时资本主义经济也占据了主导地位。在这种社会阶级关系发生巨大变革的情况下,法理学的动态便具有新的特征。

一、19 世纪前半期的法理学

曾经显赫一时的古典自然法学的主张,在先进国家中已被吸收到实证法里面,所以成为过时的东西而衰落下去。这在当时资本主义经济最发达的英国表现最为突出。那里,替代启蒙思想家的抽象学说而起的,是同样建立在个人主义基础上的实证法理学。其一,是大卫·休谟(1711—1766)和亚当·斯密(1723—1790)分别从哲学和政治经济学的观点出发,对自然法所进行的批判。其二,是以边沁(1748—1822)、杰姆斯·密尔(1773—1836)、约翰·密尔(1806—1373)等人倡导的功利主义法理学。他们认为,人生来就在苦和乐的巨大力量主宰之下,趋乐避苦是人的本能。法的基本功能就是恰当地区分与平衡苦和乐,以便实现"最大多数人的最大幸福"的目标。自由是一种功利,但一个人只能在不妨害他人自由的前提下才能实行其自由,否则法律就会给予惩罚。这些功利主义法理学家们十分热衷于法律制度的改革。如边沁提出立法和司法的改革,约·密尔提出代议制和选举制的改革。其三,是从功利主义法理学产生出来的分析主义法理学。它的最大的代表者是奥斯丁(1790—1859)。他认为,在学术上应当把立法学与法理学的各自对象区别开来;功利是立法者们考察的问题,而法理学则仅以法律为对象。这也就是要把"应当是这样的法律"和"实际是这样的法律"区分开。由于法律本身已体现了功利或价值的分配,所以坚持法律也就等于坚持功利原则。有鉴于此,法理学只研究"实然的法"(实证法),而不管"应然的法"(道德法)的事情。奥斯丁对于实证法的概念、性质、分类及权利义务与主权等问题都作出深入的研究,从而建立起一套本来意义上的法理学(Jurisprudence)体系,亦即法律实证主义体系,适应了自由资本主义经济发展对法制提出的迫切要求。可以说,在19世纪,奥斯丁的分析主义法理学最为典型。

在19世纪上半期经济尚很落后的德国,仍奉行君主专制主义,而且国家处于四分五裂的状态。德国的主要法理学派,多是作为对英国、尤其法国革命的一种反映而存在的,最重要的是古典哲理法理学和历史法理学两大相互对立的学说。哲理学派的成员有康德(1724—1804)、费希特(1762—1814)、黑格尔(1770—1831)。马克思、恩格斯说这个学派的理论是"法国革命的德国翻版",更具体点说是古典自然法学、特别是卢梭学说的德国翻版。他们把理性与自由当作国家和法的实体,反对专制主义政治、反对德国历史法理学的保守性。不过,康德和黑格尔是从不同侧面发挥了卢梭的法律思想。康德倡导自由主义,强调法保障个人自由,赞成民主共和国,其法理学的核心观点在于,法是协调个人自由之间相互关系的"条件","人永远是目的而不是工具"。黑格尔倡导国家主义,强调群体(伦理实体)、尤其国家的自由,反对民主制,赞成君主立宪制。他的核心观点在于,"国家是伦理理念的现实","国家是行进在地上的神"。在法学方法论方面,康德采取"应有"与"实有"相分离的二元主义,认为道德是应然的规范,约制人的内心;法律是实然(现实)的规范,约制人的外部行为,而不问其内心如何;法理学家首先要从抽象的应然出发来把握法现象。黑格尔采取客观唯心主义的历史辩证方法,认为法是客观精神的体现,不断地自我发展、从低级向高级地运行;法理学家必须历史地、现实地研究法现象。德国哲理法学派的理论方法对后世影响巨大。

马克思、恩格斯说,德国历史法理学是"法国的旧制度的德国理论"。这个学派的代表人物有胡果(1764—1844)、萨维尼(1779—1861)、普赫塔(1798—1864)。他们强调法有自己独立的历史,因而抛开社会生产方式,抽象地强调法和语言、风俗习惯一样地来自"民族精神"。他们说习惯法是最自然的法,成文法往往渗入了立法者的主观因素。在德国制定一部统一的民法典,是法学家们无能为力的。尽管德国历史法理学派很保守,但他们当中的代表人物个个都是杰出的罗马法学家,他们首创的研究法学的历史方法,也有重要的意义。历史法理学派在英国的代表者是H.梅因(1822—1888)。他已摆脱单纯把法理学当成法律考古学,而是通过法史来研究现实的法现象。在《古代法》一书,他提出:"进步社会的运动,到现在为止,是一个从身份到契约的运动。"①恩格斯认为这一公式同《共产党宣言》里所表达的观点是一致的。通过梅因的努力,法制史变成一门独立的学科。

---

① [英]梅因:《古代法》,商务印书馆1984年版,第97页。

二、19 世纪后半期的法理学

本期西方法理学的重大特点是,开始逐渐由个人本位主义向社会本位主义的转化。其主要表现是社会学法理学的萌发,以及带有浓厚社会本位主义色彩的新康德主义法理学与新黑格尔主义法理学的形成。

法国的孔德(1798—1857)是实证主义哲学和社会学的创始人。他提出,国家和法都具有社会目标,即通过社会的普遍合作,达到社会"秩序"和社会"进步"的统一。英国斯宾塞(1820—1903)倡导国家"有机体"论,说国家的结构如同人一样,是由各职能系统组成的。他引入社会达尔文主义,认为法律要保障自由人之间的自然竞争和自然选择。心理学社会法理学派的代表人物有法国的塔尔德(1843—1913)、美国的华德(1841—1913)、波兰的彼得拉任斯基(1867—1931)等。其中,有人强调法是个人与个人间心灵交往(如创新、模仿、反对)的产物;有人强调法是一种必须服从的社会习惯。不过,系统地奠定社会学法理学基础的要算法国的耶林(1818—1892)了。其法理学是社会功利主义的,而一般地称之为"目的法学"。他认为,法是社会中利益冲突的产物,是为社会目的服务的手段。耶林对于法律实证主义或"概念法学"展开猛烈的批判,揭开现代西方法理学的序幕。

新康德主义法理学侧重发挥康德的唯心主义和二元论。德国的什坦姆列尔(1856—1938)认为,必然性不可知,法律不可能表达必然性,只能表达人们所期望的"应当";法律仅有形式的合理性,而内容的合理性是无法得知的;在"实体"(经验)与"形态"(法律)的相互关系中,法律决定着经济的方向。他还把康德的不变的自然法论,改为"内容可变的自然法"。另一位德国人拉德布鲁赫(1878—1949)也强调,用法律的"社会理想"代替"个人自由意志";即使社会价值不一定是客观的实在,但也得信仰它。

新黑格尔主义法理学的主要代表人物有 J. 柯勒(1849—1911)、J. 宾德(1870—1939)、K. 拉伦茨。他们继承黑格尔法哲学的唯心辩证法和国家主义。宾德认为,法是客观精神(正义)的实在,立法者只能反映客观精神,而不能对客观精神附加任何东西。拉伦茨认为,法在上升的运动中包含法理念、法原则和实证法三个层次;法律规范及其运用,均以原则为指导。柯勒认为,法律促使不断前进的文明的发展,调节文明发展中的偶然性和排除不合理的因素。新黑格尔主义法理学将黑格尔的"国家至上"、日耳曼的"民族精神"学说推向高峰。正是这一点被后来的法西斯主义所利用,从而使之名誉扫地。

第五节　现代西方三大法理学主流派

现代,指19世纪末20世纪初以来的帝国主义时代,其根本的经济特征是由自由资本主义转向垄断资本主义。这个时期西方法理学的基本倾向是为垄断资产阶级服务。它们以复兴自然法理学、现代分析主义法理学和社会学法理学三大思潮为主流。从方法论上说,三大主流派分别采取的是理性(想)主义方法、分析实证方法和社会学(社会实证)方法。其他学派或者是直接从它们那里分离出来,或者受它们的影响,或者发展它们当中某一派的某一观点和方法而形成。为了便于把握,我们对三大主流派发展的论述,一直贯通至当代。

一、复兴自然法理学

自然法学说在19世纪沉寂了近一个世纪,进入现代又复苏过来。由于自然法是在"复兴"的口号下进行的,因而叫做复兴自然法。较之历史上的古典自然法思潮,现代自然法具有派别倾向混杂化的特征。这个特征可从四个方面分析。

(1)神学主义倾向与世俗主义倾向的交错,二者力量对比互有消长。自然法的复兴运动有两个时期:19世纪末20世纪初是第一个时期;第二次世界大战以后为第二个时期。两次自然法"复兴"的高潮,均以帝国主义战争造成的世界性浩劫为契机。第一个时期是世俗主义自然法占据主导地位,但其力量很微弱,影响不很大。第二个时期则以神学主义自然法为主导,来势比前个时期猛烈得多。20世纪50年代后,世俗主义自然法倾向虽有一定程度的增长,但没有形成足以同神学派相抗衡的力量;但进入20世纪70年代后,世俗主义倾向又一次处于优势地位。

(2)相对自然法与绝对自然法两种倾向的交错,相对自然法倾向占主导地位。古典自然法基本上属于绝对自然法,主张自然法没有时间和空间的限制,永恒不变,而且到处相同。但是,从什坦姆列尔提出"内容可变的自然法"之后,便开了相对自然法的先河。在自然法的复兴运动中,绝大多数自然法学者,或公开声明自然法的可变性,或事实上把自然法当作可变性的东西。德国的H.印吉斯哈(Engisch)很精确地把相对自然法概括为"现在,在这里的自然法"。"现在",讲的是时间性;"在这里",讲的是空间性。这两个方面的限定性,同古典自然法强调时空的绝对不变,恰好适得其反。显而易见,相对自然法论产生和得势的原因,就在于使自然法能很好适应垄断资产阶级统治的实际需要。当然,在复兴自然法的思潮中,偶尔也能碰到有坚持绝对自然法主张的人。但是,他们不仅人数少,而且其绝对的程度也弱得多。

(3)社会本位倾向与个人本位倾向的交错,以社会本位为主导。与古典自然法学宣扬的个人主义、自由主义的所谓"个人本位"不同,复兴自然法学家们除个别人(如马里旦)外,一般地都倾向于社会本位。法国F·惹尼强调,必须根据当时的社会需要和社会关系来适用法律。德国的布伦纳强调,人和共同体的相互关系是不平等的,个人永远服从共同体。比利时的达班也强调法的"社会目的"。奥地利的麦斯纳认为自然道德法只能在社会和民族关系的范围内得到承认。如此等等。复兴自然法学这种排斥个人权利、个人自由等社会本位的倾向,是与垄断资本主义经济、政治和意识形态的发展趋势相一致的。这也是西方现代法学的共同特点之一。

(4)世界主义。古典自然法学虽然强调自然法在空间上的绝对性,说自然法是没有国界的人类共同规则,但是他们同时又是坚定的权力"分立主义"(如分权论)者和国家主权论者。复兴自然法学只抓住自然法的全人类性这一点大肆发挥,而排斥国家主权论,拼命鼓吹有利于帝国主义的世界主义。

复兴自然法的神学派的代表人物有:一是天主教保守主义自然法的维护者——比利时的J.达班。他坚持老托马斯主义观点,认为实证法律不过是"自然法的最低限度",一切违反正义的法律都是没有法律效力的恶法。其学说中有浓厚的国家主义倾向。二是天主教自由主义自然法的倡导者——法国的J.马里旦。迄今为止,一直是复兴自然法理学派中影响最大的人物。他虽然强调在基本观点上要从老托马斯主义出发,但却又在大力地用资产阶级民主主义与自由主义对它进行"修正"。马里旦说,自然法包含表现人类本性常态或理性必然性要求的本体论要素和表现人的认识能力的认识论要素。他的人权学说尤为闻名。他对国家问题的基本论点是,"国家是为人服务的工具"。他反对国家主权论,鼓吹世界政府。三是基督教新教派的自然法论者——德国E.布伦纳。他不赞成自然法有实证法律效力,但承认人民有反抗专制恶法的权利。他也有一定的国家主义观点,认为共同体的地位当然地优于个人的地位。

复兴自然法的世俗派代表,最著名的是二战以来美国的几位法理学家。L.富勒把法理解为"把人类置于规范统治之下的事业"。他认为,道德应分为愿望道德和义务道德两种。前者是人的主动性的道德;后者是被动性的道德。就法律所体现的道德而言,则分为法律内的道德和法律外的道德。前者是程序自然法,后者是实体自然法。J.罗尔斯认为社会是个既相互合作又有冲突的结构,社会的首要价值是正义。他提出"原初状态"的"无知之幕"的假说,说当人们在不知道彼此优越性的条件下,自然地都会按照理性来选择正义原则。正义有两个原则:一是无差别原则,每人均享有同等的基本自由;二是差别原则,承认人的优越性,因而需要平等。自由直接来自人的本性,平等则是处理人们关系的后天原则。所以说,第一原则(自由)优于第二原则(平等)。R.德沃金认为,现代法律制度不限于规则,而是由规则、原则、政策及其他准则共同编织起来的。在人权问题上,他坚持17至18世纪个人权利本位论的传统,反对主张权利产生于法律的法律实证主义和国家主义,也反对"为了最大多数人的最大幸福"的社会权利本位论。

二、现代分析主义法理学

随着自由资本主义向着垄断资本主义的转变,分析主义法理学也从占据 19 世纪法坛主导地位上降落下来,但仍保持一定的影响。现代分析主义法理学又称新概念法理学、新分析实证主义法理学、分析—规范主义法理学,有如下的主要派别。

德国实证主义法理学。它主要是借鉴德国历史法理学强调对罗马法的分析研究、承认法学家在造法方面的作用,及其实证主义的方法,而于 19 世纪末 20 世纪初形成的。其代表人物有 A. J. 梅克尔、A. H. 波斯特、O. 迈尔。德国实证主义法理学主要提出这样一些命题:只要法的逻辑(程序)把握,排斥法的价值判断,即只讲合法性(妥当性),不讲合理性(正当性);为了法而研究法,不能有其他的目的;法官绝对忠诚于法律,不许参与自己的内心信念。在这个学派看来,恶法当然是法。正因如此,R. 耶林送给它一个"概念法学"的"雅号"。二战以后,德国实证主义法理学由于被指责为"纳粹帮凶",而顿时陷于瓦解状态。

汉斯·凯尔逊的"纯粹法理学",是他在奥匈帝国统治下的维也纳大学执教期间所创立的。在西方,凯尔逊对法律规范研究的成就,仍荣居高位。纯粹法学的"纯粹性",集中地表现在其法学对象理论之中,即把实在法规范作为唯一的研究对象,而排除任何社会学、政治学、伦理学、心理学因素,尤其排除价值判断因素,认为所有这些学科都具有"反规范的倾向"。凯尔逊这套法学对象论,是建立在新康德主义哲学基础上,即建立在把世界分为应当(必然)与实际(自然)的二元论和不可知论的基础上的。实在法规范仅仅是表示人们根据规范应当或必然怎样,而不问规范之外的实际或自然怎样,没有任何道德含义。纯粹法学的研究方法是逻辑的方法即法律概念的推理和判断的方法,而不是因果方法即实际的因果联系的方法。纯粹法学对法律体系的研究,有两个显著的特点:其一,认为法体系的建立是立法程序问题,不是内容问题。在他所确定的法体系中,从杜撰出来的"基本规范"到宪法规范,再到较低层次的一般规范,进而到最低层次的个别规范,都是程序的委托关系。其二,用逻辑方法推导低层次法律规范的合法性。就是说,上、下级各层次规范间的关系是外延上的蕴含关系;下级规范只要在上级规范中找到根据,便是合法的。一国的法律体系,就是由这样从上而下的委托与蕴含关系确立起来的阶梯式的结构。纯粹法学的国家理论,是双重的国家论。它认为:在社会学和经济学上,国家是实际(自然)的存在,是一种事实;在法学上,国家是应当(必然)的存在,是一种法律体系或法律秩序。国家作为一种法律体系或法律秩序,在于它是法律的集中体现、法律的人格化,是法律的发号施令的机关。这样,便导出法律高于国家的法律至上论和法律万能论。纯粹法学的国际法论的要旨,是鼓吹反对国家主权和国际法优先国内法的"世界法律"论。凯尔逊说,各国宪法都蕴含在国际法之中,都是由国际法的委托而产生的,理应服从国际法。

新分析法理学的代表人物是牛津法学派的核心人物赫伯特·哈特(1907—1992)。新分析法理学的理论体系,是建立在现代西方流行的逻辑实证主义哲学的理论体系的基础上,结合奥斯丁法学的分析主义与凯尔逊法学的规范主义,并进一步加工整理和创造而成。在法学对象论方面,哈特也认为法理学要研究"实际是这样的法",而不是"应当是这样的法"。"实际是这样的法"指包含着行为规则的法律规范本身;"应当是这样的法"则指以价值判断为出发点的道德要求。至于说到法学方法论,哈特同奥斯丁、凯尔逊一样,都倾向逻辑主义。哈特对法律概念的理解,有别于奥斯丁的"法律是主权者的命令"的观点即"命令"说,而相似于凯尔逊的"法律是规则(范)"的观点即"规则"论。按照哈特的说法,法律就是指决定什么行为要受国家惩罚以及为什么要惩罚的特殊规则。在一个国家的法律体系问题上,哈特拒绝凯尔逊的法律规范的阶梯论。在哈特看来,法律体系是由主要规则(第一级规则)和次要规则(第二级规则)这两大部分规则所构成。主要规则是设定义务的规则;次要规则是授予权利的规则,包括承认规则、改变规则、判决规则。哈特这种理论存在的最大问题,就在于它是用权利与义务分割的观点来看待与分析法律规范。另外一个问题是,如果说凯尔逊认为一切权利(包括权力)属于法律,而公民个人只有义务、没有权利的话,那么,哈特也同样有否定公民个人权利的倾向。具体些说,主要规则是规定公民义务的;而次要规则所授予的权利也主要是授予一定国家机关制定次要规则的权利,这对公民个人说来仍然是设定义务。否定公民个人权利,正是现代西方法学的一般特征之一。最后,哈特承认"最低限度的自然法"。

二战后,就如何看待纳粹法律问题为契机,以哈特为代表的一方与富勒为代表的另一方,展开旷日持久的大论战。论战是围绕"恶法是不是法"而进行的。富勒认为,一切非道德、非正义的法律都不能称之为法律。哈特则认为,尽管有些法律是非道德的、反正义的即邪恶的,但只要是依照法定程序制定的,属于国家法律体系的组成部分,就必须承认它们仍然是法律。这场争论实际上仍是没有离开法律与正义(道德)、"实际是这样的法"与"应当是这样的法"的相互关系问题。通过这场论战,使两个派别的界限表现得更为清楚,同时又促进两派之间的彼此靠拢趋势。

三、社会学法理学

社会学法理学自19世纪下半期奠定基础以后,一直以经久不衰的气势发展着。到20世纪,它已是在西方占据统治地位的法理学派别了。

德国社会学法理学,是在耶林的目的法学的基础上展开的。在这一过程中,形成了两个派别。其一,E.埃利希和H.康特罗维奇的自由法理学。他们强调,法律的核心问题不是立法、法律科学,而是社会本身。要十分重视"社会的内在秩序"或"与国家执行的法律相对立的社会实行的法律",即"活的法律"(如风俗、礼仪,尤其是司法判决)。法官的任务就在于自由地去发现和运用这些法律。其二,P.赫克倡导的利益法学。他强调,法律调整方法应建立在这样的前提之下,就是说法律仅仅是立法者为解决社会利益冲突而制定的原则或准则,主要的不是规范。但是,他不赞成自由法学那种过分鼓吹法官抛弃实证法而自由行事的主张。

法国社会学法理学,即社会连带主义法理学的突出特点是:一直沿着孔德的实证主义和社会学相统一的方向前进。其代表人物是 E. 杜尔克姆及其信徒 L·狄骥。杜尔克姆把法律视为社会价值和规范的最高典型,是解决自身问题的程序,认为劳动分工形成的社会连带关系是法的基础。不过,由于社会关系有积极的和消极的区分,因而法律惩罚就分为复元性和镇压性的两种。与德国社会学法理学的倾向相比,狄骥认为应视社会中的法和国家的实证法为并重,但所有的法均反映源于人的社会连带关系本性的"客观法"。不少学者认为,这个"客观法",事实上也是一种自然法。

美国社会学法理学,又称美国实用主义法理学。它是 O. W. 霍姆斯大法官以美国实用主义哲学为指导,秉承德国社会学法理学的衣钵,猛烈冲击 19 世纪的实证主义"机械法学"的产物。他认为,法律就是当前社会感到"方便""有用"的东西;法律的生命不是逻辑,而是经验;法律是人们(特别是坏人)对于法院将要作出什么判决的预测。霍姆斯学说的后来发展,形成两派:其一,L. 庞德的美国社会法理学。他抨击死守"书本的法"的机械主义法律学说,强调在行动中研究法;抨击机械主义法律学说排斥道德和价值判断的倾向,认为法律与道德都重要。庞德的法律社会控制论和法律系统工程说,影响尤大。在他看来,人有有限的利他性,又有对别人的侵略性,因此必须对人进行社会控制。控制的手段有道德、宗教和法律三种,而法律是最高的、最重要的手段。如果说社会控制是法律的基本功能,那么法律系统工程就是群体(尤其国家)实现这种控制的活动。这一活动的主角是法官,他通过案件的处理来发挥自己的作用。法律的社会控制与社会系统工程的目的,是更有效益地控制自然,取得更大的社会利益。庞德还一直号召打破门户之见,使法学家向其他部门科学靠拢,并使法学流派相互靠拢,实现"大联合"。其二,K. 列维林和 J. 弗兰克的美国实在主义法理学。列维林是一位法律规范的虚无主义者,他认为:由于法律概念的可变性,要注重法官创造的法;社会变化比法律快,所以应随时随地重新审查法律;把应然与实然分开,以避免应然东西对法官的干扰;约定俗成的价值观对法官是无关的。弗兰克除了法律规范的虚无主义之外,还是位法律事实的虚无主义者,他认为:法律事实不过是法官认定的事实;法官在认定事实的过程中,无须接受程序的约束;法官的"个人特性"及其好恶,对判决有决定性影响。美国实在主义法理学既同法律实证主义不相容,也同应然法学不相容,是比较极端的"法官法学"。但它在打破 19 世纪的旧法律、旧观念这点上,与罗斯福"新政"的改革主张相一致,并且对这个改革作出一定的贡献。

斯堪的纳维亚实在主义法理学,或乌普萨拉法理学,长期来一直把北欧的法坛当作其一统天下,几乎没有任何别的法理学派别能与之抗衡。该学派的创始人是瑞典乌普萨拉大学法哲学教授 A. 哈格斯彻姆。其追随者有:瑞典的 A. 伦德斯得特和 K. 奥利维克纳,丹麦的 A.罗斯。该学派认为,法律是社会规范事实的集合体,是以群体(尤其国家)暴力为后盾的权力工具。它一方面强烈攻击分析主义法理学的一套传统概念、特别是权利义务之类的概念,认为这些东西不过是心理感情的产物,是虚无的;另一方面也攻击自然法理学的正义概念,认为法律完全不以正义为基础,而是由社会需要和社会群体的压力产生的。与美国实在主义法理学一样,该学派也有价值虚无主义、法律虚无主义和浓厚的心理学色彩。

第六节　当代西方法理学思潮

这里所讲的当代西方法理学思潮,指二战后的 20 世纪下半期三大法学主流派之外的其他主要的法学流派。

一、综合法理学

二战结束伊始,一大批法理学家纷纷起来指责三大法理学派的偏执和排他性,提倡各派互相结合和补充,以建立全面性的法理学体系。这就是综合法理学。1947 年美国 J.哈尔在《综合法理学》一书中开宗明义地反对法学研究方面"完全忠于一派的错误",说必须把价值、形式、事实三因素综合到一起。美国政治学家和法学家 H.拉斯维尔和 M.麦克道格尔的"法律政策学"也有类似的观点。澳大利亚 J.斯通 1964 年到 1966 年三年间撰写三本书,分别论证三大法理学派的长处与短处,认为"严肃的学者们已不再为支持或反对分析逻辑方法、正义—伦理学方法和社会学方法三者中的任何一个绝对的统治而辩论了"。美国 E.博登海默在《法理学——法哲学及其方法》中完全支持这些学者的观点。综合法理学的出现,促进三大法理学派的互相接近。

二、多元论法理学

综合法理学对北欧的影响,最明显的是 S.乔根森的多元论法理学。所谓多元论,包括:其一,多元的法概念。乔根森《多元论法理学》中说:"法的概念是一个相对的、多元的概念。法不仅仅是一种规范体系,也是一种对法官和当局行为的预测,一种对当局和公众的命令,一种一般的法律意识或特殊的法官意识。法事实上包含了行为规范、获准的命令、政治统治的保护和抑制性的措施、'规范化的正义内容'、制度或判决规则、法律习惯和文化模式。"其二,多元的法功能。乔根森认为,法有两种功能:一是外部功能或政治功能,即维持社会秩序、预防和解决冲突的功能;二是内部功能,即维护公民的正义、公平、平等等精神价值的追求。其三,多元的法理学方法。乔根森指的是,同时采用价值判断、规范分析和社会学的方法。

三、多元价值判断逻辑法理学

这一理论由比利时学者 C. 佩雷尔曼所倡导。他以现代西方多元民主主义为指导，将价值判断方法和逻辑分析方法结合一起，而形成独立的法理学体系。这套体系同他的新修辞学或辩论方法是不可分离的。佩雷尔曼的正义学说，尤其形式正义学说是很有名的。他认为，不同的人有不同的正义标准，概括起来有六种：无差别平等，按德性分配价值，按劳动分配价值，按需要（最低需要）分配价值，按身份分配价值，按法律分配价值。社会价值分配应贯彻形式正义原则，也就是以相同的方式对待人。在法律的操作技术方面，佩雷尔曼反对采取简单的形式逻辑方法，而提倡多元价值判断的逻辑方法，研究"怎样提出各种价值的根据，怎样实现平衡，怎样达到多种价值的综合"这样的模式。佩雷尔曼的学说，也具有一定的综合法理学的特征。

四、现象学法理学

现象学法理学于 20 世纪 60 年代兴起，是现象学哲学对法学渗透的产物。代表人物是法国的一批学者，有 A. 赖纳赫、F. 施赖沃、F. 考夫曼、P. 阿姆斯里克。他们的方法论是：把对客观法现象的"信仰"问题加以"悬置"或"放在括号内"，而仅仅描述法的现象。最基本的是"还元法"，也就是通过我的直觉来了解现象（我意识的东西）是什么。还元分为：其一，对全部法现象的简单直觉，叫法现象的还元。其二，把法现象上附着的假相拂去，就会显露出法的本质，叫法本质的还元。他们说，法本质就在法现象之中，是现象里较稳定的、一般的、不变的部分。其三，我之所以能够区别本质现象与非本质现象，是基于先验意向性和先验标准，这叫先验的还元。法学可分为法律现象学和法律理论现象学两种。法律原则的求得，要通过本质的还元，但又需要有先验的法观念的还元。不仅如此，法律规范也是必然性观念的结果。它只要符合必然性的法观念，哪怕是恶法，也是法律。可见，现象学法理学是一种露骨的主观唯心主义体系。

五、存在主义法理学

存在主义法理学于 20 世纪 70 年代才形成，是存在主义哲学直接派生出来的法律思想。其基本观点是主张从尊重人（存在）的角度上来把握法现象。德国的 W. 迈霍菲尔说，存在有"成为自身"和"成为角色"两种形式。前者指每人以自己为目的和意义，对自己命运和生活进行设计；从这里导出的是"自治国家"和"存在的自然法"。后者指同他人相比较而存在，从这里导出"他治国家"和"制度的自然法"。荷兰的 U. 霍梅斯强调存在与法之间的"辩证关系"。他说，法以存在的自由（超然性）为根据，但又有其自身的客观性和普遍有效性。这里就包含人的"法律原罪",就是人总不免因为实现自己的自由而排斥他人的自由。法理学的任务正在于处理好这种矛盾关系。霍梅斯给法律下了这样的定义:法律是个人与他人共存的合理而有效的模式。其中个人(存在)使自己制度化、组织化。墨西哥的 L. 西奇斯认为,人是经验世界的公民,也是理想的、价值(正义)世界的公民,法理学要成为打通这两个世界的桥梁。德国的 H. 柯英指出,个人自由是最高的法律原则,但为保证社会的普遍福利,这种原则又不可能完全被制定为实证法。

六、行为主义法理学

行为主义法理学又称计量法学,是由一般行为科学经行为主义政治学的媒介,在20 世纪 70 年代达到高峰。其典型理论包括如下几种:其一,结构功能主义的法律社会控制论。它认为法律控制的效果,取决于个人间的"相互期待行为的顺应程度"。社会的某个结构发生相互期待行为的不顺应,那么整个社会便会陷于不平衡;这时就需要注入"必要功能",使之复归平衡。其二,"自动探测仪"的审判过程论。也就是把不能靠经验体会的法官心理活动,理论地"在数量上表现法官预测现象",变成计算机的活动过程。其三,司法政策制定论。美国的 G. 舒伯特提出一个图表模型,从信息的输入结构、转换结构和输出结构三个环节,说明国家当局应如何制定司法政策。

七、纯粹法社会学

纯粹法社会学由美国的 D. 布莱克创造,是在社会学法理学的基础上演化出来的法理学派别。它把法定义为:法是政府的社会控制,是一个国家及其公民的规范行为。换言之,法就是国家和公民的法行为。法行为既有其数量的差别,也有惩罚性、赔偿性、治疗性、调解性的四种类型的差别。它们将随着分层、形态、文化、组织、社会控制五方面社会生活的变化,而呈现出极其丰富的变化。布莱克的结论可概括这样几个方面:其一,不同社会的法行为的数量不同。分层多、分工发达、文化繁荣、组织关系复杂、其他社会控制手段薄弱,法行为就多。其二,一个社会内部法行为的分布不平衡。富裕、守传统、有组织、有名望的人之间法行为多。反之,法行为就少。其三,针对劣势地位阶层的法行为比针对优越地位阶层的法行为要多而且严重。

八、经济分析法理学

经济分析法理学,最初叫"法和经济学",是 20 世纪 60 年代由美国一些学者开始把经济学原理引入法学研究领域而形成,由 R. 波斯纳集其大成。该学派的基本特征就是:把社会经济效益放在第一位,对一切法现象均用经济标尺来衡量。构成经济分析法理学体系的,有这样几个重要原理:其一,库斯定理。在零交易成本,而且当事人又能合作的情况下,法律权利的任何分配都是有效益的。相反,在有交易成本的情况下,不是法律把权利进行任何分配都能收到有效益的结果;此时,理想的法律应是把交易成本降低到最低限度。其二,波斯纳原则,即法律要普通模拟市场的原则。当交易不能达到有效益的结果时,法律应当把权利分配给那些通过零交易市场能够买到这种权利的当事人。这些人能够赔偿给他人造成的损失,而又可获得一定收入的人。此外,经济分析法理学对于法理学的目的和任务,法的概念,价值观,保护权利的法律规范的种类,以及对于各部门法,都作出经济分析。其中有些地方有符合科学的成分,但也有些地方是牵强附会。这个学派在美国有一定影响。

九、批判法理学

批判法理学,又称批判法律研究运动,20 世纪 60 年代末出现于美国耶鲁大学法学院的一些学生和年轻教师之中;20 世纪 70 年代中后期,形成有一定实力的法理学流派。代表人物有 D. 肯尼迪、M. 哈维茨、R. 昂格尔。他们把西方法学概括为客观主义和形式主义两种法学世界观。还系统地驳斥了以下几种观点:即认为法律是社会历史发展的反映和一定社会结构的产物的观点;认为法律是一个能够对一切有关社会现象进行解答的规范系统的观点;认为法律是专家的推理手段、超政治的纯技术的观点。这种批判在一定程度上揭露了资产阶级法律是超阶级的谎言,但也散布了否定法律是一定社会历史产物及某种法律虚无主义的思想。特别是,批判法理学没有能力明确提出法律和法学前进的道路。

十、西方马克思主义法理学

这是指西方马克思主义或新马克思主义渗透到法学领域中所形成的一股思潮。它所涉及的内容很广,而许多观点都因人而异,相互对立的说法也比比皆是。该学派的重要代表人物有:美国的 P. 贝尼尔、R. 奎林,英国的 C. 萨姆纳、M. 凯思、D. 萨格曼、H. 格林斯,法国的希腊人 N. 普兰查斯,澳大利亚的 K. 杰思。他们的基本观点可归纳为:其一,一定程度上承认法的阶级性,但更多地强调法的独立自主性、多元化等,从而又模糊乃至抹杀了法的阶级性。其二,法与经济。他们承认法与经济有密切关系,但"批评"马克思主义关于经济基础决定法的观点是"简单的经济主义"。其三,法与意识形态。他们强调法是最复杂的意识形态,它不单纯反映统治阶级、也反映被统治阶级的意志。其四,关于马克思主义法学。有人认为确实存在马克思主义法学,有人加以否认。从总体上看,西方马克思主义法理学是对马克思主义法律观的"修正",其性质属于较激进的西方法理学思潮。

本文刊于《法理学》,中国人民大学出版社 1994 年。

现代西方政治思潮述评

现代西方政治思潮,概略地说,有如下几种:作为垄断资产阶级的政治思潮,是新自由主义、新保守主义,以及极端野蛮的法西斯主义;作为工人运动(社会主义运动)中右翼的政治思潮,即右翼社会民主主义或民主社会主义;作为两者共同的政治思潮,主要是福利国家论。这些政治思潮有其本质上的一致性,也就是均为适应现存资本主义制度的需要。但另一方面,它们之间又存在着差别。这些差别反映西方世界的政治动向,并往往对世界形势发生程度不等的影响。所以,就有必要分别地研究和把握它们。

第一节　新自由主义

自由主义是19世纪占主导地位的政治思想体系。其主要代表人物有法国的康斯坦,英国的边沁、密尔,以及斯宾塞等人。主张个人自由、自由竞争、自由放任。但到19世纪末期,自由主义思想发生巨大变化。它不仅转向消沉,而且具有新的特点即涂上浓厚的改良主义色彩。这里谈论的,正是这种自由主义,亦可叫做"现代自由主义"或者"新自由主义",以别于19世纪全盛时期的自由主义。

现代自由主义以英国最为突出。该国的社会学家和自由党的理论家 L. T. 霍布霍斯(Leonard Trelawny Hobhouse, 1864—1929)是位代表者。他的著作有《民主和反动》(1904)、《自由主义》(1911)、《社会进化和政治理论》《形而上学的国家观》(1919)和《社会正义论》(1921)。

霍布霍斯的理论和斯宾塞一样,也称"社会有机论"。但斯宾塞提倡的是自由竞争,而霍布霍斯鼓吹的则是改良主义。

霍布霍斯强调"个人自由"与"社会利益"、生产中的"社会因素"与"个人因素"相互间的有机统一,彼此协调,个人自由不能脱离社会利益。为此,他进一步表示,一方面要反对19世纪个人主义的自由主义,因为它片面地扩大个人因素而抹杀社会因素;另一方面也要反对马克思主义的社会主义,因为它片面地夸大社会因素而抹杀个人因素。尤其不能同意马克思把全部价值归结为劳动的理论。因为它抹杀资本和企业的积极作用。

根据霍布霍斯的说法,国家应该制定各种有关工人福利的立法,还要监督资本和企业发挥好对社会应尽的责任。他认为这种"一点一滴的办法来解决问题",可以"更加持久和可靠"。

除英国之外,美国的新自由主义政治思潮则是 1932 年罗斯福总统"新政"为起点而盛行起来的。这个问题将放到"福利国家论"中予以说明。

第二节 新保守主义

现代保守主义政治思想,通常是对应现代自由主义政治思想而言的。但保守主义却有它自己独立的历程。

保守主义政治思想,18 世纪末 19 世纪初是作为反对法国大革命、尤其雅各宾专政的一股带有封建主义反动思潮而泛起的,后来到 19 世纪中期之后,它成为资产阶级中倾向旧传统制度(如君主制、贵族制、上院、宗教等)的政治思想。

保守主义思想同样以英国为典型,原因是该国资产阶级革命不彻底。保守主义思想由英国保守党(前托利党)所代表。其著名理论家是塞西尔(Lord Hugh Cecil,1866—1925)。

塞西尔在《保守主义》(1912)书中宣称,英国保守主义就是奉行柏克的理论。他说,保守主义来自"天生的"人性。第一,人性总是最好最熟悉的事物,顺应习惯,厌恶变化。第二,人性倾向保守主义以及对教权、皇权的维护与尊敬。第三,人性倾向帝国主义即国家的"伟大感"和"团结感"。可见,英国保守主义一开始便是个守旧的、充满封建杂质的、沙文主义思潮。

在第一次世界大战后,英国开始衰落,塞西尔的理论已嫌过时。尤其第二次世界大战之末的 1945 年 7 月,保守党在大选中败于工党,就迫使以丘吉尔为首的保守党提倡所谓的"新保守主义"。其理论家有 R. 巴特勒、Q. 霍格等人。新保守主义之"新",主要在于吸纳了实用主义。它强调要适应环境的"压力",作出某种改变,从积极方面来维护现存制度,而不要像过去一样一味固执地维持现状。实际上就是要采取一些改良主义的灵活态度,向自由主义靠拢一些,这样有利于更多地争取社会群众。

值得注意的是,在美国,自二战以来,以反对罗斯福"新政"为内容的保守主义政治思潮逐步兴起与发展。近几年,还出现了一股自称是"美国新保守派",其主张介乎美国的自由主义与保守主义之间;对外政策上,反对苏联扩张主义、反对共产主义。但一般人相信,短时期内,保守主义不可能压倒自由主义而成为主要的政治思潮。因为,推行了 40 年的罗斯福"新政"在美国人民心目中不是轻易能摆脱的。

最后需要指出,西方尤其英美,自由主义与保守主义两股政治思潮,正在不断按照垄断资本的实际需要而相互渗透着,二者间并没有什么截然的界限。

第三节　法西斯主义

法西斯主义是现代最反动的政治思潮。

一、法西斯主义产生的历史背景

法西斯主义的称呼源于拉丁文的法西斯（Fasces），是古罗马官员出巡时所执的权力标志棒，象征掌握权力。墨索里尼1922年把他的党（意大利执政党）改名为法西斯党，表示要复活罗马帝国的独裁统治和扩张主义。1933年希特勒为首的"国家社会主义工人党"（简称"国家党"，缩写为"NAZI"即纳粹）头子统治了德国，也奉行法西斯主义（纳粹主义）。至于日本军国主义，本来就同法西斯主义"同气相求"的。在德、意、日的影响之下，一时间形成一股凶猛政治逆流，曾给人类造成空前的灾难（尤其在二战期间）。

法西斯主义的出现是自由资本主义转向帝国主义的必然产物。特别是一战和俄国十月革命胜利后，强烈激起资本主义固有矛盾的升腾。接着，1929—1933年的世界性的资本主义经济危机，进一步加深了这种矛盾。斯大林指出，法西斯主义在某些国家的猖獗，不仅是工人阶级软弱的结果，社会民主党人背叛的结果，也是资产阶级软弱的表现。说明这个阶级已经不用民主的、议会的制度统治下去，说明它在国际上已不能用和平的外交政策寻找出路了。

二、法西斯主义的概念及其思想内容的来源

1. 法西斯主义的概念。

对于什么是法西斯主义的问题，资产阶级理论家往往是抓住部分现象进行片面的形式上的以至于歪曲的解释，因而无法给予本质的揭示。1933年，第三国际对法西斯主义进行了概括的分析，指出：法西斯主义是"金融资本的极端反动，极端沙文主义，极端帝国主义的公开恐怖专政"。应该说，这是对法西斯主义的入木三分的结论。

2. 法西斯主义的内容及其理论来源。

法西斯主义不是一种统一的、固定的政治思想，在实践中也没有一个长期的政策方针。这里，可以拿最典型的法西斯主义——纳粹主义作为分析的根据。

第一，种族主义与民族主义。

极端的种族主义和民族主义是纳粹党人对内愚弄和控制人民群众，对外进行野蛮侵略的主要理论之源。

在德国近代史上，雅利安种族主义和日耳曼民族主义已经形成一种根深蒂固的传统理论。这同德国封建保守落后的经济与政治状况有直接联系。它最先是借助日耳

曼民族在神圣罗马帝国中的特殊地位的宣传,来对抗西欧的资产阶级革命浪潮。后来软弱的德国资产阶级也接受了这套观念。例如,继德国历史法学派之后,古典唯心主义哲学家费希特、黑格尔等人都鼓吹过日耳曼的"民族精神"。但这些学派的理论并未导致沙文主义。

除此而外,19 世纪中期的法国人 A. 戈平恼(1816—1882),20 世纪初的德籍英国人 H. 张伯伦(1885—1927),都是雅利安种族主义(种族优越论)的狂热煽动者。尤其张伯伦,1923 年在纳粹党创建时,就已同希特勒会面,1924 年著文歌颂希特勒是雅利安种族的"复兴者"。而纳粹机关报《人民观察报》,也赞扬张伯伦主义是"纳粹运动的福音"。

第二,极权国家论。

这是指法西斯主义的国家主义,或国家至上论。其理论渊源首先是黑格尔的国家学说中的保守的糟粕。黑格尔认为,国家是客观精神和最高伦理实体,个人只有作为国家成员才有客观性、伦理性和真理性。帝国主义资产阶级把黑格尔的国家主义加以极端的发展,一部分新黑格尔主义思想家就表现出此种倾向。德国和意大利的法西斯主义者中的一些人,就自认为是"新黑格尔主义者"。在他们看来,国家是一切,而个人不过是达到国家目的的工具,必须无条件地服从国家。

还需要提到,这种国家整体主义的另一个理论来源,就是狄骥的"组合国家"论。这里不再赘述。

第三,"领袖原则"论。

法西斯主义是英雄创造历史的唯心史观的顶峰。它追求的是"元首至上"的绝对主义国家制度。德国的希特勒,意大利的墨索里尼,日本的裕仁天皇,无不被当成迷信的对象。

特别需要提到,对于纳粹主义来说,F.尼采的"超人"和"权力意志"论也被当成其理论根据。尼采关于"超人"是天生的统治者,而一般小人物是"超人"目中的"笑柄""可耻之物"或"牧群"的说法,关于以"权力意志"的斗争取代斯宾塞的"生存竞争"的说法等,都被抄入纳粹主义理论著作中。以希特勒本人而言,他不仅常常引用尼采的言论,而且常常到魏玛的尼采博物馆参观,让记者拍摄他"出神的瞻仰"尼采肖像时的镜头。

第四,"生存空间"论。

法西斯主义的所谓争取"生存空间"的谬论,是以"地理(缘)政治"论为基础的。这种理论彻头彻尾是帝国主义的产物。它同当年布丹、孟德斯鸠、卢梭等人的地理环境论相比,虽然有一定的继承关系,但本质迥异。这些在资产阶级萌发和上升时期的思想家提倡的地理环境论是进步的理论,本身并不包含扩张主义。

"地理政治"论的鼻祖之一,是瑞典政治学教授 R. 契林(Rudolf Kjellen,1864—1922)。1910 年他在《伟大的强国》著作中扬言,弱小国家没有自己独立的生存空间,它们应当由大（强）国兼并，而建立巨大的地理单位。他特别呼吁建立横跨欧亚两洲的日耳曼帝国。希特勒的科学院院长霍斯霍弗，则是纳粹党中最大的"地理政治"论者。他提倡"大空间经济"论，认为日耳曼德国应为"世界工厂"，其他地区则应为德国的农村及原料产地，服务并受制于德国。

第五，马基雅弗利主义。

背信弃义、阴谋诡计、两面派等一套权术伎俩，是法西斯主义的重要组成部分。纳粹头目和理论家对此都颇为健长。他们宣扬"良心和教育一样是败坏人的""谎言越大，越能使人相信"（希特勒）"政治上无诚实可言""谎言宣传多次遍就会变成真理"（戈倍尔），如此等等，不一而足。

墨索里尼亦是这样。1942 年他发表《论马基雅弗利的〈君主论〉》一文以及他的《自传》里都强调"领袖"的天才就是操纵和欺骗群众。

当然，马基雅弗利主义与马基雅弗利的整体学说并非一回事。

总之，法西斯主义是当代最突出、最腐朽、最反动的非理性主义或反理性主义的政治思潮。二战以后，随着意、德、日法西斯匪帮的可耻失败，法西斯主义思潮已经衰落，遭到世界人民和一切正直人类的同声谴责。不过，它并没绝灭，尤其它的社会基础还存在。这是必须予以警惕的。

第四节　民主社会主义

民主社会主义是当代颇为流行的一种政治思潮。整个说来，它是现代社会民主党的官方意识形态。

民主社会主义是从"社会民主主义"演化而来的。第二国际时期，各国成员党大多叫"社会民主党""社会民主工党"。因此，那时的"社会民主主义"就是社会主义的同义语。在一战爆发后，除了列宁为首的俄国社会民主工党（布尔什维克）之外，几乎所有的各国党都蜕变成机会主义和沙文主义的党。为此，后来的第三国际的各国党不再叫社会民主党，而叫共产党（这是个科学的名称）。这样一来，社会民主主义便成为右翼社会党的意识形态的概括。

从历史上看，民主社会主义或社会民主主义，经历了三个主要发展阶段。第一阶段是第一国际和第二国际时期，代表人物是伯恩施坦、考茨基、鲍威尔的所谓"古典修正主义"。第二阶段是一战后至 1951 年的时期，代表人物是英国工党理论家拉斯基教授。他在《论当代革命》一书所表达的思想，以及法国社会党主席莱翁·勃鲁姆、奥地利社会党理论家卡·伦纳等人的思想，都具有典型性。第三阶段是从 1951 年在德国法兰克福召开的恢复"社会党国际"的代表大会以后迄今。这次大会通过的《民主社会主义的目的和任务》共同宣言。实际上表明，"民主社会主义"是国际社会党的意识形态的正式称呼。当然，正像百余年历史所表明的，问题并不在于名称，而在于其实质。

最近 30 年的实际情况说明，民主社会主义是缺乏明确标准和明确目标的、相当混乱的政治思潮。

从哲学基础上看，它是基督教人道主义、新康德主义、新实证主义、社会批判论等折中主义的结合。

从社会阶级基础上看，它以资产阶级为主导，同时又反映中间阶层甚至工人阶级的某些要求。

从各国社会党的状况上看，几乎每个党都有自己特殊的民主社会主义概念。

从政治流派上看，它主要是右翼社会党人传统理论的继续，但很大程度上也是左翼社会党人（尤其政治体制改革派）的理论。此外，左派自由资产阶级的社会主义，左派天主教徒的社会主义，"新左派"青年运动的社会主义，"非洲社会主义"，甚至犹太复国主义的社会主义等，也都打着"民主社会主义"的旗号，或者自称为民主社会主义者。

从时间上看，"民主社会主义"的内容，也是变来变去的。如，20 世纪 50 年代时强调"非意识形态化"；20 世纪 60 年代，由于资本主义相对稳定发展，极力向保守势力（基督教社会主义等）靠拢，而张牙舞爪地反对马克思主义；从 20 世纪 60 年代末起，复又提出"意识形态化"，并扬言要同马克思主义"搭桥"。在经济政策方面，开始热衷"国有化""国有经济"，而不久又放弃这个政策，强调社会主义主要应当以伦理道德作标志，更多地从事社会福利的努力。

但是，正由于民主社会主义政治思潮内涵混杂，那么其组织内部的争斗就必不可免。右翼社会党首领同工人、青年、进步知识分子当中的左翼势力之间的斗争，对于社会民主主义意识形态的演变是一个重要因素。共产党人有责任联合、争取左翼分子，设法使之马克思主义化，这对国际社会主义——共产主义运动有重要的意义。

最后，总括起来说，民主社会主义的根本特征就是改良主义，或可称为社会主义运动中的自由主义。这个社会党人的老传统是不会那么轻易改变的。用当今时髦的话说，就是奉行多元主义政治原则，在资本主义制度和马克思社会主义制度之外，走"第三条道路"。至于这条道路是个什么样子，以及如何走法，则见仁见智，莫衷一是。比如，把公有制同私有制"结合"起来，"革新"议会民主制，工人与资本家共同参加企业管理，以及国家的经济管理，通过"社会生产的工艺结构"改革或"计划化"，搞"福利国家"，建立"欧洲合众国""大西洋主义"（欧美联合国）"世界联邦"等，不一而足。这些形形色色的主张确实包含一些社会主义的因素，但总体倾向是如何维护资本主义的设想；在意识形态上，存在着或明或暗的反对马克思主义、反对共产主义的成分。

应该强调指出，当前民主社会主义思潮对于世界形势的影响力举足轻重，因此有必要给予关注，进行深入的批判研究。

第五节 "福利国家"论

"福利国家"论是第二次世界大战后在以英美为代表的西方世界中最盛行的一种政治思潮。许多政治派别和各理论领域的代表人物,大都程度不同地趋之若鹜,加入"福利国家"论的大合唱。但总的看来,这个福利国家论是资产阶级自由主义(改良主义)和民主社会主义两股思潮合流的产物,而且是极为典型的产物。

一、背景

福利国家论的出现和猛烈发展,有其鲜明的时代特征。

1. 国家垄断资本主义的强化。

通过第二次世界大战,西方各国的垄断资本主义经济空前膨胀起来。根据凯恩斯的理论,为了寻找避免经济危机、贫困、失业的出路,国家极大地强化对经济的干预。在自由资本主义时期,其意识形态的主要倾向是论证国家权力对经济的超脱地位。而现今资产阶级意识形态的主要倾向,必然是论证国家权力的积极经济作用。这种论证的目的,在于抵制经济危机,以稳定社会。

2. 资本主义经济的暂时兴旺。

"福利国家"论甚嚣尘上的时期,正是西方国家熬过了战后的严重困难,而使经济形势伴随现代科学技术的长足进步而较为迅速的高涨时期。跟着垄断资本利润的快速增长,西方国家的社保措施有了相当的改善,劳动者收入也普遍提高,生活水平和生活条件同战前与战争期间的惨状相比发生不小的改变。所有这些就为西方理论家们美化国家权力,提供了具有决定意义的"证据"。"福利国家"论,正是乘势在"高度经济成长政策""国民收入倍增计划""普遍福利繁荣和普遍福利前景"之类的鼓噪声中完成的。

3. 社会党的推波助澜作用。

长期以来,社会党人通常是标榜他们充当资本主义意识形态和马克思主义意识形态的"缓冲器",因而表面上故意将自己的理论表述得模棱两可。就是说,以婉转的方式替资本帮腔。但是,当他们普遍地上升为各国的执政党地位之后,再也无法继续扮演这种似是而非的角色了。特别对于他们亲自把持政权的国家,不能不提出一种多少确定的纲领和说法。如同已经指出的那样,"福利国家"论就是他们同资产阶级自由派共同精心炮制的,并且其中他们的贡献更大些。"福利国家"论就是"民主社会主义"之最新的、最重要的"成果"。

4. 由前苏联造成的国际共运的分裂。

赫鲁晓夫——勃列日涅夫集团的分裂主义和扩张主义政策,造成社会主义阵营的解体,挑起各国共产党之间在意识形态上的对立和纷争,从而大大利于西方霸权主义意识形态的扩散。他们突如其来,铺天盖地地开展"斯大林批判"和"全民国家"论的宣传,导致了全世界对马克思主义国家理论的所谓"再研究的多种尝试",实际是纷纷倾向于西方自由主义。后来,我国的"文化大革命"及林彪、"四人帮"集团借助"无产阶级专政下连续革命理论",从另一个极"左"的侧面,进一步践踏马克思主义国家学说。不言而喻,对马克思主义国家论能够不断地结合新形式进行探讨以及在实践中进行新尝试是完全应当的。但像前苏联领导集团及"文化大革命"中林彪、"四人帮"的行径,只会破坏马克思主义国家理论的声誉。西方世界的"福利国家"论,确实包含着社会主义成分或者说和社会主义某种共同点,但提出这种理论者的动机都完全不是为了搞社会主义,而是要通过稳定人心来稳定资本主义制度。

二、"福利国家"论的形成过程

福利国家论的理论基础,主要有两个来源:第一,英国经济学家皮古提出的"福利经济学"。皮古从边沁的"最大多数人的最大福利"原则出发,把福利确定为一个人获得的经济满足的总和,把社会福利确定为个人福利的总和,并认为社会福利的增长标志是大多数人满足的提高。第二,凯恩斯主义。凯恩斯经济理论的最终要求就是放弃自由放任原则,实行国家的经济干涉和调节,运用财政政策(包括税收政策)和货币政策,刺激消费,增加投资,以保证社会有足够的有效需要,实现充分就业,发展经济。福利国家论者把皮古理论作目标,把凯恩斯理论作手段,使二者结合起来,也就是把"福利"与"国家"结合起来。

在实践中,福利国家论的形成有两条渠道或两个类型:第一,民主社会主义型,或社会民主主义型。这是由1945年7月英国工党上台后发展起来的,西欧、尤其北欧的执政党都起劲地进行推广。根据社会党理论家的说法,他们推行的福利国家是一种"社会主义制度"。第二,垄断资本主义型。这是沿着罗斯福"新政"的传统(反垄断法、国有化、社会措施等)而发展起来的、美国式的福利国家。这两种福利国家论的渠道不同,但实质上没有多大区别,可以说是殊途同归。

福利国家论的活跃时期是20世纪50年代后期起始的。当时它伴随所谓"人民资本主义"理论一起流行,相互补充,难解难分。"福利国家"和"人民资本主义"这两种理论,在内容上的主要差别无非是:人民资本主义论侧重论述垄断企业的"革命"作用,说它正在变成"全民"和"为了全民造福"的经济;福利国家论侧重论述国家权力在资本主义"革命"中的作用。到了20世纪60年代,"福利国家"论重点宣传的"混合(双重)经济",也就是说资本主义经济变成私人经济与国家经济的混合体,由国家按照"普遍(共同)福利"原则进行调整;另一个重点是"多元民主主义"。此时,北美洲、欧洲、日本的福利国家制度所达到的深度与广度,已相当可观了。

三、"福利国家"论的主要内容

福利国家论的着力点,是渲染资本主义国家的"质变"。它同民主社会主义一样,是多元主义的,即多元经济论和多元政治论。

1. 多元经济论。

所谓多元经济论,就是论证资本主义国家已经实现了"经济职能的革命"。经过国家对经济的干预和调整的结果,使社会经济变成"混合经济"。"混合经济"亦即"多元经济"。其具体理由在于:第一,各种社会集团都是混合经济中的主体力量。从所有制上看,广大"工资领取者"大都成为"股票持有者",形成"资本普遍化"的趋势。从经济管理方面看,资本家的地位已被新出现的不拥有巨量资本的"经理阶级"所代替;此外,工人阶级也"共同参加管理(企业)",形成"管理权的普遍化"的趋向。从分配方面看,一是通过高税率、累进税率使富人收入相对减少;一是通过增加就业、提高工资,使工资(尤其低工资)领取的收入大大提高,出现"收入均等现象普遍化"的趋向。

第二,整个社会经济力量都在为"共同福利"服务。私人经济(企业)为社会造福;"国家经济"本来就是为社会造福而建立的;至于社会福利措施,包括贫困补助、失业津贴、退休津贴、各种保险,以及文化、教育、医疗卫生等事业更无须多言了。

一言以蔽之,混合经济是各种社会集团都有份儿,并为多种社会集团服务。

2. 多元政治论。

"多元政治",和多元经济的说法一样,无非要表明各种社会集团在政治上都享有平等的权力。因此,多元政治亦可说是多元民主制度。

那么,多元政治是如何形成的? 回答是由多元经济致成的。因为,生产越发展,社会"富者变穷,穷者变富"的变化越强烈,各种集团都在四面八方地向"中间等级"或"市民阶级"聚拢。这样的经济趋势必然使各种集团都忘掉昔日的对立和仇恨,而在"共同福利"的旗帜下团结起来。并且都和这个特殊社会组织取得一致的目标。在这种情况之下,国家权力的独立意义越来越小,而不断均等地把权力分散到各种社会集团那里去了;相应,各种社会集团的权力日益增大,终至变成各种社会集团的权力,即完全多元化了。

概括起来,多元政治论实际上是借助多元经济这个踏板,来论证西方国家代议民主、普选、多党政治等一套政治制度的合理性。其逻辑是:工资领取者逐渐在囊括全体选民;他们在各种社会集团中都将占优势。因此,他们通过这种政治制度必然要掌握国家政权,把国家政权变成"自己的工具"。由此而知,"福利国家"也就是"全民国家"。

四、"福利世界"

福利国家论者并不以现今西方发达国家为满足。在他们看来,福利国家甚至是一种全世界的趋势。G. 麦尔达尔在《福利国家的另一边》一书中写道:"这一次,福利国家在富足的西方国家实现;下一次,在低开发的各国争取独立的同时,如果各该国家能为其民族利益而开始采取经济政策的话,实际上就是实现'福利国家'的努力。"美国A. H. 汉森在《1960 年的经济问题》一书中则认为,这些发展中国家要依靠西方的模式达至"福利国家"的境界。他说:"福利国家尚未普及于全世界。所以对外援助是肯定需要的。"

"福利世界"论推销者要把发展中国家拉入西方国家的体系中去,进而以西方模式改造世界。这样,社会主义—共产主义就会完全根除。显而易见,这正是西方霸权主义者孜孜以求的。

本文是 1979 年为法律系研究生编写的讲义。

论西方自然法的几个基本问题

在西方,自然法观念绵延两千多年,几乎贯穿于法律发展的各个时期。在社会大变革、特别是革命时期,自然法总是作为一面旗帜,主导着西方社会法律发展的大方向。梅因说过:"如果自然法没有古代世界中一种普遍的信念,这就很难说思想的历史、因此也就是人类的历史,究竟会朝哪个方向发展了。"①

作为西方政治文化中的核心观念之一,自然法概念在不同的时期内涵虽然有别,形式也不断变化,但自然法的思想传统及政治意识形态却独具魅力,根深蒂固,经久不衰。从总体上说,它是一种积极的力量,推动着西方民主和法律制度的完善,促进社会的进步。

一、现代自然法的主要特征

(一)在绝对自然法与相对自然法的对比中,以相对自然法为主

传统自然法包括自然主义自然法、神学主义自然法、理性主义自然法,大都主张自然法在时间上、空间上的不变和永恒。即"永远如此,到处如此",具有先验性和绝对性。如古典自然法学家试图从某个绝对原则演绎出所有的法律规则和法律制度,基本上属于绝对自然法。19 世纪末 20 世纪初,现代自然法的复兴,开始由绝对转向相对。德国新康德主义法学派的领袖什坦姆列尔提出"内容可变的自然法",便开了相对自然法之先河。现代自然法以相对自然法为主,认为自然法是可以容纳不同观点的普遍形式,其内容是可变的,可以是正义、平等、自由、效率,也可以是知识、财富、避苦求乐的功利②。相对自然法学者或者公开声明自然法的可变性,或事实上把自然法看作可变性的东西。前联邦德国法学家 H. 印古斯哈将相对自然法概括为"'现在,在这里的'自然法。""现在",讲的是时间性;"在这里",讲的是空间性。这两个方面的限定性,同传统自然法强调时间与空间的绝对不变是不同的,具有明显的向社会法学派和分析实证

① [英]梅因:《古代法》,沈景一译,商务印书馆 1996 年版,第 43 页。
② 严格来讲,相对自然法萌芽于中世纪神学自然法。如,奥古斯丁说,上帝在不同的城邦和城邦的不同时期,可制定不同的法律。继而是阿奎那,他将自然法放在永恒法之下,看成是神法与人法的桥梁。认为随着时间的推移,神法和人法都有可能甚至有必要对自然法加以补充。如私有制、奴隶制度不是自然法规定的,不符合原始基督教的教义。但是社会的发展证明对世界有好处,所以就不能将其看成违背自然法,而是人的理性确认的、对自然法的有益补充。

主义法学家靠近的倾向。马里旦的社会自然法理论和比利时的达班的分析自然法理论就是这种倾向的标志。"近几十年来,自然法学家与实证主义法学家开始缓和彼此之间的对立状态。较之过去,每方都表现出更愿意接受由另一方提出的某些学说的修正形式。"①

(二)在形式自然法与实体自然法的对比中,以实体自然法为主

古典自然法以自由、平等、民主等作为自己的宗旨,尤其强调自然法实证化的唯一途径就是通过理性人之间的协议,因而契约形式成为合法性的基本根据。不仅政治关系如此,民事关系亦复如此。所以,这种自然法大体上属于形式自然法。正如韦伯曾讲道:"自然法的原则可以分成若干类。我们仅研究与经济秩序密切相关的原则。使实在法具有合法性的自然法可以与形式或实体的条件相联系。当然,两者并非泾渭分明,因为不可能存在纯形式的自然法,这种自然法将成为空洞无物的东西。不过,区别还是比较明显的。第一种是在 17—18 世纪,因上述已提到的因素影响下产生的,以'契约理论'的形式表现,尤其是这一理论中的个人性。所有的法律都来自于制定,而制定则依赖于理性的协议。"②他认为,这种协议有两种属性:一是其真实属性,是实在发生的,来源于自由个人之间的契约;二是其理想属性,"法律的合法性在于它的内容与自由协议形成的理性秩序观念相一致。"③韦伯进而指出,17—18 世纪的古典自然法的本质是"自由"或称"契约自由"。"自然"和"理性"是合法的实体性标准。这种自愿的理性契约成为自然法结构最普遍的形式原则。从自然法的观点看来,"作为'自然法',属于具有一般约束力的规则,'连上帝也不能改变之',任何法律秩序也不可与之相抵触。比如,只有一种货币符合'事务的本性',即通过商品的自由交换获取的货币。15 世纪的有些狂热者认为,根据自然法,国家应该分解,否则,纸币'人为'创设的非法性将玷污了合法的法律稳定性。"④

现代自然法虽然在形式上仍然主张正义、道德、人权,但不再像 19 世纪以前那样侧重强调形式意义上的自然法,而是更加注重自然法的实质正义即实体自然法,由形式逐渐转向实体。韦伯认为,"这种自然法的形式主义因各种原因而被削弱了。首先,为了确立与现实秩序相关的制度,自然法不得不接受并非来源于契约自由的权利之合法性,特别是继承取得。人们千方百计地将继承法建立在自然法的基础上。"⑤那么是什么原因导致形式自然法转向实体自然法呢? 韦伯认为,"首先是与靠劳动取得财富的社会主义理论分不开。对于这种理论,反对的意见不仅列举了通过继承途径或受保

---

① [美]哈罗德·J.伯尔曼:《论实证法、自然法及历史法三个法理学派的一体化趋势》,《法学译丛》1989 年版第 5 期,第 12 页。

② [德]马克斯·韦伯:《论经济与社会中的法律》,张乃根译,中国大百科全书出版社 1998 年版,第 289 页。

③ [德]马克斯·韦伯:《论经济与社会中的法律》,张乃根译,中国大百科全书出版社 1998 年版,第 289 页。

④ [德]马克斯·韦伯:《论经济与社会中的法律》,张乃根译,中国大百科全书出版社 1998 年版,第 290 页。

⑤ [德]马克斯·韦伯:《论经济与社会中的法律》,张乃根译,中国大百科全书出版社 1998 年版,第 290 页。

障的垄断方法取得的财产,而且还提到了契约自由的形式原则与人们对通过契约取得的权利之合法性的普遍承认。根据这种理论,所有物品的取得必须以它们是否通过劳动取得来做实体性的衡量。"①即只要为社会承认的现实权利和权力就是合法的。凡是社会存在的合理的关系,都被认为合乎自然法则,如遗产、继承等。总之,原则上,一旦某项取得权利同实质性的经济内容相结合,而不是同纯粹的形式(协议)相结合,形式的自然法便要转变为实质自然法。这种转变的背景,是同现代以来西方社会本位逐步代替个人本位,19世纪的绝对所有权、绝对契约自由和绝对过错责任原则的削弱是相一致的。

(三)在神学自然法与世俗自然法的对比中,神学自然法与世俗自然法的力量互相消长,最后使世俗自然法越来越占主导地位

自然法的复兴运动有两个时期。第一个时期是19世纪末20世纪初,世俗自然法虽占有优势地位,但其力量微弱,影响不大。第二个时期为第二次世界大战后,由于空前的战争灾难强化了人们对神的信仰,因而促成神学自然法倾向明显地占据主导地位,且力量强大,以马里旦为最大的代表。与此同时,世俗的概念法学,尤其是德国的实证主义法学,在群众中逐渐失去信仰,"恶法亦法"被称为"纳粹的帮凶"而遭到唾弃。

20世纪60年代末以来,因越南战争、贫富两极分化、失业率增长、种族矛盾的激化等,造成越来越大的社会问题。面对这种情况,空洞的宗教信仰已不能解决问题,促使人们必须从现实中寻找解决办法。于是,世俗自然法又猛烈地崛起,并造成巨大的影响。这就使世俗自然法跃居主导地位。

(四)在个人本位的自然法与社会本位的自然法的对比中,以社会本位的自然法为主

与17、18世纪反映个人本位与个体自由主义相比,现代自然法学家虽然承继了此前的自由主义精神,但更多地强调个人受社会整体的干预,有明显的社会整体倾向。这种倾向的出现是与垄断资本主义政治、经济、意识形态的发展趋势相符合的。如,富勒强调的道德就是利他主义的,强调义务,有社会本位倾向;罗尔斯则强调社会整体利益,强调给弱者群体以特殊照顾;德沃金、马里旦的人权也是讲要从整体理解法律,吸收一些社会学理论;法国的惹尼认为,必须根据当时的社会需要和社会关系来适用法律;德国的布伦纳曾指出,人和共同体的相互关系是不平等的,个人永远服从共同体;奥地利的麦斯纳讲,自然道德法只能在社会和民族关系的范围内得到承认。至于西方普遍奉行的"福利国家"政策,更是建立在国家对社会的直接干涉的基础之上的。

(五)在本体论自然法与方法论自然法的对比中,以方法论意义上的自然法为主

美国学者约翰逊曾指出,当我们运用自然法这个术语时,指的是一种方法,我们运用它以判断个人伦理或实在法的原则应该是什么。自然法的哲学家们渴望在理性和

---

① [德]马克斯·韦伯:《论经济与社会中的法律》,张乃根译,中国大百科全书出版社1998年版,第291页。

人类本性的基础上,而不是依靠神启或先知的灵感做出这样的判断。这样定义的自然法是一个比任何特定的自然法理论都更为广泛的范畴。一个人可以相信自然法的存在而不同意亚里士多德或阿奎那等自然法的倡导者的特定的体系。我正在描述的是一种思想方式,而不是特定的理论①。

任何一种意识形态(包括自然法论)都是本体论与方法论的统一。但是,在古代自然法、中世纪自然法和古典自然法中,都突出了本体论(自然主义、神学主义、理性主义)的方面,而忽略方法论方面。现代以来,由于社会生活的复杂化和疾速的变化性,使法学家们必然更多地考虑自然法的具体的运用,即考虑现实中的自然法是什么及应当怎么做,而非自然法渊源于什么,或者说侧重点必然是方法问题而不是本体问题。可以认为,早在什坦姆列尔提出"内容可变的自然法"的命题中,已含有自然法理论的方法论的意思,即已经把自然法当作解决现实问题的工具了。不过,更自觉地强调自然法的方法论的人,当属马里旦。他明确地将自然法分为本体论和认识论两个方面,而认识论中主要阐发方法论,最引人注目的是对人权的种种分类。此后,我们看到,美国先后出现的道德自然法、正义自然法和人权自然法,实际上主要是方法论上的差别。

方法论的自然法比本体论的自然法更具有时代精神。

(六)世界主义趋势加强

古典自然法学虽然将自然法说成是没有国界的人类共同规则,但他们同时又是坚定的国家主权论者。而复兴自然法学过于强调自然法的全人类性,鼓吹世界主义,具有排斥国家主权的倾向。马里旦便是强烈地反对国家主权的世界主义者。他认为,通过人们的共同实践,有可能达成有着不同意识形态的人们所共同接受的人权内容和行动的实践原则,建立"世界政府"。他曾在联合国教科文组织的有关会议上宣传人权,呼吁人们在对立的文化和信仰中发现人权的共同主张。美国的一家大杂志的主笔卢斯说过:"在现实条件下,法学家最重要的任务是传播这一原理:我们所据以生活的各种法律……是奠定在宇宙法的基础之上的。"当然,世界主义也是整个现代西方法学的一种普遍性的倾向。例如,凯尔森提出"国际法优先国内法";狄骥倡导"国际法的主体不是国家,而是各国的公民"等。在当代西方,随着经济全球化带来法律全球化,以及各种国家共同体、特别是欧盟的发展,世界主义思潮有不断扩大的趋势。尽管如此,也不能导致对国家主权的否定。

二、自然法为什么会产生在古希腊

希腊人强烈的自然哲学、自然观念对自然法观念产生很大影响。古希腊的哲学家一般都认为,哲学源于神话,而神话又是人与自然的关系中产生的,所以古希腊的哲学

---

① [美]约翰逊:《对自然法的某些思考》,《法学译丛》1998 年第 6 期,第 20 页。

是自然哲学。这种自然哲学思想在政治法律领域中的表现，就是倡导自然主义的自然法，强调"与自然相一致的和谐生活"。由于古希腊具备以当时最为发达的哲学为核心的科学，所以在那里，相应地率先诞生了最早的法哲学或法学思想。正如美国学者博登海默所指出的那样："我们之所以从阐述希腊人而非某个其他民族的法律理论入手来考察法律哲学的演化过程，完全是因为古希腊的先哲对自然现象和社会现象有着非凡的哲学洞察力。"①但我们认为，"非凡的洞察力"并不是西方自然法的本源，这种本源应当从更深层次的客观的社会历史条件中去寻找。

（一）历史原因

西方自然法观念的产生是同西方各民族、特别是古希腊民族所自发经历的原始社会、尤其是原始氏族制度的特殊情况不可分的。恩格斯曾讲道："雅典人国家的发生乃是一般国家形成的一种非常典型的例子，因为一方面它产生的方式非常单纯，并没有外来的或内部的暴力行为的任何干涉——庇士特拉托（Pisistratus）的夺取政权，因其存在很短，并未留下任何痕迹——另一方面，在这里，极发展的国家形态，民主共和国，是直接从氏族社会中发生的；最后，因为我们是充分地知道这一国家形成的一切主要详情的。"②希腊国家是在既无内部、又无外部的压力下，完全是随生产力、经济关系自发的发展产生的。希腊半岛上的每个城邦的成员都确信，本城邦是从远古的共同始祖一代代地繁衍而形成的。事实也正是这样。每个城邦都是在确定的氏族组织的基础上演变过来。原始时期的习俗和制度直接转化为人民主权和法治，甚至像雅典那样的民主共和国。这真正是很"自然"的。因此，直到进入奴隶社会时，仍认为国家和法律本源于自然的进化，所以应当将国家和法律看成大自然一部分或在大自然的延长线上加以把握。城邦通行的伦理道德、风俗习惯、对神灵的信仰，乃至奴隶制度，也不例外。自然界至高无上、神圣不可侵犯，作为自然界的一部分的城邦法律也是至高无上的。因而，在希腊人看来，在大自然（包括城邦和法律）面前，人是无能为力的。正是从这种直观的、朴素的意识中，产生出自然法即自然主义的自然法观念。

（二）地理原因

希腊有独特的地理条件，临接爱琴海与地中海，除农业之外，还有渔盐之利，商业、航海业和手工业发达。地中海地理环境优越，气候温和，有水域、平原、山丘，自然现象很成比例。高山、平原、爱琴海，适合于人的生存发展，人们认为和自然很和谐，这就使人们自然而然地产生对大自然的景仰。这是造成希腊人与自然和谐的直接原因。希腊人总是强调要与自然相一致的生活。虽然他们对这个世界怎么会形成这样壮丽精巧的原因，尚无法作答，但却为宇宙间的一切事物的精致纤巧、井然有序所折服。希腊

① ［美］E.博登海默：《法理学：法律哲学与法律方法》，邓正来译，中国政法大学出版社 1999 年版，第 3 页。
② 恩格斯：《家庭、私有制及国家的起源》，人民出版社 1954 年版，第 114 页。

特殊的地理环境,使他们无须组成一个大一统的民族国家。他们组成一个个城邦,他们的政治基础是民主的,当然是自由人的民主。虽也有过所谓僭主政治,有过斯巴达那样特殊类型的尚武的集权国家,但从未建成同时代埃及、波斯那样的绝对专制主义国家。而且,古希腊早期的海上迁徙也是促成公平、自然法律观的原因之一。离开旧庙宇和坟墓意味着摆脱了神和宗法血缘的控制。没有这种控制的生活是流动的、自由的。人们之间更容易形成理性而平等的关系。韦伯指出:"除了'市场'和贵族定居城市外,还有两种重要的现象:一方面是后来控制整个生活的'竞技比赛'……其次是:尽管有对神的敬畏,同诸神的关系根本没有约束力……英雄社会这种对神的不敬,只能产生于流浪迁徙、特别是海上流浪迁徙的结果,产生于他们不必与旧庙宇生活在一起,不必生活在坟墓旁。"①即使他们为自己塑造了诸如雅典娜那样的神以及最高之神宙斯与欧罗巴恋爱的故事,也和中国的严肃而令人敬畏甚至狰狞恐怖的神不同;这些神是充分人性化的,有着使人感到可爱可亲和愉悦景仰的形象。

古代中国,也强调过天人合一,但它是作为一种理想和追求提出的,不是一种现实关系。中国的"法自然"与西方"自然法"显然不同。雅典自然法首先表现为城邦主义,确信"人天然是城邦的动物",将城邦法律奉为神圣,这是古希腊普遍承认的自然主义的城邦观念。当时几乎所有的思想家都主张必须要"和自然相一致的生活",都承认法是自然的东西,人们必须服从它。西塞罗在追溯希腊的历史时曾指出,"法律最初是从自然产生的;接着,被断定为又有的标准就相因成习地确定下来;最后,尊敬和神圣又对这一从自然产生的并为习惯所确定的东西加以认可。"这就是希腊人和后来罗马人的自然哲学进而是自然主义自然法精神的一大表现。

(三)经济原因

古希腊原始国家的经济起点是最高的。它独特的地理环境使其在公元前两千多年便开始了频繁的海上贸易和海外掠夺,正如黑格尔《历史哲学》一书中讲过的那样:"大海挟着人类超越了那些思想和行动的有限的圈子……这种超越土地限制、渡过大海的活动是亚细亚洲各国所没有的。"公元前7世纪,当流之于小亚细亚的希腊文明回到本土,这时的氏族血缘关系已近彻底瓦解,在较发达的商品经济的推动下,民主政治得以发展,正义观念兴盛。考察世界古代史可知,雅典文明制度的形成是建立在生产力发展水平较高基础上的。希腊时代有些东西,竟出现惊人的"现代化"。历史学家修昔底德斯在《伯罗奔尼撒战争史》中指出,由欧洲人带到中国乃至全世界的一套国际关系的惯例——条约、使节、宣战、媾和、战争赔款等鸦片战争前中国人不知道的东西,已盛行于当时的希腊世界。这一套国际间的法权关系,只能产生于航海、商业的民族。古希腊航海业及海外贸易的发达,促进了商品经济的发展。恩格斯对古希腊社会的发展评价道:"由于农业和手工业、商业和航海业之间的分工和进一步发展,氏族、胞族和

---

① [德]马克斯·韦伯:《经济与社会》下卷,林荣远译,商务印书馆1998年版,第636—637页。

部落的成员……的杂居"以及对氏族制度机关的扰乱,才有一系列改革。也正是"……日益发达的货币经济,就像腐蚀的酸类一样,渗入农村公社的以自然经济为基础的传统生活方式。氏族制度同货币经济绝对不能相容","氏族制度走到了尽头"①。希腊人使用铁器,始于原始公社末期,雅典时期生产工具达到同期世界各民族的最高水平。希腊的精神文化业绩,也是相当发达的。"雅典卫城"堪称是艺术杰作。生产力的发达,使人的主体精神得以发展。人对自然改造能力更强,自然赐给人们的更多,必然促进人们对自然界的亲近感的产生。

(四)社会原因

古希腊是城邦社会。城邦既是一种政治制度、又是一种社会结构。在那里,国、家概念是独立的。国是政治法律概念,家则是民事概念。这就意味着国家不是个人的,而是大家的。因此,国家(城邦)的职能就在于维护联合体的利益,公平、平等地对待联合体的每个人。法律是联合体共同利益的最高体现,法律成为人们公认的公平、平等的权威。而且,古希腊的简单商品经济使得血缘关系解体,人们已经以财产划分政治社会关系。因而,人们的社会关系依据的是公平、合理、等价有偿等商品经济运行规则。这一切都不是人为的,而是自然地发生的。

三、西方的自然法观念何以历经几千年而不衰

德国法史学家祁克曾指出,"不朽的自然法精神永远不可能被熄灭。如果它被拒绝进入实体法的机体,它就会像一个幽灵飘荡在房间的周围,并威胁要变成一个吸血鬼去吸吮法律机体的血液。"②自然法之所以在西方长盛不衰,至少可以从以下几个方面来分析。

(一)古希腊、罗马以来的民主和法治传统具有连续性

在西方法学理论的发展历史上,民主、法治理论一脉相承并延续至今,这是由于它们一开始就建立在自然法的基础上,后来也是以自然法为支撑的。民主与法治是人类先进的政治文明,而先进的文明总是会被后人所珍贵而不会轻易抛弃的。西欧民主渊源于希腊尤其是雅典民主共和国。古希腊国家实行主权在民和直接民主制度:"凡享有政治权利的多数公民决议,无论在寡头、贵族或平民政体中,总是最后的裁判具有最高的权威。"③"城邦既然是'轮番为治'的公民团体,城邦当然高于它的每一个个别公民,也高于它的一切统治者,这是城邦的'民主集中主义'———一种以公民最高主权为

---

① 《马克思恩格斯选集》第 4 卷,人民出版社 1972 年版,第 109—110 页。

② O. vin Gierke, *Natural Law and the Theory of Society*, see G. C. Christie, *Jurisprudence-Text and Readings on the Philosophy of Law*, west Publishing Company, 1973, p263.

③ [古希腊]亚里士多德:《政治学》,吴寿彭译,商务印书馆 1965 年版,第 199 页。

基础的民主集体主义,所以,它必须有规章,要按章处理。同时,城邦既然是自给和闭关的,它也必须有各种法律才能保障这种自给和闭关的生活。"①(这里所讲的"闭关"应从城邦主义角度上理解)城邦轮番为治的民主制度,导致必然实行法治,这种法治作为古希腊罗马文明的重要遗产,成为后来资产阶级法治精神、文化及制度的滥觞。古希腊时期首次明确而系统地提出法治理论的是亚里士多德,其法治模式成为人们探讨法治问题的一个必要理论支点。他指出:"我们应该注意到邦国虽有良法,要是人们不能全体遵循,仍然不能实现法治。法治应该包含两重意义:已成立的法律获得普遍的服从,而大家所服从的法律又应该是本身制订得良好的法律。"②亚里士多德这一关于法治的阐述,奠定了西方法治、民主的理论基础。这种民主制在伯利克里时代的雅典达到了顶点。中世纪时虽然自然法被打上深深的神学教条主义的烙印,但人、君主、教皇仍要服从法律。阿奎那曾讲道:"如果君王自己承受法律的约束,这是一个与统治者的尊严相称的说法;因为甚至我们的权威都以法律的权威为依据。事实上,权力服从法律的支配,乃是政治管理上最重要的事情。"③尽管中世纪的基督教教会充当了蒙昧神学的工具,但由于受到神学思想家对"上帝即法律本身,故他珍爱法律"的宣传,以及教会在组织上的独特性,使得教会几乎成了现实法治的试验品,而且教会中也实行选举,代议制的议会也是天主教先搞起来的。这在一定程度上为近代民主制和法治主义发展提供了启示。正如伯尔曼所说:"教会是一个法治国(Rechtsstaat),一个以法律为基础的国家。与此同时,对于教会权威进行限制,尤其是来自世俗政体的限制,以及教会内部尤其教会政府的特殊结构对于教皇权威的限制,培育出了超过法治国意义上依法而治的东西,这些东西更接近于后来英国人所称的'法的统治'。"④顾准也曾讲道:"罗马覆亡之时,许多罗马显贵投身教会,著名的教父,多半是罗马文化的显贵。所以,教会是黑暗时期罗马典章、罗马法治、希腊思想的保藏库。"⑤到17、18世纪,启蒙思想家们倡导共和、人权、民主、自由、法治、分权、人民主权等理论,提出建立资产阶级民主共和国的政治纲领。哈林顿对于"怎样才能使一个共和国成为一个法律的王国,而不是人的王国"的问题进行了论述。他指出:"每一个政府的基础或中心就是它的基本法律。"⑥只有在法治的共和国中才存在法律统治下的自由。洛克则将自由与法律紧密连接。他说:"在一切能够接受法律支配的人类状态中,哪里没有法律,那里就没有自由。这是因为自由意味着不受他人的束缚和强暴,而哪里没有法律,那里就不能有这种自由。但是自由,正如人们告诉我们的,并非人人爱怎样就怎样的那种自由(当其他任何

---

① 顾准:《希腊城邦制度》,中国社会科学出版社1986年版,第19页。
② [古希腊]亚里士多德:《政治学》,吴寿彭译,商务印书馆1965年版,第199页。
③ [意]托马斯·阿奎那:《阿奎那政治著作选》,马清槐译,商务印书馆1982年版,第123页。
④ [美]哈罗德·J.伯尔曼:《法律与革命》,贺卫方等译,中国大百科全书出版社1993年版,第259页。
⑤ 顾准:《顾准文集》,贵州人民出版社1994年版,第249页。
⑥ [英]詹姆士·哈林顿:《大洋国》,向新译,商务印书馆1983年版,第104页。

人的一时高兴可以支配一个人的时候,谁能自由呢),而是在他所受约束的法律许可范围内……的那种自由。"①卢梭认为,法律是公意的体现,意志具有普遍性。即"无须再问君主是否超乎法律之上,因为君主也是国家的成员;也无须再问法律是否会不公正,因为没有人会对自己本人不公正;也无须再问人们既是自由的而又要服从法律,因为法律只不过是我们自己意志的记录。""法律既然结合了意志的普遍性与对象的普遍性,所以一个人,不论他是谁,擅自发号施令绝不能成为法律;即使是主权者对于某个个别的对象所发出的号令,也绝不能成为一条法律,而只能是一道命令;那不是主权的行为,而只能是行政的行为。"②现代自然法的代表人物富勒将法作为一种事业,即"法是使人类的行为服从规则治理的事业"③。"法治的实质必然是:(法律)对公民发生作用时(如将他投入监狱或宣布他主张有产权的证件无效),政府应忠实地运用曾宣布是应由公民遵守并决定其权利和义务的规则。如果法治不是指这个意思,那就什么意思都没有。"④德沃金更加重视关怀和尊重人的平等权利。他认为,"政府必须关怀它所治理的人……也必须尊重他们……政府必须不仅关怀和尊重人民,而且要平等地关怀和尊重人民。"⑤

更值得注意的是马克思主义创始人的思想与雅典民主共和国的联系。恩格斯在《家庭、私有制及国家的起源》中讲到将易洛魁人的直接民主同雅典民主连接在一起,完全撇开了斯巴达,将神权政治的希腊王政说成是军事民主。马克思向往雅典民主,在《法兰西内战》中,为法国人设计的一套政治制度,也是以希波战争后"雅典同盟"为其原型。马克思早期著作中的民主主义倾向,也受到雅典民主的影响。至于在《共产党宣言》中所讲的"每个人的自由发展是一切人自由发展的条件"的共产主义目标,也显示了雅典民主的影响。

可见,自有着深厚的历史文化传统的古希腊罗马时代兴起的自然法观念,到西方资本主义几百年来所倡导的"理性、正义、平等、自由、公平"观念,民主、法治、共和观念始终一脉相承,成为强大的推动因素和惯性力量,更多地启发人的主体精神,将现实状态理想化。这些都是自然法思想得以延续的不可忽视的思想基础⑥。

(二)自然法所表现的正义、理想和道德的追求具有连续性

对正义的追求构成了贯穿西方自然法学发展的红线。一定程度上讲,自然法是对

---

① [英]洛克:《政府论》下篇,叶启芳、瞿菊农译,商务印书馆1996年版,第36页。
② [法]卢梭:《社会契约论》,何兆武译,商务印书馆1996年版,第50—51页。
③ [美]富勒:《法律的道德性》(英文修订版),耶鲁大学出版社1969年版,第106页。
④ [美]富勒:《法律的道德性》(英文修订版),耶鲁大学出版社1969年版,第209—210页。
⑤ R. Dworkin, *Taking Rights Seriously*, Harvard University Press, 1978, pp. 272—273.
⑥ 这些与古东方国家是有本质区别的。后者强调的是专制主义,把一切人都看成奴隶,无自主意识、无平等协调人际关系的理想。只有人们在不堪忍迫时,才产生朦胧意识。而且不管是奴隶起义,还是农民起义,基本上没有张扬民主、法治的问题。或者说,即使包含一些类似主张,也并未明确提出来。而古希腊、罗马不同,民主法治首先使自由人将这些制度现实当成现实的东西。

非正义理论的对抗。对不满现存政治法律制度或要求变革现存法律秩序的人来说,自然法是很好的武器。梅因讲道:"时代越黑暗,则诉诸'自然法律和状态'便越加频繁。"①正义与自然法几乎是通用的。在古希腊,正义以一种调整自然力对宇宙组成部分的作用,保证平衡和协调的先验宇宙原则,而首次出现。苏格拉底将正义作为立法的标准,说道:"我确信,凡合乎法律的就是正义的。"②柏拉图认为,正义应是一种人类品行、人类美感的道德原则,它体现为善和恪守本分、各尽其职。法律是用来维护正义的手段。其著作《理想国》的副标题即为《论正义》,主要是围绕正义来展开对法律、政治思想的论述。亚里士多德对正义概念加以发展,认为"相对于城邦政体的好坏,法律也有好坏,或者是合乎正义或者是不合乎正义。"③他将法律与正义更加紧密地联系在一起:"要使事物合乎于正义(公平),须有毫无偏私的权衡;法律恰恰正是这样一个中道的权衡"④;说法律的实际意义应是促成全城邦人民都能进于正义和美德的永久制度。斯多葛派认为,即使人们的地位、天赋和财富等方面不可避免地存在差别,但人人至少都有要求维护人的尊严的起码权利,正义要求法律应当认可这些权利并保护这些权利。西塞罗的正义与法律的自然观更加突出,认为正义的法律是普遍的、永恒的,因为它是与自然相适应的。"真正的法律,乃是与大自然相符合的正理(right reason);它是普遍适用的,不变而永存的……在罗马和雅典不会有不同的两套法律,在现在与未来亦复如是,一种永恒不变的法律将适用于一切时代。"⑤中世纪神学自然法思想家都把正义置于神学的体系内,将正义说成是上帝的意志。奥古斯丁曾指出,法律只不过是"正义的流露"。古典自然法学说是一种具有强烈意味的正义法律理论。康德、黑格尔从形而上的"自由"出发,认为正义是人类自由意志的体现,法律的价值就在于确保人类的这种自由意志,自然法和制定法的效力来源于自由意志及正义。现代自然法学派的富勒认为法律有内在及外在道德,其中法律的外在道德与正义是一致的。罗尔斯的正义论更是在法学界产生了重大影响。他认为,正义对社会制度来说是至关重要的,就像是否符合真理是理论的首要美德一样,正义是社会制度的重要美德。不管一个理论如何设计精巧和实惠,只要不是真理,就该被推翻;法律制度也如此,不管它是任何安排巧妙和有用,只要不符合正义,就必须加以改造或废除⑥。罗尔斯为社会正义原则的选择设计了一套程序,认为这种被选择出的正义原则是所有理性人都应该选择的原则。这些原则不仅仅是为了论证现在的社会、政治、法律制度,更重要的是构成对现有制度进行评判的标准。正是在这个意义上,其学说归入自然法学。虽然并未提到

---

① [英]梅因:《古代法》,沈景一译,商务印书馆 1996 年版,第 53 页。
② [苏]涅尔谢相茨:《古希腊政治学说》,蔡拓译,商务印书馆 1991 年版,第 117 页。
③ [古希腊]亚里士多德:《政治学》,吴寿彭译,商务印书馆 1965 年版,第 148 页。
④ [古希腊]亚里士多德:《政治学》,吴寿彭译,商务印书馆 1965 年版,第 148 页。
⑤ [意]登特列夫:《自然法:法律哲学导论》,李日章译,台湾联经出版事业公司 1984 年版,第 15 页。
⑥ [美]罗尔斯:《正义论》,何怀宏、何包钢、廖申白译,中国社会科学出版社 1988 年版,第 1 页。

自然法一词,但其法律哲学是融入正义论之中的,因而被称为"正义论法哲学"。可见,在西方自然法的历史变迁中,无论是古希腊罗马的自然主义自然法、中世纪的神学自然法、古典自然法,还是现代自然法,虽然它们在理论上有所不同,但有共同的东西一脉相承,即都强调自然法是社会持续不断的思维和行动的原则,是"人类所共有的权利或正义体系",都使正义始终与作为其载体的法律紧密相连。法作为一种最具有权威性的价值体系和规范体系,当然也应将实现正义作为自己最终的理想目标。因此,历代的立法者无论其法律是否真的体现了正义,都常常要标榜自己是追求正义的。

其次,自然法随着时代的变化而改变自身的存在方式,而它的理想追求却是永恒的。纵观自然法的发展史,自然法学思想家们总要通过研究社会矛盾与时代的哲学、宗教、文化、道德等上层建筑之间的关系,对主流理论进行批判,来确立自己的政治理想,并以此为立足点来回答由时代所提出并急需解决的重大社会政治问题。如,西塞罗的自然法学说,便是从古希腊的政治理论和斯多葛哲学中寻找解决罗马共和国晚期各种冲突的方法的结果,该学说也同时表达了他对秩序和和平的追求。托马斯·阿奎那则受到亚里士多德主义在中世纪的复兴所导致的理性和信仰之冲突状况的恶化的影响,其自然法思想寄托着他对上帝和教会统治之下实现人类和平的理想。由于自然法思想家们的思想成果是借助于自然法这一传统形式表达出来的,因而自然法理念就是对人类理想的企望。思想家对现实社会普遍矛盾的深切关注构成了自然法与现实社会之间动态平衡关系的中介和通向理想世界的道路。

最后,道德是人性在法的精神中的体现,是人类社会的永恒话题。绵延几千年的自然法无不包含了人类最美好的道德关怀。自然法纠正人们对法的错误理解,使单纯的道德原则在社会中得以体现,道德秩序借助于法的运行来实现。在道德对法的渗透下,法得以永恒化。正因如此,随社会的发展,自然法会变换不同的形态,也会受到来自其他方面的冲击,但自然法永远不可能消失。如19世纪末20世纪初,分析法学曾盛行一时,道德价值在法中的地位曾受到挑战。但不久爆发的第二次世界大战便使人们重新认识到自然法的重要性,使人们重新思索"难道恶法也必须遵守吗?"等现实问题。对此,自然法学家做出了否定的回答。他们把自由、平等、人格尊严摆到了至高的地位。现代一些著名的自然法学家对自然法的重新崛起发挥巨大的作用。这些都充分说明,只要人类存在,就不会失去对道德价值的追求。事实上,道德强烈地影响着法律思想的进程。

(三)自然法蕴涵丰富的理性精神,使之具有连续性

自然法的发展过程,实际上是在特定的文化背景和价值取向的推动下的理性的运用和发展过程。无论是在哪一种形态中,理性都会将自然法置于客观世界的逻辑体系中。正因为如此,自然法又常被统一地归结为"理性法"。在自然法学论者看来,自然法不过是理性的推论。这里的"自然"当然不是简单地意指自然界,而是指一种精神。它用之于人即指理性或自然理性,用之于神即称作神意或神的理性。自然法肯定任何

与人的理性同社会本性相结合的行为,就是道义上公正的行为,反之就是道义上罪恶的行为。于是就赋予自然法以永恒性和绝对性。在古希腊罗马时期,自然法被理性地论证为自然存在着的一种正义,就如古希腊世界的诸神一样,与人类的意志是毫无关系的;将人类理性自然化、规律化或客观化,企图让自然法的道德原则同自然界一样的久长。如西塞罗认为,国家与法律正是基于理性这种人的自然本性而发生的。这种理性是人生而有之的,自然法正是它的体现。中世纪,自然法被视为人的理性对上帝的理性的参与,实质上是试图从上帝那里寻求自然法的永恒。到了近代,自然法被认为纯粹是人类理性的体现,是人类自然本性的必然要求及人类自然理性的必然选择①。"自然法的基本原则是属于公理性的,就像几何学的定理一样。"②此外,古典自然法学家们还从理性契约入手论证自然法,目的就是要从人类起源的角度追求自然法的永恒。如格劳秀斯曾经谈道,自然法是人类理性或本性的体现,是永恒不变的法则,即使上帝也不能把白的说成是黑的,把黑的说成是白的。它既是人们必须遵守的道德准则,又是国家和法律理论的基础。在现代,自然法被认为是实践理性在追求人性之善的过程中的一种合乎真正善的逻辑选择③。

自然法哲学本身具有浪漫而又深邃和开阔的情怀,这为人们愿意遵循它从而去追寻永恒的正义提供了条件。此外,自然法的生命力还在于,自然法学家们不仅用哲学术语提出和讨论人生的基本问题,还建立起坚固难摧的哲学体系,进行现实的制度设计。正如博登海默所说:"思想家提出的一些假设和结论因日后的经验和发现而未能经受住时间的考验,但是这些思想家……寻求解决问题的各种可能进路的方法,却可以说是持久有效的。"④"自然"本身就是个永恒的概念。理性自然法不会随着时代的变化而消逝,它要与人类共存。

(四)自然法方法论方面的抽象和灵活的特点,使之具有连续性

自然法具有抽象性。自然法宣扬的善、恶等都是形而上学的,不仅提供给人们广阔的思考余地,而且为人们方便、创造性地利用它提供保障。特别是在社会变革或革命时期,任何新崛起的社会利益集团,都不会轻易放弃对自然法的呼吁,论证本身的利益符合自然法精神。正如我们已经看到的,自然法既能存活于"黑暗时代",又能存活于理性时代,甚至成为号召社会的有力手段。无论在什么环境中,处于什么时代,西方社会都能听见自然法的声音。亚里士多德、阿奎那利用自然法论证奴隶制的合理性;斯多葛派利用自然法论证人的平等性。中世纪的世俗君主派利用自然法,反对教会的

---

① Robert P George, *Natural Law—Contemporary Essays*, Oxford: Clarendon Press, 1992. pp. 31—33.

② 彼得·斯坦,约翰·香德:《西方社会的法律价值》,王献平译,中国人民公安大学出版社 1990 年版,第 12 页。

③ John Finis, *Natural Law and Natural Rights*, Oxford University Press, 1980. pp. 125—127.

④ [美]E.博登海默:《法理学:法律哲学与法律方法》,邓正来译,中国政法大学出版社 1999 年版,第 3 页。

干涉;反暴君派利用自然法维护教会,反对"暴君"。霍布斯用它为专制主义辩护;洛克则用它为自由主义呐喊。20世纪发生的两次世界大战,对传统价值标准、理想信念带来冲击,促使人们开始反思法律的正义、理想及价值追求的意义,从而对法律的正义、理性的价值予以重新思考。正是作为一种恒久的文化理念,形成于古希腊的自然法穿越了中世纪和近代的文化时空,得以延续至今。正如马克思指出,自然法是不能够被废除的,在历史的不同环境中发生着变化的,只不过是其发挥作用的形式而已①。其原因就在于自然法作为一种恒久的文化理念,不仅能适应环境的变化,自如地应付来自各方面的挑战;而且能把人们的普遍价值追求纳入一种自然的逻辑体系之中,从而使之获得客观性,并借助于理性的力量使某种特定的利益要求和价值取向为社会普遍认同。

自然法具有灵活性。自然法是一种被客观化了的主观理念。由于随时空不断变化,支撑它的理论模式及其生存的文化环境也得以变化。因而自然法的形态也处于一种流变的动态过程中,是非常灵活的。从古希腊到现代,自然法的理论框架及其内涵是不尽相同的。它在不同历史时期,被赋予了不同内容。古希腊早期的思想家们将其看成是一种自然正义;斯多葛学派将其解释为遍及整个宇宙的理性;中世纪的神学家们用神性加以限制,自然法的基调是个人为确保社会秩序所承担的义务②。近代自然法的基调,则以平衡道德与法律、"应然"与"实然"、个人与社会的关系为主旋律的③。可见,正是自然法本身在内容上的相当混杂和模糊,这事实上也成为法律实证主义者反对把它作为价值准则的主要理由。从一定程度上讲,自然法的这种灵活性不仅体现着自然法的生命,而且成为自然法观念在西方长盛不衰的原因之一。在其漫长的发展过程中,尽管它曾面临多次来自理论和实践方面的挑战,例如在中世纪它面临着神学的挑战,在近代面临着经验主义、功利主义和历史主义的挑战,当代又面临着实证主义、现实主义和行为主义等法学流派的挑战,但是它却从容地为自己一次又一次地找到了生存的空间④。

还需要指出,在社会的不断发展演进中,有关自然法的一些问题,不仅没有消失,反而显得日益尖锐。比如,关于永恒而抽象的自然法是否为真实的存在;徒具形式的法律是否属于法律的范畴;法律是否具有道德性;法律是否仅仅意味着规范和秩序;实在法之上是否有一种指导其制定和实施的正义原则等。只是对诸如此类问题的思考和争论,也足以使自然法观念长期地延续下来。

---

① Tony Burns, *Natural Law and Political Ideology in the Philosophy of Hegel*, Avebury Ashgate Publishing Ltd, 1996.

② A. P. d'Entreves, *Natural Law An Historical Survey*, New York: Harper&Row Publishers, 1965, p. 45.

③ 张宏生、谷春德主编:《西方法律思想史》,北京大学出版社1990年版,第453—497页。

④ Yves R. Simon, *The Tradition of Natural Law*, New York: Fordham University Press, 1965, p. 3.

四、自然法观念的历史地位

（一）自然法观念维系、发展了古希腊罗马以来民主和法治的成果

西方从古希腊至今，一直非常重视民主法治建设。古希腊和古罗马的文明史同时是一部法律发展史，法律不仅是国家政治活动的首要事物，也是普通公民社会生活的不可或缺的准则。在法律的基础上建立以正义为目标的民主政体，是西方通过法律实现正义的重要方面。古代罗马私法的发达，根源于自然法思想。近代《拿破仑法典》的问世，正是古典自然法理论的实证化。虽然 19 世纪曾受到功利主义、历史主义和分析实证主义等法学流派的冲击，但 20 世纪伊始仍得以"复兴"。此后，特别是二战以来，对法律价值的研究有不断走强的趋势。单纯的法制建设未必能导致正义的实现，实现正义最可靠的保障只能是民主性的法律，而法律的民主性又很难同理性自然法相悖离。至今，自然法、尤其是古典自然法的基本原则仍作为确立近代宪政的基本原则和构成要素，用来衡量一国是否真正实现了宪政，从而对西方民主法制建设起着指导作用。"古典自然法哲学与近代西方宪政制度紧密结合，成为西方资本主义社会的制度性因素……作为西方宪政制度的理论基石，古典自然法将与西方资本主义社会同存。"①从很大程度上可以说，正是对自然法的不断思考，对其蕴涵的人的平等、自由、权利、正义、安全等的不懈追求，才有今天的西方文明，才建构起西方现代法治。而自然法的生命力和合理性又恰恰表现于此。英国的《权利法案》、法国的《人权宣言》、美国的《独立宣言》和 1787 年宪法及其修正案，无不是自然法学说发展的结晶。西方社会的"私有财产神圣不可侵犯""契约自由""罪刑法定""无罪推定"及"司法独立"等法律原则和制度，首先也应归功于自然法学说。英国学者沃克认为，自然法理论对西方社会曾产生巨大作用，它帮助把严格的罗马市民法发展成适用范围较广泛的，更加公平的法律制度；它是中世纪教皇和皇帝冲突中互相都加以利用的理论武器；它奠定了现代国际法的基础；它构成了美国宪法解释的基石，这种解释的目的在于抵制制定法限制个人经济自由的企图；它孕育了自然权利的概念，这种自然权利后来演变为基本权利，今天人们称之为人权。美国一位学者就美国宪法提出自己的看法：在此以前，赋予宪法以至上性的并不是由于其推定的渊源，而是由于其假定的内容，即它所体现的一种实质性的、永恒不变的正义。可以说，西方尊崇法治的传统的根源，就来自于普遍性的这样一种认识。

（二）自然法观念有力地培养了人们的理想追求和主体意识

自古希腊罗马时期直至现代的自然法学说，无不以正义、理性、自由、契约、民主等作为信念追求，这些不仅启发了人类的美好理想，而且对人们形成权利意识、自由观

---

① 张乃根：《西方法哲学史纲》，中国政法大学出版社 1993 年版，第 129 页。

念、法治思想起到了促进作用。即使是在黑暗的中世纪,人们对正义、法治的信念仍深信不疑。基督教圣徒奥古斯丁在《上帝之城》中写道:"如果正义不复存在,政府将是一大帮强盗","没有真正正义的地方,法律是不可能存在的。""没有正义,人们之间的联系就不可能通过法律的纽带继续。"①他认为人们的权利或权力是以遵守法律为前提的。近代资产阶级革命时期,启蒙思想家们倡导的自由、平等、民主、权利和分权的法治原则,不仅体现了人们的价值追求,更为西方资本主义民主法治理论建设打下坚实的基础,从而形成完整的资产阶级宪政体制,在一定程度上保障了西方社会朝着民主、文明、进步方向持续发展。至今,它仍然为西方各国政治制度不断提供新的养料。

另一方面,自然法培养的理性追求和主体意识,还表现在敢于反抗暴政的精神。中世纪末期反暴君派的思想,启发了古典自然法学家,产生出洛克、特别是卢梭的抵抗权和反抗权理论,进而在实践中导致欧美各国的反封建的革命风暴。在近代和现代西方国家中,反抗权理论又成为人民群众捍卫民主和法治的有力手段。西方学者麦克唐纳尔德曾指出:"从斯多葛学派和罗马法学家到欧洲宪章和罗斯福的四大自由,自然法和自然权利学说经历了漫长而感人的历史。人仅凭其共同人性而享有某些权利的观念既受到热情的捍卫,也遭到猛烈的攻击。它曾遭受休谟冷静的怀疑论的针砭,被边沁讥蔑为'高烧时的胡说八道',也不可避免地被集权主义国家的理想主义者和马克思主义哲学家所遮覆,但'自然权利'的主张从未被彻底击败。每逢人类事务发生危机,它总会以某种形式复兴,因为每当这时,平民们总想表达或通过他们的领袖阐明其朦胧却坚定的信念:他不是任何政治舞台中无足轻重的搭配,也不是任何政府或统治者的财产,而是活生生的、有反抗精神的人;所有的政治舞台都是为了他而搭起,所有的政府也是为了他而建立。"②

可见,自古希腊罗马时代兴起的自然法观念起,到西方资本主义几百年来所倡导和向往的理性、正义、平等、自由、公平的观念,始终是人们价值追求的重要部分,成为人们将理想变成现实的强大的推动因素和惯性力量,更多地启发了人们的主观能动精神。简言之,自然法向来承认人格独立性,承认人追求价值和利益的合理性。

(三)自然法有很强的社会历史适应性,不断促进法律意识形态和法学的进步

由于自然法拥有独特的抽象性和巨大的弹性,它总能够随着时代的步伐而得到创新,并解决社会面临的实际问题。这使自然法较之其他意识形态,有持久的优越性。我们已经说过,自然法的主张曾成为西方社会革命和改革的重要武器。每一次社会变革,自然法观念都会生长起来,而且不断地得到新发展。从奴隶社会末期到封建社会,从启蒙思想家到现代自然法的复兴无不如此。任何社会体制下,自然法都具有很大的

---

① [美]约翰·麦·赞恩:《法律的故事》,刘昕、胡凝译,江苏人民出版社1998年版,第181页。
② J. Waldron, *Theories of Rights*, Oxford University Press, 1984, p. 21.

启发力和号召力。自然法观念作为西方社会普遍意识,深深积淀于西方大众的文化心理结构中,而形成一种强型的情结。近代的古典自然法学说不仅成为西方资产阶级反对中世纪封建专制及神权专制的锐利武器,而且是对构成西方法治和宪政制度的理论基石。一位学者曾指出:"如果没有自然法体系和自然法先知者的学说,近代宪法和近代国际法都不会是今天这个样子。在自然法的帮助下,历史教导人类走出中世纪的制度而进入近代的制度,特别是近代国际法,其本身的存在应归功于自然法学说。"①可以说,自西方自然法观念发端于古代社会时起,就成为自古希腊柏拉图时代至今一直发展着的政治法律思想。它不仅是西方进行社会、政治、法律等制度设计的基本参照,而且还是关于社会、政治、法律等的评判标准。

(四)自然法作为比实证法更高层次的理性法,有利于启示人们探讨实证法背后的东西

单纯的实证法观念的主要弱点在于,它只就法律而谈法律,为了法律而谈法律,因此就不免流于肤浅和短视。但是,自然法观念,从一开始就作为对实证法之外或之后的东西之思考。古希腊人探讨大自然(包括社会的自然)对法律的作用。中世纪人探讨宗教对法律的作用。近代启蒙思想家探讨人的理性对法律的作用。在现代,随着价值哲学的发达,法学家们越来越关注正义、道德和人权等对法律的作用,不仅自然法学家是这样,甚至许多法律实证主义和社会学法学家也有这种倾向。例如,新分析法学家哈特提倡"最低限度的自然法"之理由的说明;制度法学家麦考密克和魏因伯格,把人类实践理性(道德)作为追求的"最终目标",承认法律需要"应然性"及"制度道德"。再如,奥地利的埃利希认为,道德等"活法"比实证法更重要;美国的庞德承认正义和道德对立法和司法都有不可避免的影响;美国法社会学家塞尔兹尼克和诺内特宣布:自然法之所以确实存在,就表现在人类的理性和理想的存在以及价值观念影响的存在。特别重要的是,马克思和恩格斯在自然法的思维方法的影响下,发现"法律没有自己的历史",看到了经济关系对法律的决定性作用。

在这里,我们侧重强调以下几点:

第一,自然法研究有利于把握道德和法律的互动。

黑格尔在《法哲学原理》一书中指出,道德是法向着主体的内部发展,体现着"自为的无限性"。自然法从一定程度上可以说就是道德法。道德使自然法达到自己的目标。尽管实在法也包含了价值追求,但道德价值在自然法和实在法中的存在方式和作用方式却有很大的不同。自然法和实在法同是法的渊源,自然法不仅影响着法,而且其精神必然构成特定时代的法的精神。从自然法入手去分析道德和法律的关系,有助于正确认识道德和法的关系。首先,道德和法的内涵关系。传统观念认为,道德是指向人们的内心,而法律指向的是人们的外在行为。而自然法告诉我们,法律中包含着

---

① [英]劳特派特:《奥本海国际法》上卷,第1分册,王铁崖、陈体强译,商务印书馆1971年版,第63页。

道德价值。法律不仅指向人们的外在行为，它也要求人们内心的自觉。如果一种价值只是束缚人的外部行为，而不问其内心动机，那么这不能说是一种真正的价值。道德不仅指向人的内心，而且要求人们外部行为的完善。缺少任何一方面，都同样会受到社会的谴责。当代法学家凯尔森指出："且不说从心理上违背自己的偏爱和自私自利而按照相反的动机行为的不可能性，一个仅与行为动机有关的道德规范是不完全的，它只有同规定外部行为的那些规范相联才能有好的结果。也就是说，只有动机和外部行为都符合道德规范，才能有道德价值。"①当然，道德与法律也是有着明显区别的。比如并非所有受道德谴责的行为都会受到法律的制裁。其次，二者都具有权威性，但法律还具有国家强制性，即法律的实现是由国家强制力来保障的，其权威是一种强制性的权威，没有强制性的法律是不可思议的。道德也具有权威性，即有关正义的权威、评价的权威、人性的权威等。但道德的权威既无须国家制定或认可，也没有国家强制力的保障实施，而是在长期的社会习惯中逐渐形成的。当然，由于法律在一定程度上包含了一些正义的道德内涵，因而，法律具有权威性并非完全是由于其具有强制性。再次，法律须有道德基础，否则便是专横的恶法。良好的道德有利于法律调整的顺利进行及法律秩序的实现，而且有些道德也是法律所极力追求的价值。反过来，法律又强化和维护着道德。

第二，有利于正确认识法律遵守与宗教信仰的关系。

在西方，人们对法的普遍信仰主要表现在法律的神圣性和至上性的理念的形成。信仰作为人的一种绝对精神，处于人类意识的核心，其形成往往需要很多因素的辅助。西方人对法律的信仰并非完全是从对法律的直接认识中产生的，也受到宗教信仰的熏陶。中世纪的基督教文化在很大程度上影响了西方文化，同时深深地影响了人们的意识②。当时在人们的思想中，上帝是神圣的，具有超越一切世俗权力的权威，因此作为上帝意志表现的法律也具有神圣性。对上帝的崇拜有力地促进了相应的法律意识的树立。比如"法即神意"的观念，在客观上必然在人们心灵深处培养对法律的神圣性和至上性的认识。由于对上帝的普遍信奉，使得他们相信遵守法律包含的普遍准则实际上就是对上帝的服从。伯尔曼曾讲过：西方法律至上的理念来自于超现实的宗教信仰，即基督教信仰的帮助。法律秩序产生的一个条件就是"存在一种广泛流传的信念，在不那么严格的意义上，可称其为自然法观念"。西方自然法观念首先来自于罗马法学家在人性基础上发展起来的万民法和商品交换的支持，"对自然法观念的另一支持来自于超验性的宗教"③。近现代西方国家法治的建立一定程度上得益于基督教所创造的各种心理基础。在伯尔曼看来，法律和宗教"代表了人类生活的两个方面，法律意

---

① H. Kelsen, *Essay sin Legal and Moral Philosophy*, ed. By Weinberger, pp. 82—83.

② 汪太贤：《人文精神与西方法治传统》，《政法论坛》2001 年第 3 期，第 102 页。

③ ［美］昂格尔：《现代社会中的法律》，吴玉章、周汉华译，中国政法大学出版社 1994 年版，第 68 页。

味着秩序,宗教意味着信仰"①。宗教因法律而具有社会性,法律因宗教而获得神圣性。没有法律,人类无法维持社会存续所需要的平衡及稳定基础;失去信仰,人类无以面对未知的未来。

虽然法治主义与宗教信仰有着本质的不同,但在西方法治大厦的建构中,如果说法治原则和法律制度是其硬件基础的话,那么对法律的真正普遍信仰则是其内部不可缺少的软件建设。没有人们对法的普遍信仰与遵守,法治将不会完善。从这个意义上讲,中世纪人们普遍树立的对法律的信仰及法律至上观念无不在一定程度上促进了法治的形成。

第三,有利于今天实证法的研究。

西方自然法学对于加强我国的法治建设、繁荣法律科学都具有重要的借鉴意义。在我国法治建设过程中,如果社会道德出现问题,人们的价值追求出现扭曲,社会风气出现滑坡,民族精神发生危机,那么即使是有法可依,也绝不可能做到有法必依,执法必严。在这方面,西方的自然法的丰富内涵值得我们研究。当然,西方自然法观念存在很多不科学成分,而且具有特定时代的阶级内涵。韦伯讲过:"无论是契约自由这一形式理性自然法,还是劳动所得的绝对合法性的实体自然法理论,都具有阶级的内涵。"②但是,正如梅因所言:这个理论"虽然有其缺陷,我们却不能因此而忽视其对于人类的重要性"③。自然法观念强调自然法与理性相一致,其倡导的自由、平等、权利、契约等观念,至今对于我们探索、形成和巩固我国社会主义民主与法治的指导思想和基本原则,实行依法治国,树立社会主义法治的尊严和权威,建设完善的社会主义法治国家,是有启发的。近年来,由于实行改革开放和思想解放的政策,我国对个人权利束缚的放松,促进了社会的向前发展。可以说,正是对人的自由选择、平等竞争、权利本位的逐渐尊重,推动了社会主义市场经济的发展及民主法治的形成。我国的经济建设、政治建设、法制建设的突破性的进展,是在马克思主义法律观、特别是邓小平理论指导下取得的,但不能否认也在一定程度上间接地受到自然法精神的影响。自然法所包含的合理性及其在过去与现代产生的进步的制度是人类文明成果的一部分,"借鉴人类政治文明的有益成果"和"借鉴当代人类文明的有益成果"④是必然的。

(五)西方自然法对研究马克思主义法律思想,特别是马克思、恩格斯的法律思想,不可或缺

马克思、恩格斯早期深受自然法观念的影响,尤其是受到以康德、黑格尔为媒介的卢梭的自然法思想的影响。比如,马克思最初的法哲学体系从"应有"出发,推演出"现有",与康德法哲学体系的"存在"和"实有"的分离有某种相似之处;继而又批判黑格

---

① [美]哈罗德·J.伯尔曼:《法律与宗教》,梁治平译,三联书店1991年版,第3页。

② [德]马克斯·韦伯:《经济与社会》下卷,林荣远译,商务印书馆1998年版,第291页。

③ [英]梅因:《古代法》,沈景一译,商务印书馆1996年版,第43页。

④ 江泽民:《全面建设小康社会,开创中国特色社会主义事业新局面》(2002年11月8日)。

尔客观唯心主义和国家主义的法哲学体系。可以说,马克思、恩格斯在完成从新理性批判主义法学向历史唯物主义法学的过渡,就是在清算了欧洲古典自然法学派及其在德国的"翻版"的康德、费希特、黑格尔及费尔巴哈的理性主义法律观,指出他们倡导的人权、民主、自由、平等、分权的局限性,特别是他们法哲学的历史唯心主义,同时又汲取其中的一切科学成分,才得以实现的。需要专门提及的是,必须正视一种长期被人们忽略或者有意回避的事实,即马克思的理论一直保留了西方自然法中的许多优秀的成果。如,他批判把法(自然法)与法律相混淆的做法,提倡"作为法的法律",反对让法去迁就法律(恶法);认为自由是"人所固有的东西",没有自由对人是最大的悲哀;认为平等、人权、法治及权力的制约等对无产阶级及其政权的必要性和重要性。他甚至于说过自然法是不可能取消的。一言以蔽之,马克思是珍惜自然法遗产的。

　　研究西方自然法观念,可以帮助我们更好地学习、掌握马克思主义法律观,以科学的态度批判地借鉴和吸收西方法律文化遗产,以促进我国的法制建设。从这个意义上讲,对自然法思想的研究是不可或缺的。

　　与张学超合作,载《国际法与比较法》第 6 期,中国方正出版社,2003 年。该文后四个部分载《法学研究》2004 年第 1 期。

对拉德布鲁赫法哲学的两点思考

一、关于二元论的法价值相对主义

拉德布鲁赫指出,在价值渊源上存在两种基本观点:一是经验论,认为价值可以从此岸的经验中推导出来;二是先验论,认为价值是彼岸的存在,人们不能通过经验来发现和认识,只能借助信仰来把握。因此,在现实中,只存在法的形式即实证规范的妥当或正当性,而不能达到法内容的妥当性。他还认为,应然命题需要依靠其他应然命题证成,但最后的命题仍无法证成。为此,他得出的结论便是,科学并不能解决某种价值观为唯一正确的。

我首先认为,拉德布鲁赫的二元价值相对主义,有极重要的现实意义:第一,它使人们悟得,每个人的价值观念是不完全相同的。在这种情况下,每个人为了赢得他人的尊重和权利的维护,就必须尊重和维护他人的权利。如是,每个人的自由(尤其是思想自由)才能得以确保。第二,它使人们能够学会宽容,不能出于自己的价值选择而考虑他人的价值选择,甚至采取侵略他人的行动。如此才可能想到和做到对他人的宽容,才可能形成相互间的善于妥协,因而带来整个社会的安定。特别是作为掌权的领导者,他对人们进行自由的价值选择问题,应采取消极的态度,不加以干涉。即使碰到自己感到不快的事情,也要学会尽可能地予以宽容。这正是现代法治所要求的。在此不禁想起当年边沁的一句话,最能尊重公民自由的政府和最宽容的政府,才是最好的政府。

不过,我还觉得,对于拉德布鲁赫的价值相对论亦不能予以绝对化。"最后的价值命题",是可以证成的。这是由于,尽管与实存相比,价值是抽象的,但价值作为人与对象(客体)之间的关系范畴,亦有其现实性、可知性的因素。特别是作为最基本价值的人的生命、自由和财产或追求幸福这三大方面并不缺乏经验性或实证性。如,人人都有生命,都能感到生命的存在,都能体验生命的价值,生命就是终极性的"最后价值命题"的根据。再如平等,它表示自由人与自由人的应有关系,"应有"是非实证的,但"关系"却可以从各种现象与形式中得到证实或证伪。此种观点,若拉德布鲁赫尚存于今世,是会反对的。

二、关于自然法与实证法的冲突

在西方,这属于一个古老的问题,但随着时代的迁移又是一个常新的问题,需要从诸多视角上进行不断地探索。

自然法与实证法的冲突,涉及良法和恶法的关系,涉及恶法究竟是不是法的问题。中世纪时期,革命家、激进派、天主教派尤其"反暴君派",认为自然法本身具有实证法效力,宣传"恶法非法"的观点。直至二战之后,更是见仁见智,这种争论仍在进行着。对于争论中表示出来的诸多见解,我认为拉德布鲁赫所定下的基调总体上说服力比较强。

安定性是法产生和存在的主要社会历史动因之一。不过,它所讲的安定远远超出法律自身的稳定性,而表现为整体社会的安定性。当自然法(正义)与法的安定性出现冲突时,如何来解决呢? 拉德布鲁赫提出的方案是:第一,在该冲突尚不严重或者多数人还可忍受的情况下,实证法优先即依照实证法裁断。第二,当实证法变成赤裸裸的"恶法",因而与自然法完全背道而驰的时候,实证法必须向自然法退让,因为它已不再属于法了。令人遗憾的是,拉德布鲁赫关于这"不再属于法的法"应怎样对待,说得含糊其辞,尤其没有同人民的"反抗权"联系起来。

本文是 1992 年"拉德布鲁赫法哲学研讨会"上发言提纲。

小议法学研究中"左"的倾向

　　1992 年邓小平南方讲话中指出："现在，有右的东西影响我们，也有'左'的东西影响我们，但根深蒂固的还是'左'的东西……右可以葬送社会主义，'左'也可以葬送社会主义。中国要警惕右，但主要是防止'左'"。这段话是对我党历史经验、特别是新中国成立以来经验的精深的总结。其中表明，虽然党在不同情况下，反倾向（"左"或"右"）的侧重点有所不同，但始终坚持既反右又反"左"两条战线的斗争，而不能偏废，不能走极端。根据"讲话"的精神，在我国改革开放以来社会主义社会转型的新时期，"主要是防止'左'"，已经是很明确的。笔者正是有感于此，想谈一点粗浅的见解。

　　新中国成立以来，法学研究中的极左倾向确实也是"根深蒂固"的。从理论方面说，怀持它种倾向的学者在很大程度上没有下工夫攻读马克思经典作家，首先是马克思、恩格斯有关法律观和法律思想的著作，因而没弄清楚甚至不知道经典作家本质的观点，继续坚持改革开放之前那些极左化了的"马克思主义法律理论"。更深一层地说，这和不能深刻理解在马克思主义法学产生过程中，马克思、恩格斯如何同资产阶级的国家主义与自由主义展开斗争的历史密切相关。

　　近代以来的资产阶级的政治思想和法律思想就其表现形式而言，有国家主义和自由主义两大派别。第一，霍布斯、格劳秀斯、黑格尔等所代表的，是国家主义思潮。它以崇拜国家权力为核心，强调人治、集权、整体性、君主制及各种对权威的盲目性。例如，霍布斯把国家称为"利维坦"，又叫"活的上帝"。他说，在政治社会中，自由属于主权者，臣民个人没有自由；法律是条索链，一端拴在主权者的嘴唇上，一端拴在臣民的耳朵上，臣民是必须绝对服从的；主权者即使杀了臣民，也不能正式地说它干了什么对不起臣民的事情。黑格尔不赞成霍布斯的专制主义观点，但在"国家迷信"这方面却不逊色。他声称，国家是行进在地上的神即世俗间的上帝。黑格尔是根深蒂固的德国国家主义思想的承上启下者。在他之前有腓特烈大帝的专制主义、莱布尼茨的开明专制主义、晚期费希特的集权国家学说；在他之后有俾斯麦的国家社会主义、尼采的权力意志论和超人论、希特勒的纳粹主义等。所以，马克思、恩格斯一再指出，德国人的"国家迷信"是有传统的。第二，洛克、孟德斯鸠、卢梭、杰弗逊、亚当·斯密以及 19 世纪的康德、康斯的自由主义、边沁和密尔父子的功利主义。他们的基本倾向是鼓吹公民个人的权利与自由、法治，鼓吹共和制、分权制、代议制、多党制，反对过多的国家干预。比较而言，资产阶级国家主义往往受着封建专制主义的影响浓重。相反，资产阶级自由主义是纯粹资本主义经济、尤其市场竞争的产物。在一般的情况下，自由主义是资产阶级所尽可能采取的政治法律主张。这也就是我们现在讲的"资产阶级自由化"。但是,当社会情况恶化、尤其阶级斗争处于紧张状态时,资产阶级统治当局就会求助于国家主义。19世纪末20世纪初,随着自由资本主义转向帝国主义,社会集体本位倾向疾速增长,就要求加强国家对社会经济的干涉或统制。特别需要强调的是,二战前和二战期间发展起来的法西斯主义,则是资产阶级国家主义的最极端形式。这是永不磨灭的历史铁证。

马克思和恩格斯在创立马克思主义法学(马克思主义体系的重要组成部分)的历程中,自始至终都伴随着批判资产阶级国家主义和资产阶级自由主义两条战线的斗争。其中特别需要提到,马克思、恩格斯二人原先都是"黑格尔派",所以当他们向马克思主义转变时期,突出地表现为同黑格尔主义的决裂;从法学的角度上说,就是同黑格尔的国家主义决裂。并且,从这个时候起,一直不曾间断过批判"法国人的国家迷信"。这一决裂的最具代表性的著作,便是1884年马克思撰写的《黑格尔法哲学批判》。恰恰这本书成为马克思从旧的历史唯心主义法律观通向新的历史唯物主义的一座架桥。马克思主义创始人何以那么强调反对国家主义呢?因为,虽然国家是文明社会的最大产物,但也是文明社会的一个最大祸害,一切恶行都同凌驾社会之上的国家密不可分。从总体社会发展规律上看,国家是实现普遍的人权、人格、自由、平等的最大障碍。马克思、恩格斯指出,共产主义社会的实现,在社会组织结构上的根本标志就是消灭阶级进而消灭国家,建立起每个人的自由是他人自由前提的"自由人联合体"。马克思主义法学产生的这个经历,对于我们今天正确认识社会主义法学领域的观念倾向问题,有十分重要的意义。概括起来,倾向资产阶级自由主义,就要导致右倾的偏差;反之,与资产阶级国家主义(更重要的是中国传统的国家至上观念)合拍,就要导致极"左"的偏差。

社会主义的中国是同经济、文化发展资本主义国家并存的。特别是改革开放以来,我国广泛地与这些西方国家进行交流。在这种状况之下,作为典型资产阶级意识形态的自由主义,必不可免地要感染我们的法学。所以,中国必须警惕"右"。不过,这仅是问题的一个侧面。除此之外,又必须清醒地认识到,我国有几千年专制主义统治的历史(这是人们常常说到的),它在人们思想中的遗毒很深。就是这种毒素同国家主义相一致,在实践中二者一拍即合。所以,国家主义比自由主义有更悠久、更深厚的社会和历史的基础,因而在中国更为顽强。

我国法学领域的极左倾向的表现是:强调党的"一元化领导",忽视发挥国家政权机关的作用;强调中央集权,忽视分权;强调专政,忽视民主;强调集中,忽视社会自治;强调纪律,忽视自由;强调集体,忽视个人;强调权力,忽视权利;强调义务,忽视权利;强调主权,忽视人权;强调经济的计划调整,忽视市场调整;强调政治,忽视经济;强调人治,忽视法治;强调政策,忽视法律;强调同西方法律文化的对立性,忽视其可借鉴性;强调法学的政治方面的内容,忽视学术与技术方面的内容,如此等等。

新中国成立以来,极"左"倾向几乎未曾中断过。1952 年司法和司法人员的教育改造中,只讲如何批判与摧毁旧法制,只讲批判西方法律文化,而否定继承与借鉴。对法律教育重视不足,有几年全国正规大学的法学专业,仅剩人民大学法律系一家(还有东北人民大学的行政系)。由于过分强调家庭出身的阶级成分,大量司法人员从文化水平不高、缺乏专业训练的工人和部队战士中选派,不免造成许多冤、假、错案。自 1957年始,极"左"之风愈盛。反右派运动中把主张党政分工、司法独立和检察机关垂直领导、依法办事、法无明文不为罪、罪刑相应、无罪推定、法的继承性、律师制度等司法干部、律师、学者,打成右派甚至极右派。1958 年毛泽东说:"法律这个东西没有也不行,但是我们有我们这一套","不能靠法律治多数人,多数人要靠养成习惯。军队靠军法治人,治不了,实际上是 1400 人的大会治了人,民法、刑法那样多,谁记得了。宪法是我参加制定的,我也记不得。韩非子是讲法治的,后来儒家是讲人治的。我们每个决议案都是法,开会也是法。我们各种规章制度,大多数是司局搞的,我们基本不靠那些,主要靠决议、开会。一年搞四次,不靠民法、刑法来维持。"后来,他还说党的政策就是法、人民日报社论就是法;"我们是老和尚打伞无法无天"。的确,我们不能也不应当以这些言论来概括毛主席的法律思想体系,否则就会犯以偏概全的错误。但不能否认,其中也明显地可以看到存在的对法律、法治、法学的虚无主义成分。正是在"以阶级斗争为纲"和法律虚无主义引导下,国家立法迟缓不前,社会和国家的许多领域无法可依。群众中普遍缺乏法律的意识。大学法学教育亦频遇危机,教学的内容简单而贫乏,只讲党的领导、群众路线和专政。法学变成国家学,国家学变成专政学(不讲民主),专政学变成"镇压"学。实际上,法学作为学科已基本不存在了。这一切在"文化大革命"期间,已达至无以复加的程度。迄至此时,不仅几十年没有搞出民法、刑法这样的基本法,就连已有的国家根本法宪法,也沦为一叠废纸,国家主席也可揪斗、打倒,形成一派无法无天的可悲可叹局面。

时过境迁,1978 年党的十一届三中全会扭转了时局,我国社会主义法制(治)建设和法学才真正步入空前繁荣的新阶段。但是,极"左"、尤其国家主义观点的阴影并不会很快消散;反之,一遇机会就会冒出来。最为明显的,近一年来中央关于人权问题的文件中及批判欧美西方国家对我国发动的"人权攻势"中,居然把"国家主权是人权的前提和基础"这样违背马列主义的国家主义口号或命题,当作一个理论基调,没有分析地宣扬"没有国家就没有人权"。

以上所述,有力地证明邓小平"主要防止'左'"的论断是十分准确、正确的。我们的法学研究必须遵照这个指示的精神,来清除极"左"观念、尤其国家主义的遗毒。

写于 1992 年初。

对法价值的有益探讨

——周世中、黄竹胜《法的价值探讨》序

法的价值是法和法律制度的重要因素和特质之一,也是法学理论中一个重要而又困难的问题。正因为如此,不同国家、不同时代的法学家们,不论是法价值的肯定论者还是否定论者,大都对法的价值问题表现过极大的关注,进行了许多富于启发性的研究。

在西方,价值、法的价值通常是作为具有客观精神性与主观特性相结合的,并且具有使用性的概念加以把握的。它表示可能对立法、政策适用和司法判决等行为产生影响的超实证法律的因素。这种因素的载体成为一些观念或成为普遍的原则,在现实中往往体现为对法律应当是什么、法律的理想和目的等所进行的理性判断。法的价值问题可以说构成了西方法学和实质性法律思维的一个重要内容和方面。正如庞德所说:"在法律史的各个经典时期,无论在古代和近代世界里,对价值准则的论证、批判或合乎逻辑的适用,都曾是法学家们的主要活动。"①古希腊哲学家柏拉图在《法律篇》中率先使用"法律的价值"的概念,而他的弟子亚里士多德则客观地阐发了价值体系,把价值分为经济价值、政治价值、伦理价值、美学价值和法律价值等若干类。根据西方法学对价值问题的重视程度,我们可以把西方法学价值论的发展,分为三个阶段:①从古希腊到17—18世纪的古典自然法的思想传统。这个时期,法学家们借助自然法理论揭示法的正义基础和判断法价值的标准。因此,自然法学就是一种"价值法学"。②19世纪分析主义法学和20世纪初社会学法学的兴起至第二次世界大战。分析主义法学强调对实在法的逻辑分析,社会学法学强调对法的社会作用的研究,其中许多学者忽视法的价值准则。有些极端的学说如分析主义法学中的纯粹法学和社会学法学中的实在主义法学,干脆主张把价值因素清除出法学研究的领域。③二战以后自然法学的复兴。适应形势的变化,法学家们开始重新强调法的价值因素,并在有些问题上逐渐与社会学法学和分析主义法学相互融合和靠近。在当代西方社会,除自然法学派以外,许多其他法学流派如存在主义法学、统一法学、多元论法学、修辞学法学等也注重研究法的价值问题。如芮克斯认为法是用来实现一定价值的规范体系;J.哈尔认为法律是形式、事实和价值的一种特殊结合;菲力普·塞尔兹尼克提出法律社会学应当关注法

---

① 庞德:《通过法律的社会控制》,北京,商务印书馆,1981年版第55页。

律制度的价值目标,考察法对于人类福利所具有的潜在作用。最值得注意的,像当代分析主义法学大师哈特,竟然也承认存在"最低限度的自然法"。此间,在西方的思想家、法学家中,涌现出大量的作者,从不同的侧面阐述了法的价值的观点。

在我国,法的价值研究起步较晚,在改革开放以前,法的价值研究是禁区,认为平等、自由、正义等理论是资产阶级学说,只能批判和扫除。十一届三中全会以后,随着社会主义民主和法制建设的发展,人们在反思和总结我国法制建设发展的经验教训的同时,陆续介绍、研究西方关于法的价值理论。我国法学界关于法价值的研究在十一届三中全会以后大致经历了这样几个阶段:①20世纪80年代初到1986年。这一时期是我国的法学界研究法价值的起步阶段,表现为在我国的法学论著中开始使用"法的价值""法的价值观念"等概念,法的价值问题逐渐成为法学家思考的问题。②1986年到1992年。这一时期是法价值研究的发展时期。随着我国法制建设的发展和国内哲学界对价值论研究的深入,越来越多的人开始着手研究法价值问题。这一时期,学者们运用哲学的价值分析方法,对法价值的基本理论展开较为全面和较为系统的研究,涉及法价值的概念、法价值的分类、法价值观、法的负价值等问题。先后出版了严存生先生的《法律的价值》①;杜飞进等先生的《法律价值论》②;乔克裕、黎晓平先生的《法律价值论》③;武步云先生的《马克思主义法哲学引论》④一书中,也有很大篇幅讲法价值论。一些学术刊物陆续刊登了一些学术论文,如孙国华先生的《论法的价值》等,共有10多篇论文。法价值研究取得一批初步成果。③1992年到现在。随着社会主义市场经济理论的提出,我国改革开放的发展,法制建设的进一步完善,法学界在探讨市场经济是法治经济,建立与社会主义市场经济相适应的法律体系的过程中,进一步加深了对法律价值的研究。现在,除了继续进行总体上研究之外,更侧重于对法价值的各种形式的研究,如法与公平和效率、法与自由和秩序,以及法律诸价值之间的关系。围绕这些问题,法学界发表了不少论文和专著。如卓泽渊的《法律的价值》⑤、严存生的《论法与正义的关系》⑥等。从现在来看,尽管法价值的研究取得一定的成果,但仍然有许多问题有待于我们作进一步的探讨和研究。

值得欣慰的是,在法价值的研究成果中,我的博士研究生周世中副教授和他的同事黄竹胜一起撰写了这本关于法价值的学术专著,并得以奉献在读者面前。本书系统地阐述了法律价值的概念、本质、特征、表现形式等问题。作者在吸取国内外既有成就的基础上,提出自己的一些创造性的独立见解。这些见解主要有:

---

① 陕西人民出版社1991年。

② 陕西人民出版社1992年。

③ 中国政法大学出版社1991年。

④ 陕西人民出版社1992年。

⑤ 重庆大学出版社1994年。

⑥ 陕西人民出版社1997年。

第一,将法价值问题作为法哲学的一个有机组成部分来进行研究。作者认为,完整意义的法哲学研究包括三个方面的内容:①对法的必然性的研究,即主要揭示法产生、发展、消亡的一般规律、条件、制约机制和具体途径;②对法的实然性的研究,即主要分析实证法的本质,法的创制,法的构成要素、结构、层次,法的实施与实效等;③对法的必然性的研究,即主要研究法的价值,揭示法的价值取向,法的理想和价值目标,法价值评判的标准。这三方面在法哲学研究中是有机统一、缺一不可的基本内容。研究法的价值,必须将其置入宏观的法哲学的内涵结构中加以把握,才能期望得出科学的结论。

第二,对法价值的定义作了有新意的探讨。作者在分析法学家们已经给出的法价值的定义时,剖析四种有代表性的观点,即作用论、意义论、评价论和相关论,指出这些定义的局限性,深入地指出构成法价值的三大要素:法的属性与功能、法律实践、法律主体的需要。阐述了法价值的定义:法价值是指法固有的属性和功能,在主体的法律实践中,与主体需要的一致性。同各种法价值定义相比,不难看出,这个定义更为全面和深刻一些。

第三,对法价值的类型问题,有新的建树。法价值分类是法价值体系的一个基本范畴。法学界从不同的角度和立场出发,提出了各种分类理论,其中最具代表性的有主体说、客体说和结合说,但它们均存在着各自的缺陷。作者运用与众不同的观点,从动态的角度上探析法价值的两大基本类型,即法的手段性价值和目的性价值,并对这两大类价值展开有层次的分析和考察。

第四,在法价值评价和法价值观的问题上做了有益的探讨。传统的研究,往往把法律评价等同于法价值评价,其实这是不准确的。法律评价既包括对法价值的评价,也包括对法律本身的评价。严格来说,法价值评价,只能指前者,而不能包括后者。作者对法价值评价和法律评价的区别和联系予以界定。在法价值观问题上,作者花了较多的笔墨来分析法价值观的内涵、结构、特征,以及研究法价值观的意义,这些都是富有启迪意义的。

第五,把法的价值与法价值的实现结合起来进行研究,通过对法价值的认同或接受,以及法价值的转化过程等问题的探讨,来建立理论框架,这一尝试也是值得肯定的。

当然,作者在探讨法价值理论时,难免有某些不足之处,这些不足有的是受研究材料的限制,有的是现有条件不成熟所造成的。但是,该书的出版,无论在法学理论上还是在建设社会主义法治国的实践中,都具有现实意义。有鉴于此,本人对这本新著的出版,感到由衷的高兴,我愿意冒昧地把这一成果推荐给学术界和读者,时也希望作者再接再厉,在法价值这一重要课题的研究方面不断地获得进展。

1998 年 1 月于中国人民大学静园。

985 马列工程《马列法学经典著作选读》序

马克思主义法学经典著作,是马克思主义法学理论体系和崭新的法学思维范式的文字载体。它为马克思、恩格斯所创立,是人类法学史上伟大的革命。此后,在国际和各国社会主义—共产主义运动中,得到与时俱进的继承和发展。一百余年的世界历史、尤其中国社会主义革命和建设的实践充分证明,马克思主义法律观具有普适的真理性和强大的生命力。

应当着重强调,我国的法制建设,以马克思主义法律观为指导思想与理论基础。如果偏离这个大方向和实质内容,必然走上邪路而招致失败。这一点已有足够的经验教训。在当前中国体制转型时期,法律人学习与实践马克思主义法律观、特别是坚持中国特色社会主义法理念,意义更为重大。

马克思主义法学经典著作中凝结的法律观,概括起来有以下主要内容:第一,历史唯物主义的法学理论和方法。即,法是社会物质生活条件决定的国家意识形态或国家意志;它不能离开现实的社会经济结构及相应的文化发展。正是从这个意义上说,法没有独立的历史。但是,法又存在自身的相对独立性。它能够积极地反作用于经济关系,并在配合与制约国家的过程中达致其负担的社会目标。第二,法包含着阶级性和社会性的统一。在阶级社会中,以剥削阶级意志为主导;在消灭剥削阶级的社会中,则以全体人民为主导。第三,从应然上说,以人为本是法的价值基础。马克思认为,人是人的最高本质。这就是人的主体性理念。法要体现对人的终极关怀,成为自由和人权的定在,担负人的全面发展和解放的使命。同时,法制定与实施的全过程,都必须秉持正义和公平的分配社会利益的原则。第四,民主国家必然是法治国家。民主与法治两者乃是相互依存的同一体。民主是政治形式,法治是规范形式。民主唯有通过法律化,才能获得牢靠的保障。民主也好,法治也好,它们都是人民当家作主的社会主义国家即无产阶级专政的题中应有之义。第五,在资本主义国家,由于不同社会集团力量的尖锐对立,把立法、行政、司法权力之间的"三权分立",当作理想政体。而在社会主义国家,由于人民根本利益的一致性,则采取共产党领导下的权力统一,但又进行必要的权力职能分工和相互制约的有机性政体。第六,法是社会文明的产物和人类智慧的结晶。因此,社会主义法治建设需要借鉴前人和外域的理论与制度的成果。但是,这种借鉴一定要从本国实际情况之需要与条件出发,有批判、有选择地进行,简单照搬照抄是有害无益的。第七,马克思主义法律观,是在批判资产阶级自由主义法律观和国家主义法律观的两条战线中创立的。前者提倡民主、自由(人权)、平等和法治,但主要是适应资本统治需要的政治和法律形式；后者则是有悖于民主和法治的集权主义主张。不能否认，两者作为一种传统的法律文化，均含有某些现实性与合理性成分。然而，它们本质上区别于社会主义国家和法治。第八，国家自行消亡论，是马克思主义经典作家一再强调的重大原理。社会主义与无产阶级专政的目标就在于，创造高度发达的物质和精神条件，使国家逐步回归社会，最终溶于社会之中，建造大同世界。法在此过程中发挥着不可或缺的桥梁作用。国家即无产阶级专政越强大，社会主义法治越完善，就意味着离国家与法的消亡越接近。未来，替代存在国家的社会的，是"每个人的自由发展是一切人自由发展的条件"的"联合体"；替代法律的，是迄今为止人们所未曾经验过的全新的社会规则。

学习和掌握马克思主义法律观，必须讲究方法。这一方面要注意：第一，在阅读原著上狠下工夫，深入领会基本精神，把握基本原理，复现其本来的语境或语义。那种没读过马列法学著作，对马列法学著作全然无知或不甚了了，便先入为主或"时髦"跟风地宣布马克思主义法律观"不存在""过时"以及"祛意识形态"之类的做法，显然是非科学的；因而，这种学风是不可取的。与此相关，还要克服种种把马克思主义法律观加以僵化和自由主义化的倾向。第二，紧密联系中国特色社会主义法治建设的实际。就是说要深入思考和解决法治如何为改革开放和经济建设这个中心服务，如何在立法、执法、司法、守法与法律监督诸环节上贯彻实施"依法治国"的基本治国方略，如何体现"以人为本"的科学发展观和价值观，如何推进构建社会主义和谐社会的步伐。第三，解放思想。最先进的法理念，是彻底的主体性的法理念。这本身就要求法律人善于发挥主观的能动性、积极性和创造性。对我们而言，经典作家的法律观不是束缚思想，恰恰相反，正是为了解放思想，开拓广阔的创新的思维进路。不过，解放思想问题尚有另一面，那就是：在思想中没有亦不可能设定禁区，但一定会有参照、有引领。邓小平提出要解放思想，其宗旨就是使我们在当前中国改革开放的实践中坚持和发展马克思主义。

马克思主义的力量不仅在于批判旧世界，更在于创造新世界。

写于 2008 年岁末。

坚持以马克思主义指导教学

教育部和司法部联合召开全国高等法学教育工作座谈会,这对我们是一个很大的鼓舞。现将我们在工作中的一点体会,作一汇报。不当之处,请批评指正。

一、坚持马列主义、毛泽东思想的基本理论学习,努力掌握马克思主义的国家观和法律观

1950 年党中央和政务院决定创办中国人民大学时,就规定了人民大学的办学方针,指示我们要努力学习马列主义理论,要使学习马列主义和中国实际情况相结合,做到理论联系实际。我们法律系从建系一开始就努力贯彻执行上述办学方针,要求全体教师要系统地钻研马列主义经典著作,学习马列主义基本原理,用马列主义立场、观点、方法观察和分析实际问题。我们系的教师,绝大部分都经过系统的马列主义基本理论的学习和训练,其中有的是通过本科学习,有的是通过研究生班学习,有的是通过马列主义夜大的学习,并且都经过考试合格。在法学专业上,对于马克思主义的国家观和法律观,对于法学基础理论、基本知识和基本技能,我们也要求教师全面掌握,并用来指导教材编写、课堂教学和科学研究工作。

多年来的实践表明,广大教师由于经过这种严格的"科班"学习和训练,就能够坚守马列主义、毛泽东思想的法学基本理论阵地,并能够胜任自己法律专业学科的教学与科研工作。从 1978 年 7 月复校到 1983 年 7 月这 5 年间,广大教师除担任本系本科生和研究生的教学任务外,还担任全校其他各系的法学基础课以及校外十多个单位法律专业或法律专修班的大部分教学工作。5 年中,有 31 人参加了司法部、教育部组织的 21 种法学统编教材的编写工作,其中任主编、副主编的 14 人,直接执笔的篇章共148 万字;校内编写各种教材 25 种,计 598 万字;编写专著 19 部,计 240 万字;编译各种资料 29 部,1010 万字;发表的学术论文和法制宣传文章 300 多篇,近百万字。5 年总计完成约 2096 万字,工作量是比较大的。

我们认为,在法学教学上要坚持以马克思主义为指导,首先在课程设置上,马克思主义基本理论课就应占有较大的比重。多年来,我系马克思主义基本理论课的比重都占到全部课程的四分之一左右。并且采取以系统教学为基础、以学习原著为重点的原则,帮助学生逐步树立正确的立场、观点和方法。这对于学生系统地而不是零碎地、准确地而不是断章取义地掌握马克思主义是很有帮助的。

其次,在专业课的学习上,就要安排相当数量的马克思主义原著作为必读书目。在法理、宪法等课程中要求学生对马克思主义原著写出读书笔记或学习心得,定期检查,并作为期末考试总成绩的一部分计分。对于马克思主义原著中较集中地涉及国家观和法律观的著作,例如《共产党宣言》《家庭、私有制和国家的起源》《国家与革命》《反杜林论》《费尔巴哈与德国古典哲学的终结》等,则专设"马克思主义经典著作介绍"课程予以讲授。

再次,教师在讲授中就要坚持运用马克思主义法学理论,分析、批判各种非马克思主义观点。例如,对于"法没有阶级性""法律与政治无关""绝对民主自由"等资产阶级法学思想,我们在教学中都进行了较为深入的分析、批判,坚持了马列主义法学的战斗性和科学性。有的课程,教师事先召开小型座谈会,了解学生的思想,有针对性地讲课。如讲婚姻法,了解到同学中有所谓"爱情价值论""性的解放"等思想,就分析这些思想的实质,帮助同学树立马列主义的恋爱观。

由于我们在教学中坚持了以马克思主义为指导,因此收到了较好的效果。1980年,社会上有那么一股风,认为马克思主义"过时了""不适合中国国情了"。这股邪风也刮进了学校,在学生中也有反应。如在课堂上引证马克思主义原著,有的学生就发笑。我们的教师十分严肃地对待这个问题,向学生明确地指出,马列主义基本理论一定要坚持,因为它是经过实践检验、被反复证明了的真理。我们要把被林彪、"四人帮"颠倒了的理论重新颠倒过来,恢复马列主义、毛泽东思想的本来面目。在教师的启发诱导下,我系学生认真学习马列著作的人增多了,如八一级有一名学生,三年来自学了全部《马克思恩格斯选集》《列宁选集》,写了十八篇体会文章。经过学习马克思主义经典著作,这个学生增强了对马克思主义的信仰,加深了对社会主义的认识,提高了分析问题、解决问题的能力。他的政治思想进步很快,学习、工作表现都很突出。他写了《人生价值之我见》等文章,批判了萨特的存在主义以及资产阶级人性论,获得好评。他连续三年被评为校级三好学生,并被评为1983年市级三好学生。该同学已经被批准光荣地加入中国共产党。

二、坚持及时地、科学地贯彻党的路线、方针、政策

中国共产党作为全国人民的领导核心,它所制定的路线、方针、政策是运用马克思主义解决我国现阶段社会主义建设事业问题的典范,是我国坚持和发展马克思主义的集中表现。因此,宣传和贯彻党的路线、方针、政策,就是坚持党的领导,坚持与党中央在政治上保持一致。我们感到,认清这一点,对于法学教育极其重要。法学是一门既有很强的阶级性和理论性、又有很强的现实性和应用性的学科,离开党的路线、方针、政策,便不可能培养出为社会主义四化建设、政权建设和法制建设服务的合格的人才。

三十多年来,在法学专业教学实践中,我系教师对于贯彻党的路线、方针、政策这

一点,已形成了一种牢固的观念。但是,在这个过程中,由于受"左"的思想影响,也走过一段弯路。今后应当避免一些错误做法,但在教学中坚持贯彻党的路线、方针、政策,是需要继续发扬的好传统。几年来,全体教师根据党的十一届三中全会精神,总结以前教学中的经验、教训,努力开展授课、教材编写和科学研究活动。同时还热情地宣传和贯彻党的十二大、新宪法及以党的十二届二中全会关于整党和清除精神污染的决定精神,宣传和贯彻中央有关各部门在法律、法令方面的一些具体规定。

在教学中贯彻党的路线、方针、政策必须采取科学的态度,做到融会贯通。例如,我们前几年在学习党的三中全会文件以及最近学习从重从快打击严重刑事犯罪分子的决定的时候,院系和教研室都召开过讨论会,不少同志还搞了一系列专题性社会调查,力求从理论和实际的结合上把问题论证得清楚、透彻,让学生知其然亦知其所以然。在这次严厉打击刑事犯罪的斗争中,我系积极响应中央和北京市委的号召,主动调整教学计划,派出本科毕业生和刑法研究生四十多人到北京市海淀区法院工作近三个月,他们直接了解了刑事犯罪活动的严重性,以及依法"从重从快、一网打尽"的必要性。通过这段工作,他们普遍感到收获很大。有的学生开始时对参加这一工作还有顾虑,怕影响课堂学习,接触实际工作以后,认识到参加这一工作不但不影响学习,而且对学习大有好处,使理论与实际密切结合起来了。同学们深有体会地说:"这次工作,学到了许多书本上没有学到的知识,学到了法院同志办案细致、扎实的作风和不怕苦的精神,领会了党的刑事政策。通过同犯罪分子面对面的斗争,深深感到要做一名好的法官,不但要有坚实的理论基础和丰富的社会知识,更要有对人民高度负责的精神。工作三个月,收获真不小啊!"

三、坚持调查研究,教书育人

法学是一门实践性很强的学科,不结合中国的实际,既不能写出具有中国特色的社会主义法学教材,也不能搞好课堂教学。因此,我们一直把坚持调查研究、深入法制建设的实际作为提高教学质量的关键环节。以参加立法工作来说,1978 年 10 月至今,全系共有 33 人参加 19 个法律、法规的起草和修订工作,有 70 人次参加 36 个立法项目的讨论工作会议。以进行专项调查来说,几年来共有 50 人次分别到 20 多个省、市、自治区进行调查,获得了大量第一手资料。对于业务部门召开的专门会议及法学讨论会,我们都争取参加,以便直接了解政策精神和新的实践经验,了解科研最新成果和不同学术观点。学生到业务部门实习,教师参与指导,也结合进行调查研究,总结实际斗争的新鲜经验。通过大量的调查研究活动,教师对我国阶级斗争和法制建设的历史和现状,认识上比较接近实际,这就有利于以马克思主义作指导对研究的课题进行系统的分析,作出理论概括。我们一些主要课程的教材和某些专著,正是在深入调查的基础上完成的,因而,虽有这样那样的不足,基本上还是有利于加强法制建设和培养为四化建设服务的法学专门人才的。经常进行调查研究的教师,根据所编教材进行讲授,一般都能理论联系实际,深入浅出地阐明立法精神,评论不同的学术观点;同时还善于提出问题,启发学生独立思考,培养他们运用马克思主义理论解决实际问题的能力,所以,效果都较好。

我们的教育工作是要把学生培养成德、智、体全面发展的,为社会主义事业服务的接班人。法学是一门阶级性很强的学科,既不能脱离实际,也不是纯知识性的。学生毕业后如到公、检、法、司部门工作,就是掌握人民民主专政的"刀把子"。这就要求我们特别重视思想政治工作,加强德育工作,抵制和清除精神污染。由于十年浩劫的影响,以及近几年实行对外开放政策以后,一些学生程度不同地受到外来思潮的影响,思想上产生了迷误,我们的教师根据这种情况,在法学教学中就更加注意教书育人,专业课教师也力求结合传授专业知识来育人。例如,在宪法教学中,紧密联系学生的思想实际,针对一些学生对资本主义民主认识不清,对社会主义民主缺乏信心的情况,在讲授民主的阶级性时,着重剖析资本主义民主的阶级本质,指出它是对少数人的民主和对大多数人的欺骗。同时根据马克思主义的基本观点,理直气壮地阐明社会主义民主是多数人的民主,并实事求是地说明它还需要经历一个逐步完善的过程。这就帮助学生既正确地理解了马克思主义的基本观点,又提高了认识,明确了方向。

教学中坚持教书育人,教师就应加强与学生的联系,切实掌握他们的思想动向和特点,以便适应不同的对象来确定教学重点。例如,有些学生受西方资产阶级思潮影响而形成一些错误认识,有些对马克思列宁主义抱有一定程度的怀疑和偏见,我们都结合教学进行充分说理的剖析。这既宣传了马克思主义,又进行了爱国主义和社会主义的教育。经过深入细致的思想教育,我系学生思想觉悟普遍有所提高,风气正,政治上要求上进,学习上刻苦钻研,工作上积极主动,好人好事层出不穷。多年来我系有7人被评为北京市三好学生,或新长征突击手、优秀大学生,有的班级被评为北京市的先进集体。现在提出入党申请的学生占我系学生总数的52%。学生普遍开展"为您服务"活动,他们走向街头,为群众提供法律咨询,排难解纷,受到群众的称赞和好评。有一个学生在阅报室看到《四川日报》登载某县法院审理一起案件的报导时,产生了许多疑问,他便利用假期,自费赴四川实地调查,走访了有关单位,访问了当地的干部和群众,拜访了被告人及其家属,经过十几天的调查,收集了大量材料,终于帮助法院弄清了案情。当地120名群众联名写感谢信,并送两面锦旗,上面写着:"广育英才""大义凛然"。这是广大人民群众对我们"未来法官"的崇高评价。

四、坚持以历史唯物主义观点,批判和借鉴我国古代和外国的法学理论与法律制度

新中国成立以来,在高等法律院系开设有关我国古代和外国(尤其是西方)的法学理论和法律制度课程的问题上,曾经历过多次的反复。当强调阶级斗争时,这些课程

便遭到大砍大撤;即使讲一点,也是偏重于简单批判。当强调对学生进行基础知识教育时,这些课程又陡然猛增,而且容易忽略批判。党的十一届三中全会以后,我们总结了过去的经验和教训,才比较正确地解决了这个问题。

目前,我系除了开设中国古代和外国的法律思想和法律制度的历史课程之外,部门法学如外国宪法、外国刑法、外国民商法等也相继开设了。教师在讲授历史课程中,都能坚持"古为今用""洋为中用"的方针,史论结合,使学生既能掌握必备的基础知识,又能进行必要的分析和批判。正确引导学生向古人、洋人学习,又不为他们在一定历史条件下所得出的某些结论所束缚。在讲授外国资产阶级法学课程中,注意了培养学生的能力,引导学生警惕形形色色的资产阶级法律观点(如超阶级的天赋人权论、人性论、民主自由论、平等论,以及现代西方哲学对法学的渗透)的影响,提高识别能力。现在这类课程已经成为我系法学专业课程体系的一个不可缺少的组成部分。

总之,在教学工作中,我们比较自觉地坚持用马克思主义作指导。但是在另一方面,我们还存在着不少问题,有许多不足之处有待向兄弟院校学习,更好地改进我们的工作。

第三篇　旧作拾遗——法理学

逐步建设高度民主的社会主义政治制度
——学习《关于建国以来党的若干历史问题的决议》

党的十一届六中全会通过的《关于建国以来党的若干历史问题的决议》(以下简称《决议》)明确指出:"逐步建设高度民主的社会主义政治制度,是社会主义革命的根本任务之一。"这是对我国三十二年来政权建设基本经验的总结,是对马克思列宁主义、毛泽东思想关于国家学说,特别是社会主义民主学说的重大发展,具有重大的理论和实践意义。

一

逐步建设高度民主的社会主义政治制度的理论,其基本精神在于深刻概括了社会主义民主的本质和发展的必然趋势,并深刻体现了我国的社会历史状况。

民主是反对专制的产物,是个国家制度,是一种国家形态。剥削阶级民主制发展到资产阶级民主制已经走到极限,虽然比之过去的封建专制制度是个历史的巨大进步,但是,资产阶级民主制是由资本主义经济基础决定的,是资本主义生产关系的反映,它表现的是资产阶级的意志和利益,对广大劳动人民来说则是虚伪的。社会主义民主是社会主义革命的产物。虽然它是从资产阶级民主发展而来的,但是它是新型的、最高类型的民主制,它根本区别于和优越于资产阶级民主。这集中表现在:第一,社会主义民主是占人口绝大多数的人享有的民主;第二,社会主义民主的内容是非常广泛的;第三,社会主义民主由于人民掌握政权和生产资料的所有权、支配权,因此,这种民主的实现有着法律保障和物质保障。

和任何新生事物一样,社会主义民主本身也有一个产生、发展的过程,即要经过一个由不完善到比较完善,由低级到高级的过程。它的完善程度取决许多因素,但归根结底取决于社会主义革命和社会主义建设的发展程度。不讲"逐步",操之过急,期望社会主义民主一开始就很完善,是不切实际的想法。另一方面又要理解,"逐步"并不是停滞不前,并不是倒退。当社会主义革命和社会主义建设事业已有相当的发展,物质文明和精神文明得到不断完善的情况下,不能及时地把社会主义民主推向前进,就会违背人民的意愿,妨碍人民历史主动精神的发挥,影响社会生产力的发展。社会主义民主的发展也不是一帆风顺的,从国际社会主义运动的历史来看,有顺利发展的时候,也有严重的挫折。新中国成立 32 年来社会主义民主所走过的道路也不例外。所以,《决议》指出:"在坚持社会主义基本制度的前提下,努力改革那些不适应生产力发展和人民利益的具体制度,并且坚决地同一切破坏社会主义的活动作斗争。"坚持、改革、斗争,它包括要捍卫已经取得的社会主义民主的成果,也包括改革那些不适应经济基础的具体的社会主义民主制度,还要和一切阻碍社会主义民主的活动作斗争。也就是要努力使低级阶段的社会主义民主不断向高度的社会主义民主发展。社会主义民主最后也称为列宁所说的,要发展到共产主义民主,也就是民主制的消亡,那是很远以后的事。但这个发展规律是符合马克思主义的基本原理的,我们必须这样做。

社会主义民主在不同的社会主义国家必然要表现为不同的具体形式和经历着不同的发展过程。这是由于各个国家阶级力量对比、经济发展水平、文化发展程度、民族情况、历史传统和习惯、各种思想影响等不同而产生的。因此,就要分析各国的国情,不断总结自己国家中社会主义民主建设的经验和教训。新中国成立以来,党领导人民在经济、政治、文化各领域中,都取得了广泛的民主权利,在社会主义民主方面有了巨大的进展。但是,我国社会主义民主的发展道路很不平坦,这同我国的国情是分不开的。我国封建统治的历史有几千年,封建意识形态、宗法观念、皇权观念、专制观念根深蒂固,虽经长期革命运动的冲刷,但在人们头脑中的遗毒仍没有肃清。并且是在半封建半殖民地小农经济汪洋大海的国度中进行的革命。这直接影响着我国民主生活的制度化、法律化,或者制定了制度和法律也不能使之得到很好的执行,显示应有的权威。这种情况就为国家权力集中于个人、家长制、个人专制、官僚主义、特权和领导职务终身制提供条件和土壤。《决议》的重要意义恰恰就在于科学地总结了这些成功的经验和挫折的教训,为我国社会主义民主的改善和发展指明了正确的道路。

二

社会主义民主的内容涉及国家政治生活和社会生活的一切领域。但是最主要、最本质的方面,在于人民群众广泛而直接地参加国家和各种社会事业的管理,真正成为国家的主人。概括起来说,社会主义民主的核心就是人民真正当家作主。这是测量社会主义民主发展的程度即社会主义民主完善与否、健全与否和国家政治生活正常与否的标尺。

在社会主义制度下,人民群众享有广泛的有法律和物质保障的民主权利,包括劳动权、休息权、受教育权以及言论、出版、集会、结社、示威游行等自由。这些当然是社会主义民主的重要内容和表现,是人民当家作主所不可缺少的。但是,人民群众享有的最重要、最根本的权利是管理国家、管理经济、管理科学、文化教育事业等的权利,因为只有这种管理权力才足以决定人民群众在社会和国家中的地位,并决定着人民群众能否真正享受其他各项民主自由权利。

在资产阶级国家里,正如列宁所说:"最好的资产阶级共和国,不管它怎样民主,也有无数法律上的障碍阻挠劳动群众参加管理。"①相反,社会主义国家的性质决定了必须由人民群众管理国家。这是因为,国家的一切权力属于人民,国家的一切力量来自人民。镇压阶级敌人的反抗和破坏要依靠人民的力量,进行社会主义经济建设、文化建设同样要依靠人民的力量。列宁说得好:"对我们来说,重要的就是普遍吸收所有劳动者来管理国家,这是十分艰巨的任务。社会主义不是少数人——一个党所能实现的。只有千百万人学会亲自做这件事的时候,社会主义才能实现。"②这句话道出了社会主义"高度民主"的精华。

那么,人民群众在多大程度上和多大范围内参加国家管理呢?这不单凭人们的主观愿望,而是直接受到社会经济条件和人民群众的科学文化水平制约的。在无产阶级专政国家建立后的相当长时期内,只能实行间接的民主制,即人民群众管理国家的权利主要是通过自己的代表、被称之为干部的人们来实现的,这便是社会主义民主的初级阶段,在剥削阶级作为阶级消灭以后,当社会主义的经济和文化有了相当的增长以后,就应该不失时机地由间接民主制向直接民主制过渡,由干部代替人民群众管理国家向人民群众亲自管理国家过渡,也就是由低级阶段的民主向高度民主过渡。间接民主和直接民主两种方式将同时交叉发展。目前我国正处在这样的过渡之中,这是一个迫切的却又是一个长期的任务。

人民管理国家需要一定的组织形式。在我国,基本的组织形式或基本的政治制度就是人民代表大会制度。这个制度是从革命战争时期革命根据地发展而来的,实践证明,它是一个完全适宜于我国情况、行之有效的制度。遗憾的是,它在一个时期甚至停止了活动,从而没有起到发挥它作为人民群众管理国家的基本手段的应有作用。粉碎江青反革命集团以后,在党的十一届三中全会路线指引下,在新制定的宪法和法律中,才把各级人民代表大会重新建立和健全起来,加强了它的工作,扩大了它的职权,县级以上增设了常设机构,直接选举扩大到县级,这是社会主义民主制的新的重要发展。

除了这种基本的政权组织形式以外,在一切基层单位正在逐步实行有广大人民群众参加的民主管理。几年来,在健全人民代表大会制的同时,工厂企业、商店、学校、人民公社等基层单位迅速恢复了"文化大革命"前的民主管理制度,而且进一步得到发展。1981 年 7 月国务院颁布的《国营工业企业职工代表大会暂行条例》规定,职工代表大会(或职工大会)是企业实行民主管理的基本形式,是职工群众参加决策和管理、监督干部的权力机构。这必将大大激发职工群众主人翁的责任感,这是把人民群众管理

---

① 《列宁选集》第 3 卷,人民出版社 1995 年版,第 783 页。
② 《列宁全集》第 27 卷,人民出版社 1963 年版,第 123 页。

基层单位权力加以制度化、法律化的一个良好范例。

三

逐步建设高度民主的社会主义政治制度,必须继续处理好政治方面的几个基本关系:

社会主义民主和党的领导的关系。党是人民民主专政的领导核心是历史确定的,是人民选择的和赋予的。没有党的领导就没有社会主义民主,党的领导是逐步建设高度民主的社会主义政治制度的根本保证。胡耀邦同志在庆祝党的六十周年大会的讲话中,明确宣布:"党对国家生活的领导,最本质的内容,就是组织和支持人民当家作主,来建设社会主义的新生活。"为了切实领导和保证实现逐步建设高度民主的社会主义政治制度的历史性任务,自然就要求不断改善和加强党的领导,要求进一步搞好党内民主,要求发扬党的优良传统和作风,全心全意为人民服务,接受人民的监督。以执政党自居,不尊重人民当家作主的权利的偏向是错误的,借口人民当家作主会削弱和否定党的领导的偏向也是错误的。要正确处理党组织和国家政权机关的关系,认真解决党政不分,以党代政的问题。

民主和专政的关系。我们的人民民主专政国家是新型的民主和新型的专政的结合,是对人民民主和对敌人专政两方面的结合。要正确总结践踏人民民主权利和阶级斗争扩大化的教训。要正确进行阶级估量和分析。要继续坚持毛泽东同志提出的正确区分和处理两类不同性质的矛盾。在我国现阶段,国内阶级关系虽然大量的是人民内部矛盾,但对一小撮社会主义的敌人绝不能掉以轻心。总之,民主和专政是相辅相成的,在任何情况下都不能偏废,否则必会得到惩罚。

民主和集中的关系。社会主义民主的根本原则就是民主集中制。我们既要反对离开民主基础的官僚主义集中制,又要反对离开集中指导的无政府主义、极端民主化,资产阶级自由化。不能离开民主讲集中,也不能离开集中讲民主,不能把民主集中制仅仅理解为少数服从多数。它还应包括一切权力属于人民;下级服从上级;地方服从中央这样一些内容。我们既要有高度的民主,又要有高度的集中,这两者是辩证统一的。

民主和法制的关系。中共十一届三中全会以来,社会主义法制开始走上了健全的轨道。社会主义民主是社会主义法制的前提和基础,如果人民群众不能当家作主,那也就谈不到社会主义法制的建立健全,社会主义法制是社会主义民主的保障,如果社会主义民主不能制度化、法律化,民主就不可能实现。健全社会主义法制是高度的社会主义政治制度不可缺少的主要内容之一。

四

逐步建设高度民主的社会主义政治制度必须同建设四个现代化一起进行,必须为

"四化"服务。

社会主义民主作为社会主义社会的上层建筑,要积极地维护和发展社会主义的生产关系,并通过社会主义生产关系来促进社会生产力的发展,以便最大限度地满足人民不断增长的物质和文化需要。另一方面,社会主义民主的发展又受到社会主义经济和文化发展水平的制约,只有当社会主义经济和文化高度发展了,才能为高度的社会主义民主制创造充分的物质和文化条件,正如马克思指出的:"权利永远不能超出社会的经济结构以及由经济结构所制约的社会的文化发展。"①因此,社会主义民主的发展永远不能超出社会主义社会的经济和文化发展的现实状况。三十二年的历史经验告诉我们,不努力发展社会主义经济、文化,不极大地提高生产力水平,而孤立地、片面地要求扩大社会主义民主,要求立即建立高度民主的社会主义政治制度,实际上是不切实际的幻想,是不可能实现的。即使建立了这样的政治制度,由于缺乏高度发展的社会主义经济、文化作基础,这种政治制度的实施,人民当家作主的权利和各项民主权利的行使也是没有保障的,很可能是徒有其名的形式。

可见,要逐步建立高度民主的社会主义政治制度,就要大力发展社会主义社会的生产力,实现国家的四个现代化,提高整个中华民族的经济水平和科学文化水平。四个现代化逐步实现的过程,就是高度民主的社会主义政治制度逐步建设的过程。反过来,逐步建立高度民主的社会主义政治制度又能调动广大人民群众当家作主的积极性和创造性,促进"四化"的早日实现。这就是我国社会主义民主发展的唯物论和辩证法。

逐步建立高度民主的社会主义政治制度还要不断批判和肃清封建的、资产阶级的思想残余和一切反社会主义思潮。从思想上和制度上两个方面加强建设。

逐步建立高度民主的社会主义政治制度,既是新时期的重要任务之一,又是实现四个现代化这一任务的最根本的条件。它的根本点,是解决人民群众必须当家作主和怎样实现当家作主的权利的问题。

社会主义民主就是人民当家作主。社会主义民主是实现国家四个现代化的力量源泉,随着"四化"的发展,建设高度民主的社会主义政治制度的任务一定会逐步实现。

与谷春德、董戚美合写,刊于《法学杂志》1982 年第 1 期。

----

① 《马克思恩格斯选集》第 3 卷,人民出版社 1995 年版,第 12 页。

社会主义法的制定和实施

第一节　社会主义法律规范

一、社会主义法律规范的概念和结构

法律规范是构成法律的细胞,一个国家的法律就是该国全部法律规范的总和。社会主义法律规范,就是社会主义国家制定或认可,反映工人阶级领导下的广大人民群众意志,由社会主义国家强制力保证实施,以便确认、保护和发展社会主义社会关系和社会秩序的行为规则。

为了准确地把握社会主义法律规范的含义,不仅需要把它同各种非规范性的社会现象相区别、同其他的行为规则相区别,而且也要同某些具有法律性质的规定相区别。在社会主义国家,属于非规范性的文件有很多,像上级国家机关对下级国家机关下达的一些指示或命令,行政部门发给的营业执照,检察机关的起诉书或签署的逮捕证,法院的判决或裁定等。一切非规范性的法律文件都要以有关的现行法律规范为根据,并且是为了实现法律规范的。否则便是非法的文件或违法的文件,颁发这种文件的有关人员要承担法律上的责任。社会主义法律规范要求人们一体周知和一体遵行。只有这样,才能建立和维持稳定的法律秩序。

社会主义法律规范的结构,是指形成法律规范内容的各个要素(组成部分)及其相互关系。

它包含假定、处理、制裁三个要素,并且是这三个要素密切结合的整体。

假定,是适用这项法律规范的条件和情况,即法律规范中所要求或禁止的行为,应当在什么具体的时间、地点以及对什么人才能够适用。

处理,是法律规范中的行为规则本身。它指明该项法律规范的具体内容,即准许做什么和不准做什么,必须怎样做和不许怎样做的规定。这是法律规范的主要要素,是其规范性的主要表现。

制裁,是指明不遵守这项法律规范时将要引起的法律后果。制裁是法律规范的强制性的主要表现。

法律规范借助法律条文表达,但法律规范和法律条文并不是等同的东西。它们之间是内容和形式的关系。法律条文是法律规范的文字形式。一项法律条文可能表达一项法律规范,也可能表达几项法律规范;反之,一项法律规范可能借助几项法律条文

来表达。一项法律条文不一定要把法律规范的全部要素都表述出来,有的要素要在别的条文,或别的法律规范去表述。例如:婚姻法中关于子女对父母的赡养问题,只规定了假定和处理两个要素,制裁这个要素却要在刑法的分则中才能找到。但是,任何一项法律条文都必须有处理部分。否则,这项条文就失去其法律规范的意义。

在很多情况下,由于法律规范的假定部分或适用条件十分明显,法律条文中就没有必要专门加以规定,或者被包括在处理部分之中,不单独规定出来。这要靠人们的常识去推理和判断。对于制裁部分也有类似的处置。它可能规定在同一个法律文件的其他条文中,也可能规定在另外的法律文件中。比如,有关刑事性的制裁,就大量地由刑法来规定。

二、社会主义法律规范的种类

我国社会主义法律规范,数量巨大,内容广泛,很有必要对它们进行科学的分类。法律规范的分类,可以按照不同的目的和从不同的角度来确定。

(一)按法律规范本身的性质可以分为禁止性规范、义务性规范和授权性规范三类

禁止性规范,是直接规定禁止公民在某种情况下作某一行为,如果作了就要受到制裁或惩罚。刑法中大部分都是这类规范。

义务性规范,直接规定公民有义务在某种情况下作某一行为,如果不作就要受到制裁或惩罚。如婚姻法中规定,子女对父母有赡养的义务。

授权性规范,是授予公民在某种情况下能够通过自己的行为(作为或不作为)来享受一定的权利。如果说禁止性规范和义务性规范都带有命令性质的话,那么,授权性规范则是任意性质的。一个公民对于这种取得自己权利的行为,可以作,也可以不作,完全取决于他本人的意志。例如,继承人是否行使继承权,由他自己决定。

当然,法律规范的上述划分,应当辩证地理解。在严格的意义上说,任何一项法律规范(不论条文中如何表达)都责成人们作一定的行为。差别仅仅在于,或者是责成公民作一定的行为(义务性规范),或者是责成公民抑制一定的行为(禁止性规范),或者是责成公民不得有妨碍其他公民依法自由表达本人意志的行为(授权性规范)而已。

(二)按法律规范所包含的行为规范的确定程度,可以分为确定性规范、委任性规范和准用性规范三类

确定性规范,即直接规定某一行为规则的内容和制裁方式,而不依赖别的规范来说明或补充。这在我国的法律规范中,占绝大多数。它直截了当,便于了解和遵行。

委任性规范,指该项规范只规定一般原则,不确定行为规则的内容,具体内容委任特定的机关或特定的人来规定。例如一九八二年宪法的第一百条规定:省、直辖市的人民代表大会和它们的常务委员会,在不同宪法、法律、行政法规相抵触的前提下,可

以制定地方性的法规。

准用性规范，指没有直接规定行为规则的内容，只规定在适用此项规范时准许援用其他有关的规范。例如《中华人民共和国刑事诉讼法》第 25 条规定，书记员、翻译人员、鉴定人员的回避，也适用该法的第 23 条、第 24 条的规定。

委任性规范和准用性规范都依靠别的规范来表达自己的具体内容。但准用性规范所引用的那些规范，是事先已经存在的和确定了的，所以也应当看作是确定性规范，只不过是没有把准用的具体内容在该项法律规范中直接表达出来而已。

第二节　社会主义法的制定

一、社会主义法的制定的概念

社会主义法的制定，是指社会主义国家机关，依照法律规定的权限和程序，把工人阶级领导的广大人民的意志上升为国家意志，用具体的规范性文件体现出来。它除了拥有立法权的最高国家权力机关制定宪法和法律的活动之外，还包括其他国家机关根据法定权限，制定各种法规的活动。

第一，社会主义法的制定是社会主义国家的特有的活动之一。一切其他的社会组织和个人都没有这种权力。但是，国家活动的范围十分广泛，除了制定法律之外，还有行政管理、军队建设、审判、检察等。我们说只有国家才能进行法的制定的活动，完全不意味着所有的国家机关都拥有这方面的权限，也不意味着有权制定法律规范的国家机关的权限范围都一样。根据我国一九八二年宪法的精神，只有全国人民代表大会及其常委会才拥有立法权。所谓立法权，说的就是制定、修改或废止法律的权力。但这并不是说，我国除了法律之外，不存在其他形式的法的规范，也不是说我国所有法的规范都必须由全国人大和其常委会来制定。事实上，根据我国宪法规定，作为最高国家行政机关的国务院，有权根据宪法和法律，规定行政措施，制定行政法规，发布决定和命令；国务院的各部、各委员会可以根据法律和国务院的行政法规、决定、命令，在本部门的权限内，发布命令、指示和规章；省、直辖市的人大和它的常委会，在不同宪法、法律、行政法规相抵触的前提下，可以制定地方性法规；民族自治地方的人大有权依照当地民族的政治、经济和文化的特点，制定自治条例和单行条例。

第二，社会主义法的制定，要遵照一定的程序。这种程序由法律明文规定，其中包括草案的提供、讨论、通过、批准、公布等方式和方法。任何违反法定程序而制定出来的法律，其本身就是非法的，当然就是无效的。强调法的制定程序，是保证法律规范的正确性、合法性或权威性所必需，也是坚持民主集中制原则和社会主义法制的表现。

第三，社会主义法的制定不仅包括创立新法律，也应当包括修改和废除过时的原有法律。列宁早就指出："如果旧的法令不行了，已经变化了的形势要求改变它，那就应该改变。"①修改过时的法律,实际上是以新法律代替它;而废除过时的法律,则意味着为新法律的制定创造条件。修改和废除法律二者同创制新法律,具有同等的意义。此外,根据宪法和法律的精神,有关国家机关进行法律的创制、修改、废除这三个方面活动的权限和程序,也往往是一致的。

第四,社会主义法的制定,就其本质而言,是把人民的意志上升为国家意志的过程。社会主义国家是人民的利益和意志的代表者,所谓国家意志就是人民通过国家创制、修改和废除法律,使自己的意志和利益上升为法,取得明确的、肯定的和系统的形式,以保证其实现。所以,社会主义法的制定,生动地体现了人民在国家中的主人翁的崇高地位。

二、社会主义法的制定的原则

坚持社会主义道路,坚持无产阶级专政即人民民主专政,坚持共产党的领导,坚持马列主义、毛泽东思想,这是指导全部国家机关工作和全国人民行动的四项基本原则,当然也是我国法的制定所必须遵循的基本原则。我们这里所要阐述的法的制定的原则,从本质上说,正是总结了我国法制建设中贯彻和实现四项基本原则的经验而提出来的比较具体的一些原则。

(一)从实际出发

从实际出发,是我党实事求是的思想路线在社会主义法制建设中的具体体现。只有坚持这一原则,才能使我国的立法工作符合社会主义建设的需要,才能更好地发挥法在社会主义建设中的作用。

制定法要从实际出发,就要做到把马克思列宁主义同中国具体情况密切结合起来。既能完整地、准确地掌握马克思列宁主义关于社会主义国家政权建设和社会主义法制建设、包括立法工作的一般原理,又能运用它提出、分析和解决立法工作中的种种问题。为此,要进行大量的、切实的调查研究。重要的在于摸清建国以来我们自己的实际情况,总结我们自己的第一手经验;同时,也应该认真研究我国历史上及外国的一切对我们立法工作有用的东西。要善于及时地调查研究我国社会主义社会各个历史阶段的经济、政治及文化思想领域的变化情况,要恰如其分地掌握法的制定的时机,开展法的立、改、废的活动。当客观形势和主观经验尚未成熟的时候,人为地去追求法的"完备化",是脱离实际的。但是,当条件已经具备,还寻找这样那样的"理由",墨守成规,也是脱离实际的。

(二)领导与群众相结合

群众路线是我们的根本工作路线,制定法律的工作也不例外。法的制定是特定的

---

① 《列宁全集》第28卷,人民出版社1990年版,第204页。

国家机关专有的职权,不能由群众自发地进行。这并不是说这项工作可以脱离人民群众。毛泽东同志概括法的制定工作中的群众路线时指出:"这就是领导和群众相结合,领导和广大积极分子相结合的方法。过去我们采用了这个方法,今后也要如此。一切重要的立法都要采用这个方法。"这里所说的领导和群众相结合,就是专门的国家机关和群众相结合,其实际内容是"从群众中来,到群众中去"。更具体些说,制定法律时要做到,准确地反映广大人民的意志,实现人民的利益;立法工作要立足于总结人民群众的实践经验;积极主动地、广泛地听取人民群众的意见,吸收他们参加法的制定的过程。

在我国,许多重要的法律,是我们党总结实际工作经验,提出初步意见,同民主党派协商,逐渐形成草案,交给国家机关讨论,有的交地方国家机关、人民团体、广大人民群众讨论;有的还经过一定时期的试行,再由国家机关审议通过,才成为正式法律。经过这个过程,就能够充分反映人民的意见。

(三)原则性和灵活性相结合

原则性是法律的基本目的和要求,属于本质的规定性;原则性必须坚持,否则,立法工作就会迷失方向,法律性质就会改变。灵活性,就是在原则允许的限度内,根据具体情况,对某些问题作出灵活的规定。原则性是主要的、决定性的;灵活性是原则性的体现,没有灵活性,原则也是不能得到贯彻和落实的。

我国制定社会主义法律,有两个基本原则,即民主原则和社会主义原则。

至于社会主义法律的灵活性,也包含两个要点:①在制定法律的时候,对某一项原则规定,要考虑到实现的时间上的步骤性和方式方法上的多样性。②既要考虑到社会主义法制的统一性,又要考虑到各地方、各部门的实际情况。就是说既要保证中央的集中统一领导,又要充分发挥各地方、各部门的积极性和主动性。

社会主义法律的原则性和灵活性的结合,关键在于正确或恰当。一个法律文件失去原则性,就不成其为行为规则;"但是缺乏灵活性,就行不通,就会遭到反对,就会失败。"

(四)保持法的稳定性、连续性和权威性

保持法的稳定性,指的是一个法律文件一经制定生效,就不能轻率地予以变更。因为如果朝令夕改,废立无常,就有损于社会主义法律的严肃性和权威性,还会影响社会生产的发展和社会秩序的安定。我国社会主义的法是一定时期社会政治经济状况的产物,是客观规律的反映。只要这种状况没有发生根本性的变化,只要该法律所反映的客观规律没有失去作用、没有出现新的规律要求代替它之前,这些法律就应当继续发挥作用。

但是,法律稳定性是相对的。随着政治、经济的发展和革命任务的变化,法律也应发生相应的变化。这就提出了法律的连续性问题。

保持法律的连续性,指的是被取代了的那个法律和新法律之间的承接关系。社会

主义事业是不断地发展的。因此,新的法律和原有法律之间,也不会毫无关联。强调法律的连续性,就在于,第一,在新法律没有正式生效之前,原有法律要继续保持它的效力;第二,新法律应当尽量吸收原有法律中那些合理的、仍然有用的成分。通常的情况是,前一个法律是后一个法律的基础,后一个法律是前一个法律的继续和发展。第三,法律和制度不因领导人的改变而改变,不因领导人的看法和注意力的改变而改变。保持法的连续性对于健全社会主义法制,充分发挥社会主义法的作用,维护法律的尊严和权威都具有重要的意义。

维护社会主义法的权威,是社会主义社会客观规律的要求,也是健全社会主义法制所必需。叶剑英同志指出,社会主义法是人民制定的,代表社会主义和无产阶级专政的最高利益,人人必须遵守和执行;它一定要具有极大的权威,只有经过法律程序才能修改,绝不能以任何领导人个人的意志为转移①。社会主义法的权威主要靠广大干部和人民知法、懂法、自觉守法来维护,只对极少数敌对分子和人民内部的违法犯罪分子才表现出威慑和制裁。

三、社会主义法的表现形式

法的具体表现形式,在过去的教科书中,把它称作法的渊源,不同的国家机关制定的法律文件,采取不同的具体形式,其效力也有差别。

我国社会主义法的形式,基本上可概括为两大部分:第一部分是宪法和法律;第二部分是从属宪法和法律的其他规范性文件。

(一) 宪法和法律

宪法和法律,是由拥有立法权的最高国家机关,按照严格的程序制定和颁布的规范性文件。

宪法是国家的根本法和最高法律,是一切法律的基础。它经过最严格的立法程序,由全国人民代表大会制定。它所涉及的是社会制度、国家制度以及主要社会关系的基本问题。它具有最高的效力,其他一切法律都要从属于它,并且都是为了保证它的贯彻实施,如果同它的精神相抵触均为无效。法律也是由国家的最高权力机关制定的。我国宪法规定,唯有全国人民代表大会和它的常委会才能行使立法权,制定法律。法律也是经过特别的法定程序制定的。在我国,一般要经过立法倡议、法律草案的讨论、表决通过和公布四个阶段。

我国的法律就其内容和效力而言,可以分为:第一,基本性法律。它规定国家某一方面的基本制度,如有关国家机构、刑事、民事、诉讼、婚姻家庭等,也由全国人民代表大会制定。第二,其他法律。指的是,应当由全国人民代表大会制定的以外的各种法

① 叶剑英委员长谈我国法制建设,《人民日报》1979 年 2 月 15 日。

律。这些法律由全国人民代表大会常委会制定。根据一九八二年宪法的规定,在全国人民代表大会闭会期间,人大常委会对全国人民代表大会制定的法律可以进行部分的修改,但是不得同该法律的基本原则相抵触。

法律,还可分为:对全国公民都适用的一般性法律和只适用于部分公民的特殊性法律;在全国范围内有效的全国性法律和只在特定地方范围内有效的地方性法律;平时法律和非常时期法律等。

（二）从属于宪法和法律的其他规范性文件

我国宪法规定,从属于宪法和法律的其他规范性文件有:

①国务院根据宪法和法律,制定的行政措施、行政法规,发布的决定和命令。这些行政措施、行政法规、决议和命令,是我国最高的行政性规范文件。②国务院所属各部、各委员会,为了执行宪法、法律和国务院规范性文件,而发布命令、指示和规章。国务院及其所属机构的规范性文件,均有全国性的效力。③有时由于特殊的需要,党中央和国务院发布联合指示。它是党中央的指示,也是中央人民政府的规范性文件,各级党组织和党员、全国各级国家机关以及公民,都必须遵守。④省、直辖市的人民代表大会和它们的常务委员会,在不同宪法、法律、行政法规相抵触的前提下,可以制定地方性法规,报全国人民代表大会常委会备案。⑤民族自治地方的人民代表大会,根据宪法和法律依照当地民族的政治、经济和文化的特点,制定的自治条例和单行条例。自治区的自治条例和单行条例,报全国人民代表大会常务委员会批准后生效,自治州、自治县的自治条例和单行条例,报省或者自治区的人民代表大会常务委员会批准后生效,并报全国人民代表大会常务委员会备案。这种民族自治地方的自治条例和单行条例作为法律规范或法律文件,在所辖区域内有效。

在我国,由国家机关认可的习惯,是法的形式之一。把习惯当作法律形式,主要目的在于照顾我国人民群众,特别是照顾少数民族中长期形成的、同社会主义法律的本质不相抵触的风俗习惯。国家机关认可的习惯,不是我国法的主要形式,其数量极少。

我国法的形式,除上述两大部分外,还有我国同各国直接签订的包含规范性内容的条约,以及我国宣布承认或参加的一些已经存在的国际条约。这些条约对于各缔约国和参加国都有约束力。

四、社会主义法律规范的系统化

我国有关的国家机关,在不同的历史时期,针对不同问题,以不同的形式,颁布过大量的法律和其他规范性文件。为便于法律的适用,便于制定新法律时的参照,便于研究和查阅,就需要对已经颁布过的法律进行加工整理,使之系统化。这种系统化,分为法规汇编和法典编纂两种。

法规汇编,就是按照年代,法律部门及其他分类方法,对法律规范简单地加以集中和编排,汇成书册,而不改动法律规范的内容。法规汇编属于技术性工作,不是立法工作,这项工作本身也不具有任何法律上的权威性和约束性。

法典编纂,同法律汇编有本质的不同。它不只是要使法律规范系统化,而且本身就是立法活动。在这一活动过程中,要按照最新宪法的精神和法制统一的原则,将一个部门的法律规范,全部地重新进行审查,然后编纂成为一部有严密内在联系的、系统的法律文件,即法典。法典编纂包括法律规范的创制、修改、废除的工作。就是说,要以新规范填补空白,消除原有规范之间的相互冲突或不一致之处,修正那些含糊不清的、过了时的和个别失误的地方,废止已经不适用的规范。由此可见,法典编纂实际上是用一部完整的部门法文件,来代替以前的有关法律或规范性文件。

第三节　社会主义法的实施

一、社会主义法的实施的概念

法的实施,是法律规范在现实生活中的实现。法是人们的行为规则,所以法律规范的实现,应当具体地体现在人们实际地享受权利和承担义务的行为之中,使规则变成现实的法律关系和法律秩序。我国社会主义法的实施,有两条渠道。

（一）法的遵守

法的遵守就是通常所说的守法。因法律规范的性质不同,它对于人们行为的要求也不同,对法律规范的遵守的要求也不同。义务性法律规范的遵守,表现为义务承担者能够积极地履行自己义务的作为。禁止性法律规范的遵守,表现为人们的不作为。授权性法律规范的遵守,表现为人们都能够尊重和保障被授权者自行作出的决定。

社会主义国家中法的遵守和资本主义国家不同,主要地不是靠强迫,而靠广大人民群众的自觉性。

（二）法的适用

法的适用,就是通常所说的执法。它是国家机关及其工作人员,按照法定的权限和程序,为了完成其特定的职务而运用法律的活动。其特点在于:①法的适用的主体是国家机关,它以国家的名义进行活动;②这种活动必须严格地在法定权限范围内和按照法定的程序进行;③国家机关和公职人员适用法的目的,是完成其承担的职务。

在我国,人民公安机关、人民检察机关、人民法院以及某些司法行政机关（如行政监察机关、公证机关）,是法的适用的专门机关或专门的执法机关。它们的主要任务,就是监督和保证法律的正确理解和执行,解决法律纠纷,处理违法事件。因此,它们对于社会主义法的适用,具有特别重要的意义,

为了确切地把握社会主义法的适用的概念,需要注意的是:①国家机关为实现宪

法和法律而制定规范性文件的活动,不是法的适用,而是制定法的活动。②国家机关或公职人员以普通的法律关系的主体的身份(如以法人和自然人的身份)参与法律活动,不是适用法律,而是遵守法律。③国家机关、社会团体、公职人员和公民,组织和开展法制宣传教育活动等,也不是法的适用,而是为法的适用或实施创造条件。

法的适用最能表现法的阶级本质。在资产阶级国家,法的适用就是直接对广大人民群众实行专政。所以,恩格斯指出:"在这方面,法律的运用比法律本身还要不人道得多。"①相反,社会主义法的适用则是直接实现人民群众的利益和意志。因而,它有极其深厚和广泛的社会基础。

二、社会主义法的适用原则

社会主义法的适用,总的要求是正确、合法、及时。为做到这一步,必须有相应的原则作保证。

(一)以事实为根据,以法律为准绳

以事实为根据,就是坚持辩证唯物主义认识论。存在是第一性,意识是第二性,存在决定意识。构成案件的事实,是客观的存在。对于负有处理这个案件责任的国家机关工作人员说来,案件事实是他认识的对象,这些事实不以案件关系人的任何一方或国家工作人员的意志为转移,国家机关工作人员首先必须忠实于事实真相。这就要求他深入实际、深入群众,调查研究,重证据而不轻信口供,查明事实真相,坚决摈弃一切先入为主、偏听偏信、歪曲事实等主观主义、粗枝大叶和各种不正之风。

以法律为准绳,指的是国家机关工作人员要忠实于法律,即忠实于人民的意志或国家意志。这包括两层意思,一是他在查明案件事实的过程中,必须遵照法律规定的程序;二是对案件所作的处理结论,必须以法律的规定为标准。只有以法律为准绳,才能划清合法与非法、违法的性质,罪与非罪、此罪与彼罪、处罚的轻重等方面的界限。为此,就要求国家机关工作人员坚决摈弃以自己的想法代替法律,滥用法律,以及各种枉法行为。

以事实为根据和以法律为准绳二者作为一项法的适用原则,是相互依存的。案件事实是构成案件本身的东西。所谓法的适用,就是根据案件的事实,运用法去解决案件所发生的问题。所以,离开客观事实,就不可能以法律为准绳,就谈不上法的适用。另一方面,离开法律这个准绳,即使弄清了案件的事实,也解决不了案件的问题。

(二)公民在适用法律上一律平等

我们平常所说的"在法律面前人人平等",是指公民在适用法律上一律平等。这个原则表明,每个公民都要遵守法律,享有法律规定的权利和履行法律规定的义务,不允

---

① 《马克思恩格斯全集》第 1 卷,人民出版社 1995 年版,第 703 页。

许任何人有超越法律之外和凌驾法律之上的特权；无论是谁，只要违反了法律，都要同等地追究法律责任，无一例外。就是说，凡属我国公民，无论其民族、种族、性别、职业、宗教信仰、教育程度、财产状况、居住期限有何差别，无论其家庭出身、本人成分、社会地位和政治历史有何不同，司法机关在适用法律时，一视同仁，平等对待。

公民在法律适用上一律平等的原则，同社会主义法的阶级性是完全一致的。因为，社会主义的法作为打击敌人、保护人民和促进国家经济建设的工具，其本身就具有十分鲜明的阶级性。国家机关和公职人员，只要能够同等地、不折不扣地对每个公民适用法，恰恰就是严格地坚持了社会主义法的阶级性。与此相反，倘若允许借口坚持法的阶级性，对于同一性质的案件，因人而异地适用法律，势必破坏法律的统一标准，造成法律秩序的混乱；而且，还会给特权思想，各种枉法行为，甚至给一小撮阶级敌人的破坏捣乱行为，大开方便之门。

（三）坚持群众路线

在法的适用中坚持群众路线，意味着把国家机关的活动置于人民群众的严密监督之下。我们的法律是人民意志和利益的反映，因此人民对于国家机关和公职人员的活动是否真正符合法律的要求，是否真正符合自己意志和利益，最为关注，而且最有发言权。国家机关和公职人员只有虚心倾听人民群众的呼声，自觉接受人民群众的监督，才能正确适用法律。

任何一个实施违法行为的人都不能不同人民群众接触，不能不在人民群众当中造成影响和留下痕迹。不论多么诡秘的伎俩，多么复杂的情况，都难以逃脱人民群众的眼睛。所以，执法人员只有深入人民群众中去进行调查了解才能揭示事实真相，以便为法的适用提供坚实可靠的根据。

人民群众参与法的适用的活动越普遍、越经常，就越能使他们熟悉和掌握国家的法律，并从案件的处理过程中受到生动的法制教育，提高法制观念。这样，他们就能学会运用法律来衡量是非曲直，向一切违法现象作斗争，有效地维护社会主义法律秩序。

三、社会主义法律规范的效力

法律规范的效力，就是它的适用范围。它包括空间、时间和对人的效力。

（一）空间效力

法律规范的空间效力，指它在什么地域范围内有效。

在我国，一般地说，全国性的法律规范，在全国范围内有效；地方性的法律规范，在相应的地区内有效。但是，法律规范本身也可以特别规定其效力的空间范围。我国宪法、法律、行政法规，除有特殊规定者外，其效力及于我国的全部领土。

我国的领土，包括属于我国管辖的全部陆、海、空领域，以及驻外使馆、航行或停泊在国境以外的船舶和飞行器。在所有这些区域内，均适用我国的法律。

我国法律和他国法律相互间的局部的域外效力问题,需要通过有关国家的具体协议来规定。

(二)时间效力

法律规范的时间效力,指它开始生效、终止生效和是否溯及既往的问题。

我国法律规范开始生效的日期,一般都在规范文件中作出明文规定。这里有两种情况:一是规定从公布之日起生效;二是规定从以后的某个特定的日期起生效。

我国法律规范的终止生效的日期,大体情况是:或者由法律本身明文规定终止生效的日期;或者因新的法律规范的颁布,有关的原有法律规范当然地终止生效;或者有关国家机关作出特别的决定,宣布废止某些法律规范或法律文件的效力。

在我国,按一般原则,新颁布的法律,对于过去发生的行为是没有溯及既往效力的。新法律只适用于生效后发生的事项和行为。这样对保持社会关系的稳定,保护公民的权利和自由有好处,也有利于社会主义法制的建设。可是,在个别情况下,为维护国家和人民的利益,有些新法律也溯及既往,但通常都采用从轻的原则。我国刑法体现了这种精神,即我国刑法颁布前的某一行为,如刑法不认为犯罪或处罚较轻的,适用刑法。

(三)对人的效力

根据国家主权原则,我国法律适用于居留在我国领域内所有的人,包括我国公民、居留在我国的外国人和无国籍人。在我国领土范围内的我国公民适用我国法律是天经地义的。但是,我国公民在外国,其适用法律的问题比较复杂。我国法律,原则上对他们是适用的,但又存在适用所在国法律的问题,妥善的解决办法,往往要依靠两国谈判。

居住在我国的外国人或无国籍的人,除享有外交特权和豁免权者外,都适用我国的法律。享有外交特权和豁免权者有违反我国法律的行为,对其责任的追究,通过外交途径解决。

外国人在外国侵犯我国或我国公民利益的事件,我国有权要求适用我国的法律。

四、社会主义法律规范的解释

法律规范的解释,从不同的角度,可以有不同的分类。

(1)从解释的主体上,可分为:

①正式解释(或有权解释),其中包括立法解释、行政解释、司法解释。

立法解释,是立法机关对于法律的解释。根据我国1982年宪法规定,解释宪法和法律的权力属于全国人民代表大会常务委员会。这种解释具有全国性的意义。更广义地说,立法解释也可以指制定该项法律规范的国家机关的解释。

行政解释,是国家行政机关在自己职权范围内对法律规范所进行的解释。

司法解释,是法院在审判过程对其所适用的法律规范进行的解释。最高人民法院审判委员会所作的司法解释,对于各种专门法院和地方各级法院有约束力。而所有的法院在处理具体案件过程中进行的司法解释,仅仅对这个案件有约束力。

②非正式解释(或无权解释),其中包括学理解释和任意解释。

学理解释,是在法学研究中对法律规范所作的解释。

任意解释,是私人性质的解释。

与正式解释不同,非正式解释没有约束力。

(2)从解释法律规范的外延上,可分为扩充解释、限制解释和字面解释。其中,字面解释最为常见。不论哪种解释,都是为了符合法的原意。

(3)从解释的方法上,可分为文法解释、逻辑解释、历史解释(通过对该项法律规范制定的历史条件的分析所作的解释)和系统解释(通过阐述该项法律规范在一定法律体系中的地位所作的解释)。

五、社会主义法律规范的类推适用

法律规范的类推适用,通常是指在司法实践中,由于缺乏法律的直接规定,而适用性质上最相近的法律规范的情况。

这种类推适用,显然是用以补充立法的不足。它固然同国家法律的完备程度密切相关,但再完备的立法也不可能包罗社会生活中的一切情况。尤其在政治、经济形势发展非常迅速的情况下,也不能要求立法机关事先预计到多种多样的需要,所以法律类推适用仍有必要存在。不过,类推不如直接的法律规定那么准确,而且难以掌握,容易违背立法精神。所以,在我国,严格限制类推适用。我国刑法第七十九条规定:"本法分则没有明文规定的犯罪,可以比照本法分则最相类似的条文定罪判刑,但是应当报请最高人民法院核准。"这里就体现了对于类推适用要从严掌握的精神。无疑,这对维护社会主义法制是有重要意义的。

第四节　社会主义法的体系

一、社会主义法的体系的概念

社会主义法的体系,指一个社会主义国家现行法的各个部门所构成的有机统一的整体。讲具体一点,就是以一个社会主义国家现行的和即将制定的法律为基础,以部门法为主体,以宪法为统帅,组成一个内容和谐一致,形式完整统一的法律规范的有机整体。

社会主义国家的法,是作为统一整体而存在的;构成这个整体的是各个不同的法的部门,各个法的部门又包括不同层次的法律、法规,这些法的部门和不同层次的法律、法规,有主有从,相互协调,重叠交错,相互配合。它们因调整的社会关系的不同或调整方法的不同而相互区别,又同它们反映与维护共同的社会主义生产关系,表现共同的阶级利益和意志(工人阶级和广大人民的利益和意志)而成为有机的整体。

社会主义法的各个部门的区分,以客观存在的社会主义社会关系的多样性为基础,而不是人们任意确定的。在这方面,立法机关的任务就在于能够正确反映多样的社会关系的要求,及时制定出相应的法律规范来调整这些社会关系。一个法的部门,就是调整某一类社会关系的那些法律规范的总和。所以,划分法部门的主要标准,是该法律所直接调整的对象的社会关系的性质。同时,也应辅之以调整方法。这主要因为在部门法之间往往有重叠现象,因此就要同时考虑到调整方法。例如刑法调整的范围涉及社会关系的各个主要方面,它之所以成为一个独立的部门法的原因在于它是以刑罚方法(即刑事制裁)作为手段来实现法律调整社会关系的任务。尽管调整方法在区分法部门上是派生的、从属的因素,但结合调整方法来分析法所调整的不同社会关系,对于划分法部门是有益的。

社会主义法部门的划分虽然有其质的规定性,但也包含相对性。首先,鉴于社会关系的复杂性,往往一种社会关系会同时由几个不同的法的部门来调整,其中每个法的部门只在本身特定的任务和直接调整对象的范围内调整这种关系,即它仅仅调整这种社会关系的某个侧面而不是全部。最明显的,像调整财产关系方面的,就有民法、经济法、行政法等部门,都对它进行部分地调整。其次,在社会主义事业的发展过程中,不可避免地会不断地产生出一些新的社会关系,相应地就要求新的法的制度或法的部门的产生。

在西方资本主义国家,普遍地把法的体系划分为"公法"和"私法"两大部分,这完全同资本主义私有制一致。私法是私有制的直接表现;公法是维护私有制的外部条件,保障资本家们的整体利益的。在社会主义国家,根本不存在划分公法、私法的基础。列宁指出:"我们不承认任何'私法',在我们看来,经济领域中的一切都属于公法范围,而不属于私法范围。"①这就是说,社会主义法建立在社会主义公有制的经济基础上,都反映全体人民的利益和意志。

一个特定的社会主义国家的法的体系,同任何其他国家的法的体系一样,不包括国际法这个特殊的法的部门。这由国际法本身的性质所决定。国际法关系的主体是国家;国际法没有统一的立法机关,其规范是国际关系参加者通过相互缔结国际条约的方法制定的;对国际法的实施没有一个统一的强制机构,只能由有关国家来强制;国际法的主要渊源是国际协议和国际惯例。由此可见,国际法同国内法的各部门法相比较,有重大差异。

---

① 《列宁全集》第 36 卷,人民出版社 1963 年版,第 587 页。

研究法的体系,有很大的意义。首先,有助于国家的立法活动,使有关的国家机关弥补现行法中的缺陷,帮助其废除过时的法律,制定新的法律。其次,只有依据关于法的体系的知识,才可能从数量巨大的现行法律规范里找出适合于某个具体案件的规范。最后,法体系的知识还会帮助人们正确地领会各种法律规范的意义,即帮助人们把每一项法律规范同其他相近的规范联系起来,并把它同整个法体系的基本原则联系起来进行评价。简言之,了解法的体系,不论对于立法、法的适用以及法学研究,都是不可缺少的。

二、我国社会主义法的部门

(一) 宪法

我国宪法部门,由规定我国社会制度、国家制度、国家机关的组织和活动的基本原则、公民的基本权利和义务等法律规范所构成。这些规范主要集中在《中华人民共和国宪法》里,此外还包括在有关国家机关的组织法、人民代表大会选举法等法律文件里。

宪法部门是最高的法部门。它的调整对象是我国最基本的社会关系。并且,宪法部门还规定其他法部门的基本指导原则,从而为其他法部门的建立提供了法律基础。

(二) 行政法

我国行政法部门,由规定有关国家行政管理活动的法律规范所构成。它的主要内容是确定国家行政管理的体制,国家行政管理的职权,国家行政管理活动的基本原则及其方式和方法,国家机关工作人员的选拔、使用和任免的程序等。行政法调整各级国家行政机关在履行职务的过程中同其他国家机关、社会团体、公民之间发生的社会关系。

我国行政法关系的主体,大量的是各级政府及其所属机构,其活动涉及国家生活的各个领域。所以,行政法是很重要的法律部门。

(三) 刑法

我国刑法部门,由规定哪些行为属于犯罪,对实施犯罪的人适用什么刑罚,以及采取其他措施的法律规范所构成。

我国刑法是社会主义性质的刑法。它的任务是用刑罚同一切反革命和其他刑事犯罪行为作斗争,以保卫人民民主专政制度,保护社会主义国家所有的财产和劳动群众集体所有的财产,保护公民私人所有的合法财产,保护公民的人身权利、民主权利和其他权利,维护社会主义的法律秩序,保障社会主义现代化建设事业的顺利进行。

同其他各个法部门相比,刑法的主要特征在于:首先,刑法调整和保护的社会关系比较广泛,它几乎涉及社会关系所有各个方面,凡行为人出于故意或过失,损害国家和社会利益,造成了严重后果构成犯罪的,都需由刑法来调整解决。其次,刑法是保卫其他各部门法律规范得以实现的法律规范的总和。这是由它所承担的根本任务决定的。最后,刑法所规定的制裁是最为严厉的。

(四)民法

我国民法部门是由调整一定范围内的财产关系及同财产相关的某些人身关系的法律规范所构成。民法调整的财产关系并不是一切财产关系,只是其中一部分。它包括:一定的财产所有关系;一定的交换分配关系,主要是等价有偿的交换关系;人死亡后的遗产分配关系。这三种财产关系反映在民法上,便分别形成所有权、债和继承三个主要的民事法律制度。我国民法也调整某些同财产相关的某些人身关系,如保障姓名权、著作权、发明权等。我国民法是社会主义的民法。

民事法律关系的显著特征之一,是当事人(主体)之间处于平权的地位,互相均可自由地表示自己的意志,并且往往以等价或有偿为原则。

(五)婚姻法

我国婚姻法,由规定各种家庭关系和婚姻关系的法律规范所构成。

婚姻关系和家庭关系密不可分。婚姻是家庭产生的前提。家庭是在婚姻的基础上形成的人们之间紧密的血缘关系。家庭是社会的缩影,因而是很重要的。

在资本主义社会,调整家庭婚姻关系的法律规范包括在民法部门之中。这是因为资产阶级把家庭婚姻关系视为简单的金钱财产关系所致。在社会主义社会里,由于所有制性质的根本改变,婚姻家庭关系不再被看作财产关系,而是一种特殊性质的人身关系。所以,不能把社会主义家庭婚姻关系隶属于民法,它应当成为一个独立的法的部门。

(六)经济法

在我国的经济法部门,由规定有关国家的经济领导机关、企业和组织,在经济管理活动中发生的互相关系的法律规范所构成。

在我国,经济法是一个新的法部门。它是随着我国现代化建设的新形势的要求而产生出来的。

经济法的内容极为广阔,包含有从国民经济计划、合同,到工业、基本建设、农业、土地、环境保护、商业、外贸、中外合资经营,乃至科学发现、技术上的发明和创造等的法律规范。经济法是推动我国四化建设的一个强有力的手段。

(七)劳动法

我国劳动法部门,由规定有关职工在劳动过程中发生的各种关系的法律规范所构成。其中包括国营企业和事业单位、国家机关与职工之间的劳动合同、工作制度、劳动报酬、劳动保护、劳动争议的解决等问题。

在社会主义社会,劳动关系是新型的社会关系。广大职工已不再是资本的雇佣奴隶,而是国家的主人。劳动变成了崇高的事业。调整劳动关系的主要原则,是民主集中制原则和各尽所能、按劳分配原则。因而,它同资本主义国家的劳动法有本质的区别。

(八)诉讼法

我国的诉讼法部门,由规定有关诉讼程序问题的法律规范所构成。按照具体调整的社会关系的性质,诉讼法又分为刑事诉讼法和民事诉讼法。

刑事诉讼法,是在处理刑事案件过程中,公安机关、检察机关、法院与案件关系人之间发生的关系。民事诉讼法,是在处理民事案件中发生的关系。两者都调整诉讼关系,所以必然在法律原则和法律制度方面有若干共同之处(如公开审判、合议、审级、证据等)。但它们又有重大的不同。刑事诉讼关系中行使职权的国家机关与被告人及其他关系人,主要是权力从属关系;而民事诉讼关系中的原告、被告双方是平权关系。最终用以解决案件所依据的实体法(刑法与民法等)也不同。这又是应当加以区别的。

此外,还有军事法等部门法,因篇幅所限,不作介绍了。

本文刊于《法律基础》,中共中央党校出版社 1984 年。

"依法治国"中的几个法理学问题

一、"依法治国"的必要性

江泽民同志在中共十五大正式地提出了"依法治国,建设社会主义法治国家"作为我国基本的治国方略。所谓基本治国方略,就是基本的不能以其他东西代替的指挥国家运行的方针和策略。

从古到今,基本的治国方略只有两种。一种是人治,即君主个人或少数官吏的统治,它总是同统治者的独断专行的政治联系在一起。在前资本主义社会,这是典型的治国方略。另一种是法治,即高度重视法律在治理国家中的作用。法治也分为两种情况:一是人治底下的法治。它是由先秦法家主张的,强调专制君主重视法律的统治作用,即"以法国",把法律当作单纯的治国工具。秦王朝奉行的就是这种"法治"。这种法治与专制制度结合一起,所以不是近代意义上的法治,其实质仍然是人治。二是近代意义上的法治,即所谓"法律的统治"。它的基本观点是同民主政治相结合。这就是"依法治国"。资产阶级民主国家和今天我们的社会主义国家,都奉行"依法治国"方略。当然,二者又有本质的差别。

对于我们来说,要坚持"依法治国"或法治,首先需要弄清它的必要性和重要性。这就是:

(1)依法治国是建立和完善社会主义市场经济的需要。通常人们都说"市场经济是法治经济"。其理由是:①市场经济要用法律来确定市场主体的资格。这就是指,不论自然人(公民)或法人均具备各自独立和平等的地位,以及必要的法定行为能力和责任能力,才能成为市场经济的角色。②需要法律来规范主体的经济行为。如保障主体的产权、维护合同自由、进行正当的自由竞争,反对诈欺、强买强卖、垄断等不正当的竞争等。③法律要实行国家对市场的宏观调控,以避免市场和国民经济的失调。④用法律来克服自发的市场经济所必然带来的贫富两极分化。借助计划、财政(货币)和税收政策来缓解这种分化,还要通过各种社会保障制度来使社会的弱者得到正常生活的公平。⑤靠法律营造市场经济正常运行的环境和秩序。如,保证财产的安全、交易的合理,以及惩治侵权行为和犯罪。

(2)依法治国是扩大社会主义民主,改革国家政治体制的需要。社会主义国家是人民群众当家作主的国家,因而必然是民主的国家。那么,人民群众如何管理国家呢?

唯一的办法就是人民要参政议政,把自己的利益和意志上升为统一的法律进行管理。这包括人民群众按照法律的程序,选举自己的代表组成国家权力机关,进而以权力机关制定的法律来组成行政机关和司法机关,使公职人员成为人民的公仆,并对国家机关和公职人员进行有效监督。还要借助法律来规定和实现人民群众的广泛的自由和权利;当这些自由和权利受到侵害时,又能及时地得到法律的救济。

(3)依法治国是社会主义精神文明建设的需要。邓小平一再强调,我们在建设高度物质文明的同时,还要建设高度的精神文明,对此要"两手抓"。法律本身就是社会精神文明发展的产物,反过来又有力地推动精神文明的发展。我国法律积极地启发和培养人的社会主义道德观念,维护社会善良习俗,培养遵纪守法的风气,扫除社会中的各种污秽和黑暗。法律还对教育、科学、文化、艺术等起着巨大的推动作用。这种良好的、健康的社会规范,就能为生产力的发达奠定可靠的精神基础。

总之,依法治国是我国长治久安的强大保障。

下面,我们再简要地谈谈同"依法治国"密切相关的几个理论问题。

二、法律调整机制

法律是通过要求人们做什么行为或不做什么行为来协调和整合社会关系的。所谓法律调整机制,即是指这种法律调整的各种手段及其相互关系。

法律调整机制,表现在全部的法律调整过程之中。依据这个过程,法律调整的手段有:

(1)立法。通过立法制定出来的法律,把一定的社会关系纳入不同的法律领域。如把行政管理的社会关系纳入行政法;把婚姻家庭关系纳入婚姻家庭法;把财产关系纳入民法等。所以,立法是法律调整的第一种手段,也是法律调整的一个出发点。即有了法律才谈得上法律调整。

(2)法律关系。根据法律的规定建立一定的法律关系,即在一定的主体之间形成权利与义务关系。如买卖关系、借贷关系、行为管理关系等法律关系。这样便使法律由抽象的一般的规定进入现实阶段。所以,法律关系是法律调整的第二种手段。

(3)法律关系主体行使权利和义务的行为。这包括主体对权利的享受,对义务的履行,对禁止的遵守。这样,法律就在社会中得到了实现。所以,行为是法律调整的第三种手段。

(4)法律的补救。它是指在少数情况下,法律关系主体的权利或义务的实现遇到了阻碍。这时,就需国家机关(行政和司法机关)出面干预,而使其实现或恢复。法律调整的这第四种手段,在大多数的、能够被主体自动实现权利、义务的情况下,是不需要的。所以,这是一种法律的补救手段。

上述的四种法律调整手段是相互联系的,而不是各自孤立的。所以,它是一种机制。

但是,我们还要认识到,法律调整机制,除了上述的四种手段构成的法律本身的规制之外,实际上它还总是同各种社会条件和人的心理条件等有密切的关系。这些条件对法律调整也有着重要的影响。

三、法律体系

需要用法律来调整的社会关系是十分广泛的,需要法律调整的行为更是极为复杂的。因此,一个国家的法律就必然是繁多而宽泛,如果相互间没有形成一套体系,杂乱而无区分,就无法掌握和应用。

所谓法律体系,指国家各个法律部门或部门法所组成的有机统一的整体。

我国法律部门主要有:

(1)宪法。它是调整我国基本的社会制度和国家制度,公民的基本权利与义务,国家机关的组织和活动的基本原则的法律子体系,是主导性的法律部门。宪法部门法包括宪法、国家机关组织法、选举法、国籍法等法律。

(2)行政法。它是调整国家行政管理活动中形成的社会关系的法律部门。由于行政关系涉及的范围最为广泛,所以行政部门法的内容非常多,而且很难用一部法典把它概括起来。

(3)民商法。它是调整平等的主体之间的财产关系和人身关系及商事关系的部门法。在市场经济体制下,这个部门法很发达且很重要。民商法部门法包括以《民法通则》为核心的民事法和商事法,如合同法、继承法、收养法、商标法、专利法、著作权法、企业破产法、票据法、保险法和婚姻法等。

(4)经济法。它是调整国家对国民经济进行管理和对多种社会组织经济活动进行管理所发生的社会关系的部门法。它包括计划法、预算法、国有、集体所有、私有和外资等各种的企业法、银行法、信贷法、证券法、民商法、物价法、产品质量法、统计法、会计法、基建法、农业法、消费者权益保护法、反不正当竞争法等。

(5)劳动法和社会保障法。它是分别调整劳动关系和社会保障关系的部门法。它包括劳动合同法、工资法、劳动保险和福利待遇法、工会法、劳动争议法,以及各种社会保障的法律。

(6)环境法和自然资源法。它是调整有关自然资源和环保方面社会关系的部门法。它包括森林法、草原法、渔业法、矿产资源法、水法、水土保护法、土地管理法、节能法,以及环境保护法、海洋环境保护法、水污染法等。

(7)刑法。它是调整有关犯罪和刑罚这种特别社会关系的部门法。它主要是由刑法所规定。

(8)诉讼法。它是调整有关解决法律争议的诉讼程序的部门法。诉讼法分别地由民事诉讼法、刑事诉讼法和行政诉讼法所规定。

(9)军事法。

划分法律部门或部门法,有两个标准:

①作为法律调整对象的社会关系,是划分法律部门的首要标准。不同种类的社会关系决定着不同法律部门的划分。如,调整国家行政管理的社会关系的法律之总和就形成了行政法部门;调整平等主体间的财产关系和人身关系的法律关系之总和就形成了民法部门;调整婚姻家庭的法律之总和就形成了婚姻法部门等。

②法律调整的方法是划分法律部门的补充标准。有些法律部门,单纯以社会关系为标准,还不能解决问题。如,对于经济关系,民商法、经济法、行政法等都要加以调整;反之,像刑法部门则调整各种社会关系。为解决这些问题,就要引进调整方法这个补充标准。调整方法有两种:第一种权力的方法,即管理与被管理的调整方法。行政法、刑法等主要是采用权力的调整方法。在这种法律关系中,主体间是不平等的。第二种权利的方法,即主体间权利平等的调整方法。民商法是采用权利调整方法的典型。我们还可以法律制裁为例,如以刑罚为制裁手段的法律就属于刑法部门;以承担民事责任(如损害赔偿等)的方法为制裁手段的法律就属于民法,等等。但说到底,法律调整对象即社会关系,总体上决定着调整的方法。

四、法律实施

法律的实施,指使法律的规定变为现实的活动。它包括以下几个环节:

(1)守法。

守法,也叫法律的遵守。它是指全社会要一体地按照法律办事。

守法的主体有以下几类:①各种社会组织,包括国家机关、武装力量、政党、社会团体、企业事业单位。其中,最重要是指作为国家领导力量的共产党"必须在宪法和法律范围内活动",以便为全社会树立守法的榜样。②公职人员。他们或是直接制定法律,或是直接执行法律,或是直接进行法律监督的人员。因此,他们能否以身作则地遵守法律,不仅影响着法律本身能够得到实际实施,而且影响着整个社会,特别是人民群众的守法风气。③全体公民。它是最广大的守法主体。我国的一切权力都属于人民群众,他们是否普遍守法,决定国家政权的存亡和正常社会秩序的稳固。④在我国领域的外国组织和外国公民,以及无国籍的人。这是我国国家主权的要求,也是国际法的要求。

守法的内容,不仅包含着对法律义务的履行,也包括法律赋予的权利的享受。所以,依法行使自己的权利、保护自己的权利,也是守法的一个重要内容。

守法的主要要求,就是反对任何形式的法外特权。

(2)执法。

执行也叫法律的执行,指国家行政机关及其公务员实施法律的活动。

由于行政管理权涉及社会和国家建设和国民生活的各个方面,因而执法也必须成为法律实施的极其重要的环节。

行政执法的主体包括如下几类:①国务院和地方各级人民政府。②政府的各个下属机构,部委、司厅局、处、科等。③由法律授权而具有管理某种社会公共事务职能的组织和依法由国家行政机关委托授权建立的管理公共事务的事业组织。

行政执法的基本原则是:①依法行政原则,即法治原则。它包括严格遵照法定的职权和程序来执法,对案件中实际的权利义务问题的解决要符合法律的本来精神。这是防止越权、滥用职权和腐败的保障。所以,依法行政是最重要的执法原则。②合理性原则。这是指在处理行政案件中,在严格地以法律为基本依据的情况下,还要适当地根据具体情况发挥一定的灵活性,做到公正、合乎情理和恰如其分。③效能原则。即,尽力做到在最少的时间和人力物力支出的情况下,取得最大的执法效果。

(3)司法。

司法,也叫法律的适用。它指法院依法实施审判权和检察院依法实施检察权的活动。公安机关和司法行政机关的部分职能虽然同司法有密切的关系,但它们是行政机关而不是司法机关。

司法的基本要求是正确、合法、及时。

司法的基本原则是:①"以事实为依据,以法律为准绳"原则,要求法官与检察官坚决忠诚于与案件相关的客观事实真相,忠诚于法律。②法律面前人人平等原则,反对任何特权。③公正原则即公正司法。这是司法中最突出、最受社会关注的原则。④独立行使司法权的原则,就是说,任何组织和人员均不得干涉法院和检察院的司法活动。党组织要领导司法机关的活动,应支持司法独立,而不能干预案件的具体处理。⑤责任原则。即,司法机关和人员在行使司法权的过程中侵犯了当事人和相关人的合法权益,造成严重后果,必须承担责任的制度。司法决定具有最终法律效力的特点,因此注意严格把关就显得特别重要。如果造成冤、假、错案,就会造成恶劣的社会影响。

(4)法律监督。

法律监督有两种含义:①狭义的法律监督,即有关国家机关依照法定的职权和程序,对立法、执法和司法的活动是否合法所进行的监督。②广义的法律监督,指所有的国家机关、社会组织和公民对各种法律活动是否合法所进行的监督。法律监督的主要对象是对司法机关和行政机关的监督。如果没有法律监督,就会导致国家机关的腐化和专横。共产党在法律监督中具有特殊的重要性。

五、法律意识

法律意识,指人们的法律观点、心理、态度及法律认识的总和。

法律意识对于依法治国、建设社会主义法治国家意义重大。

(1)法律意识对于立法、执法和司法的意义。

任何立法活动都要依靠法律意识的指导。从这个意义上说,法律就是立法者法律意识的产物。

同时,由于法律的规定具有概括性或抽象性的特点,执法和司法人员在适用法律时,就必然要运用他的法律意识,来理解法律的精神和含义,来把具体案情同法律连接起来,以便做到公正、合理、廉洁和效能。特别是在法律不完备的情况下,执法和司法人员的法律意识,就显得更为重要。

(2)法律意识对于守法的意义。

我国法律之所以能被广大人民群众自觉遵守,是与他们的法律意识有密切的联系。一个公民如果不知法、不懂法,或者法律意识淡薄,便不能指望他会很好地遵守国家的法律。

(3)社会主义法意识对清除旧法律意识的意义。

所谓旧法律意识是指中国封建传统的法律意识及近些年来发展起来的资产阶级法律意识。它们是依法治国、建设社会主义法治国家的主要观念障碍。

社会主义法律意识的本质决定了,它必然要积极地引导全社会去同轻视法律、以言代法、以权抗法、有法不依等这些旧法律意识作斗争,清除它们的影响,以便巩固社会主义法律意识的统治地位。

由此可知,向全社会、首先是向党和国家的干部,大力进行社会主义法律意识的培养,懂得法律规定的是什么,如何按照法律的规定去办事,以及公民如何履行法律赋予的义务,享有与保卫法律授予自己的权利,都是一件极为迫切的事情。

六、法系

为实现依法治国,我们不仅需要借鉴本国的经验,也要借鉴外国、特别是西方发达国家的有用的经验。研究法系、尤其是西方的法系,对我国法治建设是必须的。

所谓法系,指法律的系谱或法律的传统。法学家们把具有相同形式传统的各国法律,归结为一个法系。所以,法系不是法律体系的简称,它们是不同含义的两回事。

在西方有两大法系:①大陆法系,又叫罗马法系、罗马—日耳曼法系、法典法系、民法法系。它存在于欧洲大陆国家,以及这些国家原先的殖民地,包括澳门;日本及旧中国也受到了大陆法系的重大影响。②英美法系,又叫英国法系、判例法系、普通法系。

它存在于英美及英国前殖民地国家和地区,包括香港。

大陆法系和英美法系的主要区别是:①形成的历史不同。大陆法系来源于古代罗马法(罗马私法),中世纪时期又渗入日耳曼人的一些习惯法,最后经过 1804 年《拿破仑民法典》而获得近代形态。1900 年的《法国民法典》有进一步的发展。英美法系来源于英国中世纪的地方习惯法、判例法和衡平法,最后形成所谓"普通法"制度。②法律形式不同。大陆法系以制定法为主导形式,英美法系则以判例法为主导形式。③立法技术不同。大陆法系注重编纂法典。英美法系除判例法之外,虽然也制定一些单行法规,但不注重法典化。④法律适用不同。大陆法系的法官处理案件,严格遵照成文规则,而不能造法。英美法系奉行"遵行先例"原则,法官可以造法。⑤诉讼程序不同。大陆法系实行职权主义,审判中采取法官讯问为主的方法。英美法系实行当事人主义,采取辩论式方法。⑥法律体系结构不同。大陆法系在内容上有公法和私法的划分(公法指调整公共事务关系的法律,包括宪法、行政法、刑法、刑事诉讼法等;私法是调整私人利益关系的法律,包括民法、商法、家庭婚姻法、民事诉讼法等)。英美法系主要是在形式上分为普通法(判例法)和衡平法。但是,在二战以来的当代,西方两大法系有互相靠拢的趋向。

除西方两大法系之外,世界上还存在过或存在着中华法系、印度法系、伊斯兰法系、社会主义法系(前苏联国家)等。每个法系都有一些有用的东西可以供给我们参考、继承和移植。

1996 年手稿。

略谈"以法治市"的重要性

党的十一届三中全会以后不久，中央提出"依法治国"的口号，得到全国人民的热烈拥护。但是，有为数不多的一些同志对这个口号产生了疑虑。他们担心这个口号可能导致西方资产阶级思想家们鼓吹的"法律万能"论。可不是嘛，依法治国，那么人的作用、党的作用被摆到什么位置上去了呢？在这些同志的疑虑和担心之中，确实包含问题的症结。那就是，在我们国家，究竟要搞法治还是要搞人治？正确的回答，只能是搞法治，而不止于静态的法制。因为，社会主义国家是人民当家作主的国家。人民当家做主的唯一可能的办法，就是把自己的意志集中起来，制定成为法律，使社会来一体遵守和执行它。至于参加制定法律的人民代表及具体执行法律的官员，统统是受人民的委托来实现人民意志的仆人而已。他们必须绝对地服从人民意志，也就是服从法律。这就是法治的含义。相反的，从历史上看，人治是官僚统治的特征。它认定国家的独裁者和官僚们是凌驾法律之上的，人民的意志被视为一钱不值的东西，顶多是个陪衬。

有的同志可能会说，我们讲的人治就是指：法律是由人制定和执行的，重视发挥人的作用。这种解释，已经离开"人治"这个词的本来含义。如果说由于法律是人制定和执行的就叫人治，那么世上就根本不可能还有什么法治立足的余地了。再者，人治和发挥人的作用也完全是两回事。法治论、人治论都重视、至少都不排斥发挥人的作用：法治论重视的，是在人民的意志的范围内、在法律的范围内发挥人的作用；而人治论重视的，是在法律之外发挥人的作用，它的极端表现形式就是"文化大革命"中呈现的局面。可见，法治与人治是不能并立的，也不能相互"结合"。

粉碎"四人帮"以来的十年经验证明了，"依法治国"口号是完全正确的。如果说还存在什么问题的话，那只能说做得尚不充分（这需要一个相当的过程），根本不是什么过头的问题，也根本没有什么过头的问题。胡耀邦同志在中央书记处学法学会上，转达邓小平同志谈话的精神，便包含了深刻的法治论的思想，却是需要我们认真加以领会。

今天，本溪市提出"以法治市"，其正确性，同样是不容置疑的。

什么叫"以法治市"？我个人觉得，就是把全市的工作纳入国家法律的统一轨道上来。"以法治市"的必要性和重要性在于，只有以法才能治好市，不以法就要乱了市。更具体些，可以提出如下几点理由。

一、以法治市,能加强党的领导

列宁说过,党不能制定法律。但是,法律的制定却必须在党的领导下,并以党的政策为指导。一个城市的国家权力机关和行政机关制定的地方性法规也是这样。而党的领导,最核心的,恰恰是政策的领导。由此可知,一个城市能够切实地纳入法律的轨道,处处依照法律办事,就表明了这个城市的党委的的确确地实现了对这个城市的领导权。

如果市委抛开国家的法律、不认真地领导城市制定和执行自己的地方性法规,而是凭借个别领导人的随意性的、临时的意见来指挥甚至包揽国家机关的工作,代替国家机关直接向市民发号施令,那就不仅无暇顾及党的工作,而且把自己变成等同为国家机关的地位,当然就没有什么领导权可言了。

二、以法治市,能引导全体国家干部忠诚于职守,全心全意地为人民服务

1982 年现行宪法规定:"一切国家机关和国家工作人员必须依靠人民的支持,经常保持同人民的密切联系,倾听人民的意见和建议,接受人民的监督,努力为人民服务。"这里主要的是强调公职人员对于人民整体的从属关系。而这种关系,首先就表现在公职人员对于体现人民意志的法律的服从关系。

其次,我国还有一系列的法律文件,对各个层次的国家机关的性质、地位、产生、机构、职能、权限、活动方式、任期、奖惩制度等作了具体的规定。这些也就是对于在相应国家机关中任职的人员、尤其领导人员的规定。

一个城市的公职人员,如果都能恪守宪法和法律的这些规定,尽职尽责,当好人民的公仆,那么这个城市就很容易被他们带动走向一个法治城市、一个优良的社会主义城市。

三、以法治市,能使城市的各行各业兴旺发达

随着我国大规模现代化建设高潮的到来,在党中央的重视和指导下,为适应国家经济体制改革与政权体制改革的迫切要求,国家不仅加强了有关政权建设和管理的法律及各种政治性法律的制定,尤其加快了有关经济、文化方面的法律的制定,以尽可能使工业、农业、建筑业、交通运输业、商业、林业、水产业、财政金融业和教育、科学、文化、卫生、体育、计划生育诸领域中,有一套系统的、全面的法律调整,并使这些领域的

法律调整形成相互有机联系的法律控制结构。相应的,各城市也建立起不同层次的这样的法律控制机构。这些法律把各行各业的工作人员和生产劳动人员所应当承担的任务、职责以及工作或劳动的步骤、方式、方法等都作了规定。在这种情况下,只要他们严格依照法律的规定去做,便一定能够获得效率与成果,使各行各业稳步地向前推进。

四、以法治市,能激发全市人民的主人翁的责任感,凝成强大的力量

人民群众(市民)是城市的主人。城市,归根到底要由全体人民自己来治理。是否能真正做到这一点,在于他们的觉悟。马克思主义经典作家曾多次说过,社会主义政权同充分的地方自治是相一致的。但迄今为止,大概是由于长期集权制度的影响,几乎没有什么人就这一重要的马克思主义观点进行研究。地方自治的含义,完全不排斥中央的统一领导,而是强调要极大地激发各地方、各地区的人民群众的建设的积极性和创造性。

我国社会主义法,是人民群众自己的法。它来自人民群众,代表人民群众的利益与意志。因此,只要城市的各级党组织能够深入细致地进行思想政治工作,培养人民群众的社会主义法律意识,人民群众会很容易地认识到这一点。即,认识到遵守法律、维护法律的尊严,就是维护包括每个社会成员在内的眼前的与根本的利益。这是搞好城市的无穷无尽的力量源泉。

五、以法治市,能有力地防止和制裁违法与犯罪行为,形成良好的社会秩序

"以法治市"是要使城市经常地处于法治的状态。它不仅包括作为治理手段的法律(全国性的与地方性的法规)这个前提,而且包括本市的全体国家机关、社会组织、企事业单位、公职人员和公民对法律的严格遵守和执行,包括对于守法者的奖励和对违法者的惩罚诸制度。

法律通过自己的规范,详细地告诉每个公民,在各方面和各领域中,应该做什么、不应该做什么,应该怎样做、不应该怎样做,什么行为被允许或被奖励,什么行为不被允许或要遭到惩罚。这样就事先向那些法治观念淡薄或藐视法律的少数人、特别是社会上的不稳定分子发出警戒,使他们不去违法或犯罪,对整个社会起到防患于未然的作用。倘若有人实施了违法和犯罪行为,由于法网恢恢,也会使这些人及时地受到法律制裁。列宁说过,法律的严厉并不在于严刑峻罚,而在于使任何违法者无法躲避它。

通过对违法者的惩罚，使这些人得到应有的教育，今后不再违法。违法的人、犯罪的人很少了，全市生活的各领域才会形成井然的秩序。这样一来，这个城市的现代化建设便有了良好的环境，人民安居乐业，人和人之间的关系融洽协调。那就是一种"大治"局面。

祝愿本溪市人民，在市委和市政府的领导下，让"以法治市"的鲜花开放得更艳丽！

本文是 1986 年 7 月在本溪市"依法治市"研讨会上的发言稿。

怎样学习《法学概论》的法学基础理论部分

在《法学概论》教材中,首先要学习《导论》,扼要地了解法学是怎样一门学科,树立正确的学习态度。

接下来要学习的是法学基础理论(或称法理学)部分。这就是教材第一至第五章的内容。现在,来谈谈如何学习法学基础理论。

一、学习法学基础理论的重要性

法学基础理论是全部法学的基础理论学科。相应的,法学基础理论部分,是法学概论的基础部分。它所阐述的道理,贯通各个部分法学之中。

关于学习法学基础理论的重要性,可以从几个方面加以说明。

(1)法学基础理论是整个法学的直接的世界观和方法论基础。法学概论是以马克思主义为指导的。因此,作为法学概论基础部分的法学基础理论,理所当然地要深入、系统地体现马克思主义的世界观和方法论。它从总体上说明法律是怎样一种社会现象,以及怎样来观察和把握这种现象。

(2)法学基础理论揭示法律的普遍历史规律,特别是社会主义法律的历史发展规律。只有学好法学基础理论,才能使我们真正懂得法律产生、发展及其未来演变的前景,形成科学的法律史观念。

(3)法学基础理论概括了法律的整体情况。尽管法学基础理论侧重阐述社会主义法律,尤其是新中国法律,但它毕竟不是零碎地叙述个别时期、个别国家的法律或个别的法律部门,而是着眼于全部法律现象。因而,通过法学基础理论的学习,就能使我们从整体上把握法律的概念、性质以及法律同其他诸社会现象的关系等问题。

(4)法学基础理论抽象出人们具体运用法律的共同原理。这主要指法律的制定和实施,以及与此密切相关的法律规范、法律关系等范畴。没有这样一些知识,就无从正确地观察、了解和评价各该国家的这样那样的法律活动,更无法自觉、正确和有效地参与法律实践。

(5)法学基础理论阐述社会主义法制建设的根本问题,在全部社会主义社会上层建筑的建设中,法律建设居于十分重要的地位。它是国家社会主义现代化事业的强有力的杠杆之一。我们今天学习法学知识的主要目的,正在于牢固地树立社会主义法制观念,以主人翁的姿态,积极地为社会主义法制建设作贡献。

概括地说,学习法学基础理论部分,对于掌握各部分法学、从而掌握整个法学概论,对于树立马克思主义法律观,对于国家的法制建设,都是必要的。

二、学习要点

法学概论中的法学基础理论部分,可以归纳为三个大题目:①法律的一般原理。其中包括:法律的概念和本质(第一章第二节);法律与其他社会现象的关系(第一章第三节)。②法律发展的历史规律。其中包括:法律的起源(第一章第一节);剥削阶级法律(第二章);社会主义法律的产生(第三章第一节)。③社会主义法律和社会主义法制(第三章第二、三节,第四章,第五章)。

我们的侧重点是社会主义法律和社会主义法制。学习社会主义法律和法制,要注意从宏观上掌握其基本原理,并能据以说明我国社会主义法制建设及法律实践中的有关问题。至于对①、②两大题目即法律的一般原理和法律发展的历史规律这两个大题目的学习,只要求能够达到较熟练地回答简要的提问的程度便可。

下面,按照各章的顺序,大略地讲一下学习法学基础理论的要点,以资参考。

〔第一章〕法律的起源和本质

(1)原始社会的基本社会组织是氏族,基本的社会行为规范是习惯。其中某些习惯如同态复仇等对后来的奴隶制法律有很大影响。

(2)法律是阶级矛盾不可调和的产物。法律的形式经历了习惯→不成文的习惯法→成文习惯法→制定法的演进过程。法律与原始社会习惯有本质区别。

(3)法律本质有两个层次的含义。

(4)法律的概念。

(5)法律既具有阶级统治的政治职能,又具有执行各种公共事务的社会职能。

(6)法律由经济基础所决定,又积极反作用于经济基础。

(7)法律和统治阶级政治相辅相成。

(8)法律和统治阶级道德是相互渗透、相互补充的两种规范性的上层建筑现象。

〔第二章〕剥削阶级法律

(1)奴隶制法律和封建制法律各自的特点。

(2)奴隶制法律和封建制法律的共同特点在于,它们都是:①保护私有制的法律;②确认人身依附关系的法律;③公开规定等级特权的法律;④残酷野蛮的法律;⑤法律形式落后的法律。要识记教材中援用的如八议、十恶等法律制度和几个典型性的法律文献。

(3)资产阶级法律的主要特点。

(4)正确理解资产阶级法律中的"契约自由"原则;正确理解资产阶级的"法律面

前人人平等"原则,正确理解资产阶级的法制原则。

〔第三章〕社会主义法律的产生和本质

(1)社会主义国家决不能照搬统治人民的旧法律体系;应批判地继承旧法律文化(包括旧法律制度)中一切合理的、有用的东西。

(2)在本质上,社会主义法律是工人阶级的阶级性和人民性的统一。

(3)社会主义法律的实施,体现国家强制性和人民自觉守法性的统一。

(4)在当前,社会主义法律的政治作用的主要方面,不是对敌专政,而是维护社会主义民主,即维护人民当家作主的政权和公民的政治权利和自由。

(5)根据党的十一届三中全会以来倡导的一手抓经济建设和改革,一手抓法制的精神,社会主义法制在国家的经济体制改革中发挥着巨大的作用:①确认党和国家的经济体制改革政策和经济体制改革中的经验;②法律依靠其规范,指引全社会一体地实现经济体制改革;③通过惩办违法犯罪,保卫经济体制改革。

(6)法律万能主义和法律虚无主义都是错误的观点。

〔第四章〕社会主义法律的制定和实施

(1)社会主义法律制定的概论和程序。

(2)社会主义法律规范的概念。

(3)社会主义法律规范结构中的三要素:①假定;②处理;③制裁。

(4)社会主义法律规范的两种分类:①禁止性规范、义务性规范和授权性规范;②确定性规范、委任性规范和准用性规范。

(5)我国社会主义法律的两大主要渊源:①宪法和法律;②从属宪法和法律的其他规范性文件。经国家认可的习惯是次要的法律渊源。

(6)划分法律部门的主要标准,是该法律所直接调整的社会关系,同时,也辅之以调整方法。

(7)法律规范系统化的两种主要方式:①法律汇编;②法典编纂。

(8)公民在社会主义法律适用上一律平等的基本含义。坚持这一原则同社会主义法律的阶级性是一致的。

(9)社会主义法律的效力:①空间效力;②时间效力;③对人效力。

(10)法律解释的两种主要分类:①正式解释或有权解释,非正式解释;②字面解释、扩充解释及限制解释。

(11)评"守法限制公民个人自由"的观点。

(12)法律制裁的概念。法律制裁的种类:民事制裁、行政制裁和刑事制裁。

(13)法律关系的概念。法律关系的三要素:①法律关系主体;②法律关系客体;③法律关系的内容,即主体的权利义务。

(14)社会主义法律关系中权利、义务一致性的表现:①权利与义务的同时性;

②权利与义务的对应性;③权利与义务的相对性。

(15)法律现实的概念。法律事实有两种:①事件;②行为。

〔第五章〕社会主义法制

(1)法制的概念有广义和狭义之分。

(2)社会主义法制的基本要求:有法可依,有法必依,执法必严,违法必究。

(3)民主的概念,社会主义民主的优越性。

(4)社会主义民主和社会主义法制的辩证关系:①民主是法制的前提和基础;②法制是民主的确认和保障。

(5)社会主义民主的制度化、法律化的含义及其重要性。

(6)社会主义法律意识的概念和重要性。

三、学习方法

在学习法学基础理论部分时,应当注意下述几点:

(1)与各部门法学的学习衔接起来。我们的教材是按照从抽象到具体的顺序编写的,先阐述法律的一般理论,再阐述各部门法学。但是,法律的一般的理论却又是从各部门法学中抽象出来的。所以,学习中一定要处理好学习法学基础理论与学习各部门法学二者之间的关系。就是说,首先要用法学基础理论提供的原理和方法作指导,来领会各部门法学的知识;反过来,还要用各部门法学的知识来印证法学基础理论的原理,加深对这些原理的理解。

(2)联系当前的经济、政治、思想的情况及法制建设的实践。法学是一门富有应用价值的科学。这就要求我们必须运用所学的法律基础理论,分析、说明社会中的实际问题。例如,对法律在当前经济体制改革中的作用,公民在适用法律上一律平等原则同社会主义法律的阶级性一致,社会主义民主的制度化、法律化,评"守法限制公民个人自由"的观点等问题,能够从理论与实际的结合上予以回答。其次,对资产阶级法律中的契约自由、法律面前人人平等、法制诸原则的分析,也应当这样做。

(3)要善于运用一些相关学科的知识来加深对法学概论的理解。在教材的导论中,曾讲到法学与其他学科的关系。这些道理对于学习法学基础理论最为直接、最为重要,我们要把这些道理变成一种学习和思考的方法加以应用。例如:关于法律与经济基础的关系,就是历史唯物主义哲学的课题。关于法律与自由的关系,就首先需要明确自由这一概念在哲学上的含义。在分析法律在国家经济体制改革中的作用时,就离不开经济学的基本知识。法学与政治学的联系非常紧密,政治学的核心是民主问题。社会主义民主是社会主义法制的基础和前提,社会主义法制是社会主义民主实现的保障。再者,社会主义法制同社会主义道德实质上是相一致的。这两种社会规范的基本关系是,道德是法制的价值基础,而法制则是道德的体现和实现的重要手段;但它们之间又存在重要区别,治理国家的根本途径是民主治国、法律治国,而道德是精神支撑。

(4)经常运用日常生活中的法律案例来充实和强化已学过的法律理论与知识。平时多关心周围发生的纠纷,并能从法律上思考每个纠纷的性质和解决的办法。此外,向社会群众进行普及法律常识的宣传教育,也不失为提高自己法学水平的一个有益的途径。

刊于《自学指南》1989 年第 6 期。

学术的良师益友

《求是学刊》与国家改革开放同步地迈过 30 余年精彩的历程,出版了 200 期。这是学界一件大喜事。

该期刊的实践证明,它不愧是一座优秀的社会—人文科学研究的平台。正是由于这个原因,我对它有某种愈益增长的缘分,从内心里将其当成良师益友。良师,我常常能从那里获得此前知之甚少或全然不知的新东西,尤其理论观点上的启发;益友,我在那里不断地结识新的学术同仁,并通过间或的撰稿而同大家相互切磋。我一生从事理论法学的教学和研究工作,深知该学科所涉及的领域非常宽泛,若缺乏一定的相关学科的功底便寸步难行。仅在这方面,作为社会—人文科学综合杂志的《求是学刊》,对才疏学浅的我就助益良多。

根据长时间的体验和相关的比较考量,我感到《求是学刊》办得成功的关键,在于能够始终如一地坚持与提升"求是"这个既定的宗旨。求是,即追求真理。这不单包括自然科学所探讨的客观的物质存在和运动的规律,更要探讨主观的精神存在和运动的规律。就后者而言,该刊既排除以往极左年代纯意识形态化的偏见,也避免西方一些自由主义者非意识形态化的虚构。马克思早在 1842 年便指出:"自由的出版物是人民精神的慧眼,是人民自信的体现,是把个人同国家和整个世界联系起来的有声的纽带;自由的出版物是变物质斗争为精神斗争,而且是把斗争的粗糙物质形式理想化的获得体现的文化。"①以此论述做参照,可以发现,《求是学刊》颇为注重学术价值的酌量,没有设置任何学术禁区,当然也非政治权力的工具。在这个园地里,作者各抒己见,彼此砥砺,气氛活跃。而且,它视野开阔,内容丰盈,古今中外,兼收并蓄。但是,这种学术自由不是骚人墨客式的孤芳自赏,其表达的是人民的自由和自由的人民之各种诉求,体现的是时代的呼唤、中国特色社会主义的使命和世界进步的现实。正因为如此,《求是学刊》在型塑理想化的文化过程中,作出了自己的一份应有的贡献。我这样讲毫无恭维之意,而是表达自己的真实看法。

目下,社会上风行着一句话叫做"没有最好,只有更好",这可谓至理名言。毋庸置疑,人类对自由、尊严和幸福的追求及其实现,永无尽期。面对这种情况,"自由的出版物"之成果,根本就不存在一个什么"最"字。如果说每个学者的攻研是无止境的,那么,各种形式学术研究的传媒,也应当像个"过河卒子",只能奋勇向前。

我期冀并深信,《求是学刊》必会越办越好。

刊于《求是学刊》2011 年第 1 期。

---

① 《马克思恩格斯全集》第 1 卷,人民出版社 1956 年,第 7 页。

中　部

国家法

第一章 宪法总论

绪 言

一、宪法学的研究对象

每个学科都必须有它自己特定的研究对象,否则这个学科就不能成立。研究对象是该学科直接指向的客体。研究对象离不开研究的内容,但二者又并非一回事。研究对象要通过研究内容而得到具体化。例如,宪法学要研究宪法,但并不限于宪法本身的文件或条文,还要研究由宪法引起的一系列有关问题。

简单地说,宪法学研究对象是"宪法现象"。这主要可以概括为如下几个方面:

(1)宪法。除了宪法法典之外,还包括宪法性的法律(如国家机关组织法)与议事规则、选举法等。

(2)由宪法引起的一系列的社会关系和社会现象,包括各种宪法关系(主体、内容、客体)以及国家授权机关的组织、制度及其活动等。

(3)宪法运行或实施的情况。除了宪法学的对象与内容的区分之外,宪法学对象与宪法学的范围也有一定的区分。这主要是各国情况不同和研究者的侧重点不同造成的,所以有人把范围拉的宽些,有的就压缩得窄些。

(4)宪法史方面的问题。包括中国宪法史,特别是中华人民共和国宪法史、外国宪法史,以及比较宪法史。

二、宪法学学科体系

对于宪法学这门学科的层次体系,学者各有自己的安排,不可能也无必要强行统一。不管怎样安排,在宪法学学科体系中,至少要有两个层次:一是理论宪法学,包括宪法的概念、基本原理、比较宪法、宪法理论史,以及与宪法相交叉而形成的宪法经济学、宪法政治学、宪法社会学等;二是应用宪法学,包括宪法政策学(主要涉及宪法立法问题)和宪法解释学(主要涉及宪法的实施问题)。

三、宪法学研究的意义

从理论上说,宪法学研究的意义重大。因为,宪法是国家法律体系中的"龙头"或"母法",关系到国家生活和社会生活中的各个重大问题和基本问题。所以,一方面,宪法的宏观性使它与法学基础理论有密切关系,也可说是基础理论的一个部分。另一方面,宪法原则性又是具体部门法和部门法律制度的指导精神,研究宪法学可以深化和拓展部门法的深度和范围。

从实践上说,研究宪法也有很重要的意义。这主要表现在:

(1)能够很好地推动国家各部门法律的立法和实施。

(2)能够推动"依法治国,建设社会主义法治国家"基本治国方略的实施。宪法是国家根本法,所以依法治国首先应该是依宪治国。我国是人民主权的民主国家,人民只有通过宪法为首的法律才能成为国家主人并管理国家,这就是宪政国家。不研究和掌握宪法,就谈不到宪政国家建设。

(3)能够推动我国的改革和经济发展。我国宪法是贯彻党中央的经济建设为中心和改革开放精神的,所以它能为国家的经济改革、政治体制及物质和精神文明建设以及对外关系提供指导。

(4)能够促进国民素质的提高。学习和掌握宪法就能懂得国家的性质、任务、国家机关的组织与活动的基本原则以及公民的基本权利与义务等,这样就能自觉地建设国家,协助和监督国家机关的活动,同时也懂得自己有什么权利以及如何维护自己的权利,也能很好地履行自己的义务。这样便能成为一个合格的法治国家的公民。

四、宪法学的研究方法

宪法学的研究方法是极其丰富的。

宪法学最根本的研究方法,是马克思主义方法,其中包括"实事求是"的方法,即以实践和客观事实为根据,通过理论联系实际来求得真理;还有经济基础决定上层建筑及上层建筑对经济基础的反作用的观点和方法。

以辩证唯物主义根本方法为基础,还有许多其他的研究方法。大体有:

(1)本质分析法。这是马克思主义创造的方法,其主要内容就是阶级分析法。通过法律、国家之现象看到其本质,包括阶级性和社会性。

(2)价值分析法。这是西方自然法学提出的方法。它强调研究宪法所包含的对人的意义或有用性。这是一种理性的、理想的、应然性的方法。

(3)规范分析法。这是分析实证主义法学所强调的方法。规范是法律的细胞,也是调整社会关系和处理法律案件的主要根据,所以应当对规范进行认真研究,但又要避免法律形式主义和教条主义。

(4)社会学分析法。这是社会学法学提出的方法。把法当成一定的社会事实来看待,通过调查研究等来认识法在社会中如何实际地发挥作用,强调"活法"、法律心理和法律行为(尤其法官行为)以及法如何解决社会利益关系的问题。

(5)历史分析法。即在历史运行中考察法如何随着形势而发展变化,从中汲取经验、教训,使当今的宪法变得更好。

(6)系统分析法。把宪法置于一定的法律大系统中考察它的地位、作用、立法精神以及宪法同其他各种法律的关系。

(7)比较分析法。即通过对不同国家宪法的对比考察,了解各方的共同点和差别点,以利于本国宪法为出发点,择其善者而汲取之,排除缺点或不适应本国之情的东西。

第一节　宪法的概念与本质

一、宪法的概念

(一)"宪法"的词意

宪法一词在中国和西方都存在了两千余年,并随着社会的发展变化而不断地演进,最后才形成近代性质的、各国约定俗成的含义。

在中国,一些典籍中曾多次出现"宪""宪令""宪法"等词,其含义是指:法律、法度;刑法;颁布与实施法律。到了近代,改良主义或民主主义思想家、政治家鼓吹"立宪法",搞君主立宪或宪政政治。

在西方,宪法的英语称呼是 constitution,系从古拉丁语而来,但在拉丁语中也包含规定、结构、组织等意思。宪法概念在西方形成得很早,古希腊各城邦国家中都以宪法作为基本性的法律。以雅典国家为例,伴随几次大改革,就出现过提秀斯宪法、梭伦宪法、克里斯蒂尼宪法等以改革派首领名字命名的宪法。在亚历山大大帝建立大帝国时期,亚里士多德就收集了 158 个城邦国家的宪法,并逐一研究,在此基础上写出伟大的著作——《政治学》。可惜的是,对城邦宪法的研究成果仅一本《雅典政制》。在这些著作中,亚氏就将法律分成宪法和一般法律两部分。在那里,宪法与政体是同一含义。在中世纪 1164 年,英王亨利二世颁布了《克拉朗敦宪法》,用于确定国王与教会教士的关系。1215 年英王约翰颁布了《大宪章》,用于调整国王与贵族、诸侯、僧侣的关系。这个大宪章已开始有近代宪法的一些因素,因此至今仍是英国宪法的一部分。

(二)法律形式意义上的宪法之含义

"宪法"一词包括两种意思:①法律形式意义的宪法;②法学概念意义的宪法。

先讲法律形式意义上的宪法。它是从宪法规范,或宪法渊源方面而言的,是与一般的其他法律相对应的,就是说宪法是国家的根本法。

宪法同一般的其他法律的不同点主要是:

(1)在内容上,规定国家最根本和重大性的事情。包括:国家的性质(国体)、国家政权的管理或治理的机关体系及其职权和组织与活动的基本原则(政体或国家管理形式)、公民的基本权利和义务。此外,还有国家与公民的关系、宪法与各种形式法律的关系、宪法的保障等。与此不同,宪法以外的其他法律都是以宪法为最终和最高根据,并且是为了实现宪法规定的内容,按照宪法赋予的职权和相关程序而制定和实施的。

(2)在法律效力上,宪法具有最高的效力。在国家法律体系中,宪法处于顶尖的地位,因而其效力即约束力或强制力必然是最大的。这表现为:①宪法是一切其余法律创制的最终根据;②宪法是全国人民、国家机关、社会团体和政党都必须遵守的最高准则。

(3)在制定和修改程序上,对宪法最为严格。近代以来,西方国家宪法的制定和修改通常都是由专门成立的机构(如制宪会议、专门委员会、或宪法起草委员会等)负责,而不是由普通立法机关或权力机关来做。其次,讨论、通过、批准也最为严格。如在我国,1954年宪法经过全民讨论。一般法律经全国人大1/2以上的多数通过即可,而宪法修改需经过2/3以上的多数通过。

(4)在法律监督上,宪法实施的法律监督必须由宪法赋予的享有监督权的国家机关来担任。这通常指国家最高权力机关或者别的专门机关(如宪法委员会、西方国家的最高法院的违宪审查权、宪法法院等)。

(三)法学概念意义的宪法含义

法学概念意义的宪法,指宪法学意义上的宪法。由于宪法的内容很广泛,不仅包括形式渊源,而且包括宪法的运作以及各种宪法的理论观点。因此,对宪法的概念必然有不同的表述。当我们说宪法是国家的根本法或者总章程的时候,仅仅是从形式渊源上或形式体系这个角度上所下的宪法定义,这并非是宪法的全面的、完整的定义。

二、宪法的本质

西方宪法学者提出的宪法本质的理论,主要有:①神的意志论。该理论认为宪法从上帝意志而来。如法国法学家马里旦说,宪法是上帝主权产生的;瑞士、爱尔兰宪法都是以上帝的名义制作的。②全民意志论。这是西方普遍的说法。当年卢梭的法律"公意"论是最有代表性的,他认为主权者是全体公民,法律是全体人对全体人的治理,即作为"公意"的全体人对作为"众意"的全体人的统治。但是从前苏联赫鲁晓夫倡导"全民国家"和"全民法"以来,这种理论很快成为法学界的主流。③阶级意志论。这是马克思主义历史唯物主义对宪法和法律本质的观点。宪法作为国家的基本法必然是社会阶级力量对比关系的集中表现,占统治地位的阶级一定要使自己的意志提升为法律,特别是提升到根本法的高度,以使这个统治合法化,保证其经济上的利益。但在社会主义社会中,随着剥削阶级的基本消灭,宪法反映社会成员的意志范围也越来越宽泛。它仅仅对全人类的少数剥削阶级残余势力和国外敌对势力的代表者实行专政。换言之,宪法保障的民主范围不断扩大,专政范围不断缩小。只有当国家发展成为"非政治国家",即没有任何人需要用国家和法律进行镇压的时候,宪法才会变成全民意志的体现。所以,在今日之中国,人民民主专政的主要内容是如何扩大民主问题,而不是镇压或专政的问题。宪法要实现人民主权、社会主义民主,核心问题是维护、保障和实现人权,反对任何特权。哪里有宪法,哪里就有民主和人权;哪里没有宪法,哪里就没有民主和人权。这个十分重要。

三、宪法的分类

从近代以来,对宪法大抵有以下几种主要的分类。

（一）成文宪法与不成文宪法

成文宪法,指用正式国名和宪法称呼的统一的宪法典,有时被叫做文书宪法或指定宪法。世界第一部近代宪法是 1787 年《美利坚合众国宪法》,继而有 1791 年《法兰西宪法》,19 世纪西方国家相继都制定成文宪法。第一部社会主义宪法是 1918 年《俄罗斯社会主义联邦苏维埃共和国宪法（根本法）》,简称《苏维埃宪法》。

不成文宪法,指不存在一部名叫宪法的法典,而是由一些不同时期颁布的宪法性的法律集成的。英国宪法是不成文宪法的典型,它包括 1215 年《自由大宪章》、1628 年《权利请愿书》、1679 年《人身保护律》、1689 年《权利法案》、1701 年《王位继承法》、1911 年《议会法》、1918 年《国民参政法》、1928 年《男女选举平等法》、1969 年《人民代表法》等;此外,还包括一些无正式文字规定的宪法惯例和宪法判例等。英国宪法这种特征是由于英国革命是资产阶级与旧贵族相妥协的结果,旧贵族力图保持旧法律的效力,而资产阶级则利用这些可以接受的旧法律的旧瓶子,装进表达自己利益的新醋。所以,不成文宪法并不排除同资产阶级成文宪法的一样的性质。

把宪法分为成文和不成文的,是 1884 年牛津大学普莱斯教授于 1884 年提出来的。

（二）刚性宪法与柔性宪法

这是按照宪法制定和修改程序的严格程度进行分类的。

刚性宪法制定和修改的机关和程序,不同于一般宪法。主要表现在,制定和修改宪法的机关和程序都比较严格、谨慎。近代第一部宪法——美国宪法就属于刚性宪法。美国宪法的修改要由联邦两院 2/3 以上的议员提出修改案,或者由 2/3 的州议会提出申请,或者由全国 3/4 个州组织的制宪会议批准。所以,修改是有难度的。

柔性宪法是指其制定和修改的机关和程序同一般法律没有区别,因而在效力上二者亦一样。英国宪法是典型的柔性宪法,尽管如此,但它仍比制定和修改一般法律严格一些(如英国有时为此而解散下议院,举行新议会选举来测试民意,通常由保守党和工党事先协商等)。

把宪法分成刚性、柔性是普莱斯在《历史研究与法理学》这本书中首先提出来的,后来 J. 布莱斯又加以发挥。我国宪法是刚性宪法。

(三)钦定宪法、协定宪法、民定宪法

这是按照制定宪法的机关(主体)来对宪法进行的分类。

钦定宪法,是以君主或国王名义制定的。它是君主主权的产物,往往是出现在封建势力较大的国家。例如,1814 年法国国王路易十八的钦定宪法,日本 1889 年明治天皇颁布的《大日本帝国宪法》,1889 年清廷的《钦定宪法大纲》。

协定宪法,指由君主与人民协商而制定的宪法。1809 年瑞士宪法就是在市民阶级即资产阶级组成的第三等级会议上制定,然后取得国王同意并以国王名义公布的宪法。法国 1830 年宪法,是在推翻波旁王朝革命后,由国会同大资产阶级代表国王路易·腓力浦共同颁布的,这种宪法的产生过程也带有一些封建主义的味道。

民定宪法,指以人民或人民名义制定的宪法。它是近代以来人民主权思想占据支配地位的产物,是宪法普遍的产生形式。如今,尽管个别国家还保留钦定或协定宪法的形式,但它们也承认人民主权,钦定或协定也无多大实际意义。

(四)平时宪法与战时宪法

平时宪法,就是平时生效的宪法,是宪法的正常状态。而战时宪法,是指处于非常时期或战争时期适用的宪法,如尼泊尔宪法规定到了战争时,大多数条款均中止生效,原属议会、政府的权力,基本上由国王掌握。但这仅是极个别国家宪法的情况,大多数国家的宪法在战时并不中止哪个条款的效力,尤其强调不能剥夺公民权利。

(五)联邦宪法与州宪法

这是联邦制国家才存在的一种分类。因为,联邦制国家除全联邦宪法外,各州也有自己的宪法,二者在权力上有分工。德国、美国就是这样。而在前苏联,有苏联宪法与加盟共和国宪法之区分。

此外,对宪法还可以从许多角度进行其他的分类。

需要说明的是,以上的宪法分类主要是形式上的分类而不是实质上的分类,这些分类也都是资产阶级理论家们提出的。因为他们不承认国家的阶级性即国体或本质问题。按照马克思主义的观点,对宪法最重要的分类是以阶级性为标准,分为社会主义类型宪法与资本主义类型宪法。

第二节　宪法与宪政

一、宪政的概念

毛泽东在《新民主主义宪政》一文中说："宪政是什么呢？就是民主的政治。"这个定义是精要的实质性定义，即宪政是统治阶级政体意志的集中体现。近代意义上的宪法，一开始就是同民主分不开的。正如毛泽东继续指出的那样，不论在美、法等国，还是在前苏联，宪法都是经过大革命推翻旧阶级的统治之后，随着民主政治一道产生的。宪法的目的在于确立和保障民主及人民的权利，而限制和避免对人民的专横。所以，没有民主便不会产生宪法，宪法也是不必要的甚至是有害的。

不过，宪法除了具有实质性之外，还应当具有形式性。那就是法治（法的统治），而不是人治。广大人民如何进行国家治理，如何保障民主和权利？唯有把自己的意志提升为法律，特别是最高法律即宪法才能做到。所以，宪政必须是根据法律、尤其是宪法而实行的民主政治，否则民主政治也有可能导致多数人的暴政。

归结起来可以说，宪政就是以宪法及法律为依据的民主政治，是法治的民主政治。

二、宪政的基本内容

有的教材中说宪政的内容有正当性、确定性、功能性、调控性，我认为，这"四性"并非宪政的内容而是创制和实施宪法的要求，并且也是创制和实施一般法律的要求。

宪政的基本内容应该是：

（1）宪政集中地体现和保障民主即人民主权。在我国就是体现和实现人民当家做主，一切权力属于人民。

（2）宪政的运行必须体现法治精神。如同上述，法治即法的统治而排斥人治，有关国家事务的一切以法为根据，而非以长官个人意志为根据。法治首先是"宪治"。

（3）宪政要用宪法和法律对国家机关的权力及其形式进行制约，以防止越权、特别是滥用权力，要实行"法律未授权即禁止"的原则。

（4）宪政的核心是保障和实现人权。人民之所以需要成为国家的主权者，制定宪法，最终就是为了每个人的权利和利益即人权。如果同人权无关，那么宪法大半成了空法。为此，宪法要规定人民基本的权利及其义务；要适应社会的发展而不断扩大权利的范围；要采取切实措施保障人权的外在力量，尤其要防止国家机关的侵犯。在人权问题上，实行"凡法未禁止即可为"的原则。

三、宪法与宪政的关系

宪法与宪政有不可分割的联系。它们的产生都是以近代的大规模市场经济所要求的民主自由和平等为基本的客观背景,都担负着限制权力、保障权利的使命。这是宪法与宪政的共同性。

但宪法与宪政又有区别,具体如下:

①宪法是静态的文本(法典);宪政是动态的宪法,或宪法的实践。

②宪法作为一种法律形式,它应当体现民主,产生宪政。但它也可能受到扭曲,削弱民主甚至成为压制民主的手段。例如一些国家的宪法就是专制或半专制的装饰品,在这种情况就不能产生宪政,而是相反。

第三节　宪法渊源、宪法典结构与宪法规范

一、宪法渊源

宪法渊源就是宪法存在的形式。什么才是宪法的渊源,什么不是宪法的渊源,直接取决于立宪者的意志(当然这种意志不等于任性,而要受到客观情况的制约)。概括地说,宪法有如下渊源:

(1)成文宪法国家中的宪法典。这是世界上多数国家的宪法渊源。有权机关的宪法修正案,也是宪法渊源。

(2)不成文宪法国家中的、与一般法律同等效力的宪法性法律。

(3)成文宪法国家和不成文宪法国家中的宪法惯例。如在成文宪法的美国,总统任期不超过两届、最高法院有法律的违宪审查权,都是作为宪法惯例存在的。在不成文宪法的英国,惯例的比例很大。

(4)司法判例是英美法系国家的宪法渊源之一。

需要说明的是,宪法渊源与宪法部门法二者的区别。宪法部门法作为一个国家法律体系的组成部分,不仅包括宪法规范,而且习惯上也包括选举法、代表法、国家机关组织和活动法律。后者性质上与宪法规范关系紧密,但效力上则低于宪法规范,不可混淆。同时,也不能将后者与英国的宪法性法律相混。因为英国宪法性法律的规范是宪法规范,而选举法等规范不是宪法规范,仅是与宪法规范性质上有紧密关系的规范。

二、宪法典结构

宪法典的结构各国不同。它取决于各国不同国情、传统习惯、立法的思想、技术安

排等各种因素。

宪法典结构分为两种：

(1)形式结构。形式结构指对宪法规范的安排顺序,总体有篇、章、节、条、款、项、目。但各国的情况又互有不同,如有的不设篇,不设目;有的条中有条、款中有款等。形式结构的设置有利于查找宪法规范所处位置,以及明了该规范与前后规范的联系,还能简练地、逻辑清晰地表达全部规范的层次体系。

我国现行宪法的形式可划分为章、节、条、款、项。共有4章,第3章分为7节(其他章均无节),总计138条,还有附设17条修正案。章、节、条用汉字数码标出;款没有数码,只用段落表示;项直接设在条之下或者款之下,有的标出数码序列,有的分别列出而不标出数码。

(2)内容结构。内容结构指将性质上相同的规范安排在一起,作为宪法典的一个组成部分。一般包括:①序言。说明立宪的意图、指导思想、基本国策等。②总纲。是对基本的社会制度和国家制度的规定。③正文。有关国家权力和公民权利的规定,包括国家机关的性质、组织和活动的基本原则、职权、宪法的实施、公民的基本权利和义务。④特殊规定。一般是规定非常时期的宪法效力问题。⑤附则。包括宪法的生效期限。内容结构便于掌握宪法各个部分的内容,各组规范的性质,宪法规范调整的对象范围。

我国宪法的内容结构包括序言,总则(第一章),公民基本权利与义务(第二章),国家机构,国家标志即国旗、国歌、国徽和首都。

三、宪法规范

同一般法律规范相比,宪法规范不仅调整法律事务和行为(如某国家机关要怎样做),更调整下级的法律规范,因而人们管宪法规范叫做"规范的规范"。

(一) 宪法规范的结构

宪法规范的结构,就是宪法规范的逻辑结构。构成这个结构的有假定、处理、制裁(或者效果)三要素。这在法理学中已经有专门的论述,这里不再赘述。

(二) 宪法关系

宪法关系,指由宪法规范所调整的社会关系,是特殊的法律关系。它同一般法律关系一样,包含主体、内容、客体三要素。

(1)宪法关系的主体。即宪法权利的直接行使者和宪法义务的承担者。基本的宪法关系的主体有:①公民。公民作为宪法关系主体具有双重身份,一是整体的公民(人民)即构成国家主权的享有者;二是每个人享有广泛的政治、经济、文化和社会诸领域的权利和自由。公民还通过结成法人、社团及构成的各种群体,充当法律关系的主体。公民是宪法关系的最基本的主体、数量最大的主体、权利最为广阔的主体,并且也是最活跃的主体。②国家。宪法也叫国家法,所以国家理所当然地是宪法关系的基本主体之一。当然,国家任何情况下都是宪法法律关系的主体。如国家参与民事交易,它就是民法法律关系的主体;检察和审判刑事案件,就是刑法关系的主体。

国家作为宪法关系的主体有如下特征:①法定性。即只能充当宪法和规定的宪法关系和法律关系的主体,否则就是越权或滥用权力。②相对性。国家能够成为什么样宪法关系的主体以及在多大程度上成为主体,受到历史发展、国情以及其他主体的制约。③强制性。国家作为宪法关系的主体经常表现为对公民及国家公务人员的强制性。④绝大多数情况下,国家作为宪法关系的主体是以国家机关来表现或存在的,直接由作为主权的国家充当宪法关系主体的情况,相对比较少。

除了公民与国家两大基本宪法关系主体之外,如果再细分,还可以列出国家机关、民族、政党、利益集团(如公司法人、社会弱者等各种群体)等。

(2)宪法关系的内容。

(3)宪法关系的客体。

第四节　宪法创制

宪法的创制,指制定和变更宪法的活动,宪法的解释严格说来也是创制宪法的活动之一。

一、宪法制定

宪法制定的主体,公认是作为主权者的全体人民。因为,宪法是主权者意志的最高体现。在直接民主的情况下,由全体人民来实现;而在间接民主的情况下,则由人民的代表来实现,但也常有通过公民公决的做法。在现代许多国家中,宪法都明确地规定人民或国民是制定宪法的主体(如美、日、法等国宪法序言中的说明)。

关于制宪机关。各国通常成立某种专门机关来制定宪法,如制宪会议、国民会议等,这些制宪机关一般要由民选产生的人来参加。制宪会议很多是在大革命和国家刚取得独立,或者社会大变革时期建立的。所以,它同一般的议会或者代表机关有区别,即它另起炉灶、从头做起,不受旧宪法的限制。如美国宪法和法国1791年宪法就是这样。在我国,1949年全国人民政协所制定的《共同纲领》起着临时宪法的作用,就是说,那时的制宪权属于人民政协。1954年宪法之后,制宪权便归属于全国人民代表大会。

关于制宪程序。①制宪机构的设立。这对于保证制宪的民主性和权威性,尤其对于将制定的宪法有极大的影响。②宪法草案的提出。制宪机构起草宪法,要遵循符合国家现实情况和未来发展需要的指导思想和原则,并尽量发动社会群众的积极性,并能对不同群体的意见进行很好的协调。例如,我国"五四宪法"起草过程中曾有1.5亿人参加草案讨论,征得意见或建议一百多万条。这样就能发扬民主,考虑周全。③宪法草案的通过。现今世界各国多由议会、代表机关决议通过。为表示郑重,一般规定为立法机关成员的 2/3 或 3/4 以上的绝对多数才能通过。美国宪法规定,在原 13 个州中要 9 个州议会同意才算通过。④公布。由国家元首或者代表机关公布。

二、宪法修改

宪法修改,指主权者或享有宪法修改权的国家机关或其他有权主体,对宪法中的不足之处或过时错误之处加以修改(废除、修正、补充),以便更好地体现人民利益的活动。

修改宪法的主体,通常就是宪法的制定者。但根据宪法规定,有时也可能将修宪权授予某个特定机关或其他主体,在授权范围内,依宪法规定的程序来进行。需要注意的是制宪者的修宪权是原始权力,是不受宪法固定约束的。而被授权的主体的修宪权则不同,它享有的是派生的修宪权,是有限的,必须严格按照宪法规定的程序和授权范围进行,否则便是违宪行为。

修宪的范围包括:①变更宪法的形式,如宪法的结构形式、规范的结构形式等。②变更宪法的内容,如废除、修正、增补。在一般情况下,修宪常常是为了更好地体现宪法的基本精神,更有力地维护基本的国家制度和社会制度。

按照通常的理解,当一个新的国家或者新的政府诞生之后,第一次进行的立宪活动,称作宪法制定。因社会情况的变化而需要对宪法进行变更的活动,叫做宪法的修改。

新中国成立后,我国共有 1954 年、1975 年、1978 年、1982 年四部宪法。其中,第一部宪法即"五四宪法"属于制定,其余三部均属修改,虽然是较大的修改。因为这四部宪法所维护的国家和社会制度没有发生变化。

1982 年的宪法,在 1988 年、1993 年、1999 年,先后经过三次修改,共有 17 条修正案。

我国宪法规定,宪法的修改,由全国人大常委会或者 1/5 以上的全国人大代表提议,并由全国人大以全体代表的 2/3 以上多数通过。实践中,通常先由中共中央向全国人大常委会提出建议。

三、宪法解释

这里讲的宪法解释仅指有权解释,不包括无权解释。从有权解释的角度看,宪法解释指宪法制定者或享有宪法解释权的国家机关或其他特定主体,对现行宪法及其各组成部门或规范的含义所作的理解与说明。宪法解释是正确适用和遵守宪法的前提,因而极其重要。

由于宪法解释涉及大量的具体的适用与遵守的问题,因而任务是繁重的。如果由立宪者直接来解释就会不胜其烦。鉴于此,世界各国宪法规定将解释权授予一定的机关,有中央的权力机关、中央的立法机关、中央的行政机关、国家元首、国家司法机关和专门的宪法实施监督机关等。

宪法解释的核心是阐明宪法的立法意图,这与规范的明晰程度有直接关系。有些规范含义清楚、明确,其解释的弹性就小。有些规范抽象,解释的弹性就大。有些解释没有增添新的含义,有的则是为了适应改变了的国家与社会情况或弥补原规范的不足而增添新的含义,因而是不容易的,需要十分谨慎的对待。

我国现行宪法规定,解释宪法的权力属于全国人大常委会,但它却极少行使这一权力。和对宪法实施的监督一样,我国的宪法解释制度需要加大监督力度,否则会给国家的法治带来不良影响。

第五节　宪法惯例

宪法惯例是指,没有明示的文字而是借默示形式表达的、具有宪法效力的宪法规范。它是在宪法实施的实践中自发产生的,但其效力与明示的宪法规范效力是相同的。

一、宪法惯例的特征

宪法惯例主要是在长期的宪法实践中自发产生的,并一贯地或连续地发挥作用(效力),从而逐渐使人们感到必须加以遵守的习惯。

那些对宪法实践没有指导意义,或者从未对宪法实践发生过影响的所谓宪法原则或宪法精神,就不是宪法惯例。反之,记载于宪法文字中的原则,虽然其规范性较弱,但仍是明示的宪法规范,而不是默示的宪法惯例。

二、宪法惯例的类型

宪法惯例指有权国家机关在宪法实施过程中,经过长期的反复而形成的行为习惯。它包括如下两种:宪法习惯和宪法判例,它们是宪法规范的组成部分。

(1)宪法习惯。亦即有宪法效力的习惯。例如在英国,宪法习惯包括:国王为虚位的国家元首,保持超党派的中立地位,不参加内阁会议,不得拒绝内阁首相呈请解散议会下院(众议院)而进行大选的要求,英王没有错误;内阁首相由众议院多数党领袖担任,内阁对议院负连带责任,共进退;上院(贵族院)为上诉案件的终审机关。在美国,总统连任不超过两届曾经也是宪法习惯(后来变成成文宪法规范)。在我国有些做法也可以看作是宪法习惯,如宪法修正案由中共中央向全国人大或全国人大常委首先提出建议;全国政协与全国人大同时召开,政协委员列席人大会议等。

(2)宪法判例。指有宪法效力的最高法院的判例。这多见于不成文宪法的英国;但成文宪法的美国也存在,最明显的例子就是最高法院有对国家法律的违宪审查权(审查法律、法令)的判例①。我国不存在宪法判例。

三、宪法判例的作用

(1)它扩大了宪法规范的范围,从而使宪法得到充实与完备。

(2)它是久延成习,深刻渗于民心,是活生生的宪法规范,因而更稳定,是人们自觉自愿赋予的,使宪法更有权威。

(3)对于宪法判例,那些意义重大的判例(例如法院的违宪审查权)经过一定时间之后,应上升为正式的文字形式;而那些过于具体的判例则依然保持不成文的状态更好,以免使宪法过于零碎。由此可知,宪法判例的机动性,对于维持宪法的一定灵活性是有利的。

第六节　宪法监督

一、宪法监督概述

宪法监督,是指宪法制定者,通过法定程序,对创制宪法(包括修改、解释)活动和宪法实施(以国家机关为主)活动是否合乎宪法所进行的监督,它有利于保证宪法真正实现,并达到制宪的目的。

宪法监督的主体是作为主权者的人民。人民可以根据法定程序和方式直接行使监督权,亦可以通过宪法所授予的特定主体来行使。

监督内容包括:①监督法律的创制是否合乎宪法,即对抽象行为的监督。②监督负责实施宪法的国家机关、社会团体和全体公民的行为是否合乎宪法,其中最重要的是对国家机关及其领导人行为的合宪性的监督。

按照宪法监督的主体及其监督权的性质分为:①直接监督。即宪法制定者全体人民所进行的监督,所以又叫人民监督。②间接监督。依宪法规定享有宪法监督权的机关的监督,包括权力机关、立法机关、行政机关、司法机关的监督。

宪法监督有多重分类,除上述按主体的分类之外,还有:①按照被监督的宪法行为

---

① 由 1803 年"马伯里诉麦迪逊案"起始。

的性质,分为创制宪法的监督和实施宪法的监督。②按照被监督的宪法行为的构成,分为对宪法行为过程的监督和对宪法行为结果的监督。③按照宪法主体监督的方式,分为主动的宪法监督和被动的宪法监督,如此等等。

最重要的宪法监督形式或制度,有这样几种:①人民监督。人民是拥有宪法监督全权的主体,并属于不受宪法限制的原始主体。人民监督表现在:通过选民和原选举单位对人民代表或议员的监督,来影响宪法的创制与实施;通过全民公决的监督;公民个人对国家机关的危险行为的批评、意见、建议等。②立法机关的宪法监督。多为普通法系国家所采用。如英国实行议会主权原则,不成文宪法的监督权属于议会。在此过程中,工党与保守党的相互制约,也起着很大的作用。③国家元首的宪法监督。在君主立宪制国家中,日本明治宪法最早对其有规定,即宪法解释权属于天皇。在总统制国家中,美国总统有权对议会法律和决定实行"口袋否决"。④司法机关的宪法监督。既包括最高法院的监督,如日本、瑞士、加拿大、阿根廷等10余个国家实行这个制度;也包括设立专门的宪法法院的监督,有法、俄、西、德、意等20余个国家实行这个制度。

二、中国的宪法监督

我国宪法监督制度有这样一些主要内容:

(1)国家一切权力属于人民,人民当然是宪法监督的全权主体。

(2)国家权力机关是各级人民代表大会,它们由人民选举,受人民的监督。

(3)要求人大代表遵守宪法和法律,协助宪法和法律的实施。它们接受选民与原选举单位的监督。如果他们违背宪法,人民有权批评或罢免他们。

(4)全国人民代表大会有权罢免国家的正副主席、国务院总理及副总理和部长级人员、中央军委主席及军委组成人员、最高人民法院院长、最高人民检察院检察长。(宪法第63条)

不过,到目前为止,我国宪法监督制度仍很不完善。主要问题在于最高权力机关实行宪法监督的内容和程序几乎没有规定。特别是亟待解决对法律、行政法规和地方性法规的违宪审查权问题;在这方面虽有一些规定,但极少实施。

第七节　宪法的社会作用

一、宪法发挥作用的必备的自身条件

(1)宪法在本质上是良好的,即"良宪"。其集中表现就是它真正体现人民主权,代表人民的利益和意志。这样才能取得社会的信任和支持,才能发挥作用。

(2)宪法在形式上是完善的,技术处理得当,程序科学,文字通俗练达,富有操作性。

(3)在效力上要求有必为性、普遍性(主体、客体、对象的普遍性)和强制性(违反宪法的惩罚性)。

二、宪法社会作用的诸方面

(1)确定和规制国家的性质和目的、国家机关的组织和活动。

我国宪法确定国家性质是人民民主专政的社会主义国家,国家形式是单一制。立法机关为人大和人大常委会,行政机关为国务院及各级人民政府,司法机关为法院与检察院。所有的国家机关的活动均要依法进行,即具有合法性。国家的目的是为人民服务。

(2)保障公民的权利。

宪法确定国家为人民服务的目的,是通过保障公民的权利来实现的。在保障公民权利方面要坚持的基本原则是:①国家、集体和个人三种利益相协调。②保障公民权利,即保障人权。从近代以来国际人权发展历史来看,共经历三个阶段,即:第一代是自然权利,即生命、自由和财产权利;第二代是社会权利,即社会、经济、文化的权利;第三代(当代)是生存权和发展权(包括可持续发展权)。

为了保障权利,宪法也同时规定了公民的基本义务。

(3)维护基本的国家制度和社会制度。

作为根本法的宪法不仅要确立基本的国家和社会制度,还要维护它们。只有确立而没有强有力的维护,那么这些基本制度也是空设。这种维护,在经济上主要是维护以社会主义公有制为基础的社会主义市场经济,维护多种经济的共同发展,维护以按劳分配为主导的多种分配形式;在政治上,维护社会主义民主和国家的统一;在意识形态上,维护以马列主义、毛泽东思想、邓小平理论为指导的社会主义精神文明建设。

(4)厉行社会主义法治。

首先是完备以宪法为龙头的法律体系。必须按照宪法规定,使社会各个领域均有法可依。

其次是确保全社会一体地按照宪法和法律的要求去行动。奖励守法,惩治违法,做到有法必依和违法必究。

总之,宪法是建设法治国家的总章程。

第二章　行政法

第一节　行政法的概念和渊源

一、行政法的概念

行政法,是规定国家行政管理活动的法律规范的总和。

行政法的概念同"行政"概念密切相关。马克思对于这方面问题有过系统的论述。他指出:"行政是国家的组织活动。"①这一论断揭示了行政的最本质之点。第一,行政属于"国家的"范畴。一切社会组织或个人事务,都不具有行政的性质。相反,若非国家的事务有了行政的性质,那就不存在行政。第二,行政属于"行政机关的权力"或"政府"的权力。它区别于议会机关的立法权力和司法机关的审判权力。第三,行政活动属于"组织活动",即拉丁语原意的"执行事务",这是指具体负责行使国家职能的活动。由此可知,行政与行政管理,在含义上是等同的。所谓行政法,就是国家有关行政的法律规范的体系。

在社会主义法律体系中,行政法占有很重要的地位。这表现在:首先,在国家机构中行政机关的地位仅次于权力机关,国家的基本职能主要通过行政机关来实现。而整个行政机关的组织和活动,都是由行政法加以规定的。其次,行政法在国家的社会主义现代化建设的进程中,其重要性日益突显。它直接承担全面地实现建设社会主义物质文明和精神文明的任务,规定管理国民经济及教育、科技、文艺、卫生、体育、计划生育等的方针政策、奋斗指标和措施办法;积极地保障公民的各项民主自由权利和合法利益;激发人民群众为国家的现代化作贡献的意志和力量;建立和维持良好的社会秩序;为现代化建设创造必要的外部条件;从各个方面提高行政工作的效能,以适应现代化建设事业前进的步伐。最后,行政性法规和行政法律规范的数量之多,也是其他法律部门所不能比拟的。新中国成立以来,仅行政法规就数以千计。即令如此,我们的行政立法仍然不够完备。

---

① 《马克思恩格斯全集》第 1 卷,人民出版社 1995 年版,第 479 页。

二、行政法的调整对象

行政法的调整对象,是行政机关在进行行政管理活动中发生的各种社会关系。

概括起来,作为行政法调整对象的这种特殊的社会关系,有如下几个方面:①行政机关之间的关系。这是整个国家行政机关系统内部的各机关的相互关系,包括国务院对各部、委及全国各级地方行政机关的领导关系,上级行政机关与下级行政机关的领导与被领导关系,同级行政机关之间的协作和监督关系,行政机关与其工作人员之间的从属关系。唯有把行政机关的内部集合成为一个严整、协调而又运转灵活的有机统一体,才能处理好行政机关的各种外部关系,有效地实现自己所承担的行政职能。②行政机关和其他国家机关的关系。这里主要指它与权力机关、司法机关的关系。各级行政机关(政府)是同级权力机关的执行机关。行政机关由权力机关产生,执行它制定的法律和决定,对它负责和报告工作,接受它的监督;权力机关可以撤销行政机关的不适当的法规和决定,任命和罢免行政工作人员的职务。在行政机关与司法机关的关系方面,它们各自拥有法定的相对独立的职能和工作权限范围及工作程序。但是,在权力机关的统一领导和监督下,它们又互相配合,互相监督。③行政机关和社会团体、企业事业单位的关系。行政机关通过行政性法规,对各种社会团体的建立、变动和撤销及其活动的原则、范围、程序实行管理和监督。行政机关对自己所属的企事业单位的组织和活动,也负有领导、管理、监督的责任,尤其是行政机关对经济组织和文化组织的管理,直接实现着国家经济文化建设的职能。④行政机关和公民的关系。行政机关必须坚定不移地保证与实现公民在宪法与法律上的权益。为此,它要设立各种相应的机构及规定一定的程序和办法,以便于引导人民参与行政管理活动,并及时处理公民对行政机关的申告等。与此同时,行政机关也要依法对全体公民进行管理,规定必要的制度使人人遵守。

需要说明的是,行政机关相互间及行政机关与各种社会组织、公民间,只有在行政机关进行管理活动的范围内发生的社会关系才是行政关系,才是行政法调整的对象。否则,便不是。例如,行政机关与企业或公民签订民事合同的关系,由民法调整。公民严重破坏行政机关的管理活动而构成犯罪时,属于刑事法律关系,由刑法调整,行政工作人员犯有渎职罪或贪污受贿罪也是如此。

三、行政法的渊源和体系

行政法的主要渊源是:①宪法。宪法是行政法的立法依据,也是行政法的首要渊源。宪法中的某些规范,同时又属于行政法的规范。其中包括三类,即有关行政机关管理活动的基本原则的规范;有关各级行政机关的组织和活动的程序、方式的规范;有关公民的基本权利和义务的规范。宪法中含有的行政法规范,大都属于一般的原则性的规范。②法律。在法律中包含着许多行政法规范,有些是系统的行政法文件。例如,在基本法律中,有1982年的《中华人民共和国国务院组织法》、1979年的《中华人民共和国地方各级人民代表大会和地方各级人民政府组织法》;在其他法律中,有1986年的《中华人民共和国治安管理处罚条例》、1982年的《国务院部委机构改革实施方案的决议》、1984年的《中华人民共和国消防条例》。③行政法规。按照宪法规定,制定行政法规属于国务院专有的职权。既然行政法规是最高国家行政机关制定的规范性文件,就必然成为行政法的最主要的渊源。除制定行政法规以外,国务院还可以规定行政措施,发布决定、命令、指示和规章。国务院的各部委,可以发布命令、指示和规章。以上这些内容中,凡具有规范性的、调整行政关系的,都是行政法的渊源。④地方性法规。省级人大及其常委会,可以制定地方性法规。除此而外,地方各级人大的决议、县以上的地方各级人大常委会的决议、乡镇级人大的决议、县级以上地方各级人民政府的决定和命令,从学术(非法定)的意义上均可把它们称为地方性法规。这些地方法规,是行政法的渊源。它们的数量巨大。⑤民族自治地方的自治法规,即自治条例和单行条例。

我国的行政法规范的数量极多,而且没有一套系统的行政法典。但是,同其他部门法一样,行政法也是一套完整的法律规范体系。对于行政法体系的分类,最常见的是从规范的内容和效力范围的角度上进行的。这种分类有:①总则和分则。总则部分,由规定和调整具有普遍意义的行政关系的法律规范组成。它包括的规范有如下各方面:行政法的基本原则,行政机关的组织及其工作人员,行政机关的活动,对行政机关的法律监督,行政诉讼诸问题。分则部分,由规定和调整特殊的行政关系的法律规范组成。它包括的规范有国民经济的行政管理,教育、科技、文化、卫生、体育的行政管理,民政行政管理,公安行政管理,司法行政管理,国防行政管理,外事行政管理。②行政组织法、行政活动法和行政诉讼法。行政组织法,由有关行政机关及其工作人员方面的规范组成。行政活动法,由有关行政机关开展行政管理工作方面的规范组成。行政诉讼法,由有关解决行政纠纷(争议)方面的规范组成。

小 结

行政法是规定国家行政管理活动的法律规范的总和。它在社会主义法律体系中占有重要地位。

行政法以行政机关在进行行政管理活动中发生的各种社会关系为对象。

行政法的主要渊源有宪法、法律、行政法规、地方性法规和民族自治地方的自治法规。

行政法是一套完整的法律规范体系。

第二节　行政法律关系

一、行政法律关系的概念

行政法律关系,指行政法律规范在调整行政管理活动中所发生的关系。行政管理活动中所发生的关系,也就是行政关系。客观的行政关系一经法律规范的调整,便成为行政法律关系。

行政法律关系也含有主体、客体和内容(权利和义务)三要素。主体有国家机关、公职人员、社会团体、企业事业单位、公民以及一定条件下的外国人或无国籍人。客体是受法律保护的各种社会主义行政关系。内容,即行政法律关系主体间彼此享有的权利和承担的义务。在行政法律关系中,作为主体的行政管理机关的权利,通常就是法律所赋予的职权。

二、行政法律关系的种类

以主体之间的地位为标准,可以把行政法律关系划分为:①纵向(垂直)关系,表现为领导与被领导、管理与被管理的上下关系。②横向(平行)关系,即两个法律地位平等的主体之间的关系。③斜向关系,指上级机关与非直属的下级机关的关系。对于行政法律关系的这种分类,要注意具体分析。比如行政机关与公民的关系,从行政管理的角度上说,是垂直关系即管理与被管理的关系,可是在公民起诉某行政机关的行政诉讼关系中,这两个主体之间便是平行关系、地位平等的关系。

以是否为行政机关所倡导为标准,可以把行政法律关系划分为:①积极关系,指行政机关努力加以实现的行政法律关系。如,税务机关为完成税收任务、经济管理机关为筹办企业等形成的行政法律关系。②消极关系,指行政机关为防止和消除危害社会的行为而形成的行政法律关系。不论积极关系还是消极关系,归根到底都是要达到维护国家和人民利益的目的。

以是否有直接的财产内容为标准,可以把行政法律关系划分为:①财产关系。②非财产关系。

以时间的长短为标准,可以把行政法律关系划分为:①经常性关系。如,上级机关与下级机关之间固定的领导与被领导的关系。②偶然性关系。如,主体间的一次性地或间断性的申请、批准、签署之类的行政法律关系。

以调整的法律规范的性质为标准,可以把行政法律关系划分为:①实体关系,即由实体性法律规范调整而产生的行政法律关系。②诉讼关系,即由程序性法律规范调整而产生的行政法律关系。

三、行政法律关系的特点

行政法律关系不同于其他部门法调整的法律关系的特点,主要表现在:

①行政法律关系主体的一方,通常是行政机关。这时,行政机关是作为国家的代表,以国家的名义,以实施一定的国家职能的资格出现的。只有在法律授权某个社会团体(如工会,共青团、妇联等)的个别情况下,才会有例外。需要指出的是,正是鉴于行政机关作为主体的特殊资格,它在行政法律关系中所享有的权利,同时又是它所必须履行的、不得放弃的义务。

②行政法律关系的成立,往往是以行政机关单方面的意思表示为根据。这是因为主体间的关系一般都是法定的领导与被领导、管理与被管理的关系,如行政机关实施的征用、征收、征购、没收、罚款、拘留等。在某种情况下,非行政机关的主体的单方面意志,像申诉、检举等,也能引起行政法律关系的发生。但无论如何,双方主体的合意,不是行政法律关系发生的前提条件。

③作为行政法律关系主体一方的行政机关,有时可以直接运用国家力量强制对方履行义务或对其实施制裁。反过来,对于下级机关,特别是非国家机关的主体一方,它要使行政机关履行义务或职责,则需要向对方或对方的上级主管机关、司法机关等提出申请。

④行政法律关系主体间的纠纷,除按行政程序解决外,还可以借助人民法院的司法程序解决,但以前者居多。

行政法律关系的这几个特点,应当综合起来作为整体来理解。仅就某个特点而言,不一定是行政法律关系所独具的。

小　结

行政法律关系是行政法律规范在调整国家行政机关进行行政管理活动中所发生的社会关系。

行政法律关系可分为纵向(垂直)关系、横向(平行)关系、斜向关系;积极关系、消极关系;财产关系、非财产关系;经常性关系、偶发性关系;实体关系、诉讼关系等种类。

行政法律关系的特点是:通常由行政机关一方做主体;往往以行政机关的单方意思表示为依据;行政机关有时可以直接强制对方主体履行义务或对其实施制裁;解决纠纷以行政程序为主,司法程序为辅。

第三节　国家行政机关和国家行政工作人员

一、国家行政机关

国家行政机关,又称国家管理机关或者政府机关、政府。根据宪法规定,行政机关是国家权力机关的执行机关。这就表明了行政机关在法律上的性质和地位。在行政机关与权力机关的关系方面,行政机关的权力来源于权力机关,处于权力机关的领导之下,负责执行权力机关作出的决定,对权力机关负责。行政机关担负的基本任务是以国家最高权力机关制定的宪法和法律所特别赋予的行政手段,进行行政管理的活动。在国家行政机关与司法机关的关系方面,它们各自拥有不能相互代替的相对独立的权力。

行政机关的最基本的分类是以管辖的范围为标准。这可划分为:①中央行政机关。宪法规定:"中华人民共和国国务院,即中央人民政府,是最高国家权力机关的执行机关,是最高行政机关。"国务院组成中包括的各部、各委员会、审计署和直属机构,是分工执行各种专门职能的中央行政机关。国务院统一领导中央各专门行政职能机关和地方各级人民政府的工作。国务院的各专门行政职能机关,在本系统内主管地方各级专门的行政职能机关。②地方行政机关。宪法规定:"地方各级人民政府是地方各级国家权力机关的执行机关,是地方各级国家行政机关。"这一规定也适合于民族自治地方的行政机关。地方各职能行政机关,除受上级主管的行政机关的领导外,并受同级人民政府的领导,即双重领导。它们依照法律规定的权限,管理本行政区域内的各方面的行政事务。此外,行政机关还有其他的分类方法。按照管理业务的范围,分为一般权限机关(如政府)、部门权限机关(如部、局);按照业务的专门程度,分为职能机关(如政府的经济委员会)、专门性机关(如商业部、商业局);按照活动的直接任务,分为管理机关(咨询、参谋、辅助性的机关)、业务机关(具体管理本部门主要业务的机关);按照决定权的人数,分为合议制(集体决定)机关、首长制(一人决定)机关。还可按照其他标准分为:选举产生的机关、任命机关;预算拨款机关、经济核算机关;实体机关、派出机关;政治机关、经济机关、文化机关、军事机关、外事机关等。

国家的企业事业单位(如厂矿、商店、学校)中的行政机构是行政机关领导下的,指挥和组织该单位完成国家交办的业务的机构。它们不具有国家行政机关的性质,不行使国家的行政管理职能。但是,这种行政机构的成员属于国家干部编制。

二、国家行政工作人员

国家行政工作人员是指在行政机关中担任公职的人员以及国家企业事业单位中

由国家行政机关任命的工作人员。对于国家行政工作人员的概念的理解,要注意以下几点:①国家行政工作人员限于在行政机关中任职或在国家企业事业单位中由行政机关任命的人员,因而是整个国家工作人员(国家干部)的一部分。②国家行政工作人员是公职人员,即履行一定的国家职能的人员。因而他们和不拥有管理他人权限的工人、农民、战士及国家机关中的司机、炊事和勤杂人员等有区别。③国家行政工作人员的资格是按照法律程序取得的,其职权范围也是法定的。④国家行政工作人员主要或绝大部分是在行政机关工作,少量在国家企业事业单位中工作。

根据行政工作人员公职资格的取得方式,分三种:①选举的。主要是指权力机关选举出来的人员。他们一般都担任比较重要的领导职务,对产生他们的机关负责和报告工作,并接受其监督。另外,也有些人员(如国家企业事业单位的领导人)是由本单位的群众选举的。②提名委任的。这是指按法律的规定,有任免权的国家机关经有关领导人提名,而决定其担任行政公职的人员。例如,宪法规定,全国人大"根据中华人民共和国主席的提名,决定国务院总理的人选;根据国务院总理的提名,决定国务院副总理、国务委员、各部部长、各委员会主任、审计长、秘书长的人选"。③任命的。行政工作人员的队伍中,相当多的人是任命的。拥有任命(或免职)权限的,一般是人大常委会和政府机关。例如,在全国人大闭会期间,其常委会可以个别地任免国务院的部长级人员、中央军委副主席和委员等,还可以任免驻外全权代表;地方各级人大闭会期间,其常委会可以个别地任免同级人民政府的副职领导人,当正职领导人因故不能担任职务时可决定其代理的人选;国务院可以任命副部长级、正副厅局长级、地方专员、重要的国家企业的正副领导人、大学校长及驻外代办、参赞、武官、总领事等人员;地方县级以上的人民政府也有其相应的任免权。④调任的。即由于种种原因和工作需要,某一行政机关从别的行政机关和其他部门,按人事调动手续,将某人调入本机关担任行政工作职务,其中包括从毕业学生、复转军人或解散单位分配来的人员。⑤招聘的。有些属于通过签订聘用合同,有些属于通过择优录取的考试,而成为行政工作人员。这两种取得行政人员资格的方式,是近年来国家人事制度改革的产物,有其独具的优越性。它能打破"铁饭碗"的弊端,从广阔的社会中选贤任能、专业对口、奖勤罚懒、提高行政工作效率。不过,到目前为止,这样的行政工作人员为数尚少。行政工作人员的种类,还可以运用多种方法加以划分。比如:国家机关行政人员(包括军职人员),企业事业机关行政人员;管理行政人员、科技行政人员;领导人员、执行人员、辅助人员;固定人员、临时人员等。

尽管行政工作人员选拔的方式有不同,但都必须体现党的政策和国家法律规定的共同标准和条件。公职人员是公民的一部分,除那些不具备法定条件或依法被剥夺权利者外,不分民族、性别等,都有担任公职的权利。但是,这并不表明任何公民都能够胜任行政工作,完成行政工作的任务。一个行政工作人员,还要具备相应的特殊条件。我们党和国家历来奉行"任人唯贤"的干部路线,坚持"德才兼备"的标准。德,就是能够坚持四项基本原则和改革、开放、搞活的总方针,全心全意地为人民服务,有效地乃至出色地完成本职工作的本领。自党的十一届三中全会以来,中央进一步提出干部队伍要革命化、年轻化、知识化、专业化的建设方针。这是改革国家机关和企事业单位的组织与领导体制,提高干部素质的根本性出路。

行政工作人员在接受国家的委任而担任行政职务以后,便产生了同国家之间的职务关系,也就是说,从此他能够在法定权限内,以国家的名义履行职务。但是,行政工作人员在任职期间里,他的职务是可能发生变更或消灭的。行政工作人员职务的变化,大抵有如下各种情况:①职务级别的变更。包括晋升和降职。②调动工作。有的属于职务级别没变,而业务部门变动;有的属于职务种类的变更,如调到权力机关或司法机关。③转职。职务及其级别不变,仅职务关系改变。如1976年国家规定将部分民警改为干部。④辞职。即出自本人自愿而免掉职务关系。⑤落选。指由选举产生的人员没有连续当选。⑥罢免。通常指人民代表机关对于犯有错误的人员的一种处分。⑦免职。由拥有任免权的机关,鉴于种种原因而免去某人的行政职务关系,免职不属于处分。⑧停职。因等候调任新职或需要对犯有错误者进行审查、被控犯罪而等待审判等情况,而暂时停止工作职务。⑨开除。这是最严厉的行政处分。⑩受到刑事处罚。根据国务院《关于国家行政机关工作人员的奖惩暂行规定》,行政工作人员被判处管制、徒刑、剥夺政治权利或判处徒刑宣告缓刑的,其职务自然撤销。⑪离休、退休、退职。⑫丧失国籍。⑬死亡。

行政工作人员同国家间的职务关系,是一种行政法律关系。他们职务上的权利和义务是这种法律关系的内容。①行政工作人员的权利。其中最重要的权利是作为国家的代表,以国家的名义从事执行、组织、指挥、管理的行政活动,实现国家的职能。行政工作人员的这种权利和普通公民的权利,有性质上的区别。行政工作人员的权利有如下的特点:它是履行公务的手段;对于行政工作人员本身来说,行使这种权利也是他的义务;它有严格的法定范围,不能超越,不能被代替,不能转让;它的具体性质,由所担任的职务的性质来决定;它同职务本身不可分离,所以其存在完全以职务的存在为转移;它通常有单方面的强制性,是被管理者所必须遵行的。②行政工作人员的义务。主要是:坚持四项基本原则、坚持改革、开放、搞活的总方针;增强法治观念,模范地遵纪守法;忠于职守,积极工作,讲求效能,完成任务;努力学习文化、科学、技术,钻研业务;保持实事求是的工作作风;调查研究,办事公道;全心全意为人民服务,密切联系群众,接受群众监督;一切对人民负责;保守国家秘密;勇于同违法乱纪、消极怠工、脱离群众、弄虚作假、铺张浪费、以权谋私以及各种形式的官僚主义现象进行斗争。

经常注意培养、考核行政工作人员,对他们有奖有惩,赏罚分明,是建设行政工作人员队伍所不可缺少的。①对行政工作人员的培养。这里包括对任职前的新干部的培养和在职干部的培养。吸收新干部要严格考查他是否具备条件,并尽可能地为他们提供接受业务训练的机会,分配工作要学用对口,发挥其专长。在职干部,除平时引导他们在工作实践中学习和提高以外,还应当为他们组织或鼓励他们参加各种形式的业余学习,必要时也可以选送少量人员脱产深造。②对行政工作人员的考核。这种考核的关键仍然在于坚持德才兼备原则,以德(思想政治品质和作风)、能(业务技术本领)、勤(工作的积极性、效能和进取心)、绩(工作上的贡献)四个方面为内容。考核应实行领导和群众相结合,采取多种形式,日常地和定期地进行。考核的结论要征求本人的意见。考核的结果是干部的采用、职务和级别的升降以及奖惩的依据。③对行政工作人员的奖惩。早在 1957 年,国务院就公布了《关于国家行政工作人员的奖惩暂行规定》。中共十一届三中全会以来,它又不断地充实和完善着奖惩的条件和办法。奖励,分为记功、记大功、授予奖品或奖金、升级、升职、通令嘉奖六种形式。行政上的纪律处分,分为警告、记过、记大过、降级、降职、撤职、开除留用察看、开除八种形式。奖励和处分,都要按照规定的程序办理。

小　结

国家行政机关(政府机关)是负责行政管理工作的专门机关。它有中央机关和地方机关等各种分类。

在行政机关以及国家企业事业单位中担任公职的人员,称国家行政工作人员。对行政工作人员的分类,有多种方法。

选拔行政工作人员要坚持"任人唯贤"路线和"德才兼备"的标准,造就革命化、年轻化、知识化、专业化的队伍。

行政工作人员的职务关系会由于种种情况而变更或消灭。

要明确行政工作人员的权利和义务,经常对他们进行培养、考核和正确地给予奖励或惩罚。

第四节　国家行政机关的管理活动

一、国家行政机关管理活动的概念

国家行政机关管理活动,指行政机关依法实施行政管理并发生法律效果的行为。行政机关管理活动,简称行政活动或行政行为。

行政机关管理活动,由下列要素构成:①执行。即执行权力机关的法律和决定。这是由行政机关从属于权力机关的地位和自身的性质所决定的,因而是最基本的要素。②指挥。行政机关命令下级机关、公职人员、各种社会组织和公民,按自己的要求行动。③组织。通过设置机构、集结人员、任免人员、协调行动,以便凝成实现一定目标的力量。④监督。检查管理者和被管理者的活动情况,保证既定目标的完成。

　　行政机关管理活动大体上可以分为：①法律行为（直接产生法律效力的行为）和事实行为（不直接产生法律效力的行为）；②抽象行为（制定行政性规范的行为）和具体行为（针对具体事件而采取的行政措施）；③单方行为（不以征得对方同意为条件）和多方行为（以两个以上主体的合意为条件）。

　　行政管理活动的主要形式有制定行政管理法规、规定行政措施、强制执行和行政处罚四种。

二、制定行政管理法规

　　行政管理法规，就是国家机关依法制定的，以行政管理为内容的规范性文件的总称。制定行政管理法规属于抽象行为。行政管理法规是处理具体行政事件的依据。

　　行政管理法规多由行政机关制定，但也包括权力机关制定的某些规范性文件。仅就行政机关制定的行政管理法规而言，可概括为两种情形：①受权力机关的委托而实行的，即委任立法。1985年全国人大常委会专门作出《关于授权国务院在经济体制改革和对外开放方面可以制定暂行的规定和条例的决定》，便是国家权力机关委任行政机关进行行政立法的法律性文件。据此，国务院就有权制定有关的立法文件。②自主实行的，就是在原有法律规定的权限范围内进行立法活动，而无需经过特别授权。

　　制定行政管理法规是行政机关行使行政权力和从事行政管理活动的重要表现。因为，行政机关只有把自己既定的活动目标上升为法规的形式，才能使全社会统一地、明确或确切地了解、遵守和实行，同时也有利于对行政机关的决定及其实施情况进行监督。但是，行政机关制定行政法规的活动必须恪守法治原则，具备一定的条件。即：①以法律为依据，并以执行法律为目的；②在自己的权限范围之内；③采取法定的程序和形式。行政管理法规符合这些条件就能按时生效，从而就有普遍的约束力。

　　新中国成立以来，行政管理法规名称繁多，缺乏统一性，造成许多不便。而且，伴随着国家现代化建设的发展，行政管理法规的数量日见增长，矛盾越来越突出。有鉴于此，1987年经国务院批准，国务院办公厅发布了《行政法规制定程序暂行规定》。从而结束了行政立法程序无法可依的局面，使行政法规制定程序科学化、规范化。文件规定，行政法规的名称只限定三种：①"条例"。用于对某一方面的行政工作做比较全面、系统的规定。②"规定"。用于对某一方面的行政工作作部分的规定。③"办法"。用于对某一方面的行政工作做部分的规定。另外，文件还重申："行政法规是国务院为领导和管理国家各项行政工作，根据宪法和法律，并且按照本条例的规定制定的政治、经济、教育、科技、文化、外事等各类法规的总称。"因而，"国务院各部门和地方各级人民政府制定的规章不得称'条例'。"但是，这些"规章"的各层次的具体名称却没有作出统一、系统和明确的规定。

三、规定行政措施

行政措施,指国家行政机关在行政管理活动中,针对特定事件而采取的处置办法。规定行政措施属于具体行为,是实际处理事件。它可能是对特定的人,也可能是对不特定的人采取的。

规定行政措施是行政机关广泛运用的管理活动形式。它的种类很多,常见的有:①命令。让受命者必须做或不做一定的行为。②指示。对下级行政机关进行的原则的或具体的工作部署。③审批。对下级行政机关将要采取措施的呈报或公民的申请进行的审查和批复。④批准认可。审批后作出的肯定答复。⑤拒绝。审批后作出的否定答复。⑥许可。一般的禁止行为对特定人和事的例外规定。如,一般人均不得携带枪支,但特定情况下的公职人员是可以携带的。许可和认可(批准)不同。⑦免除。一般的义务行为对于特定条件下的人和事的例外规定。如,遭受严重自然灾害的农户免除缴纳粮食税。⑧赋予。授予权益或地位。⑨剥夺。部分或全部地取消权益或地位。此外还有:批转(对呈报或申请交由有关的下级机关或人员处理);确认(一定的法律事实);证明;代理(法定的和委任的);受理(立案的程序);通知等。

行政措施必备的条件是:行政机关是合法的;拥有相应的权限;内容合法、明确和有实现的可能;意思表示没有缺陷;符合法定程序;采取法定的形式。若不具备或不完全具备这些条件,那么行政措施或者成为无效的或者成为可撤销的。

四、强制执行

行政法中的强制执行,指国家行政机关以法定的强制手段,使不履行行政法律关系中义务的当事人履行义务的活动。强制执行是实施行政法规的重要保证。

目前,我国还没有一套系统的行政上的强制执行的法规。一般地说,强制执行的方法有这样几种:

(1)间接强制。其中包括:①代执行。行政机关对于法律关系的一方主体不履行作为性的义务时,将这项义务委托他人代替执行,而为此所花费的费用则全部由义务人承担。不过,其中的义务必须是他人可以替执行的,并且确实能够达到相同的目的时,才允许代执行。代执行一般应事前通知义务人,但在紧急情况下,也可以不通知。②执行处罚。行政机关对于法律关系一方主体不及时地履行他人无法代替的义务时,可以对他执行处罚(多是罚款),以督促他履行义务。执行处罚应事先通知义务人,如他能及时履行义务,也可不执行处罚。

(2)直接强制。行政机关采取间接强制达不到目的或者在紧迫的情况下,可以对义务人的人身或财产采取直接的强制,令其履行义务。直接强制必须严格按照法定程序进行。

(3)强制征收。行政机关对于义务人不履行财产义务时,可以采取扣押或查封其财产的手段,强制征收。强制征收实际上是直接强制的一种特殊形式。

五、行政处罚

行政处罚,指行政机关依法对违反行政管理法规的人所实行的制裁。

在当前,我国行政处罚的种类,大抵如下:①警告。行政机关对违反行政管理法规的人给予警戒或谴责。②罚款。这同作为刑罚(附加刑)之一的罚金有性质上的区别。③拘留,即行政拘留。最多不超过 15 日。这同刑事诉讼中对现行犯和重大嫌疑犯拘留的性质不同。④没收,即没收财物。除此而外,在各种行政法律关系领域中,行政法规对违法者的行政处罚,还分别有特殊的规定。如,治安管理的处罚有劳动教养;财金管理的处罚有滞纳金、扣发工资、冻结资金、停业、吊销营业执照、撤销商标、停止贷款与供应原料等;农林水利管理的处罚有通报、责令赔偿损失、收回、停止作业等;教科文卫体的各种处罚等。

行政处罚要伴之以说服教育,反对单纯惩办主义。行政处罚必须符合法定文件,即:违法者确有不履行行政管理法规中义务的事实;处罚一般由行政主管机关或由法律授权的社会组织行使;处罚对象是公民和社会组织;符合法定程序;当事人不服时,有权提出申诉。行政处罚的决定,一经生效,就应坚决执行,以维护法律的严肃性。

小　结

国家行政机关管理活动即行政行为,指行政机关依法实施行政管理并发生法律效果的行为,其中包括执行、指挥、组织、监督诸要素。

行政机关管理活动的主要形式有制定行政管理法规、规定行政措施、强制执行、行政处罚四种。

第五节　国家行政管理的法律监督

行政管理的法律监督,指监督行政机关及其工作人员在行政管理活动中是否严格依法办事,恪守社会主义法治原则。宪法规定:"一切国家机关和武装力量、各政党和社会团体、各企业事业组织都必须遵守宪法或法律。一切违反宪法和法律的行为,必须予以追究。"国家机关和公职人员破坏法制的突出表现,就是追求超越法律的特权、以权谋私和官僚主义。由此可知,行政管理机关的法律监督问题对于保障社会主义民主,维护社会法制的统一和尊严,维护国家和人民的利益,及时发现和纠正行政管理活动中的违法乱纪现象,保证行政管理工作顺利、高效地进行,具有重要作用。

中国共产党是中华人民共和国的领导力量和整个国家机构的核心。因此所有国家行政机关和公职人员都应理所应当地、无一例外地接受党的监督。除此而外,行政管理的法律监督还有其他的一些方面。

一、国家权力机关的监督

我国是人民当家作主的国家,而人民是通过人民代表大会来行使自己权力的。所以,一切国家机关不仅都要由人民代表大会产生和授权,而且要接受人民代表大会全面的监督。

具体地说,权力机关对行政管理的法律监督表现在:

(1)对人民政府实行领导,听取和审查其工作报告。宪法规定,国务院要对全国人大负责并报告工作,地方各级人民政府要对同级人大负责并报告工作。权力机关听取政府工作报告以后,要认真地进行讨论和审议,肯定成绩,批评缺点,并最后作出通过的决议。

(2)全国人大常委会有权撤销国务院制定的同宪法、法律相抵触的行政法规、决定和命令;县级以上的地方各级人大常委会有权撤销本级人民政府的不适当的决定和命令。

(3)全国人大有权罢免国务院的成员;地方各级人大有权罢免同级人民政府的成员。

(4)人大代表有权向同级人民政府及其所属各工作部门提出质询。受质询的机关必须负责地作出答复。

(5)此外,全国人大及其常委会还有权在认为必要时,组织专门的调查委员会来调查有关人民政府的问题,并作出相应的决议;人民代表视察政府的工作;各级人大常委会处理人民的信访工作等。这些都是对政府的法律监督方式。

二、国家行政机关内部的监督

在行政机关体系内部实行自我监督,是行政管理法律监督的重要方法之一。

(1)上级行政机关对下级行政机关的监督。其中,包括国务院对全国一切行政机关(国务院所属机关及地方各级人民政府)实行统一的领导和监督;国务院所属各部门对地方各级人民政府各业务部门的领导和监督;地方各级人民政府及其所属各部门对下级人民政府及其所属各部门的领导和监督。

(2)同级行政机关相互的监督。它们之间是工作上的职能分工和协作关系,但也有相互制约和相互监督的作用,即通过工作联系,发现对方工作的缺点、错误和违反法纪的问题,向对方提出批评、建议,或者向主管部门反映。在同级行政机关的相互监督方面,专门的监督机关(如国务院的监察部)的监督有特殊的重要性。它主要是负责对行政工作人员的纪律监督。

(3)下级行政机关对上级行政机关的监督。1956年周恩来同志曾明确指出:"中央与地方尽管是上下关系,必要时也要唱'对台戏'。""中央与地方要相互影响,相互监督,不要以为只是上面对下面的监督,下面同样要监督上面,起制约作用。"①这种相互监督,是民主集中制原则和法律原则的要求。

(4)审计机关的监督。这属于财会方面的监督,以保证行政机关严守财政纪律,加强经济核算,增加积累,完成国家计划。

三、国家专门法制机关的监督

(1)审判监督。人民法院在审判案件过程中发现有关行政工作的缺陷或漏洞,应及时地提出意见和建议。而且,人民法院还宜接受和处理若干行政案件。这些都起着对行政机关的监督作用。

(2)检察监督。人民检察院在刑事诉讼中对公安机关的侦查,有关行政机关执行判决或裁定,监狱、看守所、劳动改造机关的活动是否合法,实行监督。另外,还要对行政机关及其工作人员是否有违法行为,发挥一般监督的作用,特别是要依法保障公民对于行政机关及其工作人员的违法行为提出控告的权利。

四、社会监督

(1)人民团体的监督。工会、共青团、妇联等社会组织,有权就涉及它们所代表的人民群众的利益问题,发挥对行政机关的监督作用。

(2)人民政协和民主党派的监督。中国人民政协章程的总纲规定,政协对国家的大政方针和现代化建设及人民生活等问题进行协商,并实行批评、建议,发挥对人民政府的监督作用。另外,还通过政协委员视察工作,应邀列席各级人大及其常委会的会议等方式,监督人民政府。各民主党派也可单独地向人民政府提出批评或建议。

(3)广大人民群众的直接监督。我党一贯重视人民群众参加国家管理并对人民政府实行监督的活动。人民群众有权借助社会舆论、报刊和信访等,向政府提出批评、建议,以及通过申诉、控告、检举方式,监督人民政府。有关的政府机关必须重视,及时地答复、处理和解决人民群众提出的问题,严禁对批评、申告和检举者进行压制和打击报复的恶劣行径。

---

① 《周恩来选集》下册,人民出版社2004年版,第200页。

小　结

国家行政管理的法律监督指监督行政机关及其工作人员在行政管理活动中是否严格依法办事,恪守社会主义法制原则。

这种法制监督,除共产党的纪律监督以外,还有权力机关、行政机关内部监督、专门法制机关以及社会的监督。

第六节　行政诉讼

一、行政诉讼的概念

行政诉讼,通常指法定的国家机关,依据行政法律关系主体的请求,处理行政案件的活动。

对于行政诉讼,可作两种理解:①狭义的行政诉讼。就是公民、社会团体、企业事业单位,因不服行政机关的行政处罚或其他行政处理决定,而诉请人民法院依法维护自己合法权益的一种活动。②广义的行政诉讼。就是除上述情况之外,还包括由行政机关本身或由行政机关设置的特定机构来处理行政纠纷(争议)的活动。

二、行政诉讼的特点

从行政机关的性质上说,有两点是很值得重视的。其一,行政诉讼是行政机关的行政管理活动的一种特殊形式。这表现在,大多数的行政诉讼案件是由行政机关处理的;有些行政诉讼案件虽然是由人民法院来处理,但仍是为了解决行政法律关系主体间的纠纷,因而也同行政机关的行政管理活动密切相关,涉及行政机关与司法机关的关系。其二,行政诉讼是行政管理法律监督的一种特殊形式。因为,归根结底,行政诉讼是要把行政管理活动纳入法制的轨道,使之严格遵守纪律、依法办事。

行政诉讼同民事、刑事诉讼相比较,具有如下的特点:

(1)行政诉讼兼有行政性活动和司法性活动的成分。所谓行政活动的成分,指它常常是行政机关的执行、指挥、组织、监督活动的组成部分或特殊方式。所谓司法性活动的成分,指它是为了具体解决某个案件而非发布普遍性规则或命令,并且在诉讼关系中存在着双方当事人和有权作出裁决的第三者——这与民事、刑事诉讼是类同的,更何况部分由人民法院处理的行政案件是直接依照《中华人民共和国民事诉讼法(试行)》的程序来进行。

(2)行政诉讼的案件,主要由行政机关处理。由人民法院处理是少数情况,即令这样,也与审理民、刑案件有别。如目前有些城市的人民法院开始设专门的行政审判庭就是一种证明。

(3)行政诉讼关系中的审理者(行政机关),可以同时作为一方当事人,其中多数情况下是原告。这在民、刑诉讼中是没有的。

(4)行政诉讼的原告和被告,除了公民和法人之外,还有无法人资格的各种社会组织、企业事业单位、特别是国家行政机关。

(5)行政诉讼的任务是为了解决行政纠纷并且以直接维护行政法律关系为主。

三、行政诉讼的方式

到目前为止,我国尚没有单独的行政诉讼法。实体问题的解决,主要根据实体性的行政法规范,以及其他诸如经济法、民法、婚姻法和国际法等实体法。至于程序法,分为两种情况:第一,行政机关处理的行政案件,适用有关的行政程序法。第二,人民法院审理的行政案件,适用《民事诉讼法(试行)》。

我国处理行政纠纷的方式,可以概括为以下几种:

(1)行政调解。行政机关根据政策和法律,通过说服教育和引导,使当事人双方在互相协商和谅解的基础上,解决他们之间的行政纠纷。对于行政案件的调解,多由行政主管机关及作为当事人的行政机关的上级机关来主持。此外,根据法律,不论是行政仲裁机关还是人民法院(人民法院的调解叫做司法调解),在处理行政纠纷案件时,首先要经过调解程序,尽可能通过调解解决问题。

(2)仲裁(公断)。由仲裁机关或仲裁人,根据行政纠纷的双方当事人的申请,对他们的案件作出裁决。目前,我国的行政仲裁制度尚不发达。仲裁制度用以解决经济合同纠纷为多。法律规定,行政仲裁的机构是地方工商管理机关。其中,县(市)、省辖市的区、直辖市的区的工商行政管理局,属一级仲裁机构;省辖市、地区、直辖市的工商行政管理局,属二级仲裁机构。当事人对裁决不服,须在收到裁决书后的15天内向人民法院起诉,期满没有起诉,便发生法律效力。当事人如不履行裁决书中的义务,对方当事人可申请人民法院强制执行。

(3)法院判决。《民事诉讼法(试行)》规定:"法律规定由人民法院审理的行政案件,适用本法规定。"就是说,人民法院审理的行政案件仅限于有法律规定的案件,而对这种案件的审理是按照《民事诉讼法(试行)》中的程序进行的。

小 结

行政诉讼,通常指法定的国家机关,根据行政法律关系主体的请求,处理行政案件的活动。

行政诉讼的几个主要特征是:具有行政性活动兼司法性活动两种成分;案件主要由行政机关处理,作为审理者的行政机关,可以同时作为案件的一方当事人;行政诉讼的原告和被告除公民和法人外,还有并非法人的各种社会组织、尤其行政机关;主要任务在于通过解决行政纠纷,以直接维护行政法律关系。

行政诉讼包括行政调解、仲裁、人民法院判决或裁定三种方式。

第七节　公安行政管理

一、公安行政管理的任务

公安行政管理,指公安机关运用法律授予的行政权力和人民警察武装力量,以履行维护社会安全和秩序的专门职能活动。

公安行政管理的主要内容,是治安。它所承担的任务是:

(1)预防、揭露和打击反革命分子和各种刑事犯罪分子的破坏活动。从与犯罪分子作斗争这个方面说,公安机关具有司法机关的性质。国家法律不仅赋予它武装力量,而且赋予它在刑事诉讼中执行侦查和采取强制措施的权力。

(2)从事治安的行政管理,保障公共安全,同各种人为的、自然的灾害作斗争。

(3)做好政治、经济、文化部门的内保工作。

通过完成这些任务,建立良好的社会秩序,为国家现代化建设创造良好的环境。

二、公安行政管理机构

公安行政管理的机构,是作为人民政府组成部分的公安机关系统。在中央,设公安部,负责领导全国的公安工作;省级,设公安厅(局);专署(中等城市)级,设公安处、局;县级,设公安局;城镇,设公安派出所;农村,设公安特派员。地方公安机关接受同级人民政府和上级公安机关的双重领导。

公安派出所是公安机关的基层组织,是城市公安局(分局)和县公安局的派出机关,代表上级公安机关在派驻地区进行治安行政管理工作。它置身群众之中,并直接处理大量的治安事务,因而具有很大的重要性。

在全国的铁路、交通、林业的部门系统内,单独地设立各级公安部门。此外,军队、机关、科研、厂矿、企业事业单位设立的保卫局、处、科、股,属于公安机关派出的代表机关。在主管的公安机关授予的权力范围内,负责内保工作。它对刑事案件可以进行取证方面的某些活动,但无权采取刑事诉讼中的强制措施。

我国城市的街道和村庄,普遍设立治安保卫委员会。它们不是国家机关即不是公安机关的基层组织,而是群众性的社会组织。治保会是公安机关联系群众、依靠群众开展治安工作的纽带。实践证明,治保会是行之有效的、富有中国特色的治安保卫的组织形式。

三、《中华人民共和国治安管理处罚条例》

1986 年全国人大常委会通过,1987 年 1 月 1 日起施行的《中华人民共和国治安管理处罚条例》(以下简称《条例》)是十分重要的行政法文件。

(1)治安管理处罚的种类及其运用。《条例》规定,治安管理处罚有三种,即:①警告。②罚款。数目是 1 至 200 元。在《条例》有特别规定的情况下,最高的可达 5000元。③拘留。期限为 1 至 15 日。这种行政拘留的裁决生效后,要填写"治安处罚执行通知书",交行政拘留所执行。《条例》对治安管理处罚的运用,主要有如下的规定:①财产处置和责任问题。违反治安管理法规所得的财物、违禁品,按照规定加以没收或退回原主;违法使用的本人所有的工具,也可依法没收。违法造成的损失或伤害,由违法者本人赔偿;无行为能力人或限制行为能力人,本人无力偿还的,由其监护人赔偿。②受处罚的主体。14 至 18 周岁的人违法,从轻处罚;不满 14 周岁的,免于处罚,但可加以训诫并令其监护人严加管教。无行为能力的精神病人,不予处罚;间歇精神病人在精神正常时的违法行为,应予处罚。又聋又哑人或盲人,因生理原因违法,不予处罚。醉酒的人的违法行为,应处罚。③并罚和共同违法问题。一人有两个以上违法行为,要分别裁决,合并处罚。两人以上的共同违法,分别处罚;教唆、胁迫、诱骗他人违法的,依其情节处罚。④从轻与从重处罚问题。从轻或免于处罚的情况有:情节特别轻微,主动承认错误,及时改正;因他人胁迫或诱骗。从重的情况有:有较严重的后果;胁迫、诱骗他人或教唆不满 18 岁人违法;对检举人、证人打击报复;屡犯不改。⑤实效问题。违法行为 6 个月内未被发现,不再处罚。期限自违法行为发生之日起算;违法行为有连续或继续状态的,从行为终了之日起算。

(2)违反治安管理的行为和处罚。①扰乱公共秩序行为。其中,包括扰乱各种社会组织、公共场所、公共交通工具的秩序;各种流氓活动;制造混乱;妨害公职人员履行职务的行为,处 15 日以下拘留;200 元以下罚款或警告。②妨害公共安全行为。其中有两类:一类是违反枪支弹药、危险品、刀具的管理,违反群众聚集场所和集体活动的安全管理,违反船舶交通和交通设备安全的行为;二类是违反射击场、电网、在通行处施工的规定的行为。前类行为处 15 日以下拘留;200 元以下罚款或警告。后类行为处200 元以下罚款或警告。③侵犯他人人身权利行为。其中,有殴打致人轻伤,限制他人自由,侵犯住宅,侮辱诽谤,虐待,恐吓威胁,摧残未成年人身心健康,侵犯通信自由的行为,处 15 日以下拘留;200 元以下罚款或警告。④侵犯公私财物行为。其中,有偷窃、骗取、抢夺、哄抢、敲诈勒索、故意损坏的行为,处 15 日以下拘留或警告,可单处或并处 200 元以下罚款。⑤妨害社会管理秩序行为。其中有两类:一类是购买赃物,倒卖各种票证,吸毒,利用迷信骗财的行为;二类是隐匿文物不报,违章刻字,污损或毁损名胜古迹与公共场所雕塑,损毁或移动路牌或交通标志;损毁公用设施,破坏草坪与花木,制造城市噪音行为。前类行为处 15 日以下拘留,200 元以下罚款或警告。后类行为分别处 200 元以下罚款或警告,50 元以下罚款或警告。⑥违反消防管理行为。其中,在存放易燃易爆物品处吸烟或用明火,阻碍消防车、艇通行或强令他人违反消防安全的作业,妨碍消防车的通道,妨害或挪用消防设施,致重大火灾隐患而不改正的行为。分别处 10 日以下拘留,100 元以下罚款或警告。⑦违反交通管理行为。其中,有挪借车辆号证,非法驾驶,城市集会游行妨碍交通、不听民警指挥,强拦或强登而影响车辆正常运行,通过禁行地区,违反交通规则、造成交通事故,驾驶未经交通管理部门检验与批准行驶及机件不合要求的机动车辆,酒后驾驶,妨碍交通通道的行为。分别处 15 日以下拘留,200 元以下罚款或警告;50 元以下罚款或警告。⑧违反户口或居民身份证管理行为。其中,有拒不申报或申领户口及假报、冒用、涂改居民身份证,旅店、出租房屋或床铺者违反住客登记或申报户口制度的行为。分别处 50 元以下罚款或警告,100元以下罚款或警告。⑨其他行为。其中,奸淫、卖淫行为,处 15 日以下拘留、警告,责令具结悔过或者劳动教养,可以并处 5000 元以下罚款。种植罂粟行为,处 15 日以下拘留,可单处或并处 3000 元以下罚款。赌博行为,处 15 日以下拘留,可单处或并处 3000元以下罚款。

(3)治安管理处罚的裁决或执行。①裁决。由县、市公安局、公安分局或其他县级公安机关作出的裁决。警告和 50 元以下罚款可由公安派出所裁决。没有公安派出所的农村,可由公安机关委托乡(镇)人民政府裁决。其程序分为传唤、讯问、取证、裁决几个步骤。讯问、查证要及时,传讯后需适用拘留处罚时,在 24 小时内决定。②执行。拘留,受罚人在限定时间内,到指定的拘留所接受处罚,否则强制执行,拘留期间伙食费自己负担。罚款,受罚人当场交出或 5 日内交指定的公安机关,逾期时可加罚 1 至 5元,拒交的可处 15 日以下拘留,但罚款仍执行,罚款要开收据,上缴国库。没收财物,要开收据,上缴国库。属偷骗诈抢的(除违禁品外),6 个月内查明原主,退还给他。赔偿损失或应负担的医疗费。5 日内交裁决机关代转,数额较大的可分期缴纳;拒交的,根据裁决机关的通知,从本人工资中扣除或扣押财物折抵。③裁决的申诉。受罚人不服裁决,5 日内向上一级公安机关申诉;上一级公安机关 5 日内作出第二次裁决;再不服,5 日内向当地人民法院起诉。在申诉和起诉期间,原裁决继续执行;如能找到担保人或按规定交纳保证金的,原裁决可暂缓执行。

最后,《条例》要求公安人员要严格遵纪执法。处罚有错误要纠正,造成损害应赔偿。

小　结

公安行政管理,是公安机关运用法律授予的行政权力和人民警察武装力量,来维护社会安全和秩序的专门职能活动。它承担同反革命分子与刑事犯罪分子作斗争,从事治安管理、各种国家部门和社会组织的内保的任务。

公安行政管理机构是人民政府所属的公安机关系统。它的基层组织是公安派出所。治安保卫委员会是群众组织,在社会治保方面起着重要作用。

《中华人民共和国治安管理处罚条例》对于治安管理处罚的种类及其运用,违反治安管理的行为和处罚、裁决和执行,做了具体规定。

第八节　司法行政管理

一、司法行政管理的任务

司法行政管理,是人民政府管理司法建设的一种职能活动。司法行政管理机关是行政机关,与专门进行审判和检察的司法机关不同。但是,从1982年以来,司法行政机关除免除原先管理的公证工作以外,又开始接受由公安部门管理的劳动教养和劳动改造的工作,因而带有部分司法机关的性质。

司法行政管理工作所承担的主要任务是:①组织和管理法制宣传、教育。②培养司法干部,管理政法院校。③管理律师工作。④管理公证工作。⑤领导人民调解委员会的建设。⑥管理司法部门的行政业务,以及监督公证机关和律师组织收费等事宜。⑦管理劳动教养工作。⑧管理监狱和劳动改造工作。

司法行政机构的体制。在中央,是国务院的司法部;省级人民政府设司法厅(局);专署级人民政府设司法局;县级人民政府设司法科或局,乡镇人民政府设司法助理员。

二、律师制度

我国律师制度是新型的社会主义的律师制度。1980年全国人大常委会通过的《中华人民共和国律师暂行条例》规定,律师是国家的法律工作者队伍的组成部分,即公职人员,而不是西方国家那种"自由职业者"。它的基本任务是为国家机关、企业事业单位、社会团体和公民提供法律帮助,以维护法律的正确实施,维护国家、集体的利益和公民的合法权益。

律师的主要业务如下:①接受国家机关、企业事业单位、社会团体、集体经济组织、公民个人的聘请,担任法律顾问。②接受民事案件当事人的委托,担任诉讼代理人。③接受刑事案件被告人的委托或人民法院的指定,担任辩护人;接受自诉案件自诉人、公诉案件被害人及其近亲属的委托,担任诉讼代理人。④接受非讼事件当事人的委托,提供法律帮助(如咨询);或担任代理人,参加调解、仲裁活动。⑤解答关于法律的询问,代写诉讼文书和其他有关法律事务的文书。⑥参加社会的法制宣传和教育活动。

律师的权利和义务是：①律师进行活动必须以事实为根据、以法律为准绳，忠实于社会主义事业和人民的利益。他执行职务受法律保护，任何单位和个人不得干涉。②担任法律顾问、诉讼与非讼案件代理人时，要维护委托人的合法权益。但他认为被告人没有如实陈述案情的，有权拒绝为其辩护。③律师参加诉讼活动，有权依法律规定查阅本案材料，向有关单位和个人调查；担任辩护人时，可以同在押的被告人会见和通信。对这些活动，有关单位和个人有责任给予支持。另一方面，律师在业务活动中有责任保守国家秘密和个人隐私。④律师还有刑事诉讼法、民事诉讼法等法律规定的其他权利和义务。

律师的工作机构，是法律顾问处或律师事务所。它受司法行政机关的领导和业务监督。律师（包括兼职律师）和实习律师资格的取得和取消，必须符合《中华人民共和国律师暂行条例》规定的条件和程序。律师承办业务，由法律顾问处或法律事务所统一接受委托，并统一收费。

三、公证制度

公证制度是一项重要的司法制度。根据 1982 年国务院发布的《中华人民共和国公证暂行条例》规定的精神：公证，指国家公证机关根据公民、企业事业单位、社会团体、国家机关的申请，按法定程序，证明其法律行为、具有法律意义的文书或事实的真实性和合法性的活动。公证的目的在于保护公共财产，保护公民身份上、财产上的合法权益，并预防纠纷，减少诉讼，以维护社会主义法制。

公证有如下的效力：①证据效力。公证文书可作为一种书证。②法律效力。某些行为、事实和文书，只有经过公证才被承认有法律效力，否则，便无效。③赋予强制执行的效力。正像人民法院已生效的民事判决或裁定那样，当事人可以申请人民法院强制执行公证书。

公证不同于鉴证和认证：①鉴证。指行政主管机关（多数指工商行政主管机关）对其管理的经济合同所作的审查和证明。与公证相比较，鉴证的业务范围要窄得多；鉴证纯属行政手段，公证则属法律手段；鉴证没有强制执行的效力，经过鉴证的经济合同若发生纠纷，要通过仲裁或诉讼来解决。②认证。指外交机构或领事机关证明驻在国的公证机关在公证文书上的签名或印章属实的活动（公证机关的公证书要在他国使用，通常需经认证）。与公证相比较，认证是对公证书的一种证明；认证唯当公证书在他国使用时才需要；认证仅审查公证书的签名或印章的真实性，不审查内容。

公证的程序，分为当事人的申请、公证人员的审查、公证机关出具公证书三个主要阶段。这种程序不得违反。

公证的机构，是直辖市、县（自治县）、市设立的公证处。经省级司法行政机关批准,市辖区也可设立公证处。在公证处执行公证业务的人,是具备法定条件的公证员和助理公证员。公证费按国家规定的标准收取。

四、人民调解制度

人民调解制度,指通过人民调解委员会等群众性组织来解决民间纠纷的制度。它是从新民主主义革命时期根据地的相应制度演变而来,是我国人民的一项创造。1954年中央人民政府政务院颁布《人民调解委员会暂行组织通则》,系统地总结了人民调解的经验,并把它提升为法律制度。后来,该制度在实践中有许多新的发展。人民调解制度的优越性在于:它能及时地、公正地把大量民间纠纷(包括民事案件和轻微刑事案件)解决在萌芽状态,减少诉讼,防止人民内部矛盾的激化;它也是政法工作同人民群众相结合,实现群众自我管理、自我进行法制教育的重要形式之一;尤其在贯彻中央的改革、开放、搞活总方针的新形势下,过去不曾见到或极少见到的纠纷大量涌现,这些纠纷仅靠法院是不行的,很多要通过人民调解制度解决。

目前,人民调解委员会一般以城镇的居民委员会和农村的村民委员会为单位设立。一些大型的厂矿企业和事业单位也相继设立。调解委员会在基层人民政府的领导下,由群众民主选举产生,由正、副主任和若干委员组成。它的活动,要遵循合法、自愿和保护当事人诉讼权利的原则。调解委员会是群众性组织而非司法机关,不能把它的调解当作必经的诉讼程序。假如当事人不愿调解、调解达不成协议或调解后反悔,有权向人民法院起诉。

五、劳动教养制度

劳动教养制度,是对那些有较严重的违法行为但又不够追究刑事责任的人,进行强制性教育改造的行政措施。1957年经全国人大常委会批准、国务院公布的《关于劳动教养问题的决定》,1979年经全国人大常委会批准、国务院公布的《关于劳动教养的补充规定》以及1980年国务院《关于将强制劳动和收容审查两项措施统一于劳动教养的通知》,是有关劳动教养的主要法律文件。

劳动教养的方针,是劳动生产和政治教育结合。党和国家有关劳动教养的主要政策是:①收容范围和对象。属大中城市及农村流窜城市的作案者,即法定的几种人。②收容程序。由有关单位或个人申请,省级或大中城市人民政府的劳动教养管理委员会批准。本人不服可以申诉。③劳动教养的期限和待遇。期限为1至3年;劳教人员除被剥夺政治权利外,仍享有各种公民权利;对他们的劳动要发放适当的工资。④解除劳教后,上学和就业不受歧视,有关单位应尽力给他们提供自食其力的机会。

劳动教养的机构,是司法部设的劳动教养工作管理局。省级及大中城市的司法厅

（局）设劳动教养管理处。劳动教养管理所,由省级人民政府依需要设立。

六、劳动改造制度

劳动改造制度,是对犯罪分子实施惩罚和改造的制度。劳改工作的主要法律依据为 1954 年政务院颁布的《中华人民共和国劳动改造条例》和《劳动改造罪犯刑满释放及出监就业暂行处理办法》。

中央确定的劳改的基本方针是"改造第一,生产第二",也就是通过强制劳动,使罪犯成为自食其力、对社会有用的人。劳改的政策,主要是惩办与宽大相结合、实行革命人道主义、区别对待和给出路这几项。

劳改机构有:①看守所。看守未决犯或监管某些两年以下徒刑的罪犯。②监狱。监管死刑缓期执行犯、无期徒刑犯及外籍犯等。③劳改管教队。监管适合于监外劳改的罪犯。④少年犯管教所。监管 14 至 18 周岁少年犯。其中,除看守所由公安机关管理以外,其他均由司法行政机关的劳改局管理。

小 结

司法行政管理,是人民政府管理司法建设的一种职能活动。它承担组织和管理法制宣传教育、培养司法干部和管理政法院校、管理律师和公证工作、领导人民调解委员会的建设、管理司法部门的行政业务、管理劳动教养和劳动改造工作的任务。司法行政机构,是人民政府所属的司法行政机关系统。

律师制度、公证制度、人民调解制度、劳动教养制度、劳动改造制度,都是社会主义法制建设的重要环节。

本文写于 1987 年,为"法学概论"课教材。

下　部

苏维埃刑法中的判刑

苏维埃刑法中的判刑①

一、苏维埃刑法中判刑的一般原则②

（1）苏俄刑法典③第一条规定，通过对于犯罪者适用法律的规定的刑罚方法，实现保卫工农社会主义国家和工农社会主义国家在国内所建立的法律秩序，防止危害社会的行为。

这就是说，适用刑罚是表现国家同犯罪作斗争的一个最重要的方面。惩罚是一种重要手段，它服务于在前苏联国内根除犯罪和建立"使得那些破坏行为规则与道德原则的人，感到他的行为要遭到整个社会鄙弃制裁"④的局面。苏维埃法院所实现的惩罚职能基本上表现为对犯罪者的惩罚与改造，这即是对犯罪者适用刑法的最终目的。

适用刑法，只能根据发生法律效力的法院判决。假如由于审理的结果，认为被告人有罪并应该服刑的话，案件的法庭审理就意味着要判刑。

苏维埃法院的判刑，是以法律中的这种对犯罪行为和犯罪者的国家（全民）评价作为指导。此时，法院担负的特别重要的任务是，不允许对危及法律的犯罪分子有任何微小的放纵，同时也要遵守那些基本的苏维埃刑法、社会主义法律体系的法制、公允和人道主义的原则。

苏共第二十次代表大会强调必须全力地巩固社会主义法制和提高苏维埃人民的革命警惕性。同时，大会也指出，必须引导参与对破坏社会主义公共生活规则的社会性的斗争。所有这些规定都指明了党、国家与工会的组织有责任注意严格苏维埃法律，揭发与清除侵犯社会主义法律秩序和苏维埃公民权利的人，严格地杜绝哪怕是微小的非法和专横的现象⑤。判刑全都是服从于这些任务以及这些任务的实现。

所以，判刑是实现社会主义审判权的一项最重要的行为，它应该符合苏维埃国家同犯罪作斗争的基本政策。

---

① 全苏高等法律函授学院教程，莫斯科1958年版，同年译出。
② 关于刑罚概念和解除刑罚问题，将在专门的讲义中阐述。
③ 以下的全部引证都出自苏俄刑法典和刑事诉讼法典。这里也注意到其他各加盟共和国的刑法典与刑事诉讼法典的相应条文。
④ H. C. 赫鲁晓夫：《苏共第20次党代表大会的总结报告》，1956年，第111页。
⑤ H. C. 赫鲁晓夫：《苏共第20次党代表大会的总结报告》，1956年，第110页。

判刑要服从一定的原则,这原则就是刑法及其任务在这个阶级制度中所固有的有机属性。

苏维埃法律所规定的判刑原则,是在保卫社会主义社会不受犯罪侵犯思想的直接影响之下形成的。这些原则在使得全苏所有法院都来遵守和贯彻同犯罪作斗争的统一政策方面具有重要的意义。

法院在判刑时,是以法律作为指导的。然而,在法律中只规定一般的行为规范——包含罪状和规定一般种类的法定刑,同时还有许多犯罪的相对确定的法定刑。可见,在实际生活的具体场合适用的规范是复杂纷纭的,这取决于法律未估计到的各种情形。

要正确的判刑,就必须使刑罚既和受惩罚行为的危害性、社会政治意义以及法律实质相称,又和被告人的罪行、个人品质及其危害性相称。

法律对于一定种类的犯罪(杀人、盗窃、流氓等),是未区分危及法律的犯罪的各种情况和特点的。法律乃是抛开具体被告人的人身和他的罪过程度而抽象出来的。但法院却不能机械地根据法定刑的内容适用法律规范①。法院确定刑罚方法,是在确切地遵守法律的指示与对具体犯罪场合适用法律的一般规范的情况下,评价这个实施具体社会危害行为的个体的条件。

法律所给予的一般的、也是属于法院义务的评价犯罪,同法院在适用法律基础上所给予的、评价具体犯罪的个体条件之间的关系,是判刑最重要的方面和现实的内容。只有在科学地遵守苏维埃刑法中的判刑原则和必须预见到要适应被告人及其犯罪的基础上,才能正确地、全面地考虑到这个关系。

根据苏维埃刑法的一般原则,并为了在判刑时使这些原则能够得以具体化起见,苏俄刑法典第45条规定法院要受下列的指导:

①刑法典总则中的规定;

②规定这一类犯罪的刑法典条文所指示的范围;

③以考虑到犯罪社会危害程度、案情和犯罪人的个人情况为根据的社会主义法权意识。

有关判刑的刑事诉讼法规范,适应刑法典第45条所包含的指示。首先是刑事诉讼法典第319条、320条、326条、413条、417条的规范和法院组织法,这些规范使指示成为合法的、有根据的和真实的,并且使其同犯罪严重程度、犯罪危险程度相一致。为了正确地理解判刑原则,必须想到:在判刑中作为内容与形式关系的刑事实体法与程序法之间,相互有着密切与直接的联系和统一。判刑的正确性,不仅要求法院遵守刑法,而且也还要遵守刑事诉讼法。根据"苏联和各加盟共和国刑法指导原则"第30条,

① 并且,在绝对确定的法定刑的情况下,法院在判刑时,要考虑到案情其中包括那些可能成为适用刑法典第51条或57条理由的情况。

判刑要适应地点、时间的条件,适应犯罪者和他犯罪的危害性,以及适应对犯罪者人身与犯罪动机的考虑。

因此,以法律要求作为出发点,以及具体反映苏维埃法律一般原则的刑罚的基本原则是:

①刑罚的合法性;

②刑罚的有根据性;

③刑罚和犯罪的危害性相适应;

④刑罚和犯罪者的危害性相适应(刑罚个体化);

⑤刑罚的公允性。

根据这些原则,苏维埃法院在对既成的犯罪判刑时,是以自己的社会主义法权意识作为指导的。社会主义法权意识是正确适用法律的良知的手段与忠实的尺度。法律和法权意识,恰好和苏维埃人民的思想、法律观点相吻合。所以,以社会主义法权意识作为判刑的指导,就意味着刑罚是怎样符合法律的要求。

关于刑罚的合法性、有根据性同刑罚、行为相适应的要求,以及关于刑罚个体化和真实性的要求,不是互相孤立的。在具备了上述每一原则的所有特殊性的情况下,这些刑罚原则永远是在它们所固有的辩证统一和相互制约中实现与表现出来的。它们是不可分割的,而且仅仅是以自己的整体,保证着判刑符合社会主义法律的一般原则。

(2)刑罚合法性原则很重要,是解决判刑问题的根据。这个原则规定在苏俄刑法典第1条、45条1、2款和法院组织法第15条里。

法院组织法第15条规定,判决的合法性应成为指导法院判决的基本要求之一。判决的合法性不仅意味着使法院的决定符合被告人的有罪或无罪的问题(苏俄刑法典第23条9款)。法院组织法第15条规范的要求与意义绝不是详尽无遗的;这样机械理解它不合乎立法思想和这项规范所包含的意思。判决的合法性还意味着刑罚的合法性,因为整个有罪判决所具有的内容关系到法院判决的刑罚方法。

刑罚合法性决定法院判决判处的刑罚,要特别注意按照法律指示的精神、确切地适应法律的思想与内容以及遵守法律关于判刑条件、方法与程序的要求来进行。

刑罚要适应苏维埃刑法中的一切判刑原则的总体。法律规定着犯罪的应受惩罚性,规定着刑罚的根据及其内容。确定对各类犯罪的某一种法定刑的法律,是从侵犯行为危害性大小出发的。法律规定,判刑要结合犯罪者及其罪行的危险程度。在法律中树立了对某一犯罪实行一定惩罚是公允的典范。法院所遵守的上述那些原则中的任一判刑原则,也都记载于法律之中(苏俄刑法典第1、45、47条和其他条文,苏俄刑事诉讼法典第319、320、413、417条等)。审判员独立、只服从法律(苏联宪法第112条),就是要严格地实现法律,通过社会主义法律意识来运用它,并在判刑时只受法律的指导,而不受任何外来的影响。苏维埃刑事立法包含着严格规定的刑罚体系、明确且详尽的刑罚程序,这些刑罚只能由法院来使用(刑法典22—24条),审判员不能适用上述顺序以外的刑罚。刑罚的种类、范围在刑法典分则的法定刑中得到具体化。

根据刑事诉讼法典 416 条,破坏与不正确地适用法律的情况是:①应当适用的法律,法院却不去适用;②不应当适用的法律却被适用了;③对于法律作不正确的解释,以致与法律的本意或总精神相抵触;④适用的法规与命令,不是适当机关颁布的或者不是依照合法程序颁布的,或者是违反中央权力机关决议的。

在确定法律所指出的被告人的犯罪构成行为和认定必须使被告人对其犯罪承担刑罚的时候,法院要注意到对这个犯罪所规定的法定刑。错误的认定犯罪以及因此而错误的适用不相宜的法定刑,就意味着破坏了判刑的合法性原则。不能正确地确定刑罚,就不能保护法院判决的稳定,这就是"因法院的错误所作出的另种判决同正确适用法律所判处的刑罚截然不同时"(苏俄刑事诉讼法典第 416 条第二部分)。

苏俄刑法典第 45 条责成法院在判刑时要服从规定这一类犯罪的刑法典分则条文所指示的范围。不论适用的法律的规定确定的最高或者是最低的刑罚方法,都属这种范围。

法院在选择这个法定的最高与最低刑罚或者在最高与最低之间判处刑罚时,都要严格遵守判刑原则。

例如,刑法典第 174 条(勒索)规定三年以下的剥夺自由。此种场合,就是最高的刑罚范围。法院无权判处超出所适用的法律规定的最高限度刑罚方法。因此,按照刑法典第 174 条,不能判处超过三年剥夺自由的刑罚。

这个条文未指出刑罚的最低限度,但按刑法典第 28 条所包含的一般原则,假若未有全联盟法律的特别规定,在苏俄剥夺自由的最低限度为一年。总之,按照第 147 条,法院有权决定的刑罚是剥夺自由一年或三年,或是在上述的最低与最高限度之间(即一年、一年半、两年等)。

刑法典第 114 条(审判员作出不公平的刑事判决或裁定)规定的刑罚,是不低于两年的剥夺自由。此场合,刑罚的最低限度是两年剥夺自由,而最高限度在条文中未有提出。

当刑法典分则条文未指出刑罚的最高限度时,法院可以判处刑法典分则条文关于本类刑罚所规定的最高限度(见刑法典第 28 条和 30 条),但不得超出这个限度。按照苏维埃刑事立法(刑法典第 28 条),剥夺自由的最高限度是 10 年。剥夺自由可以超出 10 年而达到 25 年的,仅能是适于那些特别危险种类的犯罪(例如背叛祖国、大量地盗窃国家财产等)。

所以,按照刑法典第 114 条,法院能够决定的刑罚是两年或十年的剥夺自由,或者是在二者之间。

大家知道,苏维埃刑事立法在大多数场合,是规定相对确定的法定刑或与此相近的选择性的法定刑,几乎未有包括绝对确定的法定刑①。在法律限度内,法院能够判处多量或少量的刑罚,这依靠犯罪的具体特点和一切决定这个侵犯行为巨大危害性情况的整体。列宁那个指示对于苏维埃社会主义审判权有特别的意义:"不能把法官同孤立的形式决定隔离开来,要给法官提供自由的余地。这一点到底是理智的规则。"②

在苏维埃刑法中,这样的自由是根据法律而非审判员的专横和任何非法决定。在这种情况下,指导审判员判刑的社会主义法权意识有头等重要的意义。

列宁的指示,不论对整个苏维埃立法还是对阐明苏维埃刑法中判刑的合法性原则说来,都有直接的意义。

刑罚的合法性意味着,刑罚不仅要完全符合刑法典分则的要求,而且也要符合刑法典总则的指示(第45条1款)。

审判员在判刑时,应当适用刑法典分则条文的法定刑,从涉及苏维埃刑事立法任务的上述刑法典总则出发(第1条等),严格遵守关于责任的一般理由和一般条件的法律要求(刑法典第6—19条等),要服从法律关于必须考虑加重、减轻犯罪危害性等情况的要求(刑法典第47、48条),以及遵守涉及刑罚目的、适用刑罚条件和程序的刑法典总则的一些指示(刑法典第9、20—44条、45—51条等)。

破坏这个要求就会导致取消刑罚的首要原则——合法性。

造成此种破坏的例子有:在某法院的判决中,因为斯图柯夫非法藏匿武器,按照刑法典第一章第182条,判处了剥夺自由,并在剥夺自由期满后实行流放。在1952年3月12日前苏联最高法院刑事案件审判庭的裁定中,就判处这种刑罚的理由讲道:"根据现行立法,流放的刑罚实质上只能对苏俄刑法典第36条列举的犯罪适用,而这个苏俄刑法典第182条并未指出可以对苏俄刑法典36条列举的犯罪适用流放。根据苏俄刑法典第75条,法院可以调动而不是以流放作为刑罚方法。"③

永远禁止被告人尤姆柯夫做汽车司机的判决,就是建立在这个同刑罚合法性相矛盾的基础上的。因此,在1952年1月9日前苏联最高法院刑事案件审判庭的裁定中指出:"人民法院严重地破坏了格鲁吉亚苏维埃社会主义共和国刑法典第34条(苏俄刑法典第38条),即法院以补充性的刑罚方法为由,决定永远禁止尤姆柯夫担任汽车司机,虽然在上面所提到的条文里已直接指出了:这个禁止的判决不超过五年期限。"④在某些场合,法院破坏刑法典总则的要求,就是破坏了刑罚合法性原则。

---

① 关于法定刑的种类和意义,参阅 M. A. 斯涅德尔的教科书《苏维埃刑法总则》,全苏高等法律函授学院,1955年,第29—33页。

② 《列宁全集》第4卷,人民出版社1984年版,第366页。

③ 《苏联最高法院的审判实践》,1952年第7号,第26页(以下简称"审判实践")。关于破坏苏俄刑法典第35与36条的场合,参阅:П. 布琪罗:"不要混淆流放与驱逐出境",《社会主义法制》,1955年,第6号,第61—62页。

④ 《司法实践》,1952年,第3号,第23—24页。关于破坏刑法典总则要求的非法判刑问题,并参阅尼戈马托夫案件的裁定(《司法实践》,1951年,第11号,第30—31页)。

刑罚合法性的要求就是这样,与其相适应的是刑罚有根据性的要求。

(3)刑罚有根据性的要求,是反映在刑法典第1条、4条、10条、第45条2款的规范中,以及反映在法院组织法第15条的规范中,反映在刑事诉讼法典第4条、319条、326条、413条和418条中。

包含着判决合法性要求的同时,法院组织法第15条也包含着判决有根据性的要求。判决的有根据性,不只是使得确定被告人有罪过或无罪过以及确定犯罪行为的判决符合实际案情。这样局限地理解法院组织法第15条的要求,不符合这条规范的意思。判决的有根据性也意味着刑罚的有根据性,即要认定犯罪责任从而使其得到惩罚(刑事诉讼法典第320条2—4款)和以惩罚达到特殊预防目的的法院所决定的刑罚之必要性和合理性。

刑罚有根据性原则的特别性质与独立意义,取决于以刑法典分则条文法定刑的限度为根据而判处的刑罚。假若这个刑法典在具体场合下,不是合理的和未有提到社会必要性的高度时,也还同样不能认为是符合了苏维埃刑罚的任务。

当不是形式主义的考虑而是根据作为一种实现保卫社会主义社会不受犯罪侵害的方法、并有必要对有犯罪行为的人适用刑罚的时候,刑罚就是有根据的。关于判刑有根据性的问题,同作为社会危害性行为的苏维埃刑法中的犯罪实质概念有不可分割的联系。苏维埃刑法中的责任,不在于形式地认定破坏法律,而在于由于被告人干了法律所追究的危害社会的行为。只有在这种情况下,作为保卫社会主义社会不受犯罪侵害方法的刑罚,才是有根据的并成为社会所必要的。

当刑罚是合理的,即认识到刑罚的惩罚与教育目的相结合,使所处刑罚的度符合真正社会必要性的时候;当不存在那些使有罪的人得以逍遥惩罚之外的时候(刑法典第18条和6条第二部分);或者当使有罪的人能够被判处轻刑——低于所适用的法律法定刑中指出的最低限度情况不存在的时候(刑法典第53条);或可以适用缓刑的时候(刑法典第51条),刑罚就会是有根据的。例如,以消除寄生欲为由,惩罚有轻微盗窃行为的16岁以下的未成年人,就是有根据的①。

在1953年9月29日前苏联最高法院"关于适用没收财产的审判实践"决议中,指示法院:制作适用没收财产的判决时,不允许采取形式主义的方法,并指出在缓刑场合下,以补充性的刑罚为由,判处没收财产,通常是不合适的②。

刑罚的有根据性表现在:判刑要有法律所要求的被告人责任的必要的客观和主观根据。当被告人行为中包含着一定犯罪构成时,刑罚就是有根据的。在1946年7月12日前苏联最高法院主席团的决议中讲道,"只有在存在着罪过的情况下,法院才能对

---

① 见1948年2月17日前苏联最高法院全体会议"关于对未成年人适用1947年6月4日法令"的决议。《1924年—1951年苏联最高法院全体会议现行决议选集》,1952年,第11页(以下简称1952年版《选集》)。

② 1953年《实践》,第6号。

实施危害社会的行为或不作为的人适用刑罚。"①

刑罚有根据性的论点就是如此。

（4）刑罚和犯罪的危害性相适应的原则在于，不仅以立法的形式规定在刑法典第45条中，而且也规定在第49条中。第47条指出，在决定刑罚方法时，"在任一场合下，对于每个案件所应解决的基本问题，是所审理的犯罪的社会危害性的问题。"这是评价整个行为的基本方针。

以立法形式反映这个原则的还有刑法典第46条。那里谈到，苏维埃刑法中的刑罚范围，是依赖于犯罪的危害性的问题，并且要区别对待有较大危害性的犯罪、指向反对苏维埃制度基础的犯罪和其他犯罪。最后，以立法形式反映这个原则，使刑罚符合犯罪危害性，通常是表现在刑法典分则条文法定刑规定依赖于这类犯罪危害性的刑罚范围里。同样，使刑罚符合犯罪危害性，不仅表现在判刑要同这类犯罪危害性相一致，这类犯罪愈危险，则对其刑罚愈严厉，而且事情还直接依赖于其所造成与威胁的损害的具体性质，依赖犯罪的空间条件以及其他类似情况②。

因此，刑罚应适应着犯罪的社会危害性的性质与程度。

刑罚符合犯罪危害性的最重要条件，是正确地考虑到一般和特殊的预防任务在于二者的结合③。一般预防的目的对危害性较大的犯罪，有特别的意义。法院在这种场合下判刑时，首先要考虑到这个侵犯行为的危害性。同样的危害行为，损害愈大，在此时就愈有必要以更大的力量去酌量一般预防。刑罚的一般预防性、一般与特殊预防的结合，直接加强着苏维埃社会的警惕性，加强它同侵犯行为作斗争的准备，达到以同破坏社会主义法制不妥协的精神教育公民的目的，并造成对苏维埃国家法律破坏者的社会性制裁的气氛。

破坏刑罚符合犯罪危害性原则，可能表现于法院在判刑时，未考虑到这个犯罪对国家的危害性较小，而判了过重的刑罚，或者是判了不能保证完成同对国家、社会及个人利益有严重侵害的行为作斗争任务的、过轻的刑罚④。

刑罚应符合同犯罪作斗争的一般任务及与此相联系的同这一类犯罪作斗争的任务。侵犯的客体愈重要、法律所保护的利益愈有价值，则刑罚方法就愈应提高。

根据苏俄刑法典第19条，判刑应当适应实施了准备或未遂阶段行为的危害性。在此情况下，除上面指出的以外，法院应该考虑：①犯罪人所具有的犯罪预谋程度；

---

① 《选集》，1952年，第74页。

② 例如，在企业中的许多轻微盗窃的场合下，对所有审理的案件确定在工作地点进行劳动改造工作就不能认为是正确的。这一判刑显然是同在此种地点、时间条件下许多轻微盗窃的社会危害性不相称。无疑的，此种场合为达到一般与特殊预防的目的，对一些较危险的犯罪分子要判处一般基础上的劳动改造工作，而非地点上的，在较严重的场合下，甚至适用为期3个月的剥夺自由。

③ 关于判刑时的一般与特殊预防目的的问题，参阅1952年《苏维埃法总则》教科书。

④ 参阅《审判实践》，1953年，第6号，第12页，米基秋克案件。关于刑罚必须符合犯罪社会危害性的问题，参阅阿克逊杰夫案件的裁定（《司法实践》，1955年，第5号，第24页）。

②与造成结果的接近程度;③未造成结果的原因。这些对于社会主义审判权讲来不是一样的,有的是法律所要惩罚的社会危害行为的结果或者未有结果(例如在侵犯生命和健康的情况下)。按照一般规则,当缺乏结果的时候,实施终了的犯罪,永远都比未实施终了的犯罪要更危险些。当犯罪未进行到底时,距离造成结果的程度是不一样的,愈接近这些结果,这个侵害行为的社会危害程度就愈大。因此,犯罪的未遂,比犯罪的准备更加危险。

在一定情况下,法院对危害较小犯罪的准备或未遂,要根据刑法典第 2 条第二部分判处较轻的刑罚,或者是根据刑法典第 1 条第二部分对被告人免除刑罚,或者是根据刑法典第 6 条附注所指出的理由终止这个案件。

刑罚适应犯罪危害性的论点就是如此。

(5)刑罚个体化原则是以立法的形式反映于"基本原则"第 32 条、刑法典第 10 条、18 条和 45 条 3 款以及刑事诉讼法典第 320 条 4、5 款之中。"基本原则"第 50 条巩固了判刑原则(包括个体化原则),责成在决定刑罚方法时,不仅要考虑到这个犯罪在这个地点、时间条件下的危害性,也不仅要考虑到犯罪者及其犯罪行为的程度与性质,而且也要考虑到犯罪者的人身和犯罪动机。苏维埃刑事立法基本原理中的这一原理,表现在许多刑法典总则与分则条文里。这些条文要求考虑犯罪者的情况,他对被犯罪破坏了的那些关系的特别义务,过去生活习惯状况,有无前科,以及其他确定犯罪者危害性程度和特点的情况。

个人责任的规则是建立在刑罚个体化基础之上的。这种责任只发生在存在着罪过的时候,因此排除同苏维埃刑法原则格格不入的主观地认定的责任能力、犯罪者责任界限,借助刑罚个体化原则,得到了具体化。列宁曾指出,必需规定"每一个苏维埃公职人员的明确责任"①,并作为"完全明确的责任,规定个体化……"②的最重要的条件。

刑罚个体化意味着刑罚要适应着不仅决定犯罪特点而且还作为犯罪根据以及犯罪者的人身状况与其犯罪进行程度的社会危害性。列宁在给杰尔仁斯基的关于同反革命与怠工行为作斗争方法的信中指出了必须"参考罪行程度"③进行惩罚。

对刑罚个体化来说,要强调罪行程度的意义。前苏联最高法院刑事案件审判庭在杰姆金案件的判决中指出,法院要明确"对决定被告人罪过程度,和因此,对于决定刑罚方法"④问题极为重要的各种情况。罪行程度是表现犯罪人危害性的现实特征之一。

已经说过的 1953 年 9 月 29 日前苏联最高法院主席团的决议,撤销了法院以补充性刑罚为由所作出的关于适用没收财产问题的形式主义判决,强调在每个具体场合,

---

① 《列宁全集》第 28 卷,人民出版社 1998 年版,第 326 页。
② 《列宁全集》第 33 卷,人民出版社 1963 年版,第 300 页。
③ 《列宁全集》第 26 卷,人民出版社 1963 年版,第 337 页。
④ 《审判实践》,1946 年,6 版,第 23—24 页。

不仅必须考虑到犯罪的社会危害性，而且也必须考虑到受审人的罪过程度和人身①。所以，法院在判刑时，不仅应当从行为的危害性出发，也要从犯罪者的危害性出发。

这个评价的复杂性在于：犯罪人的危害性不是永远都同行为的一般危害性相一致。就其性质来说，同样危害性的罪，可能是在各种具体的条件下犯的，并且按其危害性说是不同的犯罪。据此，整个行为的危害性就被提高或者降低了，这就是现实的根据之一。由于这个根据，在刑法典分则条文中，规定了相对确定的法定刑，并规定了这样一些规范，像刑法典第 8 条、19 条、45 条 3 款以及第 47 条、48 条、51 条、53 条。和这些规范相应的刑事诉讼法典的规范，包括刑事诉讼法典第 4 条、320 条、326 条 2 款、335 条第二部分、417 条、419 条甲。

任一危害社会的行为，就其本质说来，都和社会主义社会相敌对。但在一些场合下，它直接同苏维埃制度相敌对，威胁苏维埃制度的基础，并由于阶级仇恨等原因，成为苏维埃国家的敌人；或者是侵犯了受到特别保护的苏维埃社会的利益，威胁到国家管理或人们生活的基础，并成为严重的反社会分子。在另外一些场合下，危害社会的行为同苏维埃国家所规定的法律秩序相对立，但不追求推翻、破坏和削减苏维埃政权的目的，未有威胁到国家管理和人们生活的基础，其行为是由于小资产阶级习惯势力和资产阶级残余在思想和生活中的影响所致。

如果说在第一种场合下敌对性的犯罪活动直接反映着犯罪者的敌对性和犯罪行为危害性的巨大程度，并且整个同它相吻合的话，那么在后一种场合下，就非任一犯罪者都成了资产阶级习惯的根深蒂固的代表者和其所犯罪行的对立性本质不可克服的化身。他经常可能成为犯罪者，或者由于罪过性的错误，或者由于一时的大意。因为生活的不体面等情况，在本质上是可以使其改变成为一个苏维埃人，改变成为一个能够和希望赎回自己罪过和纠正错误原因的祖国真诚的儿子。同犯罪作斗争的一向政策与经验，清楚地指明：在许多场合下存在着具体犯罪者危害性的不可分割的统一（这个现象的体现者和犯罪侵害行为本身的危害性相同）。但同犯罪作斗争的经验表明，也有这样一些场合，即现象的危害性和它的体现者不完全相同。

康贝涅尔·利马连柯被判处七年劳动改造营监禁，是由于他盗窃机械和仓库里的价值 420 卢布的东西，这些都是为了修理他所珍爱的那台康贝因和为了拖拉机站的需要。这个犯罪是在下述场合下进行的，当利马连柯在收割粮食紧张的时刻，一直超过收获定额使他的康贝因某些部分磨损，长时间停顿了工作。此时，利马连柯就干出了轻率的并且显然是犯罪的决定——从行驶在铁路上的那台康贝因上面取得短缺的零件。

尽管按照苏俄刑法典第 90 条规定，利马连柯干了不正确的行为，而且在任何时候，与无产阶级纪律性与组织性相对立的那些犯罪行为的危害性，无疑的都可能导致

①　《审判实践》，1953 年，第 6 号。

发生严重后果。利马连柯也一样，正如 1953 年 11 月 18 日苏联最高法院运输庭判决指出的：由于他"从前未有过比盗窃少量东西更可耻的行为……承认了自己的罪过"。因此合议庭判决："依据苏俄刑法典第 53 条，判处利马连柯缓刑两年的劳动改造。"

同这些社会危害现象具体体现者的斗争，并不同反对这些现象的本质斗争相抵触和矛盾，要全面区别统一任务的两个方面。斗争锋芒应指向反对危害社会的资产阶级残余分子和破坏那些犯罪条件。

现代资产阶级刑法把对行为的阶级评价作为责任的基础，并以一个小小的借口就追究起对他们不利的人们，所制裁的某一行为同所追究的行为可以毫不相干。苏维埃刑法同此种资产阶级刑法直接对立，它在一切场合下同犯罪作斗争和决定一个人的责任时，都根据犯罪行为的存在和特征，并且是在具体犯罪基础上评价考虑到其一切特点的被告人的危害性。

同资产阶级刑法相对立，苏维埃刑法中的刑罚客体不是行为者而是行为。

因此，在通过对实施危害社会行为的人运用刑罚方法来同犯罪行为作斗争（刑法典第 1 条）的时候，不要混淆、更不要把对待具体犯罪者的问题和对待犯罪本质问题混为一谈。无疑，关于犯罪者及其危害性，首先是按照其行为危害性的特征与程度加以惩罚，法院在判刑时首先从这点出发。同样，这虽是决定刑罚方法的首要准则，但非唯一准则，并且在对待所有不调和与无条件否定地、犯罪地破坏社会主义法律秩序的人们时，对危害行为的本质问题，不可以机械地运用到具体犯罪者身上。同犯罪作斗争，不要忘记犯罪是各种各样的，并且其危害性也各不相同，要区别对待本质不同的犯罪者。在任何情况下，这种区别都不应忽略，否则就达不到实现社会主义审判权的目的。在另外相同的条件下，法院判处很严厉的或不太严厉的刑罚时，是在法定刑的范围内、依赖犯罪者罪过程度及其危害性来进行的。

刑罚个体化的基本意义，在于要从犯罪者及其行为的具体危害性出发；正确地决定某种刑罚方法是对以惩罚手段改造这个犯罪者并使其适应社会主义共同生活规则所需要和必要的；对犯罪人的这个惩罚手段的规定，是考虑到一般预防任务及受制裁者的人身，即他的个人品质和道德政治面貌。

按照符合犯罪者危害性的个体化原则判刑，一定要结合杜绝被告人继续犯罪活动而进行，应当消除这种活动并使被告人不再为害。这乃是刑罚本质内容和最重要的任务之一。

根据实际需要，刑罚方法可能表现得像法律所要求的那样，或者在此种条件下对犯罪行为所必要的时期内使被告人同社会隔离起来，或者是以与隔离没有关系但却要无条件达到消除犯罪活动及以惩罚和教育被告人为目的的另外方法。

破坏刑罚个体化原则是严重歪曲审判权的任务，会导致刑罚同犯罪者的危害性不相适应，进而不能达到杜绝被告人继续犯罪活动的目的。

可以举法院对于 Щ 案件的判决为例。

Щ 说服从属于他的女工作者 B. B. K 和 M 照顾他居住的卧室,在答应了其中的一个人说要改善工作条件的同时,又以命令口吻威胁她们去做很糟糕的事情。法院判决 Щ 在工作地方进行一年劳动改造……

前苏联最高法院铁路运输庭在判决中指出,对于 Щ 适用"以使其在工作地方进行劳动改造工作的刑罚方法是不正确的"①。

刑罚个体化原则要从下述要求出发:所选择的方法不仅应该成为使被告人不能犯新罪的手段,而且也应该成为教育与改造犯罪者并使之适应劳动者国家共同生活的条件(刑法典第 9 条 1、2 款)。

在社会主义社会中,以刑罚手段保证不受犯罪侵害不体现报复或迫害的特点,像资本主义社会刑罚那样。

苏俄司法人民委员部长 Д. И. 库尔斯基直接遵照列宁指示,领导编纂 1922 年第一个苏俄刑法典工作,他在第四届全俄中央非常委员会第三次会议上做的关于刑法典草案的报告中,曾作为最重要原则之一地强调指出:刑法典"并非以报复和威吓为原则来同犯罪作斗争。并且对于我们说来,犯罪者——是这样的人:他在现时对社会有危害……但在什么样的场合都不要对他们施以报复。"②

因此,遵守刑罚个体化原则要服从作为刑罚双重任务的惩罚与教育性质的任务。受到苏维埃法院惩罚的人,不是横遭摧残的人,像遭到资产阶级法院所惩罚的人那样。

"在资产阶级国家里,被动摇了的人不可避免地要坠入'法律'的打击之下,从'社会'中被抛了出来,并且被践踏着。"A. M. 高尔基曾说过③。

在苏维埃国家里,一些被拘禁的人在刑满后,可以返回劳动人民的行列里④。苏维埃刑法也以人道主义精神对待那些犯有严重罪行的人,为他们建立返回光荣的劳动生活中的各种条件。人道主义地对待被拘禁人的鲜明标志,是 1953 年 3 月 27 日大赦令和 1955 年 9 月 19 日"对在 1941 年—1945 年伟大卫国战争时期同占领者合作的苏维埃公民的大赦令"。

坚决同犯罪作斗争不仅不排斥而正相反,提出必须十分慎重地对待每一个判刑的行为。在 1954 年 5 月 28 日前苏联最高法院主席团的第五号指导决议中指出,"在法院审理盗窃社会主义财产案件时,要像对待其他案件一样,必须具体进行判刑;要根据苏俄刑法典第 45 条斟酌犯罪社会危害性程度、具体案情和犯罪者的人身情况……"应使每一个被告人承担他所应得的刑罚。

刑罚个体化原则也要求特别慎重地同时,也宽容地和有耐心地对待那些由于粗心等情况所犯下的不太严重罪行的人们,根据这些情况,法院可酌量适用刑法典第 8 条、

---

① 《审判实践》,1949 年,第 8 号,第 40 页。

② Д. И. 库尔斯基:《论文、演讲选集》,法律出版社,1948 年,第 81 页。

③ A. M. 高尔基:《全集汇辑》,第 25 卷,第 441 页。

④ 这里未谈刑罚目的问题,因为这是一个专题。

51 条或 53 条。

从苏维埃国家的根本不同的刑法体系、特征和目的出发,在拟定 1919 年俄共(布)党纲时,列宁着重考虑并指示说,必须提高采用缓刑和社会性的否定评价,以惩罚的劳动工作代替剥夺自由,以教育机关代替监牢等①。

刑罚个体化原则要求严格区分刑法典第 10 条指出的故意与过失的罪过。在完全相同情况下,犯了故意罪比犯了过失罪的人承担的刑罚要重些。说明罪过内容与程度以及犯罪者道德政治面貌的犯罪动机与目的,是刑罚个体化的现实标准。在最前面提到的对杰姆金案件的判决中,犯罪动机是作为"决定罪过程度,因而决定刑罚办法"评价的。在基本相同的情况下,持有更大危害性的动机与目的的被告人,要承担更重的刑罚。

刑罚个体化原则在对共同犯罪的人决定刑罚时有特别的意义。根据刑法典第 18 条与 45 条,遵守这个原则要:①刑罚要适应参与有意做出犯罪行为的程度与特点,以及每个犯罪者的危害性;②在判刑中要反映出主要的与次要犯罪者的不同责任;③判刑时要考虑到进行犯罪的共犯者中每个人的人身。

破坏刑罚个体化原则会导致刑罚方法同每个共犯者的罪过程度、责任及其危害性不相适应②。

(6)刑罚应当是公正的。这项要求是从苏维埃社会主义刑法的内容与精神出发的;并且以立法形式直接从刑事诉讼法典第 413 条、417 条和刑法典第 9 条、47 条、48 条的规范中得到了反映。

刑罚的合理性,同未有它便未有刑法合理性的刑法的人道主义精神一样,并非单纯意味刑罚的减轻。对于危险的犯罪(杀人犯、盗窃犯、一贯的投机分子、猖狂的流氓分子及其他危险的社会主义共同生活的逆道者),合理性就是要求严厉惩罚。

A. M. 高尔基的"敌人不投降就消灭他"的思想,预示着最高的合理性和深刻的人道主义。侵犯苏维埃制度的基础,侵犯苏维埃人民生命与存在(变节分子、间谍、暗害破坏分子,同时还有特别危险的杀人犯),都要使他们承担最严厉的刑罚,乃至于死刑。

刑罚合理性说明,法院决定的刑罚方法要正确反映法律的目的,要符合社会主义社会的法权意识、道德观点和对这个犯罪的评价,并使所选择的刑罚符合社会对被造成与威胁的后果和犯罪者的危害性的理解。这样,刑罚适应保卫社会主义利益、建设共产主义和同犯罪地侵犯苏维埃法律所保障的国家、社会、个人利益与公民权利现象作斗争的任务,就是刑罚合理性的基本准则。这是明显不过的、具有人道主义特征的、真正民主的合理性。刑罚合理性准则还在于它符合苏维埃刑法中的惩罚与教育的刑罚目的。法院在判刑时,应以自己判决的合理性来很好地教育社会。

---

① 见《列宁全集》第 8 卷,人民出版社 1963 年版,第 85 页。
② 见《审判实践》,1949 年,第 8 号,第 20 页,阿床格案件。

刑罚合理性是最重要的、独立的苏维埃刑罚原则之一。既然判刑是在刑法典分则条文法定刑的范围内对被告人的犯罪实施的,那么从表面上看,刑罚就可能是合法的与有根据的,但就在此种条件下,刑罚也可能有不少不合理之处。在类似场合,若说遵守了刑罚的合法性与有根据性,那也只是形式主义的。实质上,刑罚的不合理就意味着破坏了各个判刑原则的总和,并且同审判权的任务相矛盾。

不合理的刑罚实际上破坏了苏维埃在同犯罪作斗争方面的政策。按照刑事诉讼法典第413条和417条,不合理的刑罚永远都要引起判决的撤销或改变,尽管法院判刑未超出法律范围,但只要用自己的尺度衡量一下便会晓得和所为的行为很不相称,或者是畸重或者是畸轻。

例如,尽管在法律范围内对造成严重损害的强暴分子、危险的盗窃犯或一贯的投机分子、恶劣的贪污分子、猖狂的流氓等判处了缓刑或者是轻微的刑罚,那么刑罚的认定就不可能是合理的。此种判决就同苏维埃刑法任务相矛盾,且会招致社会方面有根据的谴责①。

同时,也不能不合理地对危害较小的犯罪或具有实际减轻情况的被告人,确定非常严厉的刑罚。

大家早就知道,列宁曾指示过:刑罚要达到目的,不是靠着它的严厉性,而是靠着它的不可逃避性。列宁强调说:"刑罚的警告意义完全不在于它的残酷性,而在于它的不可逃避性。重要的不是要对犯罪判处重刑,而是要使任何一个犯罪场合都不能逃脱被揭发出来。"②

刑罚的畸重并不能促进社会主义审判权任务的实现,也和法律的意思相矛盾。有一个法院的判决就表现着对合理性原则明显地破坏。该判决是根据1947年6月4日法令第2条,把盗窃价值400卢布学习笔记本的C和P,分别判处了25年和20年的劳动改造营监禁。在1953年11月13日前苏联最高法院全体会议关于本案的决议中指出:"全体会议认为,法院对本案受审人所决定的刑罚方法受了形式主义的拘泥,未有考虑到苏俄刑法典第45条的要求……只是简单地服从法律法定刑规范的指导,因此对受审人作出在严厉程度上不合理的判决来。"③

苏维埃刑法中的诸判刑原则和它们的意义就是如此。严格地遵守这些原则对于法院正确地决定刑罚,对于达到刑罚所应具有的准确性和有效性,从而使之成为保护社会不受犯罪侵害和帮助解决在前苏联国内根除犯罪的任务的忠实工具说来,是必不可少的条件。

---

① 关于判断正确地处理刑罚合理性问题,见对维尼契案件的裁定(《审判实践》,1955年,第5号,第23—24页)。

② 《列宁全集》第4卷,第373页。

③ 《审判实践》,1954年,第1号,第2—3页。

二、加重与减轻犯罪社会危害性的情况

（1）在刑法典第45条3款中要求在判刑时必须考虑的诸情况中，加重与减轻犯罪社会危害性情况有着特别重要的意义。这些情况既关系到实施具体犯罪的各个具体条件，又关系到被告人的人身。考虑这些情况就能更深刻地揭发犯罪行为和被告人的社会危害程度，从而对应这些情况，使刑罚个体化。

司法人民委员部长 Д. И. 库尔斯基在1922年刑法典草案报告中评价了法律中所指出的那些减轻与加重情况的意义时指出："决定刑罚方法是一项严重事情……在草案中列举了一些特征，这些特征比较明确地规定刑罚方法，对于法院来说，是决定性的。这就使得法院能够以自己的社会主义法权意识作指导，这个社会主义法权意识对法院，和草案的指导原则一道，成为解决刑法问题的方向。"①

被告人的责任取决于行为的社会危害性。"基本原则"第31条（刑法典第47条）规定，法院在判刑时首先要解决这个犯罪危害性问题。但社会危害性的程度，取决于侵犯客体和一切主观、客观情况的总和。这些情况在确定犯罪者的责任范围与判刑问题时，是当作加重和减轻犯罪社会危害性的情况来评价的。它们给出具体犯罪以个体特点，作为提高或减轻刑罚的根据。

法律（"基本原则"第31条和32条，刑法典第47条和48条）指出：每个判刑场合都要灵活地联系这些法律来说明具体犯罪的加重与减轻情况。存在加重情况就意味着犯罪者责任的加强。在此种场合下，法院要按照刑法典第47条的规定，在所适用法律的法定刑范围内，确定较严厉的刑罚（接近于最高限度）。减轻情况是降低犯罪者的责任。在此种场合下，法院要按照刑法典第48条的规定，在所适用法律的法定刑范围内，确定较轻的刑罚（接近于最低限度）。在特殊场合下，减轻情况是属于刑法典第51条或53条的理由。（见下）

列宁在有名的通信《论"双重"从属与法制》中，正是指出了这些减轻情况，说到了在决定刑罚方法时，必须考虑具体情况。由于这些情况，法院就有权"……说，尽管此种情况显然是违法的，但经地方法院查明又是为当地人颇为熟悉的某种实际情况，却迫使法院认为必须对某某人减轻刑罚，或者甚至经过诉讼的方式认定为无罪"②。

（2）加重犯罪行为社会危害性的情况，表现为这样一些关系到犯罪或被告人人身个体化的条件，这些条件提高了这个侵犯行为的损害程度，加强了它的危害性，以及明晰了罪过的重大程度与犯罪人的危害性。因为根据刑法典第47条，它们能够成为判处较严厉的刑罚，甚至达到规定犯罪的刑法典条文所确定的最高限度的理由。

---

① Д. И. 库尔斯基：《论文·演讲选集》，法律出版社，1948年，第83页。这个加重与减轻情况的意义，有讲义中所引用的积年审判实践资料的证实。
② 《列宁全集》第33卷，人民出版社1963年版，第327页。

在刑法典第47条("基本原则"第31条)列举了下面的加重情况：

①实施以恢复资产阶级政权为目的的犯罪(刑法典第47条5款)。

法律特别提出这个情况，就揭示了苏维埃刑法的内容与阶级本质。法律明确地指出，为劳动者的利益而保卫伟大十月社会主义革命成果不受剥削者及其走狗犯罪地侵犯，有着头等重要的意义。这个规范反映了苏维埃刑法指导性的原则之一，正像Д.И.库尔斯基在向全俄中央委员会非常会议所作的关于1922年刑法典草案报告时所指出的那样，"在这里，指出我们草案的特征——我们指出，假如行为是以复辟资产阶级政权为目的，那么，对他所判处的惩罚就较之侵犯个人利益的为重。"①

任何一个存有复辟资产阶级政权为目的的犯罪都是侵犯苏维埃制度的基础、苏维埃政权、无产阶级专政。这样一些行为应视为反革命行为，这是加重种类的犯罪，并且对被告人要适用最重的刑罚方法。

②犯罪虽然不是以侵害国家或者劳动人民利益为直接目的，但可能给国家或者劳动人民利益带来损害的(刑法典第47条2款)。

法律专门强调这个情况是为了要确定与巩固苏维埃刑法的阶级倾向性。苏维埃刑法的目的与使命在于通过法律所规定的刑罚方法，服务于共产主义建设的利益，保卫最最重要的国家、公共及公民个人利益的社会主义社会。

法律从无产阶级专政立场出发，在历史上第一次认为破坏劳动人民利益要加强犯罪的严重性。劳动群众在革命中所取得的成果与权利以及他们生命、健康、荣誉与财产都要得到应有的爱护与保卫，防止其遭到任何侵犯。

侵犯国家利益可有各种形式的表现，可以使它遭受各种损害。但最重要的犯罪之一就是侵犯国家与公共的财产。当作巩固与发展社会主义所有制(建设共产主义社会物质基础)的重要方法，联共中央和苏维埃政权指示，必须全力同盗窃国家与公共财产的行为作斗争，包括对危害较大的盗窃行为的人适用严厉的刑罚方法。这就是苏维埃刑法的基本任务之一。与此同时，还指示，必须不懈地同渗入合作社和地方事业机关中的、以损害国家与劳动人民而攫取非法利润的私有者作斗争，并同使国家与劳动人民受到实际损害的投机行为作斗争。

刑法典第47条2款在规定可能带来上述损害、加重犯罪危害性的情况时，并非意味一定在事实上给所保卫的利益造成损失。从被告人行为中认定这种加重情况的客观方面看来，就完全具备了造成这种损害的可能性，而不要求存在造成损害的直接故意和直接打算。故意也可能是间接的，在被告人实施这种行为时，虽非持希望态度，但却去接近和有意识地放纵给国家、公共和公民个人利益所可能形成的损害。即令全是在过失的情况下，此损害一旦在实际上造成，那么它就可能被认为是加重的情况，因为

① Д.И.库尔斯基：《论文、演讲选集》，法律出版社，1948年，第83页。

任一严重后果都说明犯罪危害性的提高①。

③实施有组织的或者结成匪帮的犯罪(刑法典第47条3款)。

为达到犯罪目的的两人或更多人的联合,具有危害性组织的特征,并且加深任一犯罪的严重性。共同的行为增强着犯罪与湮灭罪迹等的可能性,因为这加大每一个共犯者的犯罪胆量。这就提高了有组织的或者结成匪帮的犯罪者与犯罪行为的危害性,与此相联系的,这时就产生在所适用的法律法定刑的范围内判处较严厉刑罚的必要性。

例如,第107条规定投机罪是不依赖于共犯者的集体(由于此种情况,法律就不分析投机罪构成的特征)。无疑地,非一人而是有组织的投机行为的危害性就要提高一步。因此,法院不能局限于低度的刑罚范围,对首要犯罪分子和最危险的共犯者,要受刑法典第18条指导;在一定情况下(如同刑法典第47条3款的要求),要适用刑法典第107条法定刑规定的比较严厉的刑罚。

④从前犯过某种罪的人所实施的犯罪,在下列场合,该人被认为无前科(第55条)或者在犯新罪之时对他的判决的时效已消灭(第14条、15条)。不过即令在此种情况下,法院也有权根据第一次犯罪的性质,认为该人有加重情况(刑法典第4条3款甲)。

认定该被告人行为中的此种加重情况,不需要被告人以前已受过制裁或者对第一次犯罪已服过刑,第二次犯罪事实本身就已表明犯罪者及其罪行的巨大危害性了。判处在规定第二次犯罪所适用的刑法典分则条文法定刑的范围内较严厉刑罚的理由即在于此。例如,假定在被告人已犯了同样的或另外的罪以后,又进行勒索,那么,这就给在刑法典第174条法定刑范围内判处较严厉刑罚以理由(至三年的剥夺自由)。

同样,由于上述理由,法律赋予法院对第一次犯罪不认定有加重刑罚的权力。这种情况是可能的:第一次和第二次罪行都是显著轻微的,或者是在偶然情况下犯了这些轻微罪行中的某一个罪行,在其总体中不能说明犯罪者有提高了的危害性。另一种情况也是可能的:法院未对过失犯罪行为提出加重意见。

假如第一次犯罪是根据刑法典第55条,犯罪者前科的消灭(偿还)被认为是没有了前科的时候,或者假如由于大赦或特赦,前科被撤销了的时候,就不能把犯罪认定是第二次的。

假如由于犯罪时效期间的消逝而不能使犯罪者对第一次犯罪承担责任(刑法典第14条),以及假如未执行的第一次犯罪的有罪判决经过法律所规定的十年时效期限(刑法典第15条),就肯定这个犯罪不是第二次的。在上述情况下,以前犯罪就不是加重情况。

⑤出于贪利或其他卑鄙动机而实施的犯罪(刑法典第47条4款)。

---

① 严重后果可能产生在犯许多罪的情况下。如在盗窃场合,这些后果可能发展成大规模的,致被盗者以巨大损害;破坏交通运输纪律严重威胁行动安全,使人们处于不幸境遇,造成巨大物质损害等(见刑法典第59条3丙);侵害人身要造成严重残废,显著的健康损害等。

存在这些动机就可看出鲜明的犯罪欲图。这类犯罪动机说明犯罪者有较高程度的罪过与危害性,更深刻地暴露他的反道德的面目。

通常任何犯罪都出于某种卑鄙动机,尽管实践是生活的场所,犯罪往往是出自令人费解的侵害社会利益的本能等,这些都不排斥行为的犯罪特征,但常是降低犯罪者与行为本身的危害性的理由。法律有时也规定非出于贪利或其他的卑鄙动机(苏俄刑法典第48条3款)。

卑鄙动机可能表现为报复、嫉妒和地位主义,小资产阶级颓靡习气,一贯以轻蔑、恬不知耻态度对待社会主义道德与社会主义共同生活规则,流氓动机等。贪利动机是资本主义残余最丑恶的形式之一。阶级仇恨是最危险的动机,由于这个动机就会实施各种反革命的犯罪。

在意识与生活中的资本主义残余是最畸形的,由于贪婪与利己主义可以使人们干出危害社会的行为来。在资本主义残余影响下,不仅可犯下财产性质的犯罪,而且也可犯下许多另外一些危害罪行。为迎合贪婪和利己主义欲望,犯罪者就可失却责任心、理智、荣誉、真正人的尊严感,而犯罪地践踏法律要求和某些行为规则,并不惜采取最危险的行动手段。

这样一些动机就表明犯罪的危害性程度是严重的,必须判以苏俄刑法典第47条5款规定的较严厉的刑罚。

⑥特别残酷①、强暴、狡猾地实施犯罪;或对于犯罪者自己的属下或受犯罪者保护的人实施犯罪;或对因年龄或其他情况处在特别无援状态下的人犯罪(刑法典第47条5款)。

上述情况说明犯罪者及其行为危害性的提高,由于在此种场合下,受到损害不仅是犯罪行为所指向的利益,而且还有受害人的人身。

特别残酷的犯罪是判处与刑法典第47条5款相一致的、在所适用的法律法定刑范围内的较严厉刑罚的根据。不顾此种情况,无须说,就是破坏判刑原则②。

暴力的特征,当法律未指出其基本的、又未指出其选择性的犯罪构成特征时,就是加重犯罪社会危害性的情况。例如,与暴力相结合的擅自处理(进行搏斗、肉体损害等)。无疑地,其危害要比无暴力加重的同样行为要大。因此,根据刑法典第4条5款,存在暴力的是对擅自处理行为判处在刑法典第90条法定刑范围内较严厉刑罚的理由。

刑事法律(同社会主义道德观点与法权意识相一致)关心受到法律保护的处于特别无援状态下人的利益。法律为保护这种利益而规定:破坏这种利益是作为一种加重情况。例如,盗窃属于处在特别无援状态下人的财产,对这些人施以暴力或有其他侵

---

① 关于特别残酷概念,参阅1955年4月13日前苏联最高法院刑事案件审判庭对伐里鲁特金诺夫案件的裁定(《审判实践》,1955年,第4号,第12—13页)。

② 见《审判实践》,1952年,第3号,第25页,克里金案件。

犯这些人利益的行为,都要提高犯罪危害性。根据刑法典第 47 条 5 款,这些情况就是判处所适用的法律法定刑范围内较严厉刑罚的理由。

正是如此,对于从属犯罪者或者对其属下实行犯罪是有较严重危害性的。由于首长或使别人一定要服从他的人,除要关怀属下或被保护人和保卫他们利益外,还要使其摆脱权利与人身的被蹂躏状态,使那些经常未有足够能力确保自己防范上述侵犯的被害人,享有某种独立性。

至于特别狡猾的犯罪,这个情况表现在神出鬼没或表现在奸诈,借此种奸诈实施犯罪。在该犯罪中,能够看得出犯罪者有危险伎俩,表明犯罪者及其行为有提高了的危害性。

法院在巴尔库那斯案件上就未考虑到此种情况,因此关于他的责任性质与程度问题得出了不正确的结论。当巴尔库那斯和马塔留柯什金斗殴后,巴尔库那斯以比试为口实把已溜走的马塔留柯什金诱回,当后者要同他比试时,他就掏出刀子刺戳,致其死亡。巴尔库那斯是出于卑鄙动机实行了故意杀人行为,并由于运用以杀人为目的的奸诈伎俩,而加重了罪行。为此,前苏联最高法院刑事案件审判庭撤销了按苏俄刑法典第 136 条第一部分 1 款的处理。在此情况下,要求法院考虑犯罪者的卑鄙动机。

这些就是刑法典第 47 条 1—5 款中所列举的加重犯罪社会危害性的情况及其意义。

(3)只有在刑法典分则条文未规定这些罪状时,法院才能对在被告人行为中存在所列举的那些加重情况,根据刑法典第 47 条判刑。

假若刑法典分则条文法定刑特别指出这些情况时,它们就或者成为必要的特征或者成选择性的特征(即要变更选择犯罪的特征)。

总而言之,刑法典分则条文所指出的某一情况可能有三方面的意义。

例如,有组织的犯罪是作为加重任一犯罪危害性的情况,规定于刑法典第 47 条 2 款中。但此一情况给这些犯罪构成带来了另外的意思,这些犯罪可能只是有组织的人实施的。例如,聚众扰乱(刑法典第 59 条 2 款)、匪帮(刑法典第 59 条 3 款)等。在类似场合下的犯罪不是加重情况,而是作为这个犯罪构成的必要特征。它规定着犯罪的内容、种类及其同另外犯罪种类的区别。

某种罪既可以是一个人又可以是集体犯下的。若是集体时,有时是作为选择性的特征,即改变认定犯罪和使之区别于就是这一个,但为另外一个人所实施的犯罪的特征,专门规定在刑法典分则条文的罪状中。

例如,1947 年 7 月 4 日前苏联最高苏维埃主席团"关于盗窃国家与公共财产刑事责任"法令的第 1 条或第 3 条规定了一个人的犯罪。但这个犯罪若是两个人或若干个预先组织好的人(有组织的集团——匪帮)所实施的时候,就要按照同名称法令的第 2 条或第 4 条的规定,这两条的法定刑要高于同法典的第 1 条、第 3 条的法定刑。

若是集体的,就构成该罪选择性的特征①。

上述的三个方面意义,不仅表现为刑法典第47条3款指出的情况,而且也表现为本条列举的其他一些情况:非第一次的犯罪(3款1)、出于贪利或另外一些卑鄙动机的犯罪(4款)等。

当刑法典分则条文的罪状,作为犯罪构成选择性的特征规定了这些情况中的任一情况时,较严格地考虑到这些特征的立法者,就会把它规定为这个条文的法定刑。因此,刑法典第47条要求在此种场合下不要考虑、也不使它成为补充性的提高刑罚的理由。但遇到刑法典第47条所指出的另一些情况时,以及在所借以认定犯罪的刑法典分则条文的罪状中未规定的情况时,这些情况就要作为在所适用的法律法定刑的范围内判处较严厉刑罚的理由。

例如,假若集体出于自私动机进行虚伪检举或者再次实施自私的捏造时,那么在这些类似场合,法律已当作选择性特征规定了自私自利的动机(刑法典第95条第二部分和第120条第一部分)。但实施有组织地虚伪检举和实施再次的捏造未为上述条文罪状所规定,因而它们就作为加重这些犯罪社会危害性的情况。所以在一个犯罪中,选择性特征和判刑时在刑法典第47条基础上作补充性考虑的加重情况,可以是结合起来的。

(4)刑法典第47条列举的是些最现实和常见的加重情况,但这个列举并非包罗无遗,尤其是在许多刑法典分则条文中所指出的相同情况,这些情况尽管是刑法典第47条所未列举的,但也能够成为独立的、加重任一犯罪社会危害性的特征。

例如,刑法典第117条第二部分(受贿)就是当作选择性的特征指出受贿公职人员的责任情况。当犯罪破坏了给予他的信赖时,负责的服务人员或被告人的社会地位,就常常不仅要加重贪污受贿,而且也要加重另外一些犯罪社会危害性的情况②。

实施特别卑鄙与粗野的流氓行为,是苏俄刑法典第47条第二部分所指出的,提高流氓行为危害性与责任的选择性特征之一。但在犯下各种反人身的罪行(包括强奸)时,这个情况是应该被考虑到的。像勒索等这样一些犯罪,就可能涉及特别卑鄙和粗野的问题。

除刑法典第47条或一些刑法典分则条文所指出的情况外,法院从苏维埃刑法的一般原则出发并以社会主义法权意识为指导,根据犯罪的具体条件和被告人的人身,有权认定加重和其他的情况。

司法实践认为,在战时,利用不可抗的灾难和犯罪者给国家、公共及公民个人利益造成损失等情况下的犯罪,都是加重情况。利用宗教或习惯性偏见进行犯罪、具有民

---

① 当盗窃是两个或若干人共同参与的但非结伙时(即无事先组织起来的特征),或者当共犯者们为实行1955年1月10日法定的小型的盗窃国家或公共财产而结合起来时,就适用刑法典第47条3款的一般原理。

② 见如:前苏联总检察长对格卡乌斯卡斯案件的抗议书(《社会主义法制》,1956年,第4号,第95页)。

族主义性质动机和基于地位观念及其他恶劣利己主义动机的犯罪,都被认为是加重情况。被告人诬指他人的企图、长期逃避侦查与审判①等,都可以作为加重情况。一个人犯了两个或若干个罪(犯罪并合)②,或者持续的、连续的及再次的犯罪和出自于故意动机③一贯的犯罪,也可以是加重犯罪社会危害性的情况。

(5)在判刑时,如同考虑加重情况一样,也要考虑减轻情况。

下列情况是减轻犯罪社会危害性的情况:归属于各种具体条件的犯罪,希望减小该侵犯的损害程度、降低侵犯危害程度及犯罪行为危害性程度的被告人的情况。因为根据刑法典第 48 条,它们都可能作为判处接近于所适用的刑法典分则条文法定刑最低限度范围内的较轻刑罚方法的理由。

刑法典第 48 条("基本原则"第 32 条)规定下列的减轻情况:

①犯罪者超出正当防卫范围,但还是为了防止对苏维埃政权、革命法律秩序或者防卫本人或他人的身体或利益遭受侵害(刑法典第 48 条一款)。

不论就其客观性质抑或是主观性质,都不能把被告人的这种行为同不为任何人的侵害和不是保卫被保护的利益与具有任何个人性质而犯的罪等量齐观。这种为保卫法律所保护的国家、公共与公民个人利益的行为,就在于超出了各种必要的方法和不采取某些保卫方法。肯定说,目的在于反对犯罪侵害的防卫行为,具有很轻的罪过程度和防卫者的危害性。因为作为每个苏维埃人的道德义务,被告人希望排除威胁被保护利益的损害。超出必要的防卫范围,或者由于对具体危害性的不正确评价,或者是对所使用的给侵袭行为造成显然过分损害的保卫方法作了不正确的评价,或者是出自同侵袭行为进行搏斗的行为等。

作为防卫过当犯罪构成的特别特征,又像说明危害性较小的杀人一类的情况一样,刑法典第 139 条(由于防卫过当而杀人)作了指示。此种场合的这类犯罪的较轻危害性,在下述情况下立法者已经考虑到了:即在规定第 139 条法定刑时,以及因此不致在未有其他一些减轻情况(如像防卫过当的杀人——刑法典第 48 条 8 款)而作为根据时。按照刑法典第 48 条判处补充性减轻刑罚的根据,在所有其余场合下,防卫过当的犯罪都属减轻情况,并且都符合在所适用刑法典法定刑范围内降低刑罚的苏俄刑法典第 48 条 1 款的理由。例如,由于防卫过当而致成他人故意肉体伤害(刑法典第 142、143 条)和故意毁灭或破坏公民财产(刑法典第 175 条)等。

②初次犯罪(刑法典第 48 条 2 款)。

通常,初次犯罪是表明被告人未有犯罪习惯,并且这个含义中说明犯罪者及其行为危害性程度较小。同样,这个标准不是任何时候都能适用的。不能单单抓住这个情

---

① 见 1953 年 8 月 22 日前苏联最高法院刑事案件审判庭关于米给秋克案件的裁定(《审判实践》,1953 年,第 6 号,第 12 页。)

② 关于此点请见本讲义第二讲第三个问题。

③ 见本讲义的第二讲第四个问题。

况就降低杀人犯、强奸犯、危险的盗窃犯或狂暴的流氓分子、受贿分子的刑罚；对反国家的反革命犯罪，尤其不能这样讲。

在许多刑法典分则条文中，都作为有较小危害性的这一类犯罪构成的特征，而直接指出来了。例如，第60条第一部分、第60条1、第62条第三部分等都是这样。指出有较小危害性的这类犯罪构成的特征，是以消极形式包含在一系列刑法典分则条文里面。这些条文中分析了作为选择性特征的这类犯罪的再犯的特征，同时比之于初次犯罪规定了更严厉的刑罚。

例如，刑法典第49条第二部分规定了再犯的流氓行为，而同样的但非再犯并且未有被另外一些选择性特征所加重的流氓行为，则为刑法典第74条第一部分所规定。或者，再犯的故意杀人罪规定在刑法典第36条第一部分2款，而同样的但非再犯并且未被另外一些选择性特征所加重的杀人，则是按照刑法典第137条判处较之再犯的杀人为轻的刑罚。

总而言之，当立法对初犯规定了较轻刑罚时，在刑法典分则的这些条文的专门规范中或者在另外条文中，已经考虑到这个情况了。在这些场合下，对初犯全都不考虑减轻情况并且也不给予以刑法典第48条2款的补充性的减轻刑罚的理由。这里要说明的是，立法者在许多最危险的犯罪（杀人、盗窃、强盗、偷窃、流氓等行为）方面，对再犯与初犯也作了不同指示。这对以上所指出的关于补充适用对杀人和只有一种初犯情况的其他一些严重犯罪降低刑罚的刑法典第48条2款说来，有着现实意义。

1940年8月15日前苏联最高法院全体会议的决议中指出："这些理由绝对不适用于流氓、盗用公款、投机犯和盗窃国家财产的蟊贼。"[①]这些犯罪即使是初犯，也是危险的。

上述一切，最终，在这些场合下，都不排除考虑第48条所列举的另外一些减轻情况，假若它们真正存在着降低被告人及其行为危害性的话。通常，在刑法典第48条和在其他重要情况的总和中所指出的特征，都可能有一定的意义[②]。

③犯罪不由于贪利或者其他卑鄙动机的（刑法典第48条3款）。

正如以上所述，可能有无卑鄙动机的犯罪，并且有时犯罪是出自于对社会利益与责任等进行似是而非的理解（所见到的例如上面所讲的利马连科的康贝因一案）。犯罪也可能由于对被告人权利范围的错误了解，或者是错误地认为所实施的行为是不犯罪的。后几种场合在实践中确是常常碰到的，例如未有其他加重情况的擅自处理行为。

未有贪利动机的滥用职权（刑法典第109条）就是减轻这个犯罪危害性的情况，并

---

① 《现行1924—1944年苏联最高法院全体会议决议和指示函件选集》，第9页。以下简称为：46年版《选集》。

② 见1955年10月26日前苏联最高法院运输庭关于阿里孚案件的裁定（《审判实践》，1955年，第6号，第7—8页）。

且是根据刑法典第48条3款在刑法典第109条法定刑范围内降低刑罚的理由。

在包括危害性较小一类犯罪的刑法典分则条文中,全指出未有贪利的问题。刑法典第120条第一部分规定具有贪利目的的公职人员的责任,而同一个责任在未有贪利动机时,只不过是为确定较轻刑罚的刑法典第120条第二部分所规定,或者只被规定为负纪律处分的纪律过错。

当包括必要特征的法律未规定时,未有贪利动机就意味未有这个犯罪构成。例如,未有贪利(或其他个人)动机时,就未有刑法典第114条所规定的(制作非审判权的刑、民判决、裁定)犯罪构成。

④犯罪是在威胁、强迫、职务上或者物质上从属地位的影响下实施的(刑法典第48条4款)。

在这些场合下,说明犯罪者和他的罪过(一言以蔽之,整个犯罪)的危害性是轻微的,首先这不是出于自己的主动和实在的动机,而是被强迫的。主动的犯罪者是另外一个利用威胁及强迫的方法或者利用由于在职务上或物质上从属于教唆人,从而犯罪是在他实际作用之下,被告人做出了明知是犯罪行为的人。

在此种情况下,要注意到被告人犯该罪是不存在排除行为社会危害性的极端必要的案件①。被告人是有可能不犯作为使其对所干出的行为承担责任理由的罪。这类情况,在犯罪特别是执行人或帮凶在教唆人的威胁等情况下所做出来的时候,是经常碰到的事。但不论在怎样的情况下,都不能作为实施各种反苏维埃人民的背叛恶行的减轻情况,即使是处于敌人威胁情况之下也不能。

⑤犯罪是在强烈的精神激动影响下实施的(刑法典第48条5款)。

在强烈精神激动影响下的犯罪,较之于先经过考虑的、存心的犯罪有重大区别。被告人的此种状态,可能是各种情况和各种原因造成的(例如因闻知亲人死亡,受到侮辱、暴力,处于疾病状态和强力惊骇之下等)。

酗酒状态下(在被告人的一时性的条件下)的犯罪,不是减轻情况,相反,在许多场合,酗酒状态是加重情况。如果在运输事业中因酗酒破坏了纪律,引起了事故和其他严重后果,就提高了犯罪危害性和破坏者的罪过程度。对当一个人由于某种不如意的条件而引起强烈的精神激动犯了罪时,就会削弱正确评价情况的能力。被告人一时陷于冲动,这个冲动是他在忍受一定痛苦而遵守社会主义共同生活规则的情况下可能并且必须避免的,因为他会理智地行动,不致使被保卫的利益遭受损害。在这种情况下,无疑,犯罪者的罪过程度与危害性是降低了,但被告人的责任却不能排除。因为他在行动时是意识到一定造成损害,这种损害就说明故意形式的罪过(直接的和间接的)内容。被告人的此种状态,对于规定犯罪、确定该罪特征区别于同其危害性较近的犯罪,

---

① 例如,前苏联最高法院主席团把被契塔尔与阿拉尼村因迫于丧命的威胁而以小橇运送别人盗窃的布匹的行为中,认定为紧急避难。由于未有构成,被契塔尔与阿拉尼村案件就终止了(见《审判实践》,1947年,第6版,第6—7页)。

以及与此相称的,对于较轻的刑罚说来,可能是有意义的。

K 出于流氓动机打了 C 几拳并说了些低级的话,而被认为犯了罪,并按照刑法典第 94 条第一部分受到了惩罚。前苏联最高法院刑事案件审判庭的判决书中指出:"法庭认为,K 的行为不是出于流氓动机而是在同他的疾病状态相联系的以及由于他和受害人中间的冲突而引起的神经过敏状态下实施的。"①考虑到这种犯罪动机。K 的行为就被按照刑法典第 164 条第一部分确定了。

强烈精神激动影响下的犯罪,构成某些危害较小的故意杀人(刑法典第 138 条)以及某些危害较小的故意轻微肉体伤害(刑法典第 144 条)的专门特征。在类似场合,立法者在确定所讲道的刑法典条文法定刑中指出的刑罚范围时,就考虑到这个情况。因此依刑法典第 485 条 5 款,这种刑罚的规定,不能成为降低刑罚的理由。

⑥犯罪是在饥饿和贫困状态下,或者是在个人的或家庭的各种困难情况交迫影响下实施的(刑法典第 46 条 6 款)。

成为犯罪原因的困难与贫困状态是我们社会条件下的特殊现象,它只在一定场合才存在。每个此种场合都应明了:这是作为上述状态的原因,并且与此相关的,在解决犯罪者行为社会危害性和罪过程度问题以及刑罚方法时,都应评价此情况的意义。

一定条件下,饥饿、贫困等状态都可以成为说明此行为的实施是由于极端需要和排除社会危害性特征的情形。例如,下列场合就是如此:Д 和 A 困在未有出产的冻土地带,这种处境就表明他们受到了饿死的威胁,因此他们擅自从地质勘探队的无人保管的产品中拿了些产品。据此,法院就说 Д 和 A 是由于饥饿在极端需要状态下实施这种行为,并且他们所拿去的是一些停用的产品,不能认作是犯罪②。

根据刑法典第 48 条 6 款,被告人的残废、疾病状态和半成年人是减轻情况之一。在这些情况影响下犯了罪,说明犯罪者的危害和罪过程度较轻③。

⑦由于愚昧无知、未有觉悟或者是由于各种情况的巧合而犯的罪(刑法典第 48 条 7 款)。

社会主义社会把群众觉悟水平提高到前所未有的高度。在我们社会中,愚昧无知、未有觉悟,是资产阶级所强加的,同社会主义有着对抗性的矛盾被根除了。然而概念式的确定"法院再也遇不到"由于愚昧无知和未有觉悟而犯罪的情况,这种看法也不能认为是正确的④。犯罪的这些场合尽管是特殊的,但在我们现实中毕竟是有的。刑事法律指出:在解决犯罪社会危害性的问题及判刑时,必需正确地考虑那些很少遇到的觉悟程度。

---

① 《审判实践》,1945 年,第四版,第 10 页。

② 《审判实践》,1945 年,第十一版,第 10—11 页。

③ 见 1953 年 4 月 4 日前苏联最高法院刑事案件审判庭的裁定(《司法实践》,1953 年,第 4 号,第 34 页,斯特拉琴斯基案件)。

④ 见高等学校用教科书《苏维埃刑法总则》,1952 年,第 376 页。

愚昧无知和未有觉悟的犯罪的诸场合,在若干侵犯人身和另外一些犯罪的实践中遇到过。由于愚昧无知而实施的社会危害行为是可以认定为无罪的①。

⑧未成年人或者是怀孕妇女所实施的犯罪(刑法典第48条8款)。

怀孕会引起妇女生理机能变化,并且对其行为的心理与动机有一定影响。此种状态在解决犯罪孕妇的危害性和罪过程度问题时,是应考虑到的。在一个新人未出生的时候,也不能抛开她所要完成的特殊功能。此时,判刑问题的解决,也应联系到保护未来婴儿、婴儿正常的腹内发育和出生的通常情形。

这一切都决定了渗透社会主义人道主义和对母性—妇女特殊关怀精神的刑法典第48条8款规范的必要性与意义。纵然是孕妇犯了最严重的罪行,依刑法典第22条,也不能判处枪决。

关于未成年犯罪者的判断问题,在苏维埃刑事法律中,也是从对这些犯罪者的人道主义和各种教育的目的的角度出发而加以判处的。

对未成年人永远应注意认定可能减轻刑罚问题的情况。纵然未成年人犯了最严重的罪行,也不能与成年人所犯的同样罪行等量齐观。在1947年2月17日前苏联最高法院合作会议"关于对未成年人适用1948年6月4日法令"的决议中强调:"……他们的行为永远不能具有对未成年犯罪者适用的严厉刑罚方法所要求的提高社会危害性的特征。"②这个决议指出:如果不终止案件,就存在现实的减轻情况;法院可判处低刑,或者必要时判处缓刑。该问题使我们理解到,所有上述对盗窃和犯了另外危害较小的罪行时,也有这样的意义。

当被告人的行为和他的犯罪程度说明他未有生活经验和完全了解犯罪所致的损害以及未有了解某种与犯罪相关现象的社会意义时,对减轻情况的未成年人是有现实意义的。这种场合,不能把所致的损害像成年人那样归咎。但若犯罪的危害性及其致成的损害完全为未成年人了解的话,当未成年人不能作为任何减轻情况时,未成年本身就是不判刑或减轻刑罚的唯一理由。即使如此,也未脱离法律对于未成年人规定的整体精神。

由此得出结论,对于未达到16岁的未成年人,未有必要适用那样长期的、在被告人进入成年以后还要多年继续的刑罚。

认定在此种场合下判处长期刑罚的不合理性,要从基于1954年4月24日前苏联最高苏维埃主席团"关于对未满18岁人的犯罪判处拘禁的假释程序"法令的原则出发(见苏俄刑法典,1956年版,附则,129—130页)。

在犯罪时未达到18岁的人,根据苏俄刑法典第22条,不能判处枪决。对未达16岁的人,不能判处流放和放逐。对于受惩罚的未成年人,不能剥夺政治权利③。

---

① 见帕斯诺威案件的裁定,《审判实践》,1956年,第4号,第13—14页。

② 《选集》,1952年版,第11页。

③ 见《1943年苏俄最高法院全体会议与合议庭裁定选集》,第21页,关于秋瓦舍夫案件的决议。

按照一般规则，不能认为以一般理由对未成年人适用劳动改造工作是合理的。1935 年 11 月 21 日前苏联最高法院与最高检察署的法令文件中指出，对未成年人判处劳动改造工作，只有在下述场合下才能允许：假若有专门组织完成这些工作的时候①；使未成年人参加到某种劳动教育团体是比较合适的（假如有这个必要的话）。

在 1936 年 8 月 31 日前苏联最高法院与最高检察署的指示文件中曾指出："在任何对未成年人以一般理由制作劳动改造工作判决时，如果犯罪者是在学校里受到指责的未成年人的话，法院一定要以另外不使其脱离学习的刑罚，代替劳动改造工作。"②在这里不能机械地了解"在学校里"未有指责的可能性。受指责的学生可能是被开除了的，假若在学校里这个惩罚是合理的话。

在解决未成年人的刑罚方法问题上，刑法典第 73 条 2 款有重要的意义，该条规定教唆未成年人或者引导他们参与各种犯罪，以及强迫他们干投机、卖淫、行乞等勾当，假如在这些情况下，被引诱的达到负刑事责任年龄的未成年犯罪者不能摆脱刑罚的话，那么要在刑法典第 48 条 8 款基础上并且考虑该条文 4 款的指示，在所适用的法律法定刑的范围内，对这个有责任的未成年人减轻刑罚。

（6）在刑法典第 48 条里，如同在刑法典第 47 条里一样，所列举的一些情况，不是详尽无遗的。根据犯罪和犯罪者人身的具体条件，法院从苏维埃刑法的一般原则出发，并以社会主义法权意识为指导，有权认定在刑法典第 48 条或另外一些刑法规范中所未指出的一些减轻的和其他的情况，但必须是真正减轻危害性的犯罪。

当犯罪行为虽然威胁到损害对象，但事实上未造成损害时，法律所指出的缺乏后果是减轻犯罪危害性和犯罪者罪过程度的现实情况之一。

这个情况有时是由法律作专门规定（第 108 条第二部分、145 条第二部分、193 条 173 款，193 条 292 款等）。

正因为法律所指出的后果，通常，犯罪的准备与未遂（刑法典第 19 条）给予较之既遂的犯罪为轻的刑罚。轻微行为的并合仍欠缺损害后果时，就构成排除该行为危害特征的情况（刑法典第 6 条附注）。例如，在 1942 年 4 月 22 日前苏联最高法院全体会议"关于审理临阵逃脱的实践"的决议中指出，自首可以作为减轻情况之一③。

根据 1955 年 9 月 17 日前苏联最高苏维埃主席团"关于赦免在 41—45 年伟大卫国战争时期同敌人合作的苏维埃公民"的法令，作为减轻情况之一的自首，有着特别的意义。同法令的第 7 条相适应，在实施危害苏维埃国家的严重罪行时，自首也是减轻情况。在法律所指出的某种场合下，自首不仅被认为是减轻情况，而且也是免除责任的情况。

被告人的悔罪和坦白的认罪，也表明犯罪者危害的轻微，并可认作是减轻情况。

---

① 《选集》，1946 年版，第 72 页。
② 《选集》，1956 年版，第 63 页。
③ 《选集》，1946 年版，第 107 页。

关于这个问题,1942 年 4 月 22 日前苏联最高法院全体会议所宣布的决议已经提到了。在前苏联最高法院全体会议对于前面说过的利马连柯的康贝因案件的决议中,作为减轻情况就是指他全部承认自己的罪过。

犯罪者协助揭发他所参与的犯罪是减轻情况。这情况有时还可成为根据刑法典第 8 条全部免除犯罪者责任的理由。

此种所谓被告人的真正悔罪,是在法律中所未列举的,但法院在判刑时却是考虑的减轻情况之一。悔罪可以表现为或者是被告人阻止其所致损害的发生,或者是被告人运用方法防止损害①。

坦白地承认罪过,同自首和真正悔罪一样。这说明犯罪者在苏维埃人民面前,在改造和补救自己罪过的道路上,迈出了第一步,可能是最困难一步的重要行为。并且这一点,自然地,在法院判刑时是不能忽略的。正确考虑这一情况,是符合苏俄刑法典第 9 条所指出的刑罚目的在于改造被告人。

在若干场合下,责任人阻止损害的发生,可以成为使其完全免除刑罚的情况。前苏联最高法院全体会议,以苏俄刑法典第 8 条为指导,免除了 B 和 C 的刑罚,认为尽管他们实施了盗窃,但在此后却揭发了罪行,并以自己的主动补救了被盗窃的东西②。

审判实践对参加保卫祖国、过去能很好工作、其他从积极方面说明被告人的情况和由于不顺心的一些情况而犯的罪,也是减轻情况。

(7)苏维埃刑事立法作为基本原理指出这种要求:使得刑罚永远符合犯罪的社会危害性,并且与此同时,在真正必要的范围内,规定那些存在的减轻情况,不仅可成为判处在所适用的刑法典分则条文法定刑范围内的较轻刑罚的理由,而且也可成为判处更轻刑罚的根据。

这个规范规定在刑法典第 51 条中,该条规定:"由于案件特殊情况,法院确信必须判处低于本法典相应条文对该种犯罪所规定的社会保卫方法的最低限度,或者确信必须判处相应条文所未有规定的更轻的社会保卫方法时,可以不依照相应条文的规定进行判决,但应在判决中要详细说明这样做的理由。"

例如,按照包含不低于 5 年剥夺自由并没收财产一类法定刑的刑法典第 109 条(投机),对被判刑人适用刑法典第 51 条时,法院详细地说明了在这个场合下作为减轻的根据与情况(第一次投机、范围不大和在一些十分巧合的影响下)之后,就可以判处期限低于 5 年剥夺自由的刑罚(见刑法典第 28 条),即低于刑法典第 107 条法定刑的最低限度;也可以判处另外一类较轻的刑罚,这类刑罚是刑法典第 107 条所未指出的,

---

① 国家控诉人 A. Я. 维辛斯基在评价"苏维埃阿捷拜疆"号汽艇案件中的一个受审人即船长助手米海尔时说道:"……在米海尔方面,头脑是清醒的,虽然是减速,也提要求使船长向后返行,帮助'苏维埃阿捷拜疆'号。这多多少少要减除他……这减轻米海尔的罪过,假如特别注意到他还年轻的话。"(A. Я. 维辛斯基:《司法演说》,1948 年,第 22 页)。

② 见《审判实践》,1948 年,第六版,第 11—12 页。

例如一年的劳动改造工作(见刑法典第30条)或者社会训诫或罚款等①。

法院在采用刑法典第51条时,有权认定或不认定补充性的刑罚(在这个范围内予以没收)。

未采用刑法典第51条时,就不判较之在规定这个犯罪的法律法定刑中所指出的刑罚为轻的另外种类刑罚。在根据刑法典第111条进行惩罚时,如果有必需的理由而且经过说明适用刑法典第51条,可以判决劳动改造工作,因为刑法典第111条法定刑规定剥夺自由三年的刑罚。

因此,刑法典第48条和第51条规范之间存在重大区别。在第一个场合下,在所适用的法律法定刑的范围内降低刑罚(不低于刑罚的最低限度),因为有减轻情况的要求;在第二个场合下,要判处低于法律所指出的最低的刑罚,或判处在所适用的法律中未有指出的另外的刑罚,因为有案件特殊情况的要求。

法律中再度指出,适用刑法典第51条就意味违反法律法定刑。这是强调该程序与判刑理由的特殊性,它们首先是要求有说明上述违反的、相应的特殊案情。

刑法典第51条所讲到的特殊案情就是:刑法典第48条所列举的或另外有上述的一些减轻情况。但在具体条件下,它们是按自己的意思在有刑法典第51条规定的减轻情况范围内得出来的,即重大降低犯罪危害性并由此而为刑法典第51条规定的特殊案情特征所要求的②。

因此,对适用刑法典第48条说来,有减轻情况是完整的,并且也欠缺适用刑法典第51条的理由。这样,就使减轻情况在此场合具有上述那个含意的特殊情况的意义。

这也说明,不是在一切场合和不是任一减轻情况,都有为适用刑法典第51条所要求的特殊情况的意义。例如,补救盗窃国家与公共财产,永远都在某种程度上作为减轻情况,但它只是在特殊场合,同时只对盗窃规模不大的才认为有适用刑法典第51条的理由③。

在盗窃规模很大时,补救所致损害尽管可作为减轻情况,但若无其他特殊案情的话,不能认为是适用刑法典第51条的理由④。前苏联总检察长对上面已提到的米给秋

---

① 关于法院基于刑法典第51条判处任一轻于所适用的法律未指出的另类刑罚的权力问题,见前苏联总检察长对谢米诺夫案件的抗议书(《社会主义法制》,1956年,第2号,第93—94页)。

② 见如:1954年1月8日前苏联最高法院全体"会议关于斯塔斯克维奇和劳克乔诺夫案件"的决议(《审判实践》,1954年,第2号,第7页)。再见如:1954年12月22日苏联最高法院刑事案件审判庭关于卡拉金那司案件的裁定,等等(《审判实践》,1955年,第2号,第16—17页)。

③ 对卡拉金那司等人案件,前苏联最高法院刑事案件审判庭认为可以对被告人判定低于1947年6月4日法令规定的最低限度的刑罚;适用苏俄刑法典第51条,判处每个被告人剥夺自由1年,不没收财产和不剥夺权利。这是因为考虑到每个受罚者的盗窃规模较小和被盗的裸麦(共200公斤)已返还农庄,也注意到被告人的第一次前科和他们在农庄工作方面表现尚好(1954年12月22日裁定,《审判实践》,1955年,第2号,第1页)。

④ 见上述C和B案件,《审判实践》,1948年,第一版,第11—12页。

卡案件向法院判决提出抗议,因为法院无根据地对受审人适用了刑法典第51条,以米给秋卡所盗窃的价值达13858卢布的费用已由被告人作了补偿作为降低刑罚的理由。在抗议中也指出,该情况不能作为适用刑法典第51条的理由。前苏联最高法院刑事案件审判庭根据抗议,以刑罚与严重犯罪不相称为由,用自己的1953年8月22日的裁定,撤销了法院的判决。

经常是在具有若干减轻情况的场合,才判处低于最低限度的刑罚或者另外的对该犯罪适用的、刑法典分则条文中所未指出的较轻的刑罚。但这不排除在只有具备这些情况之中的任一情况时适用刑法典第51条的可能性,因为对特殊情况所要求的那些场合来说,毕竟还是重要的。这些情况在一定场合下可能是未成年的被告人,或者是在威胁、暴力等影响下所犯的不可能表现为很大危害性的罪行;对欠损害后果,法院可以确认未有必要降低刑罚,并在判决中对违反法律法定刑的原由加以说明①。

未有实际根据地适用了刑法典第51条,是和真正同犯罪作斗争相抵触的,并且破坏了法律。正是在判决中不能指出必要理由地适用这个规范,就严重破坏判刑原则,一定导致判决的撤销。这如同犯了狂獗的流氓罪,依照苏俄刑法典第74条第二部分判了罪的戈尔央可夫案件,法院在判决中指出:"根据案情和被告人的人身,决定给他以同剥夺自由相关的刑罚,适用苏俄刑法典第51条。"在判决中恰是未有说明那些理由:决定允许违反刑法典第74条第二部分法定刑的根据,以及根据"案情"和被告人"人身"只限于一般的流放。因此法院严重破坏了法律和判刑原则的要求,不符合犯罪的危害性②。

(8)刑处符合犯罪社会危害性的刑罚,要全面地考虑加重情况,也要全面地考虑减轻情况。这个考虑的复杂性,是同犯罪和整个生活与这许多情形的交错相关的。在这方面,社会主义审判权坚定不移的要求在于,不允许片面考虑这些情况。法院应正确评价它们全部总和,并在其间持有现实的态度,分析其中主要的东西,同它相一致,严格地以法律作指导,决定被告人责任程度、特征以及刑罚方法。

不正确评价这些情况,会作出与犯罪危害性不相应的判刑。例如,法院降低了对诚心扣留1700卢布转归己有的库尔也夫的刑罚,采用刑法典第51条的理由是:库尔也夫补偿了扣留的损失,他第一次犯罪以及他受了两年半的劳动改造营监禁。前苏联最高法院刑事案件审判庭指出,采取刑法典第51条的这些理由是无根据的,即库尔也夫不只是实际上未有补偿扣留损失,而且在他所盗窃的价额问题上实行了欺骗,并提出加重库尔也夫罪过而非减轻其犯罪危害性的伪造文件行为③。

---

① 根据1950年12月1日前苏联最高法院全体会议,"……在降低刑罚情况下,法院应拿出作为此种降低的理由来,要根据案情、犯罪社会危害性、受罚者的人身状况(苏俄刑法典第45条和其他加盟共和国刑法典的相应条文)。"见1952年版《选集》,第91页。

② 见《社会主义法制》,1955年,第5号,第52页。

③ 见《审判实践》,1955年,第4号,第30页。

片面考虑上述案件情况,会导致这些错误后果。这种例子还像:盖尔拉朱受到为期一年的劳动改造工作并扣除工资 25% 的处罚。他是在莫尔斯火车站的广场上实施了符合骚乱、横行、给受蹂躏者以肉体损害和对民警的协助者实行暴力的流氓行为。在 1955 年 6 月 1 日前苏联最高法院刑事案件审判庭的判决中指出:"法院对盖尔拉朱适用低于限度的刑罚(更正确些说是,在这个刑法典的条文中所未指出的另外种类较轻的刑罚——作者注)……是在于他过去未受过审判,是卫国战争的参加者和依靠两个儿子赡养。"鉴于法院只考虑减轻情况而不考虑加重情况,判决中继续说:"法院按照这些理由降低刑罚……而不考虑盖尔拉朱所犯的、一直未中断过和非常卑劣的流氓行为。从在最后工作地点显示的特征……就可看到,盖尔拉朱不止一次地受过纪律处分……在犯罪时,盖尔拉朱未在任何地方工作。"[1]法院拘于不评价这些行为,就会判决和被告人危害性及其行为严重性不相称的刑罚。

法律考虑到各种加重和减轻情况的意义且对每个案件必须注意评价这些加重与减轻情节,严格要求侦查员(刑事诉讼法典第 111 条—113 条)和法院(刑事诉讼法典第 253、254、257 条)不但要分析揭露犯罪者与有利于被告人的情况,而且也要分析加重与减轻犯罪者责任程度与特征的情况,还有对确定案件的真实与对确定判刑有意义的另外一些情况。按照刑事诉讼法典第 413 条第一部分,所进行的侦查行为不完备与不正确,乃是撤销判决的理由。在刑事诉讼法典第 414 条中规定,未分析情况的侦查(审判前的与法庭的)被认为是不完备的和不正确的。"分析得如何,一定要影响到判决的",这些情况之中的重大之点,是属于那些加重与减轻犯罪社会危害性的情况。

三、数罪并罚

(1)犯罪者可能犯下两个或若干个罪,这时对每个犯罪和全部犯罪总和都要判刑。

数罪并罚是由某些苏维埃刑法的特别规范调整。这个问题有重要的实践与理论意义。因为犯罪者所犯的两个或若干个罪都表现在判刑时所考虑的提高了的刑罚,且要求特别的判刑程序。

数罪的发生,或是在某一人犯了两个或若干个罪的场合,对这些罪未作过判决和未经过很长期限,或是在这样的场合:在犯罪者所实施的一个行为中同时包含两个或若干个不同的罪(刑法典第 49 条)。头一种场合称谓现实并合,第二种场合称谓想象并合。

例如,法院审理那查罗夫被控告招摇撞骗一案时认定,他在同一个月中还干过欺诈行为,都未经过审理。此种场合就有上述的两个犯罪的现实并合的特征。

---

① 见《审判实践》,1955 年,第 4 号,第 20—21 页。

现实并合存在于盗窃国家与公共财产的场合①。

在通过杀害管理或保卫人员的殴打方法盗窃国家与公共财产的场合，就发生加重情况的杀人与重大盗窃的并合。当此盗窃是通过包含匪帮②特征的侵袭方法而实施时，要并合论罪。

正如1954年5月21日前苏联最高法院全体会议的决议所指出的，假如以殴打方法盗窃公民财产而致杀害者，也要并合论罪（1947年6月4日法令第2条第二部分和刑法典第136条）。根据1954年4月30日"关于加强对故意杀人罪的刑事责任"的法令，这个罪甚至可采用最高的刑罚方法——枪决。

根据1948年6月25日前苏联最高法院全体会议"关于确定同渗入合作社和地方工业企业中的私有者相联系的犯罪"的决议，罪的现实合并可发生在下列场合：在从事被禁止职业的私有者行为中也有投机的特征，因为它们要按照刑法典第99条与107条负责③。这个决议指出，在合作社和国家组织中进行私有企业活动（刑法典第129条）而同时进行投机或盗窃社会主义财产时，就有罪的现实并合。

收买明知是偷来的国家或公共的财产，或者盗窃公民个人财产兼有盈利目的的出卖④，也有罪的现实并合。

前苏联最高法院刑事案件审判庭在其1945年8月22日裁定里指出，依苏俄刑法典第164条不正确地认定哲敏的行为，并在他的行为中确定有罪的并合：购买明知是偷来的东西和投机。因为犯罪者购买了明知是偷来的50普特小米，打算转卖它牟利，且这50普特小米已经转卖掉⑤。

当在其行为中包括有公职人员出于自私动机、为行贿人利益和损害机关工作而实施的受贿行为，就产生罪的并合⑥。

罪的现实并合，正如1941年4月10日前苏联最高法院全体会议"关于由原始习气所构成的罪行案件的审判实践"决议所指出的，可能有这样的情况："当以侵犯妇女权利为目的的犯罪中包括有另外一些犯罪特征时……或者与这些犯罪相一致的时候。"⑦尤其是，根据决议的第4款，以形成婚姻为目的而抢劫妇女并不协调地同她发生性关

---

① 见1954年5月28日前苏联最高法院全体会议"关于适用1947年6月4日'关于盗窃国家与公共财产刑事责任'法令的审判实践"的第5号决议。

② 见1954年5月28日前苏联最高法院全体会议"关于适用1947年6月4日'关于盗窃国家与公共财产刑事责任'法令的审判实践"的第5号决议。

③ 《选集》，1952年版，第17页。这个决议事实上阐述了较迟的1954年9月3日前苏联最高法院全体会议"关于从事被禁止职业的审判实践"的决议。

④ 见1950年3月3日前苏联最高法院全体会议决议。1952年版《选集》，第34页。

⑤ 见《审判实践》，1952年，第34页。

⑥ 最高法院认为，波拉娃娅非法减低了21个经济单位税款数目，是为从税收检察员处取得金钱与产品贿赂；在地上级税收检察员的行为中具备了犯罪并合：职务上的滥用行为和非一次的受贿（1952年4月26日对波拉娃娅案件的裁定。见《审判实践》，1949年，第12号，第26页，彼斯特克夫和斯塔里克娃案件）。

⑦ 《选集》，1952年版，第45页。

系,要当作苏俄刑法典第 197 条和 1949 年 1 月 4 日法令所规定的犯罪并合加以审理①。如实施猖獗的致人严重躯体伤害的流氓行为,也存在现实并合(刑法典第 142 条和刑法典第 74 条第二部分)②。

所以,罪的现实并合是连续的实施两个或若干个各种的行为,这些行为中的每一行为都是独立犯罪,且有独立的规定。

(2)区别于罪的现实合并,称谓想象的(意思和逻辑的,并且在界限上是可能的)并合,在犯罪者的各个行为中同时在不同方面包含两个或者若干个不同种类的罪,其中每一个罪都具有独立犯罪构成特征。

类似情况可能发生在实施一系列罪行时。

这像在 1946 年 11 月 20 日前苏联最高法院全体会议"关于投机案件的审判实践"的决议中指出:"为投机而向投机分子出卖商品方面有责任的公职人员的行为,应作为职务上的贪污和参与投机的并合加以确认。"③

马尔齐罗山的犯罪就说明此想象并合的特点。马尔齐罗山是做仓库管理工作的,他利用职务进行贪污,将各种针织品高价出售给亲兄弟。当马尔齐罗山的兄弟卖出仓库里被买走的商品时,在市场上被逮捕了④。在马尔齐罗山的一个包括出售商品给其兄弟的行为中,有两个不同的犯罪:第一,职务上的贪污,因为马尔齐罗山的行为是凭借职务干出来的,并且也非职务上所必须的,是违背了对他这个仓库管理员的信托,且还出于自私动机实施的(刑法典第 109 条);第二,参与投机(刑法典第 17 条与 107 条)。

由于自私动机和别的个人利益,出自个人目的,要某人非法使用属于集体农庄与国营农场土地的政权代表和公职人员,就有罪的想象并合。这些行为应依刑法典第 87 条 1 款和同刑法典职务罪相应的条文并合认定⑤。

总而言之,在这里,一个行为(非法支配的让与)包含两个相互联系但又各自独立的、各个规定的罪。

假若犯罪的实施组织和从事假合作社或纵容小投机分子潜入国家与合作社组织的公职人员,用自己行为有意识地保障投机分子或盗窃社会主义财产者,那么他就不单要按照刑法典第 109 条或 110 条 1 款负责,而且除此以外,还要按共同参与投机或盗

---

① 见 1954 年 4 月 24 日前苏联最高法院刑事案件审判庭对马特里先案件的裁定(见《审判实践》,1954 年,第 4 号,第 11 页)。

② 在实施流氓行为并造成严重肉体损伤场合下,也可能存在想象并合。(见下)

③ 《选集》,1952 年版,第 32—34 页。当这些行为是作为有组织匪帮而实施的时候,那它们就同经常凝滞大量缺乏的产品和人民消费品的正常商品流转联系起来,是通知犯罪分子们的手段,成为盗窃国家与公共财产的方法,因而就非按刑法典第 109 条与 107 条而应按 1947 年 6 月 4 日法令第 4 条确定。

④ 见《审判实践》,1949 年,第 12 号,第 28 页。

⑤ 见 1940 年 3 月 3 日前苏联最高法院全体会议"关于审定为个人目的而擅自利用属于农庄与国营农场土地"决议,1952 年版《选集》,第 24—25 页。

窃社会主义财产承担并合责任①。

实施了以通过直接行为或故意不阻碍盗窃的手段,目的在于保障盗窃的职务上罪行,就是这种想象并合。

拉普切洛娃的犯罪就具有这个特征。正如前苏联最高法院刑事案件审判庭决议中所指出的,她不希望赃款,但却是有目的使布拉也夫与普罗鲁布尼克可夫盗窃国家资金成为可能②。拉普切洛娃以一个行为——伪造文件,犯了两个罪:伪造和帮助盗窃(共犯),目的在于给另外一些盗窃国家或公共财产者以帮助的、职务上的伪造,应依1947年6月4日法令和刑法典第120条第一部分来并合认定。

前苏联最高法院全体会议关于普罗可也夫与其他一些案件的决议指出,保卫人员根据另外信号的要求便鸣出一个信号,以使先有准备的偷窃犯罪分子钻入仓库中去的行为中,"有两个犯罪的想象并合,其表现为:一方面,破坏了巡戒职务规则;另一方面,参与了共同的盗窃。"③

为此目的而利用自己职守(刑法典第109条)从事被禁止职业(刑法典第99条)的公职人员的行为,要作为犯罪并合加以认定④。

用烧毁房舍方法实行杀人也是想象并合的例子。所用的是一个行为即放火,犯的却是两个罪:第一,故意毁灭财产(刑法典第175条);第二,故意杀人(刑法典第136条)。尽管两个犯罪是由一个行为做出来的,但其中的每一个犯罪都有专门法律规定⑤。下列场合也是想象并合,例如怀有流氓动机的犯罪者向一个窗口扔石头,这么一来,既打碎玻璃又使房子里的人受到一目失明的严重肉体伤害,即在此场合一个行为犯了两个不同的罪(刑法典第74条第二部分和142条第一部分)。想象并合的概念就是如此。

综上所述,我们就可以得出结论:现实并合和想象并合的区别在于,构成现实并合的各个犯罪中的每一个犯罪非紧密地同另外几个犯罪联系,所实施的罪行中一个犯罪可以未有另外的犯罪,并且也不成其必须的条件。一言以蔽之,每个犯罪都作为各个独立的活动。例如,上述拿扎洛夫的称量与度量的欺骗,是两个不同的行为,并且其中的每一个都不依赖另外一个。在想象并合的情况下,各个犯罪之间是紧密联系的,并且每个犯罪行为只有结合起来才能实施(作为杀人案件与手段的纵火;职务上的受贿——以参与投机作为条件与手段等)。

① 见1948年6月25日前苏联最高法院全体会议决议3款,1952年版《选集》,第17—18页。
② 见《审判实践》,1945年,第三版,第7—8页。
③ 见《审判实践》,1945年,第三版,第7—8页。
④ 见《审判实践》,1955年,第2号,第20—21页,对阿克包夫、塔拉索失和卡斯巴洛夫案件的裁定。
⑤ 在法律学校用的"苏维埃刑法"教科书(1950年,第191—192页)中,举了一个不正确的例子:射杀一个与他并立的人,在此情况下是无犯罪并合的(见1946年9月27日前苏联最高法院全体会议对拉高失案件的决议,《审判实践》,1946年,第五版,第9页)。

想象的与现实的犯罪并合就是这样。

（3）正如上述，某一犯罪并合的种类，只有在下列场合才存在：在犯罪者的一个或若干犯罪行为中有两个或两个以上不同种类的犯罪构成，这些犯罪中的每一个都有独立规定。倘若一个犯罪行为虽指向另一犯罪，但只处于最后阶段，其自身并不包含独立的犯罪构成时，也未有犯罪并合。

在1955年4月6日前苏联最高法院刑事案件审判庭"关于别里雅也夫和申诺夫案件"的裁定中认为，把加给阿舍布可夫的轻微肉体伤害"既作为苏俄刑法典第143条的轻微肉体伤害又作为苏俄刑法典第136条1款的杀人未遂联系起来"认定申诺夫的行为是不正确的。"因为，假若有根据地认为申诺夫杀阿舍布也夫的话，那么虽未遂和轻微肉体伤害，由于这些行为已包含犯罪者的故意，也只应依照苏俄刑法典第19条和136条第一部分1款来认定。"

此时，不存在罪的并合，因为在那种情况下所造成的轻微肉体伤害不构成独立犯罪，而是犯罪的具体反映和实行发展到未遂阶段的杀人意图，所以在此行为中只有一个而非两个犯罪构成。实施发展到预备或未遂阶段的行为，经常是具备独立犯罪构成特征，并且那时也就有了罪的并合。例如，杀人处在预备阶段（刑法典第136条）的情况下，未经过许可就购置和收藏发火武器（刑法典第183条）或者烈性毒品（刑法典第179条）。

（4）在苏维埃刑法中，罪的并合概念的意思与重要意义（不管并合种类）在于：第一，更深刻和全面地揭露侵害行为内容、阐明进入并合的诸犯罪的构成，正确地认定组成并合的诸犯罪中的每一个犯罪；第二，法院在判刑时，有可能结合刑法典第45、47、49条要求，全面考虑行为在所有范围内的社会危害性，并确定犯了两个或若干个罪的人的危害性程度。

犯罪并合的危害性说明，在此种情况下不只是破坏某一个社会关系的部门，进入并合的诸犯罪涉及一系列社会关系，涉及更广的、刑法所保卫的社会利益范围，并且所致损害比在实施组成并合的诸罪行中的任一个犯罪更为严重。

犯罪并合说明犯罪者及其整个实施行为的危害性。

在1929年3月4日前苏联最高法院第23次全体会议中指出："法院应把犯罪者所实施的一切罪行，作为一个整体，说明提高了的犯罪者人身危害性程度，加以审理。"正因为如此，决议中讲到，法律赋予了法院有权依规定在犯罪当中选择最重的一个犯罪和最重的刑罚方法的刑法典条文，对犯罪者适用刑罚的权力①。

在1939年6月13日前苏联最高法院全体会议决议中，强调犯罪并合对评价犯罪者和决定刑罚方法的意义。受到惩罚的犯罪行为的范围，说明受惩罚者的社会危害

---

① 《选集》，1952年版，第65页。

性,而且也影响到对他量刑的刑罚尺度①。并合制度表明,不使一个犯罪逃脱审判。

（5）要把犯罪者在对前个犯罪负刑期间所犯的新罪或者在过去尚未执行的判决发生法律效力后的新犯罪,同被告人在犯了数个罪都未进行判决的犯罪(刑法典第49条)的并合加以区别。这种并合不论是"基本原则"还是刑法典第49条都未作规定。此种犯罪并合也发生在被判处缓刑者在法院判决规定的考验期满前("基本原则"第54、37条)②,或在被假释者在剥夺自由期限未满前犯了新罪(苏俄刑法典第51条1)。

尽管在任何时候犯罪并合的规定,都作为说明犯罪者及其行为危害性的目的,说明新犯罪已经是在前一个犯罪受到惩罚和判决发生法律效力以后,也尽管在开始依照这个判决负刑以前,或者在缓刑或假释以后犯了新罪,毫无疑义,都表明犯罪者及其行为有更加增大了的危害性。除此而外,在负刑期间犯新罪,表明这个刑罚不足以作为影响这个犯罪者的方法,因此对他要采用具有个体化作用的更严厉的刑罚方法③。

（6）由于此种区别,苏维埃刑法在最终通过刑罚要和犯罪及其实施者的危害性相符合的同时就指出了:对于在犯罪并合情况下的判刑,在一些场合,只依照吸收原则;而在另些场合,或者依照吸收原则,或者依照相加原则。

依照相加原则判刑,法院应根据苏俄刑法典第49条和苏俄刑事诉讼法典第335条,对于进入并合的各个犯罪判刑;而依照吸收原则对所有犯罪要以规定诸犯罪中最严厉的犯罪并且是最严重的一种刑罚方法的条文来确定刑罚,一切其余刑罚都被这个刑罚所吸收。因此,依照这个原则,法院就无权超越按进入该并合的诸犯罪中的一个犯罪而判处的一个最严厉刑罚方法的范围。

例如,假若对被告人通过职守滥用职权(刑法典第109条)判处两年剥夺自由,对其职务上的伪造(第120条第一部分)判处一年剥夺自由和对其屡次受贿行为(刑法典第117条第二部分)判处五年剥夺自由并没收财产(一部或全部),那么对犯罪并合,依吸收原则,最终是以刑法典第117条第二部分决定刑罚,即五年剥夺自由并没收财产。因为在此种场合,刑法典第117条第二部分规定的是所犯的罪行中最重的罪,并且是最重的刑罚方法④。

在前面已经提过的1929年4月4日前苏联最高法院第23次会议决议中,与"基本原则"第33条相应地指出,无论是在想象并合抑或是在现实并合的场合,法院同样要联系判决最终的结论,按照其法定刑中规定最严厉刑罚方法及作为对应惩罚者的各种全部犯罪的并合判处具体刑罚方法的条文,确定被告人所实施的行为的全部并合。

---

① 《选集》,1946年版,第98页。

② 关于缓刑问题见本讲义第二讲第五个问题。

③ 诚然,在剥夺自由地点犯新罪,也就说明内部程序和监押制度不严,以及这个改造机关的教育工作不完善。

④ 刑法典第117条法定刑是不低于2年剥夺自由;刑法典第109条法定刑是不低于6个月剥夺自由,以及刑法典第102条第一部分法定刑是2年以下剥夺自由。

在对进入现实并合的每一个犯罪分别判刑时,必须从整体上考虑适用作为加重情况再犯的存在的刑法典第 47 条 2 款 1 所指示的刑罚(见上,讲义第一讲第二个问题)。

法院也有权依据刑法典第 23 条指出的程序,把它所认为恰当的补充性的刑罚方法 ,其中包括任一进入并合的诸犯罪中的某个犯罪的刑法典条文所规定的补充性的刑罚方法,归入按照吸收原则所判处的基本刑罚中去。在上述前苏联最高法院第 23 次全体会议决议的第 2 款中指出:"按照规定最严厉方法的条文,对并合场合判处基本的、专门性的保卫方法时,法院有权把进入并合的、规定受惩罚者所实施的各个犯罪行为的另外一些条文记载的那些补充性方法中的某一个被认为合适的方法实行归入。"①

对这点要这样理解:因此如上所述法院不仅有权适用本案件所适用刑法典的某一个条文指出的诸补充性刑罚方法,而且也可根据苏俄刑法典第 23 条,判决其中指出的、并且适用没收财产的特别程序的补充性刑罚方法中被认为恰当的刑罚方法。

(7)刑法典第 49 条关于依照规定诸犯罪中最严重及最严厉刑罚方法条文的要求,是由于最严厉刑罚仅对按该案案情在事实上已进入并合的最严重犯罪,才能加以判刑。与低于规定进入并合的另一犯罪条文法定刑的刑法典条文所确认的犯罪相对比,就可以指出这是最严重的犯罪。

例如,犯罪者在酗酒状态操纵自己的汽车失了事,并致人以刑法典第 142 条第一部分(法定刑是剥夺自由 8 年以下)所规定的严重肉体伤害,而为要掩盖此犯罪行为、逃避责任,他又利用职守犯下构成刑法典第 109 条(法定刑是不低于 6 个月的剥夺自由)规定的滥用职权。这样,依该案案情看,致人以刑法典第 142 条第一部分规定的严重肉体伤害是基本的也是最严重的犯罪,尽管这条法定刑低于刑法典第 109 条法定刑。此种场合,法院对滥用职权(即非该案基本的和最严重的犯罪)无权依犯罪并合判处为期 10 年剥夺自由的刑法典第 109 条的刑罚,主要犯罪刑罚的最高界限(依刑法典第 142 条第一部分),只规定为 8 年以下的剥夺自由。根据该案具体情况,该期限是不能超越的,尽管刑法典第 109 条法定刑规定的是更重的刑罚。

在 1946 年 6 月 27 日前苏联最高法院刑事案件审判庭关于苏莎可夫案的裁定中指出,依刑法典第 111 条对构成财产短缺和使国家蒙受价值一万卢布以上损失的疏忽大意判处 3 年剥夺自由,以及对企图掩盖该财产短缺的行为判处 5 年剥夺自由来惩罚苏莎可夫时,无充足理由地以他所实施的目的只是为摆脱基本罪行责任的犯罪并合,决定了刑罚(剥夺自由 5 年)。这就超出规定为期 3 以年以下剥夺自由的刑法典第 111 条法定刑的最高界限。所以,未有考虑到进入并合的那些犯罪的严重性,自然就要破坏刑法典第 49 条的要求。正由于与以判刑基本问题是犯罪社会危害性问题作为根据的苏维埃刑法最重要原则不相协调,从而法院破坏了刑法典第 47 条的要求。

(8)刑法典第 49 条对任一进入并合犯罪的具体判刑要求,在最终决定刑罚之前,

① 《选集》,1952 年版,第 65—66 页。

正确决定终止前科的期限(刑法典第 55 第 3 款),对于解决时效问题(刑法典第 14 条)以及对正确适用大赦,都有现实意义。对进入并合的一些犯罪适用大赦效力,而不适用于大赦的另一些犯罪场合,也经常遇见。依大赦令,对一些犯罪的刑罚全部都要减低,而对另些犯罪则仅仅是缩短刑期。因此,倘若在判决中非对每个犯罪者各自判刑,适用大赦问题就很难解决了。

困难也可能发生于审理上诉和监督审的案件时,假如这些案件未有查明可能,制作判决的法院就来评价进入并合中的每一犯罪的危害性。

遵守刑法典第 47 条要求,更重要的还在于,在现实并合情况下,对任一罪都要考虑到根据刑法典第 47 条第 3 款 1 作为加重情况的再犯,来各自确定刑罚。因此,在对一个从前的进入并合犯罪控告的消失并在此时判决已被废除的场合,就涉及对以后的另外一个犯罪减低刑罚的问题①。

破坏关于在犯罪并合场合对各个犯罪确定刑罚程序问题的法律要求的情况,1946年 2 月 15 日前苏联最高法院全体会议决议,就适应法院组织法第 75 条,向无条件地实现刑法典第 49 条和包含类似规则的各加盟共和国相应的刑法典条文(别洛露西亚共和国刑法典第 54 条,格鲁吉亚苏维埃社会主义共和国刑法典第 46 条第二部分,阿捷尔拜疆苏维埃社会主义共和国刑法典第 46 条第二部分,阿美尼亚苏维埃社会主义共和国刑法典第 49 条,乌克兰苏维埃社会主义共和国刑法典第 51 条,塔吉克苏维埃社会主义共和国刑法典第 41 条)的法院,作了指导性的指示②。

(9)在罪的想象并合场合,永远是按照吸收原则判刑。即使遇到罪的现实并合场合,也要区别地解决刑罚问题。

假如所有进入并合的犯罪的实施,尽管非同时但在对其中的每个罪的判决都已制作出来并且已发生法律效力以前的情况下,基于苏俄刑法典第 49 条,法院对所有犯罪,都只能依吸收原则判刑。

例如,阿里中进行了盗窃,并且,在侦查本案时被拘留,而他却对保卫人员实行反抗,企图逃走,被逮捕起来。法院对阿里中的盗窃行为判处 7 年劳动改造营监禁,而对其反抗政权代表行为判处一年剥夺自由。按犯罪并合,法院判处了阿里中 8 年劳动改造营监禁,采用了刑罚的相加原则。在前苏联最高法院铁路法庭关于本案的裁定中指出:"……法院破坏了苏俄刑法典第 49 条。对各个犯罪判刑时,法院一定要依照规定较重刑罚的刑法典条文来最后确定刑罚,即采取刑罚的吸收原则而非相加原则。"③

下列场合也要采用吸收原则判刑:在审理案件中,发现被告人的一个犯罪已判了罪,并且他的第二个犯罪是在制作第一个判决前。当审理在第一个判决制作前的另一

---

① 见 1945 年 1 月 12 日前苏联最高法院全体会议对利赫维特案件的裁定,《审判实践》,1945 年,第一版,第 7 页。

② 《选集》,1952 年版,第 66—67 页。

③ 《审判实践》,1949 年,第八号,第 42 页。

犯罪案件时,就需要对所有犯罪并合起来决定刑罚。此种情况的刑罚程序,苏俄刑事诉讼法典第465条与其他加盟共和国刑事诉讼法典的相应条文已作规定;但不论是在"基本原则"中抑或是在各加盟共和国的刑法典中都未有规定。

在1944年4月13日前苏联最高法院全体会议决议里指出:"……刑事诉讼法典第465条之所以引用苏俄刑法典第49条,是因为存在着这样一些罪的并合,即这些犯罪中每个犯罪的实施都在第一个判决制作以前。"①

制作最后一个判决的法院,对所审理的案件确定刑罚,以及基于苏俄刑法典第465条作出犯罪并合的判决,被认为是依苏俄刑法典第49条规定的原则加以吸收的,是那一个判处最严厉刑罚的判决。此时吸收原则的适用就在于这点。

例如,1950年11月24日沿线法院的判决,就依刑法典第59条3款乙第一部分对维失涅威茨娅在1950年4月的犯罪,判处了2年剥夺自由。法院引用刑法典第49条,把这个刑罚清楚地列入到依刑法典第140条第三部分对维失涅维茨卡娅在1950年10月所犯的罪判处5年剥夺自由的人民法院1950年10月19日判决的刑罚中去了,并又依照并合,认定为期6年的剥夺自由的刑罚。在1951年1月6日前苏联最高法院铁路运输庭的裁定中指出:"……由于进入并合的两个犯罪是在第一个判决制作之前实施的,法院无权采用相加原则,而应当符合苏俄刑法典第49条和苏俄刑事诉讼法典第465条,作为加重情况,以第一个判决的刑罚吸收第二个判决的刑罚。"(即人民法院所制作的)

虽然在刑事诉讼法典第465条中曾指出较迟判决应吸收已发生法律效力的、确定较严厉刑罚以前的判决,但此条法律的意思在于:有这种犯罪并合时,刑罚吸收原则的适用是不依赖于各判决中的某个(第一个或较迟的一个)包含着较严厉的刑罚。如果较迟判决规定了较严厉刑罚的话,被吸收的判决很可能是第一个。

1949年10月法院对瓦西连柯在1949年4月14日犯的流氓罪作出判决,判处了3年剥夺自由。这个判决已交付执行。还在这个判决制作前,在1949年6月瓦西连柯就进行过盗窃。1949年11月29日仅对他的盗窃判了罪,那是在作为对流氓罪所作的第一个判决的刑罚一部分后的事。法院判处瓦西连柯5年劳动改造营监禁,同时把第一个判决刑罚的未执行期限附加到这个刑罚中去,并合起来确定7年6个月劳动改造营监禁。

前苏联最高法院刑事案件审判庭终止法院所引起的法律破坏,指出:"在两个进入并合的犯罪都是在第一个判决制作前实施的场合,在决定最终刑罚方法时,要采用以较严厉刑罚吸收较轻刑罚的原则……刑罚方法在按第一个判决确定时,应不相加,而

---

① 《审判实践》,1944年,第六版,第10页。这显然如在1954年7月21日前苏联最高法院刑事案件审判庭对米哈列夫案件的裁定中指出的:苏俄刑事诉讼法典第465条指着"并合场合,假若犯罪是在新判决制作之前。在这些场合下,适用吸收原则"。

要以第二个判决判处的较严厉刑罚加以吸收……"①

下列场合也适用那个吸收原则:遇到刑事诉讼法典第465条中所指出的情况,当制作较迟的判决时,被告人已经按照第一个判决负刑了。假若按自己性质,这个犯罪并合是符合刑法典第49条的话,被告人所据以服刑的第一个判决的执行,不排除吸收原则的运用(即两个犯罪都在第一个判决的制作和发生法律效力以前实施的)。根据前苏联最高法院刑事案件审判庭在1954年3月6日对奥西巴沃依案件的裁定认为:由于苏俄刑法典第49条和苏俄刑事诉讼法典第465条规定,法院在制作较迟的判决时,在已经按一个判决负刑了,在并合未判刑的情况之下,一定要适用吸收原则。

关于在上述场合必须计算已执行过的第一个判决刑罚,对依犯罪并合未适用吸收原则的问题,在1955年1月7日前苏联最高法院全体会议对阿乌金案件的决议中已指示过了。1946年11月23日阿乌金犯了殴打罪,并在被揭发后又实行称量欺骗。他的称量欺骗罪在1947年3月31日被人民法院判罪,并已执行完毕。他负殴打罪责任是在此以后。

联系所发生的关于对阿乌金殴打的判刑问题,前苏联最高法院全体会议指出:"……阿乌金已被执行过人民法院判决,省法院必须符合苏俄刑法典第49条的要求,折算扣押时间,依犯罪并合,对他选用刑罚方法。"②

因此,刑法典第49条所提出的规则,在下述场合也是适用的:假若两个犯罪都在第一个判决发生法律效力前实施的话,他对第二个犯罪负刑以后,还要确定对第一个犯罪刑事责任问题。

在上述的并合的情况下计算刑罚时,就会得出这样的结论:假若已按第一个判决执行过的刑罚提高了按第二个判决所判处的刑罚,或者和它相同,那么第二个判决的刑罚就作为已被执行过的刑罚加以吸收的刑罚。因为根据刑事诉讼法典第465条,较迟判决在此情况下应被以前的判决吸收。如已执行过的第一个判决的刑罚少于按较迟判决判处的刑罚时,那么已执行过的刑罚要算入按犯罪并合判处的新刑罚的日期中去,超过按第一个判决所执行过的刑罚部分的新刑罚,应让受罚者补充执行③。

概括全部上述关于在已指出的犯罪并合场合判刑问题,就会了解到:在一切两个或若干个第一个判决制作前所犯的罪,并合刑罚只能按吸收原则,适应苏俄刑法典第49条来确定,而不排斥按第一个判决已执行过刑罚的情况存在。

(10)当犯罪者在对第一个犯罪执行刑罚和判决发生法律效力以后,在为负刑开始前或在负刑过程中,犯了新罪时,或者受到缓刑处罚者在法院判决判处的考验期满前,犯了新罪时,要选用另外的并合判刑程序。

当法院审理第一个判决发生法律效力后的新犯罪案件时,也要按第二个判决中的

---

① 《审判实践》,1953年,第5号,第33—34页。

② 《审判实践》,1955年,第2号,第1页。

③ 关于刑期开始消失问题,见基列夫案件的规定(《审判实践》,1956年,第2号,第21—22页)。

罪并合判刑。但此时要区分刑事诉讼法典第 465 条所规定的判刑程序,有权适用吸收原则①,或适用两个判决中的刑罚相加原则。

相加原则在于第一个判决的刑罚,全部或部分地附加到新犯罪的判决所判处的刑罚中去。假若刑罚尚未被执行过,或者假若新犯罪是在执行第一个判决的刑罚过程中实施的话,第一个判决刑罚的未执行部分(全部或部分),要附加到新判决的刑罚中去。

正如以上所提出的,在第一个判决生效后或者在执行第一个判决刑罚期间,犯了新罪时,第二个判决中的犯罪刑罚并合问题,不论在"基本原则"中,或在另外全联盟的立法中,都未有规定。乌克兰苏维埃社会主义共和国刑法典规定,当被告人对新罪服刑过程中犯了罪时,要按相加原则并合定刑;同样的计算,要使未执行过的和新刑罚相加的总和,不超过法律对此类刑罚规定的界限。在阿捷尔拜疆、别洛露西亚、格鲁吉亚、土克曼诸苏维埃社会主义共和国的刑法典中,是以类推方法解决这个问题的。

在苏俄刑法典中,未有这些问题。因此在 1933 年 12 月 16 日,苏俄最高法院全体会议决议作了清楚的阐述:当法院对他的判决已发生法律效力但尚未付诸执行过程中犯新罪时,给法院一种权力,或者把这个判决判处的刑罚方法全部或部分地附加到对新案件所判处的刑罚方法中去,或者仅对犯罪人采用对新案件所判处的刑罚方法,吸收以前的刑罚方法。上述刑罚方法相加时,剥夺自由期限总和不能超过 10 年,而劳动改造营监禁也一样。

例如,阿里屠赫夫被法院判决剥夺自由一年半,但他逃避了负刑,以后又犯了一个剥夺自由 3 年的新罪。制作后个判决的法院,按犯罪并合定刑,采取相加原则判处阿里屠赫夫为期 4 年半的剥夺自由,将第一个判决的刑罚全部附加到新判决判处的刑罚之中②。

在上述那个苏俄最高法院全体会议决议中继续指出,复合的判刑规则对那些在执行法院判处的刑罚方法期间里犯新罪的人才有效。与此相同的,第一个判决判处的刑罚方法的附加,也只能包括未曾执行过的期限③。

需要特别说明的是,当被告人在负刑过程中犯新罪时,采用的刑罚附加原则,不能普及到被告人在作为中断方法的监禁时期中犯新罪的场合。倘若被告人犯了新罪,尽管是拘禁时期,但并未执行刑罚方法,或者还不存在已生法律效力的判决,那么并合刑罚的判处,仅能以苏俄刑法典第 49 条指出的程序,依吸收原则进行,而不能依相加原则判处。因为在判决发生法律效力以前,被告人已犯了两个罪。

例如,负有责任和受到侦查拘禁的列夫琴科,犯了逃脱罪。法院对列夫琴科的逃脱罪判一年剥夺自由,并将该刑罚附加到对他在逃脱罪之前的犯罪的第一个判决判处

---

① 吸收原则的程序在此场合同刑事诉讼法典第 465 条的规定和刑法典有本质不同;下面将讲到这个问题。

② 见《1940 年苏俄最高法院全体会议决议与合议庭裁定选集》中的阿里图捷夫案件。

③ 见苏俄刑法典附则,1941 年、1942 年、1947 年、1948 年版。苏俄刑法典第 49 条的一连串资料。

的半年剥夺自由中去。按照并合,法院定了一年半剥夺自由的刑罚方法。在前苏联最高法院刑事案件审判庭的裁定中指出:这个判决不能无变动地加以保留。像在案件中见到的,裁定讲道,列夫琴科还在第一个案件的判决制作前,就犯了从拘留中逃脱罪。因此,在决定并合刑罚时,不适于刑罚相加,而适于以较严厉的吸收那个不够严厉的刑罚①。

上述依相加原则判刑的那个阿里夫拿案件,就是犯了这种错误,因为他是处于同被追查的第二个犯罪相关的拘禁状态下而非在负刑期间犯的第二个罪。

当新犯罪在判决发生法律效力后(在负刑期间或尽管还在负刑前)实施时,根据1953年12月16日前苏联最高法院全体会议决议,法院不只是可以按相加原则对犯罪并合判刑;在某些具体场合,酌量案情,法院也可适用吸收原则。那时,法院适用较迟判决判处的刑罚方法,吸收前个判决判处的刑罚。我们要特别想到,此种吸收只在下列场合才可能:如果未执行的第一个判决的刑罚期限范围更小,或者在任一不高于第二个判决的刑期的场合,否则以新的吸收以前的刑罚便无可能②。

总之,在此种情况下,要区分苏俄刑法典第465条规定的程序,最后的判决不能被以前的判决吸收,因为这种吸收意味着新犯罪未被惩罚过,尽管其实施是在新判决发生法律效力以后,或者甚至是在依此判决负刑期间。并且也想到,新犯罪比制作判决前所犯的罪危害性要大。

所以,在上述场合,如果最终的判决轻于前个判决的刑罚,那么就必须通过下列方法采用刑罚相加原则:将未执行完的第一个判决的刑期附加到新判决中(酌具体案情和被告人身情况,部分或全部地附加)。此时,法院应当以苏维埃法中的判刑原则作指导③。

这种场合中不允许采用下述例子适用的吸收原则。加尔金在负刑中进行了逃脱,但被抓住了。法院未考虑到此罪的危害性,对加尔金定一年剥夺自由后,就以前个判决的刑罚吸收了这个期限。"法院本身,在前苏联最高法院刑事案件审判庭1941年9月13日的裁定中讲道,就把加尔金的犯罪(逃脱)当成了未被惩罚过的。"④

在同样情况下,探讨并合刑罚问题,应从这种要求出发:法院无权使被告人解除他所犯的新罪的刑罚,因此假如对此未有法律指示的理由的话,即使在任一另外犯罪场

---

① 《审判实践》,1945年,第二版,第12—13页。

② 见1947年4月25日前苏联最高法院全体会议对亚历山大罗夫·托茨平案件的决议,《审判实践》,第六版,第10页。

③ 见前苏联最高法院刑事案件审判庭对巴拉赫其那案件的裁定,《审判实践》,1948年,第二版,第19页。

④ 在这个联系中,不能认为1954年7月21日前苏联最高法院刑事案件审判庭的裁定包括下列指示是正确的:在犯罪并合情况下,当新犯罪是在对第一个犯罪的判决发生法律效力后,可以用前个判决吸收最终的判决(在另外一些场合,此裁定包括了许多关于对犯罪并合适用刑罚的正确指示,见《审判实践》,1944年,第六版,第10页)。

合,也无权解除被告人的刑罚。除大赦与时效的情况外,解除犯罪者刑罚的理由只能是刑法典第 8 条和第 51 条第二部分指出的情况。只有在这种条件下,法院才有权在详细说明宽大理由后,解除被告人的刑罚。

关于必须对受缓刑者作并合判决的问题。当他在考验期中犯了新罪,法院依刑法典第 54 条("基本原则"第 37 条)既可把以前判处的有条件的刑罚方法附加(全部或部分)到对新罪判处的刑罚方法中去(相加原则),也可只对受惩罚者采用第二个判决判处的刑罚方法(吸收原则)。例如,库兹涅左夫·达拉温受过缓期执行的剥夺自由惩罚。在本判决发生法律效力后,库兹涅左夫·达拉温在考验期中犯了另一新罪,对此罪判他一年剥夺自由,并根据刑法典第 54 条把那个缓期执行的剥夺自由一年实行附加,剥夺自由两年①。

由此观之,刑法典第 54 条给了法院广泛采用选择刑罚程序以可能,因为法院可以全部把缓期执行的刑罚方法附加到新刑罚中,也可以只部分地把此刑罚相加到新刑罚中,还可以单单适用第二个判决判处的刑罚。

倘若依照相加原则对受缓刑者犯新罪所适用的刑罚,同在另些场合适用刑罚相加毫无区别的话,那么采用吸收原则,比照刑法典第 49 条和刑事诉讼法典第 465 条指出的程序,有若干特点。事情在于,根据刑法典第 54 条("基本原则"第 37 条),法院有权在吸收的场合下,对受缓刑者只适用第二个判决所判处的刑罚方法。此种场合,以前一个判决吸收最终的判决,是不允许的。不论在什么时候,判处缓期执行刑罚的判决,都不能吸收另一判决的刑罚②。在此种情况下,立法者考虑到:把对具有自身特点与内容的新罪采用的现实刑罚方法,同判处缓期执行的刑罚方法作实际上的区分,并且比较严厉。假如新犯罪的危害性较小且不显著时,那么就没必要把以前的缓刑改为执行而附加到新刑罚中了。

因此,一切场合,当新的犯罪是发生在负刑期内,或者在负刑开始前,但都在判决发生法律效力后(包括缓刑)的情况下,法院可以根据上面所指出的各种阐述与特点,或依相加原则或依吸收原则适用刑罚。

同样,根据刑罚任务和判刑原则应认为,只有在一些特殊场合,对于某犯罪并合才必须以最后判决吸收前一判决。当新犯罪是在发生法律效力的第一个判决交付执行前,或者犯罪是受缓刑者实施的,才允许更多适用吸收原则。反之,新犯罪在负刑期中实施的,就必须适用相加原则。此种场合,以最终判决吸收前一判决,只有作为特殊原因才能存在。但其中任一决定都应遵守判刑原则的要求,也包括刑法典第 45、47、48 条的要求,根据犯罪危害性和犯罪的各具体特点,犯罪并合的判刑程序要整个服从于判刑一般原则的效力。

---

① 《审判实践》,1944 年,第六版,10 页。再参阅《审判实践》,1956 年,第 2 号,第 12 页,戈洛别夫案件。
② 《审判实践》,1949 年,第 11 号,第 18—19 页,基赛别夫案件。

所以,不能认为在一些著作中所见到的下列说法是正确的或者是符合苏维埃刑罚的精神与实质的:在负刑期或判决发生法律效力后,在任何时候被告人犯一切新罪的场合,法律一定要适用相加原则。实际上,在苏维埃刑法一般原则和法律指导下,此时法院从具体需要出发,有权而且一定要采取某个原则。适用某个判刑程序,不是为自身目的,而是将其作为适应被告人及其整个行为危害性的刑罚个体化的手段①。

法院在解决刑罚问题时遇到的生活处境是复杂的、多方面的,乃至于可能遇到1933年12月16日苏俄最高法院全体会议决议指出的情况,此时就有必要不按相加原则而是按吸收原则判刑。这不动摇一般结论,即这些场合是通常情况必要性的例外。要适当规定法院在每一此种场合所作的指示,哪怕是一般的、但作为该条的某种理由,才不适用相加原则。

(11)一切适用刑罚相加原则的场合,如果规定进入并合犯罪条文(刑法典第28条)都未提出更长剥夺自由期限的话,剥夺自由期限总共不得超过10年。前苏联最高法院全体会议"关于古比雪夫案件"的决议指出:"依据法律,对任一进入并合的犯罪都不得超过10年以上剥夺自由;根据苏俄刑法典第28条,法院不能并合判处超出该期限的刑罚。"②尽管法律规定在和平时期以25年剥夺自由代替最高刑罚方法,但法院不能把这个方法适用于进入并合中的任一犯罪③。

根据苏俄刑法典第30条,在刑罚相加的情况下,一般期限不能超出按苏俄刑法典第30条对劳动改造工作规定为一年的最高限度。

因此,下列场合不能适用刑罚相加:新案件的刑罚范围已达到法律对此类刑罚所规定的最高限度,因而任一未负过刑期的附加,都要超出这个限度。此种场合也只有适用吸收原则。在这样两个判决中的犯罪并合情况下,刑期自最终判决时起,即行消逝;不管是否适用刑罚相加或吸收原则。在1947年4月25日前苏联最高法院全体会议"关于亚历山大·查兹宾案件"的决议中指出:在这样一些场合下的刑罚,区别于刑法典第49条、刑事诉讼法典第465条指出的并合的场合,应该"从制作第二个判决之时起"来确定。在制作第二个判决的时间以前,前个判决期限的过程仍然继续着④。

(12)不论在"基本原则"抑是在加盟共和国的刑法典中,都未包含下列问题的指示:在犯罪并合情况下,应如何解决不同种类刑罚的相加问题。关于此问题只有在格鲁吉亚苏维埃社会主义共和国刑法典中规定,把劳改工作附加到剥夺自由中去的时

---

① 较新立法(苏俄刑法典第54条1)强调:降低刑罚并非一律必须解决的问题。刑法典第54条1指出的场合,只给了法院"把未执行过的部分的期限附加到法院对新犯罪将要判处的刑罚方法中的权力……"

② 《审判实践》,1949年,第8号,第10页。再参阅1955年1月12日前苏联最高法院刑事案件审判庭对阿尔杜年案件的裁定。

③ 见1951年11月24日前苏联最高法院刑事案件审判庭对拉兹失温和高尔察金案件的裁定(《审判实践》,1952年,第2号,第18—19页)。

④ 见《审判实践》,1955年,第3号,第27页,阿尔杜年案件。

候，要经过折算：三天劳改工作抵一天剥夺自由。在阿捷拜疆苏维埃社会主义共和国刑法典中规定，在按相加原则判处不同种类刑罚的情况下，其中的每一刑罚，都要各个执行。

苏联最高法院全体会议，符合着苏俄刑法典第29条，解决了这个问题。在1942年1月22日前苏联最高法院全体会议"关于剥夺自由和劳动改造工作种类的刑罚相加程序"的决议中指出："在其刑法典未有解决上述问题的加盟共和国中，在必要适用刑罚相加原则时，并合刑罚的确定，要适用苏俄刑法典第29条与另外的加盟共和国刑法典的相应条文——用三天劳改工作抵一天剥夺自由的折算，使剥夺自由代替劳动工作的办法。"①

在1949年3月19日前苏联最高法院水上运输庭的裁定撤销了法院对别梁也夫案件的判决。别梁也夫被判处为期4个月的监狱监禁；而未执行的第一个判决的6个月劳改工作刑罚方法用6个月剥夺自由加以代替，最终刑罚方法定为10个月剥夺自由。在裁定中指出：法院不正确地以相同期限的剥夺自由代替6个月的劳动改造工作，即"根据1942年11月22日前苏联最高法院全体会议决议，剥夺自由代替劳动改造工作，只有以三天劳动改造工作抵一天剥夺自由的折算，才被允许"②。

在上述的1942年1月22日前苏联最高法院全体会议决议中讲道："……要把这样得出的期限，附加于进入并合的另一个判决判处的剥夺自由的期限中去。"

四、关于持续的、继续的和再次犯罪的判刑

（1）倘若犯罪的完成，表现为一种在不确定的时期内，非一次能实现出来的行为时，叫做持续犯罪。

倘若犯罪的最后完成，是表现若干个同一类的行为。同样，这些行为不构成各种犯罪的并合，而是作为统一的犯罪时，就把此种犯罪叫做继续犯罪。

最后，同时完成的犯罪，可能是若干个不同种类的行为。这些行为也不构成各种不同犯罪的并合，而构成一个统一的犯罪，此犯罪叫做构成的或复杂的犯罪。

（2）构成的或复杂的犯罪，是一种由两个或近于同时实施的不同种类行为所构成的犯罪。其中每一行为单独拿出来，都包含着独立犯罪的特征，但结合起来就组成一个统一的犯罪。例如，强盗罪是由公开盗窃财产和对人身的强力（肉体损伤、毒打等，或者致死、肉体损害以及其他对人身施以强力威胁）所合成起来的。强盗行为致成杀人，才发生犯罪并合问题③。

---

① 《选集》，1952年版，第67页。

② 《审判实践》，1949年，第8号，第41页。

③ 1954年5月21日前苏联最高法院全体会议的《适用1954年6月30日"关于故意杀人刑事责任条件"法令的决议》，及上面指出过的1954年5月21日前苏联最高法院全体会议决议。

包括一系列都单独构成独立犯罪行为(非法藏匿武器、暴力、损害财产、杀人[1]等等)的盗匪集团罪,也是一种构成的或复杂的犯罪。结果造成公民财产损害(消灭或损坏财产,非法掌管公民财产,等等)的滥用职权行为,虽也包含各种犯罪特征,但却组成一个统一的犯罪。

对属下的受害人施行了暴力和其他侵犯受害人人身的越权行为,是一个统一的职务罪(刑法典第110条第二部分),而非各种犯罪的并合。

此种场合,那些构成犯罪的行为,失去某些个独立犯罪的性质,而构成一个统一犯罪的一些必要特征。

(3)持续的犯罪是在时间上拖长了的、但组成一个统一的、一次的行为(作为或不作为)。它是从作出犯罪行为或不作为之时起算,并且非一次的持续到那时止;或是被扣留或承担了犯罪责任,或是他自首罪过,或是在他放弃继续犯罪和在这方面作了某种必要行为以前。持续犯罪的结束就是以这些个时间测定的。

因此,持续犯罪的特点就在于它非任一种确定的时间完成的[2]。它的持续时间首先依赖上述条件终止的时间来测定。

战时服务人员临阵脱逃(刑法典第193条7第4款)、从剥夺自由的场所或流放场所脱逃(刑法典第82条)等,就是持续罪的例子。虽然这种犯罪可能持续相当长的时间,但仍是一个统一的犯罪。从流放场所脱逃,不论持续到多久,都是在时间上拖长了的、构成刑法典第82条指出的犯罪。脱逃从擅自离开流放场所时起,一直持续到被告人被逮捕或他坦白自首时止。

在1929年3月4日前苏联最高法院第23次全体会议“对持续与继续犯罪适用时效与大赦条件”的决议中,持续犯罪是作为“非一下引起现实犯罪状态的行为”来阐明的[3]。

持续犯罪概念的意义在于:法院将其作为一个统一的犯罪来审理;同时判刑时要注意持续犯罪的时间问题,并把它当作加重该犯罪社会危害性情况加以考虑。

(4)下述犯罪是继续犯罪:这个犯罪通过同一企图联系起来,追求共同目的和组成统一犯罪的许多犯罪行为来完成的,并且每一所追求的都是前个行为完成的那个犯罪本身的继续。

继续犯罪是以行为的非一次性或多次性,区别作为一个犯罪行为所实施的持续犯罪。此种情况下,假若说持续犯罪的客观方面在于非一次行为,实施该行为后和在犯

---

① 根据1954年5月21日前苏联最高法院全体会议决议的解释:和杀人相关的匪帮不构成犯罪并合,除刑法典第59条3以外,不要求还依照刑法典第136条来审定。这些场合下,当按照59条3认定犯罪时,如果必要,也可适用1954年4月30日“关于故意杀人刑事责任条件”法令(也参阅1955年7月29日前苏联最高法院全体会议对阿巴姆西金和尤尔金案件的裁定,《审判实践》,1955年,第5号,第1页)。

② 《法律辞典》所作的持续犯罪定义是不正确的。

③ 《选集》,1952年版,第69页。

罪结束前,该行为是以完全的作为来说明的话;与此相反,继续犯罪的客观方面则是被一系列作为的行为或一系列各种不作为的行为所说明,后者包含非一次的、被告人未执行法律规定的一定行为的不作为。

多次重复以营利为目的、囤积与转卖民用品的同类犯罪行为的投机犯罪(刑法典第107条),就是一个继续犯罪的例子。售货员多次的称量与丈量欺骗(刑法典第128条2),也是此种继续犯罪。在这个情况下,犯罪的完成表现为具有这个犯罪构成一切特征的第一个行为的完成,例如,包括一切投机罪构成必要特征总和的第一个行为,或者具有一切售货员称量与丈量欺骗罪的必要特征的第一个行为。但不论此犯罪活动(投机等)是由多少已完成的细节所合成的,这些重复行为都是那种行为的多次性,不构成几个犯罪①。此场合,不适用并合规则。

由多种作为或许多为一定作为的行为所构成的公职人员的不作为、疏忽大意、怠工、暗害活动等,也是继续犯罪。

在所有这些场合,刑罚只能对一个犯罪判处。此时,法院要考虑长时期和多次的继续犯罪的行为,并作为加重该犯罪社会危害性的情况加以认定。

实施了包括在这个继续犯罪中的第二个犯罪时,就是继续犯罪的开始。

(5)持续与继续犯罪,对解决追诉时效和适用大赦问题,有着现实的意义。

上面提过的1929年3月4日前苏联最高法院第23次全体会议"对持续与继续犯罪适用时效与大赦条件"的决议中指出:"大赦适用于那些在大赦公布前已经结束了的持续犯罪。对在大赦前开始的,但在大赦后仍持续者,就不适用大赦。"在前苏联最高法院刑事案件审判庭关于马特维洛夫(依照刑法典第82条第一部分受到三年剥夺自由惩罚,按照1945年7月7日前苏联最高苏维埃主席团的大赦令免除服刑)案件的裁定中指出,在此种场合下是不能适用大赦的。

马特维洛夫在1935年6月26日从监禁场所脱逃,1946年4月2日被逮捕。"对本案(在裁定中指出)错误地适用了大赦……脱逃这是持续犯罪,这个犯罪只有在脱逃或逮捕他的处所进行自首罪过时才结束。在脱逃中被扣住的马特维洛夫的犯罪只在1946年4月24日即逮捕他的时候才结束的,因此1945年7月7日前苏联最高苏维埃主席团指令规定的,对公布前实施的大赦,不能适用于马特维洛夫的犯罪。"②

关于持续犯罪的刑事追诉时效期限(刑法典第14条)的消逝,不是从它开始的时候起,而是从拖长了时间的持续犯罪的结束时候起,即从终止犯罪状态之时起。在前苏联最高法院刑事案件审判庭关于被控为从监所脱逃的福里塔雪夫案件的裁定中指出:"对福里塔雪夫不正确地适用了刑法典第14条,因为脱逃是持续犯罪,所以结束犯罪时间不是他脱逃的时间,而应是被逮捕或自首的时间,在这个时间前,脱逃的犯罪状

① 多次盗窃与贪污受贿问题,参阅以下关于再犯。
② 《审判实践》,1946年,第五版,第23—24页。在此种情况下应考虑到:大赦文件实际上是变动了此犯罪的危害程度。因此,若被告人未犯另一些罪,他可能被依照刑法典第8条被免刑。

态在继续着。福里塔雪夫是 1944 年 2 月 27 日被捕的,因此刑法典第 14 条指出的期限过程,应从这天而非脱逃的时候起算。"①

当这个犯罪在发布大赦时间已全部结束时,大赦适用于继续的犯罪②。尽管只有组成继续犯罪的行为中的某一行为是在发布大赦后实施的,那也不能适用大赦。

在 1948 年 11 月 27 日前苏联最高法院刑事案件审判庭关于阿里修斯案件的裁定中指出,阿里修斯被认定为被告人并受到惩罚,他不论在 1945 年 7 月 7 日"大赦令"以前和以后都从事投机,因此法院无理由适用大赦降低了一半刑罚③。

对继续犯罪刑事追诉时效期限,非从实施新行为而是从包括在组成继续犯罪中的最后一个犯罪行为结束时起算。

持续与继续犯罪的内容与意义就是如此。

(6)再次的犯罪不同于持续与继续的犯罪。

假若在以前犯罪或对它制作判决时,时效期限未消逝,或前科未终止和未消灭的话,任一再次实施的独立的犯罪都是再次的犯罪。再犯现象可能是特别的(特别再犯),当再次实施同样的或同一种类犯罪时(例如诈欺和勒索);也可能是一般的(一般再犯),当再次实施了任一另外种类犯罪时(例如流氓和勒索)。

再次的情况,既可存在于制作第一个犯罪的判决前犯新罪的场合,也可存在于受惩罚或对第一个犯罪负刑后犯新罪的场合④。假若在犯前一罪时,时效期限已经消逝(刑法典第 14、15 条),或者第一个犯罪的前科终止(刑法典第 55 条),或者根据大赦或特赦文件已经消灭时,犯罪就不能当作再犯。

如乌斯凯姆巴也夫由于大赦释刑后,在 1953 年 4 月再次犯了盗窃罪,依照 1947 年 6 月 4 日法令第 4 条,法院根据再犯的特征予以确定。在 1954 年 2 月 17 日前苏联最高法院刑事案件审判庭的裁定中指出:这个犯罪不能认为是再犯,因为以前的犯罪前科已由于大赦而消灭了,因此他的犯罪应依上述 1947 年 6 月 4 日法令第 3 条予以认定⑤。

再犯与继续犯罪的区别在于,任一重新犯罪,都不是继续前个同样的行为,也不因

---

① 《审判实践》,1945 年,第一版,第 9 页。

② 见 1950 年 3 月 15 日前苏联最高法院刑事案件审判庭对米里也夫案件的裁定(《审判实践》,1950 年,第 5 号,第 26 页)。

③ 《审判实践》,1949 年,第 2 号,第 36 页。再参阅 1954 年 2 月 27 日前苏联最高法院刑事案件审判庭对尤苏也夫案件的裁定(《审判实践》,1954 年,第 3 号,第 23—25 页)。

④ 见上,第一讲第一个问题(关于作为加重情况的再犯)。

⑤ 《审判实践》,1954 年,第 10 号,第 9 页。人们要问,对那免刑后显然无改造希望者,光长期实行大赦,难道是合理的和可以的么?完全合乎逻辑的、公正的和恰如其分的苏维埃社会法权意识就说明了:无任何理由忘却一些从前的犯罪,如果犯罪者本身不力求这样做而对其关切与宽大置之不顾,并在大赦后甚至又犯新罪的话。

需要正确地提出,这些场合,犯罪者已被认定为再犯,并对其相应地适用刑法典第 47 条 3 款 1 的规范或作为认定犯罪构成的关于再犯的规范。但此种情况下,应使法院有权作出说明不认为以前犯罪有加重意义的决定。该决定完全符合最新立法(刑法典第 54 条 1),并且是基于那些判刑原则之上的。

为它而构成独立的犯罪。相反,每一行为不管这些行为的多少、目的的一致及再犯情况(一般或特别再犯)的特征,都构成独立犯罪和具备独立构成的一切特征。任一再实施的流氓行为,都是再次的流氓行为;任一再实施的肉体损害或杀人行为,都是独立的再犯;任一再实施的强盗侵袭,也是这种再犯。正是如此,同一个人在不同时间的每个盗窃,都是一个独立犯罪,虽然盗窃是在一个地点,用一种方法进行的①。

从两个或更多个行贿人那里受贿,尽管是同时或同一个人,但由于在不同时间和不同机缘之下受贿,就成为再犯。

在1949年7月24日前苏联最高法院全体会议"关于贪污受贿案件的审判实践"的决议中指出:"在两个或几个场合下的不同时间的受贿,或者是两个或几个人在同一个时间的受贿,应该作为非一次的受贿来审理。"②

再犯的特征表明新犯罪和再犯者提高了社会危害性。不同于继续犯罪,在再犯情况下,对每个独立犯罪,都要各自遵循并合规则和考虑刑法典第47条3款1的要求来判刑。例如,在同样的侵占另外一个受害人财产后的侵占个人财产行为(刑法典第168条),构成独立犯罪。在这种情况下,就要依两个犯罪的并合且考虑刑法典第47条3款1的要求来判刑。

当法律有特别指示时,独立的、同类罪的再犯现象,就作为由规定犯罪而起变化的情况即再犯的特征。在此种情况下,不考虑刑法典第47条3款1的要求。同类盗窃再犯情况③或者杀人、强盗、贪污受贿、流氓及其他侵害的再犯情况就是这样,因为此种再犯情况在分则条文罪状中当作特定特征规定着。这样,再犯也区别于继续犯罪。在继续犯罪情况下,行为的多次性不构成犯罪的特定特征,只是依刑法典第47条3款1考虑的一项加重情况。在所进行追究的刑事案件的范围内,就可找到区分再犯与继续犯罪(特别是对盗窃罪)概念的重要性和实际必要性④。

斯卡鲁布克·兹留雷娜根据1947年6月4日"关于盗窃国家与公共财产的责任"法令被判了刑,因为她以伪造事件(劳动手折)方法,扩展劳动的时间,结果在1951年4月到1952年11月非法取得了共达2000卢布的积年劳积金。1953年9月9日前苏联最高法院刑事案件审判庭裁定认为:被告人的行为是被不正确的按照上述法令第2条予以认定的,因为多次非法取得金钱是一个(同一的)伪造的结果。因此,正如裁定中指出的,在此场合"每次非法收入增加的最后行为不能认作是独立的盗窃行为"⑤。所

---

①　见上面提到1954年5月28日前苏联最高法院全体会议的决议。

②　《选集》,1952年版,第26页。

③　见已指出的1952年5月28日前苏联最高法院全体会议的决议。

④　只在下述场合,苏俄刑法典第136条第二部分条款才把故意杀人的再犯列为选择性的特征;假若此犯罪是对以前的故意杀人或肉体害伤(严重的)已经负过刑的人实施的话。当未有此条件时,就适用苏俄刑法典第49条3款1的一般规则。此种场合,也可能适用1954年4月30日前苏联最高苏维埃主席团"关于故意杀人刑事责任"的法令。

⑤　《审判实践》,1953年,第6号,第10—11页。

以这个犯罪是继续的而非再犯。由此被告人的行为不应照1947年6月4日法令的第2条而应按照第1条确定,因为她犯罪中未有另一些特定特征。

罗麻纽克案件就犯了此种错误。罗麻纽克因下述原因受到惩罚:他任实业农庄仓库管理员,从仓库中盗窃了6.33立方公尺木材出卖;同一天又盗窃了3.03立方公尺木材也出卖给另一人。法院依1949年6月4日法令第4条规定,根据再犯特征,认定了这些行为。在1953年9月19日前苏联最高法院刑事案件审判庭的裁定指出:"谈到再犯问题,罗麻纽克盗窃的那6.33立方公尺木材并在同天内将其出卖,虽在不同时间卖给了不同人,但不可认为是盗窃的再犯。"①就是说,此种场合,犯罪是继续的而非再次的,由于每个行为都不构成各个独立的犯罪,而只是统一犯罪的一部分。所以,罗麻纽克的犯罪不能按照1947年6月4日法令第4条而要按照该法令的第3条来确定。

由此可指出,在下列情况下的盗窃是不具有再犯特征的,而应作为继续犯罪加以审判:若盗窃的实施,尽管是一部分一部分的,但都是作为手段,及进行欺骗的统一行为、擅自处理的统一行为等;或者若盗窃的实施是来自一个源泉并且虽不同时但都是作为同一个有意的和作为统一的罪而实施的一部分。

(7)一贯实施的、故意的和非一次实施的罪行,同再犯很接近②。

在苏俄刑法典的许多条文件(第97条第二部分、79条2第二部分、79条4第二部分、128条1第二部分、142条第二部分)里,都将一贯性与非一次现象,当作犯罪构成的特征指出。所有这些场合,一贯性或非一次现象是评价性的特征。一贯的和非一次的犯罪,以此同继续犯罪相区别。并且当再犯现象具有犯罪构成评价性特征与不构成犯罪并合时,近似再次同类的犯罪。职业犯罪就是被告人以非法盈利为目的而作为基本的或实际收入来源而实施的此类犯罪现象。职业罪概念永远限于对贪利犯罪而言的。法律规定进行职业犯罪在一些场合是作为犯罪构成的必要特征(刑法典第59条8、59条10、99条等),在另一些场合职业是作为犯罪构成的选择性特征(刑法典第106条1第二部分、164条第二部分、137条第二部分,1948年4月7日"关于制造与售卖私酒刑事责任"法令)。

职业罪要求有一贯实施法律指出的同类犯罪行为。对认定职业罪,每个独立犯罪行为都不是完备的。下列场合缺乏职业罪的特征:假若这个特征是犯罪构成的必要因素,就认定不存在这个犯罪(例如多次使用与行销铁路运输票据,构成诈欺罪,在这种场合就非依作为职业罪的刑法典第59条8来确定,而要依刑法典第169条),或者认为该行为不为犯罪。在1953年12月26日前苏联最高法院刑事案件审判庭关于阿普秋诺夫案件的裁定③中就是这样指出的:"在未有另一些可以确认阿普秋诺夫的运送旅客

① 《审判实践》,1954年,第1号,第13—15页。
② 指具备了实施再次的再犯情况而言。多次的情况意味犯罪两次以上。
③ 《审判实践》,1954年,第3号,第14—15页。再参阅对彼得罗先案件类似的裁定(《审判实践》,1956年,第3号,第13—14页)。

行为是一贯的证据时,为借着属于个人所有权范围的汽车收费运送旅客的一个场合,不能使法院取得作为职业罪来评价此行为的根据。"因此,阿普秋诺夫案件由于欠缺犯罪构成而终止了①。

不过,在下列场合下则存在职业罪,尽管被告人第一次承担责任,但实施的行为却显然是构成被告人作为一种非法取利源泉而孜孜以求,例如为了高额利率同时货款给若干人。职业罪的特征不要求必须有以往的同样的犯罪前科。职业罪可存在于首次犯罪或只准备犯罪的场合。例如以设施、设备和技术手段伪造货币(刑法典第59第8)或熔化国家兑换用的铸币(银制的等等)铸造成各种制品(刑法典第106条1),都是明显的职业犯罪。即使在下述条件下亦然:伪造货币底样或者熔化硬币还未实施但已准备或只实施了一次犯罪行为就被揭发和制止。

当刑法典分则条文未指出时,如同上述,职业罪的一贯性是加重犯罪的社会危害性。

五、缓刑判决

(1)缓刑是由1918年3月1日全俄中央执行委员会通过的关于法院的第二号法令第一次提出的。虽然如此,但在创立这个法令以前,缓刑已被在同犯罪作斗争中创造性地建立新的、社会主义法律制度的苏维埃法院广泛适用了。

粉碎资产阶级司法机构、废除被推翻的政府的法律以后,在1919年3月党的第8次代表大会通过的俄共(布)纲领在阐述司法活动部门的革命改造时,特别强调:法院在适用缓刑与另些同剥夺自由有关的刑法问题上,已使刑罚性质产生了根本改变。在当时条件下,上述方法在同危害性较少的犯罪作斗争方面,具有重大意义。

缓刑是指,假若在法院规定的期限内被宣告有罪的人未犯新的、更重的罪的话,则不使判决交付执行的法院判刑决定及其执行的特别程度。

根据刑法典第53条("基本原则"第36条),假若法院认为被判罪者的社会危害程度尚未要求一定把他隔离(剥夺自由),或者一定对他实行劳动改造工作时,可以对被告人判以缓刑。

法院在适用缓刑时,受判刑原则的指导,同时也要从一般与特殊预防的任务出发。这时,法院既要考虑到此犯罪的危害性,也要考虑到犯罪的具体条件。如果法院认为被判刑者的危害程度不要求必须对他实行隔离或一定要对他执行劳动改造工作是缓刑的理由,就不受关于缓刑适用范围与理由的任何其他法律指示的约制。不过即使此时,刑罚的合法性、合理性和符合犯罪与犯罪者危害性及刑罚个体化和公正性的要求,

---

① 如在前苏联最高法院运输庭对特鲁索夫和沙母索那娃案件的裁定中强调:在缓刑情况下,"法院应考虑受审人的人身和犯罪社会危害性"(《审判实践》,1955年,第6号,第6页)。

仍保留自己的意义。

(2)正如另些判刑场合一样,所实施的犯罪行为社会危害性问题,仍是缓刑的基本问题(刑法典第47条)。

因此,比较显著轻微的犯罪和被告人人身危害性的情况是适用缓刑所需要的。在1953年9月29日最高法院主席团在"关于适应没收财产的审判实践"的决议中强调:缓刑"适用于具有特别减轻情况下"。①

对缓刑而言,单单具有刑法典第48条指出的各个减轻情况或作为适用刑法典第51条第一部分的情况还是不完备的。在1952年3月8日苏联最高法院刑事案件审判庭关于斯摩雷金案件的裁定中指出:"法院对斯摩雷金适用缓刑问题上,只说明他在过去未受过惩罚。符合苏俄刑法第48条2款。决定刑罚时,第一次的前科被认作减轻情况,但仅此一项减轻情况还不能成为适用苏俄刑法典第53条的理由。"

关于适用刑法典第53条的问题,除上述情况外,必须这样把它们结合起来,在此结合情况下,法院要形成一种信念,即:判决可以不交付执行,或者缓刑能给予被告人应有的影响,并可以完全避免他犯新罪;犯了对国家未有相当危害的罪的受罚者,可以赎回自己的罪过,站到社会主义社会光荣劳动者的队伍中来。

如未有这些情况,适用缓刑就破坏了法律,违背判刑原则和刑罚任务。对被认为有罪的阿里达托夫适用缓刑就是此种破坏法律的做法。他在担任农村贸易第二商店而以后担任第一商店的经理工作时,攫为己有和盗用了4166卢布的商品。前苏联总检察长对判决提出了抗议,其理由是:以阿里达托夫第一次的前科,有三个小孩子和他的残废为由是不充分的,即阿里达托夫一贯盗窃商品、狂饮,自己的行为给农村贸易造成巨大损害。监督审查根据这些论据,撤销了判决。

很显然,在预谋实施具有严重危害后果的犯罪场合,排除缓刑的可能。

1954年7月12日判处司机马尔克雅维秋斯缓刑,他破坏汽车运输行动规则,以超速度在禁区内行车,因此碾死了受害人。在前苏联总检察长的被前苏联最高法院刑事案件审判庭采纳了其论据的控诉书中指出:"由于马尔克雅维秋斯的犯罪造成了严重后果,运用苏俄刑法典第53条是不恰当的。"②

(3)苏维埃刑法中的缓刑制度,是同对国家危害较轻的犯罪作斗争的一项重要手段。缓刑不使被告人和社会隔离起来,并使受罚者能够诚恳地对待劳动,遵循社会主义共同规则,以赎回自己的罪过。这里,在谴责的同时,也反映着对必要与合理的适用缓刑的被告人的宽大处理。随着群众自觉程度的增长,缓刑作为严厉的刑罚是更易于被理解的。

在惩罚危害较轻犯罪的情况下,当改造这些罪犯不要求对其实行隔离时,缓刑有

---

① 《审判实践》,1953年,第6号。
② 见《社会主义法制》,1955年,第8号,第92页。

着特别重要的意义。在 1948 年 2 月 17 日前苏联最高法院主席团"关于对未成年人适用 1947 年 6 月 4 日法令"决议①中指出:对轻微盗窃的 12—16 岁的未成年人,若案件不应终止时,法院必须解决能否适用缓刑或者适应刑法典第 51 条是否可降低刑罚的问题。

虽然"基本原则"抑或各加盟共和国刑法典都未提到对未成年人适用与执行缓刑的特别程序,但在以前已提到的 1935 年 7 月 21 日最高法院与最高检察署"关于同未成年人中间的犯罪现象作斗争的方法"指示函件中,责成法院"在制作缓刑判决场合……必须由社会积极分子定期检查效果"②。此种对受缓刑者执行检查的程序在上述 1948 年 2 月 17 日前苏联最高法院主席团的决议中也有指示:"在适用缓刑时,法院不应该设想:未成年人对自己犯罪行为免除刑罚的情况存有自觉心……法院的判决或个别裁定要涉及人民教育、监护机关或双亲,责成他们要对受罚者的管理与教养实行时刻地监督。"③

(4)根据刑法典第 53 条("基本原则"第 36 条),缓刑可以对剥夺自由和劳动改造工作适用,另外的刑罚则不可判以缓刑(即有条件的刑罚——译者注)。在 1952 年 3 月 12 日前苏联最高法院刑事案件审判庭关于乌连错威案件的裁定中指出:"苏俄刑法典第 53 条允许把缓刑只适用于基本的刑罚,而且在这里只是剥夺自由与劳动改造工作,而非任何其他刑罚。"④

在缓刑情况下,法院要判处刑法典分则条文法定刑所确定的范围内的一定期限的刑罚(剥夺自由或者劳动改造工作)。尔后,法院再确定缓刑的考验期。

根据刑法典第 53 条("基本原则"第 36 条),考验期不少于一年、不高于十年,由法院按照案情、被告人人身情况和判刑的范围来确定。例如,法院依刑法典第 168 条判处被告人剥夺自由一年并实行缓刑,与此同时,所确定的考验期可以是一年、二年或三年等;作为合理计算是从判决作出之日起始。判决中若未指出考验期,会导致判决的撤销,如在 1951 年 8 月 1 日前苏联最高法院刑事案件审判庭关于尼戈马托夫案件的裁定指出:"在判处缓刑情况下,确定考验期是刑罚方法的一部分,这个问题是法院在制作判时解决的……假若未指出考验期,判决就不能认为是合法的。"⑤

缓刑只可以适用于整个的基本刑罚,而不能适用于基本刑罚的任何一个部分⑥。

缓刑的适用应在法院判决中加以说明。这个说明的必需,在 1950 年 7 月 28 日前

---

① 《选集》,1952 年版,第 10—12 页。
② 《选集》,1946 年版,第 70—73 页。
③ 《选集》,1952 年版,第 12 页。
④ 《审判实践》,1952 年,第 7 号,第 25 页。
⑤ 《审判实践》,1951 年,第 11 号,第 30—31 页。
⑥ 《1939 年后半年的苏联最高法院全体会议决议和合议庭裁决选集》,第 16—17 页,就斯达里可夫斯基案件所提出的。

苏联最高法院全体会议"关于法院判决"的决议①中已有确认。在上述的斯摩里金案件的裁定中指出:"对受罚者适用苏俄刑法典第53条时,法院应符合1950年7月28日前苏联最高法院全体会议'关于法院判决'决议所指出适用缓刑的理由。"

(5)"基本原则"未包括在缓刑情况下能否判处补充性刑罚,这也就是说缓刑能否普及到补充性的刑罚方面。从理论上看,从刑罚的共同任务和判刑程序出发,在缓刑情况下允许补充性的刑罚(除丧失权利以外)是不成问题的。首先这点不会引起疑义:在此种场合下,基于一般理由,补充性的刑罚是可以交付执行的,不依赖于基本刑罚被判为缓刑。同样,在法庭审理时也可以把缓刑普及到补充性的刑罚方面。这些问题在各加盟共和国刑法典中的解决方法是不一致的。

在阿美尼亚苏维埃社会主义共和国、别洛露西亚苏维埃社会主义共和国和乌克兰苏维埃社会主义共和国的刑法典里,对于该问题都未有任何特别指示。格鲁吉亚苏维埃社会主义共和国、土克曼苏维埃社会主义共和国和乌兹别克苏维埃社会主义共和国的刑法典中,已将补充性的刑罚附加到基本刑罚中去,但都不以后者被判缓刑为转移。

苏俄刑法典第53条附注和塔吉克苏维埃社会主义共和国刑法典第47条规定,在缓刑情况下可以金钱或财产一类作为补充性刑罚②。解职也可以作为缓刑的补充性刑罚(苏俄刑法典第20条8款)③。所有这些补充性刑罚通常情况下是要交付执行的(苏俄刑法典第37条、40条、41条、42条、44条),不以基本刑罚方法是缓刑这点为转移。

根据苏俄刑法典第34条第三部分,不能把剥夺权利作为缓刑的补充性刑罚,不管剥夺权利的种类如何(苏俄刑法典第31条)④。在塔吉克苏维埃社会主义共和国的刑罚中,这个问题就是这样解决的。阿捷尔拜疆苏维埃社会主义共和国的刑法典则不然,那里规定缓刑可以适用于被判处剥夺自由附加剥夺权利的人。在土克曼苏维埃社会主义共和国、乌兹别克苏维埃社会主义共和国和格鲁吉亚苏维埃社会主义共和国的刑法典中也是这样明确地允许把剥夺权利作为补充性刑罚附加到缓刑中去。在这个问题上,苏俄刑法典与塔吉克苏维埃社会主义共和国刑法典确立了更为彻底的态度,因为剥夺权利是表明危害较大犯罪与犯罪者的巨大危害性,倘若适用缓刑,就表明不存在此种危害性了。

(6)在缓刑情况下,假使在考验期内受罚者未犯新罪,不犯更重的罪的话,包括剥夺自由和劳动改造工作的判决是不交付执行的。在这种场合,较重犯罪概念的提出不

---

① 《选集》,1952年版,第82—86页。

② 关于缓刑情况下的没收问题,参阅1953年9月29日前苏联最高法院全体会议"关于没收财产的审判实践"决议(《审判实践》,1953年,第6号)。

③ 见1945年5月4日前苏联最高法院全体会议对尤兹诺维奇案件的裁定,《审判实践》,1945年,第五版,第3—4页(不要把免职和禁止从事某种职业二者混淆起来)。

④ 见1945年5月4日前苏联最高法院全体会议对尤兹诺维奇案件的裁定,《审判实践》,1945年,第五版,第3—4页(不要把免职和禁止从事某种职业二者混淆起来)。

是完全出于猜测,而要从刑法典分则条文法定刑的纯粹比较出发。新犯罪是否比据以判处被告人缓刑的前个犯罪要重,只能在对新犯罪判刑时提出。如果新犯罪的刑罚等于在缓刑情况下所判处的那个刑罚时,新犯罪就不是较重的。此时,法院要适用苏俄刑法典第 54 条规则,按罪的并合判刑①。

乌克兰苏维埃社会主义共和国与阿美尼亚苏维埃社会主义共和国刑法典规定,只在下述场合的缓刑判决才不交付执行:受罚者在考验期内不犯任何罪而不仅是较重的罪。乌兹别克刑法典是要求不犯新的、较重的或是同类的或是同样的罪。

假如受罚者在考验期内未犯新罪(依照苏俄刑法典和塔吉克苏维埃社会主义共和国刑法典是较重的),缓刑判决就不交付执行,与此同时,前科就终止了。

※　　※　　※

讲义是在前苏联最高苏维埃第四届第六次会议召开以前付印的。因此,在我们的阐述中,就未能选用会议的材料。

我们不得不限于指望:大学生们在学习这部分课程,特别是关于判刑原则、加重与减轻犯罪社会危害性诸问题时,要熟悉一下前苏联最高苏维埃代表的发言、会议、关于各加盟共和国法院建设方面的立法以及民法典、刑法典及诉讼法典的决议。

---

① 对两个判决中的犯罪并合判刑问题,参阅本书第二讲第一个问题。

参考书目

1."苏维埃刑法"(总则),高等法律学校和系用教科书,国家法律书籍出版局,莫斯科,1952年。

2. A. A. 盖尔赞金:《刑法》(总则),高等法律训练班学生用教材,1948年。

3. A. A. 比恩特考夫斯基:《司法—检察实践中的刑法总则问题》,莫斯科,1954年。

4. M. Д. 舍尔戈洛德斯基:《刑法总则问题》,列宁格勒大学版,1955年。

5. Я. M. 布莱宁:《苏维埃刑法中的刑罚适用问题》,乌克兰舍夫琴柯大学《百年科学札记》,第七卷,1953年。

6. M. A. 盖勒菲尔:"苏联的缓刑",《社会主义法律问题》,1939年,第2号。

7. H. Д. 杜尔马诺夫:"论苏维埃刑事立法中的犯罪并合条件下的责任",《社会主义法制》,1937年,第8号。

8. H. 扎戈洛德尼可夫:"数罪并合情况下的判刑",《社会主义法制》,1952年,第6号。

9. И. 沙包失尼可夫:"苏联最高法院实践中对刑罚吸收与相加原则的适用",《社会主义法制》,1953年,第1号。

10. B. 切切林:"数罪并罚问题",《社会主义法制》,1953年,第8号。

11. M. И. 雅克布维契:"论缓刑制度的法权本质",《社会主义法制》,1946年,第11—12号。

※该书作者为〔苏〕M. A. 斯涅德尔。